Berliner Platz 3

Deutsch im Alltag für Erwachsene

Zertifikatsband

W0385258

von
Anne Köker
Christiane Lemcke
Lutz Rohrmann
Paul Rusch
Theo Scherling
Ralf Sonntag

Langenscheidt

Berlin · München · Wien · Zürich · New York

Von
Anne Köker, Christiane Lemcke, Lutz Rohrmann, Paul Rusch,
Theo Scherling und Ralf Sonntag

Redaktion: Hedwig Miesslinger und Lutz Rohrmann
Gestaltungskonzept und Layout: Andrea Pfeifer und Theo Scherling
Umschlaggestaltung: Andrea Pfeifer unter Verwendung eines Fotos von Jenner Zimmermann
Illustrationen: Nikola Lainović
Fotoarbeiten: Vanessa Daly
Satz und Litho: kaltnermedia GmbH

Verlag und Autoren danken Margarete Rodi, Birgitta Fröhlich und Virginia Gil Braojos und allen weiteren Kollegen und Kolleginnen, die „Berliner Platz" erprobt, begutachtet sowie mit wertvollen Anregungen zur Entwicklung des Lehrwerks beigetragen haben.

Berliner Platz 3

Materialien:

Lehr- und Arbeitsbuch 3	3-468-47871-2
2 Audiokassetten zum Lehrbuchteil 3	3-468-47873-9
2 CDs zum Lehrbuchteil 3	3-468-47874-7
1 Audiokassette zum Arbeitsbuchteil 3	3-468-47875-5
1 CD zum Arbeitsbuchteil 3	3-468-47876-3
Intensivtrainer 3	3-468-47872-0
Lehrerhandreichungen 3	3-468-47877-1

Die Glossare zu Band 3 sind im Internet unter www.langenscheidt.de/berliner-platz abrufbar.

Symbole:

Zu dieser Aufgabe gibt es eine Tonaufnahme.

Hier soll ins Heft geschrieben werden.

Hier gibt es Vorschläge für Projektarbeit.

▸ S. 152 Auf dieser Seite im Arbeitsbuchteil gibt es weitere Übungen.

Nach Aufgabe 2 im Lehrbuchteil können Sie diese Aufgabe(n) im Arbeitsbuchteil bearbeiten.

Bei diesem Symbol gibt es in den Lehrerhandreichungen Hinweise zur Arbeit mit dem Internet.

Unter dieser Übung im Arbeitsbuchteil finden Sie Hilfen für die Lösung.

Umwelthinweis: gedruckt auf chlorfrei gebleichtem Papier.

Printed in Austria – ISBN 3-468-**47871**-2

Besuchen Sie auch unsere Homepage: www.langenscheidt.de/berliner-platz

1. 2. 3. 4. 5. 6. 08 07 06 05 04

Das lernen Sie in **Berliner Platz 3**

ALLES GUTE ZUM GEBURTSTAG !!!

Alt und Jung

Lernziele 25

- Bilder beschreiben
- Telefongespräche führen
- indirekter Fragesatz
- *...einander*

1 Wählen Sie eine Abbildung aus.

a Notieren Sie fünf Wörter, die Ihnen spontan zu dieser Abbildung einfallen.

b Was finden Sie an dieser Abbildung interessant?

Das Bild erinnert mich an ...

Ich denke bei dem Bild an ...

Ich habe das Bild gewählt, weil ...

Mir gefällt das Bild, weil ...

2 Bild-Gruppen – Suchen Sie 2 oder 3 Kursteilnehmer, die das gleiche Bild gewählt haben. Wählen Sie in der Gruppe eine Aufgabe aus. Stellen Sie Ihr Ergebnis vor.

a Was sehen Sie auf Ihrem Bild? Beschreiben Sie die Situation.

Auf unserem Bild sieht man im Vordergrund …
Die Frau / Der Mann ist/sitzt/steht …
Er/Sie sieht … aus.
Man merkt, dass …
Man hat den Eindruck, dass …

oben
hinten / im Hintergrund
links | in der Mitte | rechts
vorne / im Vordergrund
unten

b Wählen Sie eine Person aus und beschreiben Sie ihren Alltag. ▸ S. 152

Wo/Wie lebt sie? (Stadt • Dorf / allein • Familie • Freund • Kinder / Wohnung • Haus)
Wie ist ihr Tagesablauf? (Arbeit/Freizeit)

c Wählen Sie eine Person aus und schreiben Sie ihre Biografie.

Schule	Familie/Freunde	Talente/Hobbys
erste Liebe	Ausbildung	Jobs/Arbeit

3 Alt und Jung – Hand in Hand

a Was sind die Aufgaben vom Kinderbüro in Karlsruhe? Lesen Sie die Überschriften und sprechen Sie über Ihre Vermutungen im Kurs.

Stadt Karlsruhe
KINDERBÜRO
- Kinderinteressenvertretung
- Kinder- und Jugendschutz
- Familienbildung

Alt & Jung Hand in Hand
Kinderbetreuung durch Senioren

Manche Babysitter sind einfach unbezahlbar

b Lesen Sie den Text und ordnen Sie A–F den Aussagen 1–6 zu.

[B] 1. Die verschiedenen Generationen haben keinen gemeinsamen Alltag.
☐ 2. Hier können sich junge und ältere Menschen begegnen.
☐ 3. Ältere Menschen können regelmäßig mit Kindern zusammen sein.
☐ 4. Ein Viertel der Kinder und Jugendlichen wohnt nur bei der Mutter oder nur beim Vater.
☐ 5. Mütter oder Väter bekommen Unterstützung im Familienalltag.
☐ 6. Die älteren Menschen verstehen die jüngeren nicht gut.

A Die altersmäßige Zusammensetzung unserer Gesellschaft verändert sich: Es gibt immer mehr ältere Leute und immer weniger Kinder. 1995 waren nur 15% der Karlsruher Wohnbevölkerung unter 18 Jahre alt. 25% der Haushalte sind Ein-Eltern-Familien.

B Kinder leben nur noch selten mit älteren Leuten zusammen. Die verschiedenen Altersgruppen leben in getrennten Welten. Die Kinder an „Kinderorten": im Kindergarten, in der Schule, auf Spielplätzen; die mittlere Generation am Arbeitsplatz; die ältere Generation an „Seniorenorten": im Altersheim, im Seniorenzentrum, in Weiterbildungskursen für Senioren. Diese verschiedenen Welten sind für die anderen Generationen meist wenig zugänglich.

C Oft haben die verschiedenen Generationen ein negatives Bild voneinander. Dieses Bild unterstützen die Medien durch eine unrealistische und stereotype Darstellung von Alten, Kindern und Jugendlichen. Aufgrund dieser Trennung der Generationen wissen Jüngere und Ältere wenig voneinander. Das Verständnis füreinander nimmt ab und Vorurteile nehmen zu.

D Da Kontakte zwischen Alt und Jung nicht mehr selbstverständlich sind, bietet das Kinderbüro der Stadt Karlsruhe Möglichkeiten zur Begegnung und stellt Kontakte zwischen den Generationen her. In dem Projekt „Alt & Jung, Hand in Hand – Kinderbetreuung durch Seniorinnen und Senioren" sollen ...

E ... ältere Menschen Gelegenheit bekommen:
- mit jüngeren Kindern zusammen zu sein, denn nicht immer leben Enkelkinder in der Nähe,
- Familienanschluss zu jungen Familien zu bekommen,
- eigene Erfahrungen, Kenntnisse und Fähigkeiten weiterzugeben.

F ... junge Familien und Alleinerziehende die Gelegenheit bekommen:
- gelegentlich entlastet zu werden,
- sich mit älteren Menschen auszutauschen und von deren Erfahrungen zu profitieren, denn nicht immer leben die Großeltern in der Nähe.

4 Beantworten Sie die Fragen mit Informationen aus dem Text und sprechen Sie darüber im Kurs.

▶ S. 153

1. Was hat sich an der Zusammensetzung der Bevölkerung in den letzten Jahrzehnten geändert?
2. Wo leben heute Kinder, Erwachsene und ältere Menschen?
3. Welche Folgen hat es, dass junge und alte Menschen nicht mehr so eng zusammenleben?
4. Wie reagiert die Stadt Karlsruhe auf diese Situation?
5. Welche Vorteile haben ältere Menschen und junge Familien durch das Projekt und warum?

5 *...einander* – Lesen Sie und schreiben Sie Sätze wie im Beispiel.

▶ S. 154

Frau Keller hilft Peter. Peter hilft Frau Keller.	Sie helfen einander.
Sie lernt von ihm. Er lernt von ihr.	Sie lernen voneinander.

1. Sie interessiert sich **für** ihn. Er interessiert sich für sie. Sie ______
2. Sie spielt **mit** ihm. Er spielt mit ihr. Sie ______
3. Sie denkt **an** ihn. Er denkt an sie. Sie ______

6 Frau Schmieder ist eine „Leihoma"

a Vor dem Hören – Sprechen Sie im Kurs.

- Was ist eine Leihoma?
- Was glauben Sie: Welche Probleme kann es geben?
- Würden Sie Ihre Kinder an Leihomas geben? Warum? Warum nicht?
- Was wäre für Sie wichtig, um Vertrauen zu haben?

b Was ist richtig? Hören Sie zu und kreuzen Sie an.

1,2 5

1. Die Tochter von Frau Schmieder lebt in Kanada. ☐
2. Die „Leihenkel" sind 5 und 8 Jahre alt. ☐
3. Frau Schmieder ist zweimal in der Woche bei der Familie. ☐
4. Sie genießt besonders das Zusammensein mit den Kindern. ☐
5. Die Leihomas und -opas treffen einander selten. ☐
6. Für diese Tätigkeit braucht man keine besonderen Qualifikationen. ☐

7 Drei Telefongespräche

a Lesen Sie die Anzeigen und hören Sie zu. Welches Gespräch passt zu welcher Anzeige?

▶ S. 156

A
Arbeiterwohlfahrt (AWO)
Familienberatung
Mo + Mi 16.00–18.00
Di + Do 10.00–12.00
Termine nach Vereinbarung
Tel.: 1254987

B
Das ErzählCafé
Jeden 2. Samstag im Monat
von 15.30 bis 18.00 Uhr
bei Kaffee und Kuchen
Themen von Januar bis April:
Januar: Waschtag in den 50er Jahren

Februar: Begegnung mit jungen und mit alten Menschen
März: Mein erster Schultag
April: Mein Poesiealbum / Mein Tagebuch

C
Sprachtipp
Fremdsprachenkurse für Erwachsene
Italienisch, Französisch, Spanisch
Nachhilfe in allen Fächern
Grundschule / Sek. I (Kl. 5–10)
Ferienintensivkurse für Jugendliche
Hafenstraße 23 – Tel. 3265891

D
Modellprojekt „Alt hilft Jung"
Senioren unterstützen Schüler und Schülerinnen beim Übergang ins Berufsleben
– Hausaufgabenbetreuung
– Welcher Beruf passt zu mir?
– Hilfe bei Bewerbungen
– Bewerbungstraining

Kontakt: Martin Hellmich
montags + donnerstags 14 – 17Uhr
Tel.: 0721 – 880 – 1

Anzeige	A	B	C	D
Telefongespräch	☐	☐	☐	☐

b Hören Sie die Dialoge 1–3 noch einmal. Was möchten die Personen wissen? Ergänzen Sie Stichwörter und formulieren Sie dann die Fragen.

Dialog 1	Dialog 2	Dialog 3
1. Platz für Englisch	1. Veranstaltung / stattfinden	…
2. Wie viel kostet …	2. Frau Lehmann / krank	
3. Wann …	3. Wie viele Gäste …	
4. in den Ferien	4. Welches Thema …	

Dialog 1:
1. Gibt es einen Platz für Englisch?

c Formulieren Sie Fragen zu Anzeige D. Was möchten Sie wissen?

Wer?

Wo?

Wann?

Kann ich mitmachen?

▶ S. 156

8 Indirekter Fragesatz

a Was möchten die Personen wissen? Ergänzen Sie mit den Fragen aus 7b.

direkte Frage	indirekte Frage
Gibt es einen Platz für Englisch?	Ich möchte wissen, ob es einen Platz für Englisch gibt.
Wie viel kostet der Kurs?	Tom will wissen, wie viel der Kurs kostet.
...	...

b Schreiben Sie mit Ihren Fragen aus 7c indirekte Fragen.

Ich möchte wissen, ...
Können Sie mir sagen, ...
Mich interessiert, ...
Mein Mann möchte wissen, ...
Meine Tochter interessiert, ...

Ich möchte wissen, ob ...

9 Informationsgespräch am Telefon – Üben Sie zu zweit.

Sie interessieren sich für das Bewerbungstraining in dem Modellprojekt „Alt hilft Jung". Sie rufen Martin Hellmich an und möchten Informationen zu den Angeboten.

Sie	Martin Hellmich
	Gruß
Gruß/Grund für Anruf: Interesse an Bewerbungstraining	
Frage nach freien Plätzen	noch 4 Plätze frei
Frage nach Ort und Zeit	Kursbeginn 6. Oktober, 18 Uhr, immer montags, 4-mal
Frage nach Kursleiterin	Frau Sander, ehemalige Personalleiterin
Frage nach Preis	Kurs kostenlos / Materialkosten 5 Euro
Dank und Verabschiedung	Verabschiedung

10 Projekt: Alt und Jung in Deutschland und in Ihrem Land – Sprechen Sie im Kurs. Sammeln Sie Bilder und Texte und machen Sie Wandzeitungen zum Thema.

- Welche Unterschiede fallen Ihnen auf: Aussehen, Kleidung, Verhalten ...?
- Welche Vorurteile haben Jugendliche nach Ihrer Erfahrung gegenüber Älteren?
- Welche Vorurteile haben Ältere nach Ihrer Erfahrung gegenüber Jugendlichen?
- Wie können junge und alte Menschen voneinander profitieren?

11 **Sehen Sie sich die Fotos an und lesen Sie die Überschriften. Sammeln Sie Vermutungen über den Inhalt des Textes.**

Die „Jugend von heute" mal ganz anders

Schüler unterrichten Senioren: Ein Caritas-Projekt fördert den Dialog zwischen den Generationen

Mit 65 Jahren noch Englisch lernen? Oder im Internet surfen? Heutzutage kein Problem. Fast überall bieten Volkshochschulen oder spezielle Seniorenakademien diese Kurse an. Doch reicht Wissensvermittlung allein aus? Der Caritasverband für den Kreis Gütersloh wollte mehr. Gemeinsam mit dem Gymnasium Nepomucenum in Rietberg hat er fast ein ganzes Jahr lang an einem Alternativ-Angebot getüftelt. Heraus kam ein bundesweit einmaliges Projekt, das **E**rleben, **U**nterrichten, **L**ernen und **E**xperimentieren vereint und Schule und Caritas zu Partnern machte. Geboren war: die EULE.

Das Besondere an der EULE: Dort sind es Schülerinnen und Schüler, die in die Rolle der „Älteren" und „Weiseren" schlüpfen. Englisch, Literatur, Kunst, Gedächtnistraining und Computer/Informatik bieten die „Schüler-Lehrer" jeden Freitag zwischen 14.30 Uhr und 18 Uhr an. Diese Schulstunden haben sich als „Renner" erwiesen. Auch deshalb, weil es für die 80 Teilnehmer nicht nur „tierisch ernst" um Lehrstoff, Stundenplan und Hausaufgaben geht. Der Spaß steht im Vordergrund. So ganz nebenbei verwirklicht sich das eigentliche Ziel der EULE: der generationenübergreifende Dialog.

„Ich bin überrascht, wie viel Geduld die jungen Leute mit uns haben", erklärt beispielsweise Ingeborg Johanngieseker (65). Die ältere Dame, die zum ersten Mal im Leben Englisch lernt, hat selbst keine Kinder. Für sie ist die EULE die einzige Möglichkeit, mit Jugendlichen in Kontakt zu kommen. Doch selbst, wer Kinder und Enkelkinder hat: Das Bild über „die Jugend" wird bei vielen Senioren heutzutage von oberflächlichen Begegnungen oder über die Medien geprägt.

„Uns ist es wichtig, den Senioren durch die außerfamiliäre Begegnung mit Jugendlichen einen neuen Blick auf die ‚Jugend von heute' zu geben", betont Caritas-Geschäftsführer Michael Brüggenolte.

Schulleiter Peter Esser ist stolz auf seine 20 Schülerinnen und Schüler, die an ihrem freien Freitagnachmittag in die Schule kommen, um Senioren zu unterrichten – ohne Geld. Vor allem Schüler, die in einer Kleinfamilie ohne Kontakte zu Großeltern aufwachsen, müssen oft erst lernen, wie man Senioren überhaupt anspricht.

Dass dies bei der EULE kein Problem ist, zeigen die vielen kleinen Rückmeldungen am Rande. „Die backen sogar Plätzchen für uns", staunten beispielsweise die „Schüler-Lehrer" im Fach Informatik. Immerhin haben es die Jugendlichen geschafft, dass sich ältere Damen wie Hildegard Herbort (61) demnächst einen Computer anschaffen, „um ihre Kochrezepte zu speichern", wie die ehemalige Verkäuferin stolz erklärt. Und sogar eine gemeinsame Studienfahrt von Schülern und Senioren ist ins Auge gefasst. Wer weiß, vielleicht heißt es demnächst: Klassenfahrt ohne Senioren? Total out ...

12 Lesen Sie die Erklärungen und suchen Sie die passenden Begriffe im Text.

Zeile	Begriff	Erklärung
57–58	etwas ins Auge fassen	etwas planen, etwas vorhaben
______	______________________	umgangssprachlich für: sehr ernst
______	______________________	sehr wichtig sein und von allen beachtet werden
______	______________________	eine andere Rolle übernehmen
______	______________________	nicht in der Familie
______	______________________	es hat sich gezeigt, dass etwas sehr beliebt ist
______	______________________	mit viel Geduld an etwas arbeiten

13 Lesen Sie den Text noch einmal und kreuzen Sie an. Was ist richtig?

1. Man kann heute in vielen Schulen Computerkurse machen. ☐
2. Schüler haben in Rietberg allein ein Programm ausgearbeitet. ☐
3. Die Schüler arbeiten als Lehrer. ☐
4. Die Schulstunden gehen schnell vorbei. ☐
5. Die Jugendlichen sind ungeduldig. ☐
6. Viele ältere Menschen haben fast keinen Kontakt zu Jugendlichen. ☐
7. Die „Schüler-Lehrer“ bekommen etwas Geld für den Unterricht. ☐
8. Manchmal backen die Alten auch Plätzchen im Kurs. ☐
9. Manche Senioren kaufen sich einen eigenen Computer. ☐
10. Schüler und Senioren möchten noch mehr zusammen machen. ☐

14 Welche Vorteile bietet das Projekt für die Schüler-Lehrer und die Senioren?

a Markieren Sie im Text.

b Sehen Sie weitere Vorteile, die nicht im Text stehen?

viel Spaß haben • Kontakt zu älteren Menschen bekommen • soziales Engagement lernen • geistig fit bleiben • kostenlosen Unterricht bekommen • Vorurteile abbauen • Kontakt zu Jugendlichen bekommen • weniger Angst vor Fehlern haben • das Selbstbewusstsein stärken • das, was man selbst gelernt hat, festigen • mehr Verständnis für die Probleme anderer entwickeln

Vorteile für die Schüler-Lehrer	Vorteile für die Senioren
Kontakt zu Jugendlichen	

15 Wäre das EULE-Projekt auch in Ihrem Land möglich und sinnvoll? Warum? Warum nicht?

16 Projekt: Deutschlerner unterrichten Deutschlerner

Erarbeiten Sie in Gruppen je ein Grammatikthema, das Sie wiederholen möchten, z.B. das Perfekt:
Was sind die wichtigsten Regeln? Worauf muss man achten?
Entwickeln Sie Übungen. Unterrichten Sie die anderen im Kurs.

Auf einen Blick

Im Alltag

1 Fragen besonders höflich formulieren

Können Sie mir sagen, ob/wie/wann … ?
Wissen Sie, ob/wie/wann … ?
Ich wollte fragen, ob/wie/wann … .
Ich würde gerne wissen, ob/wie/wann … .
Ich wollte mich erkundigen, ob/wie/wann … .

2 Telefonieren – Informationen erfragen

Informationen erfragen

Gruß + Einleitung
Bresser, guten Morgen/Tag.
Ich interessiere mich für Ihr Kursangebot.
Ich möchte mich erkundigen, ob noch Plätze frei sind.
Ich würde gerne wissen, wann der Kurs beginnt.

Nachfragen
Können Sie mir auch sagen, wie viele Teilnehmer im Kurs sind?
Mich interessiert noch, wie lange der Kurs dauert.
Ich wüsste noch gern, was der Kurs kostet.

Missverständnisse klären
Können Sie mir noch einmal sagen, ob …?
Ich habe noch nicht verstanden, wo …?
Könnten Sie bitte wiederholen, wann …?

Dank + Verabschiedung
Vielen Dank. Auf Wiederhören.

Auskünfte geben

sich melden
AWO Heidelberg, Kanter.

Auskunft erteilen
Der Kurs XY beginnt am … um …

Auskunft erteilen
Im Kurs sind maximal 20 Teilnehmer.
Es sind 30 Abende mit je 90 Minuten.
Die Kursgebühr beträgt …

Auskunft erteilen
…

Verabschiedung
Nichts zu danken. Auf Wiederhören.

Grammatik

3 Reziprokpronomen *...einander*

Ich helfe dir. ←→ Du hilfst mir. = Wir helfen **einander**.

sich interessieren **für**	sich **für**einander interessieren	sprechen **von**	**von**einander sprechen
sprechen **mit**	**mit**einander sprechen	sich kümmern **um**	sich **um**einander kümmern

4 Indirekter Fragesatz

a Indirekte Fragesätze sind Nebensätze

Ich möchte wissen, **ob**	in dem Kurs noch Plätze frei	(sind.)
Ich möchte wissen, **wann**	der Kurs	(beginnt.)

Im Nebensatz steht das Verb am Ende.

b Direkte und indirekte Fragen

direkte Fragen	indirekte Fragen	
Ja / Nein-Frage Gibt es einen Platz für Englisch? Ist das Café geöffnet? Kommt Anna auch mit?	Ich möchte wissen, Tom will wissen,	Ja / Nein-Frage **ob** es einen Platz für Englisch gibt. **ob** das Cafe geöffnet ist. **ob** Anna auch mitkommt.
W-Frage Wie viel kostet der Kurs? Wann beginnt der Kurs? Wo findet der Kurs statt?		W-Frage **wie viel** der Kurs kostet. **wann** der Kurs beginnt. **wo** der Kurs stattfindet.

Wortbildung

5 Trennbare und nicht trennbare Verben

	trennbare Verben	nicht trennbare Verben
Infinitiv	**ein**kaufen	**er**zählen
Präsens	Sie kauft **ein**.	Sie **er**zählt.
Perfekt	Sie hat **ein**gekauft.	Sie hat **er**zählt.
Frage	Kauft sie **ein**?	**Er**zählt sie?
Imperativ	Kauf **ein**!	**Er**zähl!

Trennbar sind Verben meistens, wenn man das Präfix auch ohne das Verb benutzen kann:

ab-fahren	**aus-**steigen	**fest-**stellen	**um-**steigen	**zusammen-**leben
an-kommen	**ein-**kaufen	**mit-**kommen	**vor-**lesen	**zurück-**kommen
auf-stehen	**fern-**sehen	**teil-**nehmen	**weg-**nehmen	**zu-**schließen

Verben mit diesen Präfixen kann man nie trennen:

beginnen • **emp**fangen • **ent**schuldigen • **er**klären • **ge**fallen • **miss**fallen • **ver**stehen • **zer**stören

Was kann ich für Sie tun?

1 Geräusche im Hotel – Hören Sie zu. Welche Räume und Berufe kommen hier vor? Nummerieren Sie in der richtigen Reihenfolge.

- ☐ Küche: Koch/Köchin, Küchenhilfe
- ☐ Rezeption: Rezeptionist/in
- ☐ Büro: Hotelkauffrau/-mann
- ☐ Restaurant: Kellner/in
- ☐ Werkstatt: Hausmeister/in
- ☐ Zimmerservice/Zimmermädchen
- ☐ Bar: Bardame/Barkeeper

2 Berufe und Tätigkeiten – Was passt zu welchen Berufen?

aufräumen • abwaschen • Gäste bedienen • Taxi bestellen • Lampen reparieren • kochen • die Speisekarte festlegen • Gemüse putzen • Gäste begrüßen • Lebensmittel einkaufen • staubsaugen • Einnahmen/Ausgaben kontrollieren • das Menü planen • Drinks mixen • sauber machen

Das Zimmermädchen macht die Zimmer sauber und räumt auf.

Der Koch legt die Speisekarte fest.

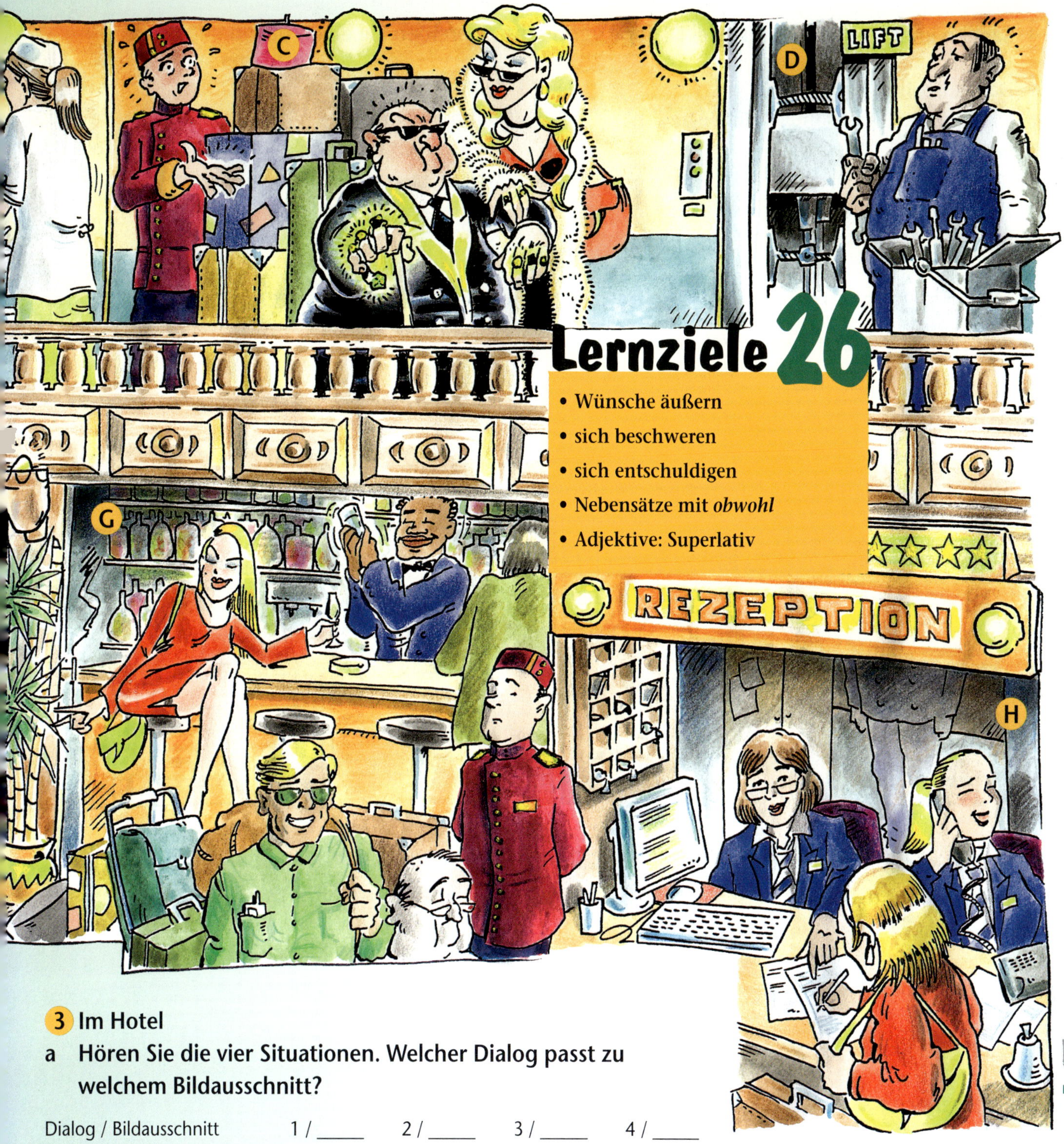

Lernziele 26

- Wünsche äußern
- sich beschweren
- sich entschuldigen
- Nebensätze mit *obwohl*
- Adjektive: Superlativ

3 Im Hotel

a Hören Sie die vier Situationen. Welcher Dialog passt zu welchem Bildausschnitt?

1.5 ▶ S. 158

Dialog / Bildausschnitt 1 / ____ 2 / ____ 3 / ____ 4 / ____

b Was haben Sie gehört? Markieren Sie.

Frau Meinck möchte ein Doppelzimmer, weil **gleich / am nächsten Tag** ihr Mann kommt.
Das Taxi braucht **zwei/fünf** Minuten, bis es da ist.
Frau Meinck beschwert sich, weil **sie nicht schlafen konnte / die Dusche nicht funktioniert.**
Das Zimmermädchen will **das Zimmer aufräumen / die Dusche reparieren.**

4 Szenen im Hotel – Hier sind zwei Dialoge vermischt. Schreiben Sie einen davon.

- ● Das ist in fünf Minuten da.
- ● Guten Abend, was kann ich für Sie tun?
- ● Ja, gerne.
- ● Ein Einzelzimmer?
- ● Kein Problem. Sie haben Zimmer 402, im vierten Stock. Der Aufzug ist da drüben.
- ● Für eine Nacht?

- ○ Ich hätte gern ein Zimmer.
- ○ Dann warte ich gleich hier.
- ○ Wenn es geht, ein Doppelzimmer, weil morgen mein Mann dazukommt.
- ○ Wie lange dauert es, bis es kommt?
- ○ Können Sie mir ein Taxi bestellen?
- ○ Nein, für zwei Nächte.

Das Zimmer: Guten Abend, was kann ich ...

1.6

5 Minidialoge

a Sie hören vier Dialoge. Schreiben Sie die Dialognummern zu den Bildern.

a ☐ b ☐ c ☐ d ☐

b Hören Sie noch einmal. Welche Reaktionen passen? Notieren Sie die Dialognummer.

a) ☐ Tut mir Leid. Wir hatten ein Problem in der Küche. Aber Ihr Essen kommt jetzt gleich.
b) ☐ Ich habe das Taxi vor fünfzehn Minuten bestellt. Es muss gleich da sein.
c) ☐ Das war mein Fehler. Tut mir Leid. Dafür bekommen Sie die Suite ohne Aufpreis.
d) ☐ Entschuldigung. Ich schicke sofort unser Reinigungspersonal auf Ihr Zimmer.
e) ☐ Ich kann Ihnen leider kein anderes Zimmer anbieten. Wir sind ausgebucht.

▸ S. 159

6 Servicepersonal und Kundschaft

a Lesen Sie die Sätze. Wer sagt das? Notieren Sie S (Service) oder K (Kunde).

1. ☐ Ich möchte mich beschweren ...
2. ☐ Das tut mir Leid, aber ...
3. ☐ Wir sind unzufrieden mit ...
4. ☐ Wir werden uns sofort darum kümmern.
5. ☐ Entschuldigung, wir werden das überprüfen.
6. ☐ Augenblick, ich schicke sofort jemanden.
7. ☐ Ich habe da ein Problem ...
8. ☐ Wir möchten den Chef sprechen.

b Wählen Sie eine Situation aus Aufgabe 5 aus und spielen Sie den Dialog.

c Probleme im Hotel – Schreiben und spielen Sie eigene Dialoge.

7 Ein Beschwerdebrief – Bringen Sie die Briefteile in die richtige Reihenfolge.

▸ S. 159

Mit freundlichen Grüßen
Peter Lössack

ⓐ ☐

Peter Lössack • Holzmarkt 12 • 27283 Verden • Tel 04230 678554 • E-Mail: p.loessack@gmz.de

ⓑ ☐

Submarin-Hotel
z. Hd. der Direktion
Großbeerenstraße 28

04109 Leipzig

7. Mai 2005

Aufenthalt in Submarin-Hotel vom 29.–30.04.2005

ⓒ ☐

Über diese Probleme habe ich an der Rezeption mit Herrn Augenthaler gesprochen. Er konnte mir das reservierte Zimmer leider nicht geben, weil das Hotel zu dieser Zeit ausgebucht war. Da das Zimmer meinen Wünschen nicht entsprochen hat, gehe ich davon aus, dass Sie mir 25% des Zimmerpreises erstatten.

am 29./30. April war ich Gast in Ihrem Hotel. Ich habe mein Zimmer 14 Tage vorher telefonisch reserviert. Leider habe ich ein Zimmer zur Straße bekommen, obwohl ich ausdrücklich ein ruhiges Zimmer auf der Gartenseite wollte. Das Zimmer war so laut, dass ich mich dort tagsüber nicht aufhalten und nachts nicht schlafen konnte.

ⓓ ☐

Sehr geehrte Damen und Herren,

ⓔ ☐

Außerdem hatte mein Zimmer nur eine Dusche, obwohl ich ein Zimmer mit Badewanne wollte.

ⓕ ☐

8 Nebensätze mit *obwohl*

▸ S. 160

a Unterstreichen Sie im Brief *obwohl* und das dazugehörige Verb.

b Bilden Sie *obwohl* -Sätze.

Das habe ich erwartet:	Das ist (nicht) geschehen:
1. Ich habe das Zimmer reserviert.	Ich habe es nicht bekommen.
2. Ich habe das Essen vor einer Stunde bestellt.	Es ist immer noch nicht serviert.
3. Ich habe schon dreimal angerufen.	Das Taxi ist immer noch nicht da.
4. Das Zimmermädchen war schon da.	Das Zimmer ist nicht aufgeräumt.
5. Ich habe die Bluse gestern Abend abgegeben.	Sie ist immer noch nicht gereinigt.

Ich habe das Zimmer nicht bekommen, obwohl …

9 Die besten Reiseangebote – Lesen Sie die Texte aus Reisekatalogen und kreuzen Sie an: richtig oder falsch?

365 Tage Schnee! Die längste Schneehalle der Welt im Alpincenter Bottrop.

Mit der längsten und größten überdachten Schneepiste der Welt und der ersten in Deutschland ist das fantastischste Wintersportvergnügen das ganze Jahr garantiert. Die Piste bringt mit 640 m befahrbarer Länge und 30 m Breite ein Fit- und Funerlebnis der Superlative. Im Angebot: Skifahren, Snowboarden, Rennlauftraining, Ski- und Snowboardschule. Für das leibliche Wohl ist gesorgt: An der Schneebar finden Sie die köstlichsten Drinks und leckersten Snacks.

Der Winter im Harz – Kein Schnee von gestern!

Die kältesten Tage des Jahres sind viel zu schade, um sie in den eigenen vier Wänden zu verbringen. Jetzt ist es Zeit, durchzuatmen und neue Kräfte zu sammeln. Auch für weniger Aktive ist der Harz im Winter die beste Adresse. Entdecken Sie den Zauber der winterlichen Natur bei einem Glas Glühwein im Caféwagen der „Brockenbahn", während draußen die bezauberndste Landschaft an Ihnen vorüberzieht. Oder mit zwei PS – dick eingepackt im Pferdeschlitten? Entspannen Sie sich anschließend in der wohligen Wärme eines der schönsten Freibäder, während ringsum die Schneeflocken wirbeln.
Besuchen Sie uns!

Schneehotline: 05321/20024 oder 20025.

1. In Bottrop kann man das ganze Jahr über Wintersport treiben. [r] [f]
2. Die kältesten Tage im Jahr sollte man zu Hause verbringen. [r] [f]
3. Im Alpincenter kann man Skifahren lernen. [r] [f]
4. Um den Harz zu besuchen, muss man kein aktiver Sportler sein. [r] [f]
5. Essen und Trinken muss man im Alpincenter mitbringen. [r] [f]

10 Superlativ – Unterstreichen Sie in beiden Texten die Adjektive und ergänzen Sie die Tabelle.

Grundform	Komparativ	Superlativ
die **lange** Schneehalle		
		die **köstlich**sten Drinks
	die **lecker**eren Snacks	
		die **kält**esten Tage
die **gute** Adresse		
	die **schön**eren Freibäder	

11 Wintersport in den Bergen oder in der Schneehalle? Finden Sie in Gruppen Argumente für das eine oder andere und diskutieren Sie im Kurs.

Wenn man weit weg von den Bergen wohnt …

Urlaub in der Natur ist doch …

12 Was machen Sie am liebsten im Urlaub?

Wo verbringst du deinen Urlaub **am liebsten?**

Ich fahre sehr gern in die Alpen. Dort ist es am **schönsten.**

Ich fahre sehr gern nach / in die / ans ...

Ich bin **am liebsten** in/an ...
Mir gefällt es **am besten** in/an/am ...

13 Loben Sie! – Was hat Ihnen am besten gefallen? Ergänzen Sie die Sätze.

1. Das ist der _freundlichste_ (freundlich) Service, den ich bisher erlebt habe.
2. Das ist die ______________ (schön) Landschaft, die ich bisher gesehen habe.
3. Das ist das ______________ (sauber) Hotel, das ich bisher hatte.
4. Das ist die ______________ (gut) Suppe, die ich bisher gegessen habe.
5. Das ist der ______________ (stark) Glühwein, den ich bisher getrunken habe.
6. Das ist das ______________ (nett) Personal, das ich bisher kennen gelernt habe.

14 Reiseland Deutschland – Beantworten Sie die Fragen. Raten Sie.

▶ S. 161

Trier • Rhein • Bodensee • Zugspitze • Rügen • Bottrop •
2962 m • 930 km² • 640 m • 571,2 km² • 865 km •
über 2000 Jahre

Der höchste Berg ist die ...
Sie ist ... hoch.

1. Wie heißt der höchste Berg Deutschlands?
2. Welcher Fluss ist der längste?
3. Wie heißt der größte See Deutschlands?
4. Wo steht die längste Schneehalle Deutschlands?
5. Wie heißt die größte Insel Deutschlands?
6. Wie heißt die älteste Stadt Deutschlands?

Die Porta Nigra in Trier

15 Projekt: Werbung für Reisen – Wählen Sie a oder b.

a Reisen in Deutschland

Arbeiten Sie in Gruppen zu diesen Themen:
das Meer (www.ruegen.de), die Mittelgebirge (www.harz-online.de, www.schwarzwald.de ...) die Alpen (www.oberbayern-tourismus.de), Städtereisen (www.trier.de, www.dresden.de)
Sammeln Sie Prospekte und machen Sie Collagen oder „Informationsbroschüren".

Die Kreidefelsen auf Rügen

b Stellen Sie Ihr Land möglichen Touristen aus Deutschland vor.

16 Jobs im Hotel

▸ S. 162 **a Lesen Sie 1–5 und die Anzeigen. Zu welchen Jobwünschen gibt es ein passendes Angebot?**

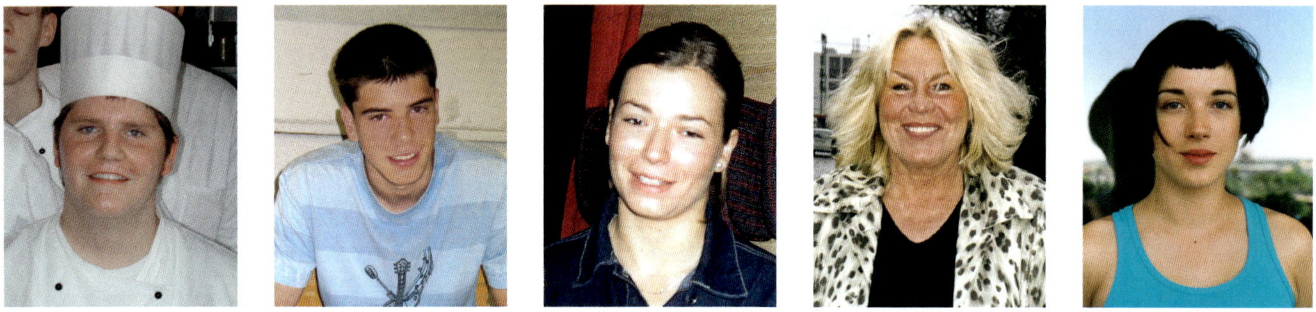

1. Peter Pawlowski hat gerade seine Lehre als Koch beendet und sucht einen festen Job.

2. Bülent Kandogmus ist Handwerker und sucht einen interessanten Job.

3. Tamara Lisowics ist gerade mit der Schule fertig. Sie möchte die Arbeit im Hotel kennen lernen.

4. Maria Samsreiter hat Erfahrung als Kellnerin und möchte in der Schweiz leben.

5. Dora Domke hat keine Ausbildung. Sie sucht eine Stelle für die Wintersaison.

A

Sie suchen eine Herausforderung als:
Technischer Leiter m/w mit Handwerksberuf, bevorzugt Elektriker, gerne auch über 50 Jahre
Empfangsassistent m/w mit Hotelfachausbildung, gerne auch Berufsanfänger/in
Praktikanten für Küche, Service und Empfang (Mindestdauer 3 Monate)
Als junges expandierendes Unternehmen bieten wir Ihnen einen sicheren Flug am Karrierehimmel. Mit den 4 Sternen eines First-Class-Business-Hotels und einer direkten Anbindung an den Flughafen stellt sich unser Team täglich der Herausforderung, die internationalen Gäste stets in den Mittelpunkt all unserer Bemühungen zu stellen. Wenn für Sie Service eine innere Berufung ist, dann heißt es für Sie:
Bei uns sind Sie gut gelandet!

Golden-Tulips-Airport-Hotel

Frau Stratmann
Schlufstraße 2c
Postfach 465798
44711 Dortmund

Telefon: 0231-98980
Fax: 0231-98981
E-Mail: info@tulip-hotel.com

B

Animateur/in für Wellnesshotel im Harz gesucht. Sie sind immer gut drauf und können andere Menschen zum Mitmachen und Spaßhaben motivieren? Sie möchten gerne in einem Spitzenteam arbeiten und kennen die Arbeitszeiten in unserer Branche? Dann sind Sie bei uns richtig. Bewerbungen mit Arbeitsbeispielen bitte unter Chiffre 1487644.

C

Für unser **Berghaus Schwänzelegg**, 1800 m ü.M., suchen wir **Koch/Köchin** in Wintersaisonstelle von anfangs/Mitte Dezember bis Ende März. Wenn Sie Ihren Beruf lieben und noch Freude am Skifahren haben, dann sind Sie bei uns richtig.

D

Wir sind ein topmotiviertes Skihotel mit Steakhouse in Kirchberg in Tirol und haben eine Stelle als **Küchenhilfe und Zimmermädchen** ab Dezember zu vergeben. Super arbeiten mitten im Wintersportgebiet! Ein Zimmer steht für Sie bereit. Bitte melden Sie sich bei uns zwecks Besprechung der Details.
E-Mail: infojob@hotelnet.at – Bitte Anzeigennummer angeben: 4587156.

E

Unser gepflegtes À-la-carte-Restaurant im 4*-Hotel Burg am Bielersee bietet eine marktfrische und französisch inspirierte Küche. Wollen Sie Teil eines hoch motivierten und kompetenten **Service-Teams** sein? Beherrschen Sie einen gepflegten Service? Dann freuen wir uns auf Ihre Bewerbung.
http://www.burghotel.ch

F

Wir sind ein Familienbetrieb in der Nähe des Bodensees. Für unser kleines, aber feines Team suchen wir ab sofort noch eine **freundliche Servicekraft** als erste Kraft in unserem Restaurant. Sie sollten eine Ausbildung zur **Restaurantfachfrau** oder zur **Hotelfachfrau** abgeschlossen haben oder über ähnliche Qualifikationen verfügen.
Hotel-Restaurant Grafeneck, Frau Trempel, Ottostraße 2, 88069 Tettnang.
Fragen vorab beantworten wir gerne per Telefon oder E-Mail.
Homepage www.tettnang.de/hotels

b Informationen beschaffen – Was möchten Sie noch wissen? Suchen Sie sich zwei Anzeigen aus und schreiben Sie Fragen.

Arbeitszeit • Gehalt • Urlaub …

17 Ein Telefongespräch

1.7

a Hören Sie zu. Zu welcher Anzeige passt das Gespräch?

b Hören Sie noch einmal. Welche Information ist richtig? Markieren Sie.

1. ☐ Alma hat eine Ausbildung als Restaurantfachfrau.
2. ☐ Sie hat schon mehrere Jahre Berufserfahrung.
3 ☐ Das Hotel sucht eine Vollzeitkraft.
4. ☐ Das Restaurant ist die ganze Woche geöffnet.
5. ☐ Das Restaurant ist nur manchmal auch mittags geöffnet.
6. ☐ Bei Überstunden bekommt man mehr Geld.
7. ☐ Das Grundgehalt ist am Anfang 2000 Euro.
8. ☐ Alma wird sich die Stelle ansehen.

c Überlegen Sie: Was hätte Alma noch fragen können oder sollen?

18 Bewerbungsbrief – Wählen Sie eine Anzeige aus Aufgabe 16 aus und schreiben Sie einen Bewerbungsbrief.

– Begründen Sie, warum Sie sich gerade für diese Stelle interessieren.
– Beschreiben Sie Ihre Berufserfahrung (mehrfach im Hotel gearbeitet).
– Fragen Sie nach den konkreten Tätigkeiten.

Bitten Sie Ihre Kursleiterin / Ihren Kursleiter, Ihren Brief zu korrigieren. Sie können Ihre Briefe auch zuerst im Kurs tauschen und sich gegenseitig korrigieren.

Im Alltag

1 Wünsche äußern

2 Probleme benennen / sich beschweren – sich entschuldigen / Probleme lösen

Gast

Die Dusche funktioniert nicht / ist kalt.
Der Fernseher geht nicht.
Das Zimmer ist zu laut.

In meinem Zimmer riecht es nach Rauch.
Ich glaube, das Bad ist nicht geputzt.

Angestellte/r

Der Hausmeister kümmert sich sofort darum.

Ich kann Ihnen eins nach hinten anbieten.
Ich kann Ihnen heute leider kein anderes anbieten.
Wir haben noch ein Nichtraucherzimmer frei.
Ich schicke Ihnen gleich den Reinigungsservice.

3 Vergleichen

Die schönste deutsche Stadt ist für mich Quedlinburg.
Das ist der schlechteste Service, denn ich je erlebt habe.
Am besten gefällt mir der Norden von Deutschland.

Ich gehe am liebsten im Sommer in Urlaub.
Die Ostseestrände finde ich am schönsten.

Das kennen Sie schon:

Was gefällt euch **besser**, Hamburg oder Berlin?
Mir gefällt Hamburg **besser**. Ich liebe den Hafen.
Mir gefällt Hamburg **genauso** gut **wie** Berlin.
Hamburg gefällt mir auch, aber **nicht so** sehr **wie** Berlin.

Grammatik

4 Nebensätze: *obwohl*

Sie haben etwas erwartet und es ist nicht oder anders eingetreten.

Hauptsatz	Ich habe ein Zimmer mit Dusche bekommen,	Realität: Dusche
Nebensatz	**obwohl** ich ein Zimmer mit Bad reserviert habe.	Erwartung: Bad
Nebensatz	**Obwohl** ich ein Zimmer reserviert habe,	Erwartung: Zimmer
Hauptsatz	war kein Zimmer für mich frei.	Realität: kein Zimmer

Wenn der Nebensatz zuerst steht, beginnt der Hauptsatz mit dem Verb: … habe, war …

5 Komparation: regelmäßige Formen

Grundform	Komparativ	*am* + Superlativ
schön	schöner	**am** schön**sten**

Artikel + Superlativ

N (Sg.)	**der** schön**ste** …
A (Sg.)	**den** schön**sten** …
N/A (Sg.)	**das/die** schön**ste** …
D (Sg.)	**dem/der** schön**sten** …
D/A (Pl.)	**den/die** schön**sten** …

Ohne Nomen: Die Stadt Bamberg ist **am** schön**sten**.
Mit Nomen: Die ält**este** Stadt ist Trier.

6 Komparation: unregelmäßige Formen

Grundform	Komparativ	Superlativ
gut	**besser**	**am besten**
gern	**lieber**	**am liebsten**
viel	**mehr**	**am meisten**
teuer	teu**r**er	am teuersten
dunk**el**	dunk**l**er	am dunkelsten
ho**ch**	h**ö**her	am hö**ch**sten
kalt	kälter	am kält**e**sten*

* Endet ein Adjektiv in der Grundform auf -d, -s, -sch, -ß, -t, -x, -z, bildet man den Superlativ mit **-est**.

Wortbildung

7 Präfixe (Vorsilben) und Suffixe (Nachsilben), die Adjektive verneinen

ein zufriedener Gast	ein **un**zufriedener Gast	Der Gast ist **nicht** zufrieden.
ein gut gelaunter Kellner	ein **miss**gelaunter Kellner	Der Kellner ist **nicht** gut gelaunt.

Ein arbeits**los**er Kellner sucht Arbeit. — Der Kellner hat **keine** Arbeit.
Ein arbeits**frei**er Tag ist schön. — Man muss **nicht** arbeiten.

Das Suffix *-frei* bezeichnet oft eine positive und das Suffix und *-los* oft eine negative Eigenschaft.

A

Man ist, was man isst

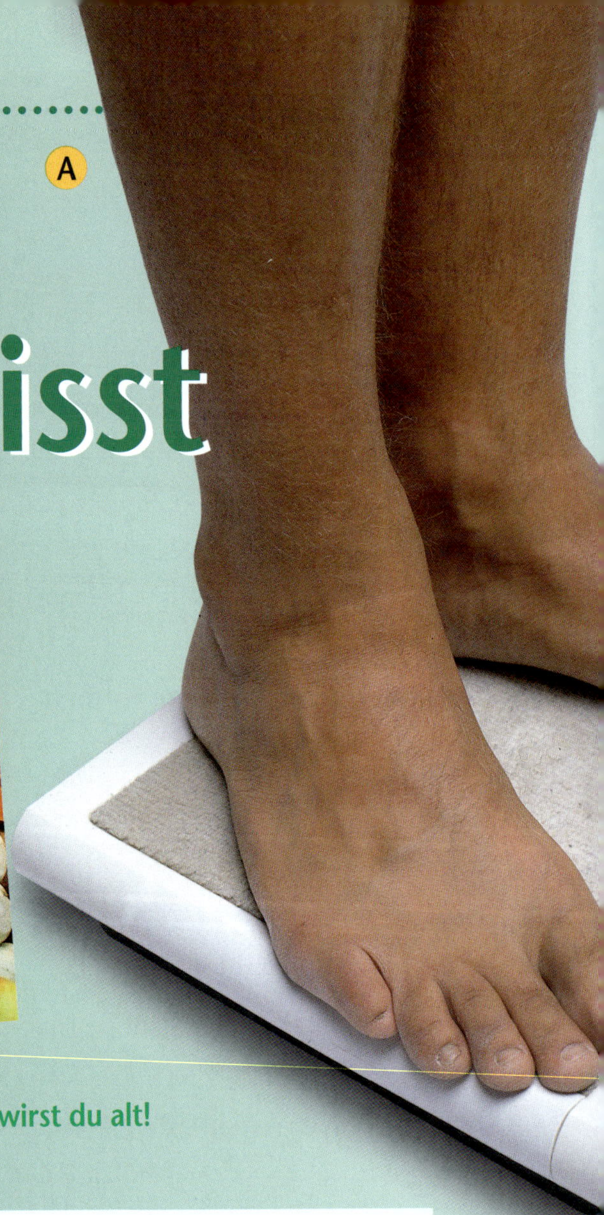

B

Iss roh, dann wirst du froh! Iss kalt, dann wirst du alt!
Aus einem Ratgeber für gesunde Ernährung

Ich finde, man kann in Österreich gut leben, und ich fühle mich sehr wohl in Innsbruck. Aber das Essen! Ich verstehe nicht, warum die Leute dieses langweilige Essen mögen. Kein Geschmack, keine Schärfe, nichts! Das macht mich krank.
Richtiges Essen muss doch scharf sein. Wenn man gesund bleiben will, muss man scharf essen. Das ist gut für den Körper. Ich bin von zu Hause scharfe Speisen gewohnt, die tun meinem Körper gut. Scharfes Essen gibt mir die Energie, die ich zum Leben brauche.
Anthony Chukwuma Ogoke, Student aus Nigeria

①

1 Meinungen zum Thema „Essen"

a Wählen Sie einen Text. Warum haben Sie diesen gewählt? Sammeln Sie im Kurs.

Ich habe den Text von Teresa gewählt. Ich finde auch, dass viele Leute nicht genießen können …

Was Frau Frisch sagt, ist meiner Meinung nach falsch. Sie sagt, man nimmt sich keine Zeit. Ich habe keine Zeit, ich arbeite von …

Ich mag Sprichwörter. „Liebe geht durch den Magen" gefällt mir besonders gut. Ich habe einmal etwas Tolles erlebt …

b Was essen Sie oft und gern?

Die Menschen nehmen sich kaum noch richtig Zeit für das Essen, es muss sehr schnell gehen. Das erklärt den Erfolg von Fastfood. Fastfood enthält viel Fett und Kalorien. Es ist also eine der Ursachen für Übergewicht und gesundheitliche Probleme.
Carmen Frisch, Ernährungsberaterin ②

Liebe geht durch den Magen.
Sprichwort

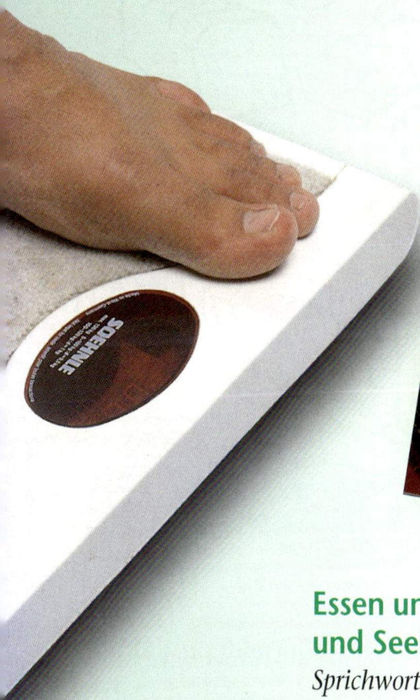

Essen und Trinken hält Leib und Seele zusammen.
Sprichwort

Ich versteh die Leute in Deutschland nicht: Sie reden beim Essen immer von Problemen. „Das schmeckt gut, aber es macht dick! Das mag ich gern, aber es ist ungesund! Ich hätte Lust auf eine Nachspeise, aber ich habe schon so viel gegessen. Ich würde noch gern ein Glas Wein trinken, aber ich muss noch arbeiten!" Warum können sie das Essen nicht einfach genießen? Immer aber, aber, aber ...
Teresa Prunés Trujillo, Krankenschwester aus Bolivien ③

Lernziele 27

- Verhalten und Gewohnheiten beschreiben
- Anweisungen geben
- Ratschläge geben
- Infinitiv mit *zu*
- Infinitive als Anweisungen

2 Kennen Sie ein Sprichwort zum Thema Essen in Ihrer Sprache? Versuchen Sie, es auf Deutsch zu notieren. Sammeln Sie im Kurs.

Fuq stonku vojt, il-moħħ ma jaħsibx.
Wenn der Bauch leer ist, kann der Kopf nicht denken.
Maltesisches Sprichwort

Aç ayı oynamaz.
Der hungrige Bär tanzt nicht.
Türkisches Sprichwort

Los niños y los borrachos siempre dicen la verdad.
Kinder und Betrunkene sagen immer die Wahrheit.
Spanisches Sprichwort

Człowiek je po to, żeby żyć, nie po to żyje, żeby jeść.
Man isst, um zu leben, man lebt nicht, um zu essen.
Polnisches Sprichwort

3 Gesunde Ernährung – Ernährungspyramide

▶ S. 165

a Was ist unten, in der Mitte und oben? Ordnen Sie die Nahrungsmittel zu und vergleichen Sie.

alkoholische Getränke · Brot · Fett · Fisch · Fleisch · Geflügel · Gemüse · Getreideprodukte · Kaffee · Kartoffeln · Käse · Limonade · Milch · Nudeln · Nüsse · Obst · Öl · Quark · Reis · Saft · Süßigkeiten · Tee · Vollkornbrot · Vollkornnudeln · Wasser · Joghurt · Zucker

Öl ist ungesund. Öle sind fett, fettes Essen tut dem Körper nicht gut. Es macht auch dick.

Ich benutze viel Öl, Olivenöl. Bei uns machen das alle und die Leute sind gesund.

1.8

b Interview mit einer Ernährungsberaterin: Hören Sie zu und kreuzen Sie an.

1. Wenn man viel Wasser, Tee und Fruchtsäfte trinkt, hat man auch weniger Hunger. [r] [f]
2. Alkohol ist immer ein Gift für den Körper, deshalb sollte man keinen Alkohol trinken. [r] [f]
3. Ein erwachsener Mensch braucht 2–3 Liter Flüssigkeit, deshalb kann man auch viel Kaffee trinken. [r] [f]
4. Limonaden sind nicht gesund, man sollte nur wenig davon trinken. [r] [f]
5. Süßigkeiten, Kuchen, Torten und Eis geben ein gutes Lebensgefühl. [r] [f]
6. Die Menschen nehmen doppelt so viel Fett zu sich, wie ihnen gut tut. [r] [f]
7. Fett ist vor allem in Käse, Wurst und Fleisch enthalten. [r] [f]
8. Reis, Kartoffeln, Nudeln und andere Getreideprodukte machen den Körper müde. [r] [f]
9. Milchprodukte kann man den ganzen Tag essen, so viel man will. [r] [f]
10. Obst und Gemüse soll man am besten roh essen, und zwar immer wieder zwischendurch. [r] [f]

4 Tipps geben

a Imperative und Infinitive: Markieren Sie die Verben mit zwei Farben.

1. Fangen Sie an, langsam zu essen!
2. Versuchen Sie, viel frisches Obst zu essen.
3. Stellen Sie eine Flasche Wasser an den Arbeitsplatz.
4. Denken Sie daran, vor dem Essen viel zu trinken.
5. Vergessen Sie nie, Joghurt einzukaufen.
6. Entschließen Sie sich, wenig Fleisch zu essen.

Man soll langsam essen.

b Was soll man tun? Schreiben Sie.

5 Meinungen zum Thema „Gesund leben" äußern – Schreiben Sie fünf Aussagen.

Ich habe keine Zeit, ...	langsam zu essen.	auf die Gesundheit zu achten.
Ich habe Lust, ...	viel Fleisch zu essen.	viel zu frühstücken.
Ich habe keine Lust, ...	viel Gemüse zu essen.	Übergewicht zu bekommen.
Es ist sehr teuer, ...	sich viel zu bewegen.	Kaffee zu trinken.
Ich finde es nicht wichtig, ...	das zu essen, was mir am besten schmeckt.	
Ich finde es langweilig, ...	immer Obst zu Hause zu haben.	
Es ist schön, ...	am Arbeitsplatz zu essen.	mit Freunden viel zu trinken.
Ich finde es lustig, ...	krank zu werden.	Wasser und Tee zu trinken.
Ich habe keine Angst, ...	das Essen mit anderen zu genießen.	Sport zu machen.
Es macht Spaß, ...	rohes Gemüse zu essen.	Wein zu trinken.

6 Infinitivgruppen mit *zu*

Ergänzen Sie die Tabelle mit Beispielen aus 4 und 5.

Verben	Adjektive + sein/finden	Nomen + Verb
anfangen, versuchen,	es ist (nicht) teuer	(keine) Zeit haben ...
vergessen ...	ich finde es (nicht) wichtig	...

7 Wählen Sie einen Satzanfang. Rufen Sie dann den Namen einer Kollegin / eines Kollegen. Sie/Er ergänzt den Satz und macht weiter.

▸ S. 165

Ich habe keine Lust, ... – Eliza!

Gemüse zu essen. – Ich finde es langweilig, ... – Petar!

langsam zu essen. – Es macht Spaß, ... Kim!

8 Ernährung und Lebensgewohnheiten

a Was sagen die Leute? Kreuzen Sie die richtige Aussage an.

▶ S. 166

1. Sigrid: a) ☐ Kaffee, Brötchen mit Butter und Marmelade, das ist das deutsche Frühstück.
   b) ☐ Überall gibt es etwas anderes zum Frühstück.
2. Celia: a) ☐ Wir essen so um drei oder erst um vier am Nachmittag zu Mittag.
   b) ☐ In meiner Familie haben wir meistens schon vor neun Uhr zu Abend gegessen.
3. George: a) ☐ In England trinkt man Bier nicht kälter und nicht wärmer als in Deutschland.
   b) ☐ Die Witze über das „warme" englische Bier stimmen zum Teil.

b Gewohnheiten in Ihrer und anderen Kulturen – Schreiben Sie auf ein Blatt. Verteilen Sie die Blätter im Kurs. Raten Sie: Wo ist das?

Die Leute sind gewohnt, …
Man hat keine Lust, …
Die Leute finden es wichtig, …
Es ist bei uns sehr teuer, …
Man versucht …
Die Leute …

9 Kompliment oder nicht?

a Hören Sie und ordnen Sie die vier Dialoge. Welche Dialoge enthalten Komplimente?

A

1 Das schmeckt aber interessant.
__ Ist das schwer zu kochen?
__ Was ist das? Das kenn ich nicht.
__ Mensch, ich habe gar nicht gewusst, dass du so gut kochen kannst!

B

__ Das ist „bis parmak", ein Gericht aus Kasachstan.
1 Findest du? Wieso?
__ Ach, weißt du, ich koche einfach gern.
__ Nein, ganz einfach. Und es dauert gar nicht lang.

C

__ Das möchte ich auch mal probieren. Du musst mir unbedingt das Rezept geben.
__ Es ist ziemlich scharf.
__ Das schmeckt man!
__ Und was ist da drin?

D

__ Vielen Dank!
__ Dabei hab ich heute ganz mild gekocht. Wir essen meistens viel schärfer.
__ Ich kann dir gern das Kochbuch leihen.
__ Das ist ein Geheimnis! Rat doch mal!

b Beim Essen – Schreiben und spielen Sie selbst Dialoge.

Das schmeckt aber interessant.

Möchtest du nicht probieren?

Ich esse kein Fleisch.

10 **Bewegung ist wichtig – Wie viel Bewegung haben Sie jeden Tag?**

a **Was tun Sie wie oft und wie lange? Notieren und vergleichen Sie im Kurs.**

b **Lesen Sie den ersten Text und vergleichen Sie mit den Ergebnissen aus a.**

Kleine Anstrengungen – große Erfolge

(hs) Die Zahl der Menschen mit Herzproblemen steigt immer weiter an. Nur wenigen ist bewusst, dass der Herztod in Deutschland die Todesursache Nummer eins ist. Der Grund: Übergewicht, meistens zusammen mit zu wenig Bewegung.

Bewegung verlängert das Leben. Patienten mit Herzproblemen, die zweimal pro Woche auch nur leicht trainieren, sind nach drei Jahren wesentlich gesünder als Patienten ohne regelmäßige Bewegung. Schon kleine Anstrengungen, etwa 30 Minuten einfache Übungen, bringen deutliche Verbesserungen der Gesundheit.

Genauso wichtig ist es, mehr Bewegung in den Alltag zu bringen:

- Gehen Sie zu Fuß zur Arbeit oder wenigstens einen Teil des Weges.
- Bewegen Sie sich während der Arbeit oder in den Pausen.
- Benutzen Sie nicht den Aufzug, steigen Sie Treppen.
- Erledigen Sie die kleinen alltäglichen Dinge zu Fuß, nicht mit dem Auto.
- Halten Sie in Ihrem Terminplan mindestens zweimal pro Woche ein Stunde für Bewegung frei.

Und hier zwei Übungen, die außerdem Bauch und Rücken stärken.

1. **Den Bauch stärken:** Auf den Rücken legen, Oberschenkel senkrecht anheben, mit den Unterschenkeln einen rechten Winkel bilden. Eine Minute Beine abwechselnd strecken. Dann 10-mal beide Oberschenkel nach oben drücken, bis sich der Po leicht vom Boden hebt, der Rücken bleibt am Boden.
2. **Den Rücken stärken:** Auf Hände und Knie gehen. Einen Arm und das gegenüberliegende Bein waagrecht anheben, 5–10 Sekunden in dieser Stellung bleiben. Dann Hand und Fuß bewusst strecken, dann Ellbogen und Knie 5-mal unter dem Oberkörper zusammenführen. Mit der anderen Seite wiederholen.

11 **Anleitungen und Anweisungen – Schreiben Sie persönliche Anweisungen für die Übungen 1 und 2.** ▸ S. 167

In der Anleitung steht:

Auf den Rücken legen.
Oberschenkel senkrecht anheben.
Auf die Hände und Knie gehen.
Einen Arm und das gegenüberliegende Bein anheben.

Persönliche Anweisung:

Leg dich auf den Rücken!
Heb die Oberschenkel senkrecht an!
Geh auf die Hände und Knie!
Heb einen Arm und das gegenüberliegende Bein an!

12 Etiketten auf Lebensmitteln

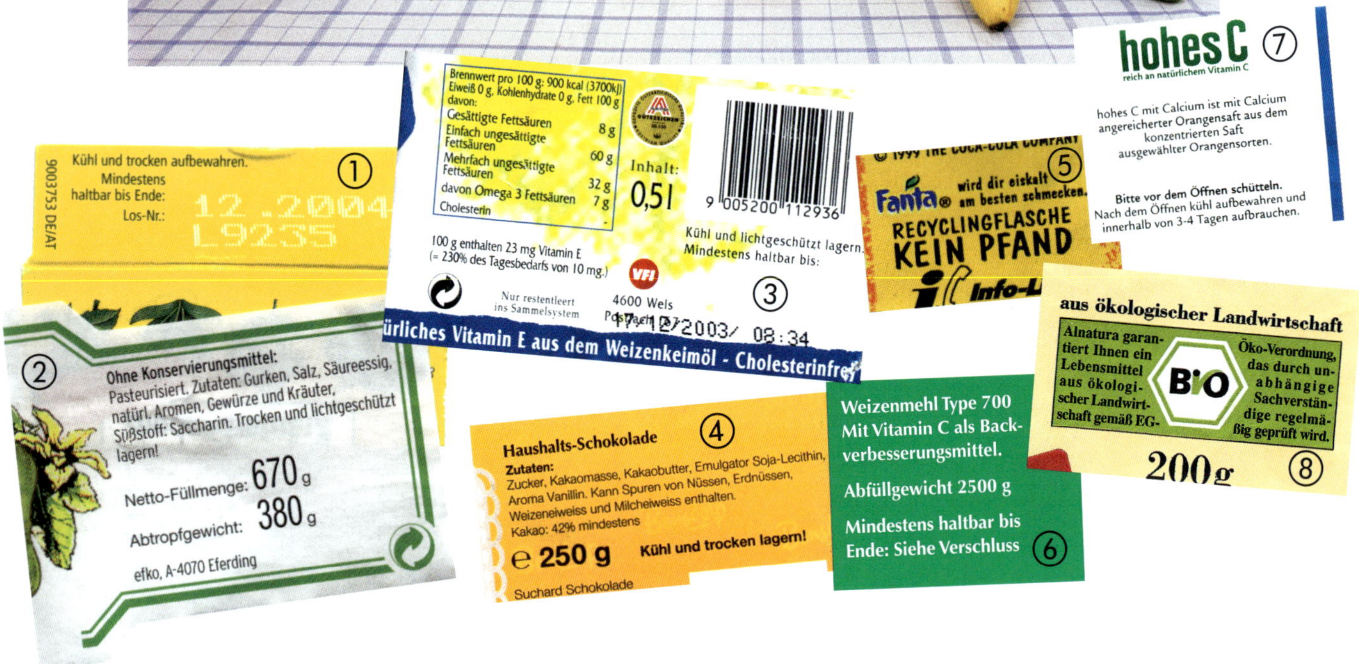

a Lesen Sie die Etiketten und die Aussagen. Zu welchen Etiketten passen die Aussagen?

1. 1/3 Der Stempel zeigt, wie lange der Inhalt mindestens hält.
2. ______ Man bekommt kein Geld zurück, aber die Flasche kann wieder verwendet werden.
3. ______ Das Lebensmittel hält nur, wenn es kühl und trocken gelagert wird.
4. ______ Das Gesamtgewicht ist viel höher als das Gewicht der Frucht.
5. ______ Man soll das Lebensmittel im Dunkeln lagern.
6. ______ Wenn man die Packung geöffnet hat, soll man sie in den Kühlschrank stellen.
7. ______ Die folgenden Stoffe sind im Lebensmittel enthalten: ...
8. ______ Experten kontrollieren die Qualität.

b Zu welchen Lebensmitteln passen die Etiketten? Sammeln und vergleichen Sie.

13 Mit dem Wörterbuch arbeiten

a Wo stehen diese Informationen im Wörterbuch? Machen Sie Pfeile.

Was für eine Wortart ist das Stichwort?
Adj = Adjektiv
v/t Verb, transitiv (= mit Akkusativ)

Welchen Artikel hat das Wort?
m (maskulin: der)
n (neutrum: das)
f (feminin: die)

Das Stichwort wird wiederholt:
~ *machen* = haltbar machen

Was bedeutet das Wort?
Ziffern von 1 bis ...

stop: *fig* ***vor nichts ~ machen*** stop at nothing
haltbar *Adj* **1.** *Material*: durable, hard-wearing, TECH *a.* wear-resistant, *Farbe*: fast **2.** *Lebensmittel*: not perishable: ***begrenzt ~*** perishable; ***~ sein*** keep (well); ***~ machen*** preserve; ***~ bis ...*** to be used before ... **3.** SPORT stoppable (*shot*) **4.** *fig Theorie etc*: tenable
Haltbarkeit *f* **1.** durability, TECH *a.* (long *etc*) service life, WIRTSCH shelf life, *von Farben*: fastness **2.** *von Lebensmitteln*: keeping quality: ***von geringer ~*** perishable **3.** *fig e-r Theorie etc*: tenability
Haltbarkeitsdatum *n* sell-by date
Haltegriff *m* strap
Haltelinie *f* MOT stop line
halten I *v/t* **1.** (*fest~*) hold, (*stützen*) hold (up), support: ***er hielt ihr den Mantel*** he held her coat for her; → ***Stellung*** 1 **2.** (*in e-m Zustand ~*) keep: ***sauber*** (***trocken, warm***) ***~*** keep clean (dry, warm); → ***Ordnung*** **3.** (*ab~*) *allg* hold, (*Hochzeit, Messe*) *a.* celebrate, (*Mahlzeit, Schläfchen etc*) take, have **4.** (*beibe~, ein~*) keep, (*Preise, Geschwindigkeit etc*) hold (*a.* MUS *Ton*), maintain: → ***Versprechen, Wort*** 3 **5.** SPORT (*Schuss*) stop, block, *Torwart*: save,

Aus: Langenscheidts Großwörterbuch Deutsch als Fremdsprache

In welchem Bereich ist das Wort wichtig?
Kursive Schrift: *Lebensmittel*

Was heißt das Wort in der Fachsprache?
Beispiel: TECH = Technik

Welche Verbindungen kommen oft vor?
~ *bis* ... = haltbar bis ...

Was heißt das Wort im nichtwörtlichen Sinn?
fig = nichtwörtlich, als sprachliches Bild

b Suchen Sie im Wörterbuch Wörter zu diesen Wortfamilien.

Verben	Adjektive	Nomen
halten (hielt, hat gehalten)	haltbar	die Haltbarkeit
lagern		
	geschützt	
	verpackt	
		Verbrauch, Verbrauchsfrist

c Zerlegen Sie die folgenden Wörter von hinten her in ihre Teile und schlagen Sie diese im Wörterbuch nach. Notieren Sie auch die Artikel.

Mindesthaltbarkeitsdatum • Konservierungsmittel • Verbrauchsfrist • Ernährungsberaterin • lichtgeschützt

das Mindesthaltbarkeitsdatum
das Datum, haltbar, die Haltbarkeit, mindestens

14 Projekt „Informationen auf Lebensmitteln"

a Sammeln Sie Verpackungen und Etiketten. Suchen Sie unbekannte Wörter im Wörterbuch. Notieren Sie die Wörter, die Sie lernen wollen, in einem Wortnetz.

► S. 168

Lagerung · Haltbarkeit · Entsorgung · Zutaten · Inhaltsstoffe

b Suchen Sie zu wichtigen Wörtern andere Wörter aus der Wortfamilie im Wörterbuch.

schützen (sich) schützen vor/gegen ... der Schutz geschützt

Auf einen Blick

Im Alltag

1 Verhalten und Gewohnheiten beschreiben

Ich esse	**nie**	Fleisch.	Fleisch schmeckt mir nicht.
Ich kaufe	**kaum/selten**	Süßigkeiten.	Süßes mag ich nicht besonders.
Ich koche	**manchmal**	Fisch.	Fisch finde ich ganz okay.
Ich trinke	**regelmäßig**	Kaffee.	Kaffee brauche ich dreimal am Tag.
Ich esse	**oft**	Obst.	Frisches Obst ist für mich sehr wichtig.
Ich brauche	**immer**	Brot, jeden Tag.	Ohne Brot geht bei mir gar nichts.

2 Bitten und Aufforderungen

Können Sie mir bitte ein Glas Wasser geben?
Geben Sie mir bitte ein Glas Wasser.
Ein Glas Wasser, bitte.
Haben Sie ein Glas Wasser?
Ich brauche ein Glas Wasser.

Kannst du mir bitte das Brot geben?
Gib mir bitte das Brot.
Ich habe kein Brot mehr.
Das Brot, bitte.

3 Ratschläge geben

Sie treiben besser mehr Sport. (Es ist besser, Sie treiben mehr Sport.)
Am besten bewegen Sie sich viel im Freien.
Es ist am besten, wenn Sie sich viel im Freien bewegen.
Ich möchte Ihnen wirklich raten, sich mehr zu bewegen.
Ich empfehle Ihnen, oft zu Fuß zu gehen.
Warum gehen Sie nicht zu Fuß zur Arbeit oder zum Einkaufen?

Du musst unbedingt ein bisschen Sport machen.
Geh doch öfter schwimmen!
Schwimmen kann ich dir wirklich empfehlen.
Fahr doch lieber mit dem Fahrrad als mit dem Auto.
Ich würde einfach immer die Treppe benutzen.
Treppensteigen ist sehr gesund.
Ich benutze nie den Lift, ich gehe zu Fuß.

Grammatik

4 Infinitivgruppen mit *zu*

Verben	anfangen	Pavel fing an **zu** kochen.
	versuchen	Er versuchte, etwas Neues **zu** machen.
	vergessen	Er hatte vergessen, Pfeffer ein**zu**kaufen.
	sich entschließen	Aber er entschloss sich, es **zu** probieren.
Adjektive + Verb	wichtig sein	Es ist wichtig, sich viel **zu** bewegen, sagt der Arzt.
	nicht teuer sein	Es ist nicht teuer, ein bisschen Sport **zu** machen, sagt mein Chef.
	gut tun	Es tut gut, jeden Tag eine halbe Stunde spazieren **zu** gehen, sagt meine Freundin.
	schön finden	Ich finde es einfach schön, viel in Bewegung **zu** sein.
Nomen + *haben*	Lust haben	Anna hatte Lust, ins Kino **zu** gehen.
	keine Zeit haben	Sie hatte keine Zeit, vorher an**zu**rufen.
	Angst haben	Deshalb hatte sie Angst, keine Karte mehr **zu** bekommen.

5 Anleitungen – Aufforderungen

	Sie	du	ihr
kommen	Kommen Sie!	Komm!	Kommt!
warten	Warten Sie!	Wart(e)!	Wartet!
nehmen	Nehmen Sie!	Nimm!	Nehmt!
fahren	Fahren Sie!	Fahr!	Fahrt!
(so nett) sein	Seien Sie so nett!	Sei so nett!	Seid so nett!

Wortbildung

6 Nomen

(sich) bewegen	die Beweg-**ung**	gewohnt (sein)	die Gewohn-**heit**
(sich) anstrengen	die Anstreng-**ung**	gesund (sein)	die Gesund-**heit**
schnell (sein)	die Schnell-ig-**keit**	das Land	die Land-**schaft**
müde (sein)	die Müd-ig-**keit**	das Wissen	die Wissen-**schaft**
die Univers-**ität**	die Na-**tion**	die Fabr-**ik**	die Disco-**thek**
die Spezial-**ität**	die Produk-**tion**	die Mus-**ik**	die Apo-**theke**

TIPP

Wörter mit diesen Endungen haben immer den Artikel ***die***:
Deutsche Wörter: *-ung, -heit, -keit, -schaft*
Internationale Wörter: *-(i)tät, -tion, -ik, -thek(e)*

Raststätte

1 Drei in einer Reihe

Sie können das Spiel zu zweit oder zu viert (in zwei Gruppen) spielen.

1. Legen Sie eine Münze auf ein gelbes, grünes oder blaues Feld.
2. Das andere Team wählt dann eine gelbe, grüne oder blaue Aufgabe aus.
3. Wenn Sie die Aufgabe lösen, dann bleibt Ihre Münze liegen und Sie spielen weiter.
   Wenn nicht, dann müssen Sie die Münze wegnehmen und das andere Team spielt weiter.
4. Wer drei Münzen in einer Reihe hat (senkrecht/waagrecht/diagonal), bekommt einen Punkt.
5. Wer zuerst fünf Punkte hat, hat gewonnen.

Aufgaben

1. Bilder beschreiben – Ergänzen Sie:
   vorne – h..., links – ..., im Vordergrund – ..., unten – o..., in der M...
2. Thema „Verwandtschaft“: 10 Wörter: Vater, M...
3. Er lernt von ihr und sie von ihm. Sie lernen v...
4. Fünf Berufe und fünf Tätigkeiten im Hotel.
5. Ergänzen Sie die Beschwerde: Ich konnte nicht schlafen, weil ...
6. Ergänzen Sie die Beschwerde: Ich habe ein Raucherzimmer, obwohl ...
7. Trier ist 2000 ... alt. Es ist die ... (alt) Stadt Deutschlands.
8. Ergänzen Sie: Al... ist Gift für den Körper. Viel W... trinken ist .... S... sind schlecht für die Zähne.
9. Thema „Essen“ – Ergänzen Sie: Viele Leute haben wenig Zeit, ... – Ich habe oft Lust, ... – Es macht Spaß, ...
10. Persönliche Anweisungen: L... dich a... den Rücken und h... das rechte Bein a...

1. Indirekte Fragen: Wann beginnt der Kurs? → Können Sie ...; Gibt es noch Plätze? →Ich möchte ...
2. Welche Vorteile hat das Projekt „Alt hilft Jung“ für Familien mit Kindern?
3. Alt und Jung in Deutschland und in Ihrer Heimat? Nennen Sie zwei Unterschiede.
4. Telefongespräch – 1. Gruß + Einleitung: *Guten* ... 2. Gespräch beenden + Verabschiedung: ...
5. Sie arbeiten an der Rezeption. Der Gast: Der Fernseher in meinem Zimmer geht nicht. Sie: ...
6. Sie arbeiten im Restaurant. Der Gast: Ich warte schon seit einer Stunde auf mein Essen. Sie: ...
7. Machen Sie lieber im Winter oder Sommer Urlaub? Geben Sie drei Gründe an.
8. Nennen Sie je zwei Vorteile und Nachteile von Winterurlaub und Sommerurlaub.
9. Beschwerde: Dusche geht nicht / Zimmer verraucht / anderes Zimmer
10. Loben Sie im Superlativ – Service / freundlich, Restaurant / gut: Das war der ...
11. Wie heißt das polnische Sprichwort: Man isst, um zu ..., man ... nicht, um zu essen?
12. Nennen Sie drei Lebensmittel, die man wenig essen soll, und sagen Sie, warum.
13. Gesund leben und essen. Geben Sie drei Tipps: Essen Sie ... Machen Sie ... Achten Sie auf ...
14. Ergänzen Sie: Obwohl ich wenig esse, ... – Wenn ich mehr Sport machen würde, ... – Ich habe keine Lust, ...
15. Das Essen war gut: Loben Sie den Koch. Zwei Sätze.

1. Probleme zwischen jungen und alten Menschen. Beschreiben Sie zwei Beispiele.
2. Was müsste für Familien in Deutschland besser organisiert werden?
3. Können Sie sich vorstellen, von Schülern Unterricht zu bekommen? Warum / Warum nicht?
4. Definitionen: Koch, Rezeption, Aufzug: Ein Koch ist jemand, der ...
5. Sie arbeiten an der Rezeption. Ein Gast ist wütend, weil die Dusche nicht geht und das Zimmer verraucht ist. Sie haben kein anderes Zimmer mehr. Was sagen Sie?
6. Skifahren in der Halle. Was sind die Vorteile und Nachteile?
7. Beschreiben Sie Ihren Traumurlaub. Fünf Sätze.
8. Berichten Sie über Ihre Essgewohnheiten: in der Woche / am Sonntag.
9. Essen in Deutschland – Was finden Sie gut/schlecht?
10. Wie verstehen Sie die Aussage „Man ist, was man isst“?

Eine Einladung zum Boßeln

2 Lesen Sie die Einladung und sehen Sie die Fotos an.

a Was machen die Leute? Sammeln Sie Vermutungen.

Ich heiße Aurea Cardoso und komme aus Brasilien. Seit einem Jahr arbeite ich in Bremen bei einer großen Firma, die Kaffee importiert. An der Volkshochschule lerne ich Deutsch. Ich habe viele nette Leute kennen gelernt und mit einigen bin ich richtig befreundet. Meine besten Freunde sind Erika und Horst. Erika arbeitet auch in meiner Firma.
Vor einer Woche habe ich im Briefkasten diese Einladung gefunden:

Liebe *Aurea*,
wir laden dich am Samstag, 22. November zum Boßeln ein! Treffpunkt: 10.00 Uhr am Kurhaus in Dangast. Nach dem Spiel Kohl und Pinkel im „Deichkieker“.
Tipp: Warme Kleidung mitnehmen und bequeme Schuhe anziehen!
Bitte sag uns noch kurz Bescheid, wir organisieren eine Mitfahrgelegenheit.

Liebe Grüße
Erika und Horst
Tel. 0421/369614

PS: Du musst unbedingt mitfahren, damit wir zwei Mannschaften zusammenbekommen.

b Hören Sie das Telefongespräch und kreuzen Sie an.

1. In jeder Mannschaft sollten mindestens fünf Spieler und Spielerinnen sein. r f
2. Man boßelt auf einer Straße oder auf einem Weg. r f
3. Ein Spiel dauert sehr lange, manchmal 12–15 Stunden. r f
4. Die Kugel wird so weit wie möglich geworfen oder gerollt. r f
5. Die Holzkugeln nennt man „Schött“. r f

c Hören Sie noch einmal und sammeln Sie Informationen zum Spielablauf. Lesen Sie dann Aureas Tagebucheintrag und vergleichen Sie die Informationen.

Spielort	Mannschaft	Regel

23. November (1 Uhr morgens)

Habe „Boßeln" gelernt

Das Wetter war typisch für die Jahreszeit! Kalt, nass und windig. Kurz vor zehn waren wir in Dangast.
Horst hat einen kleinen Wagen aus Holz mitgebracht, den Bollerwagen.
Damit haben wir heißen Punsch, Ostfriesentee, Kaffee und die selbst gebackenen Spezialitäten transportiert.
Dann ging es los. Horst hat die beiden Mannschaften eingeteilt. Jede Mannschaft bekam eine Boßelkugel und wir durften beginnen.
Thomas, ein junger Musiker aus Oldenburg, nahm die Kugel und warf sie so weit, wie er konnte. Die Kugel rollte noch ein Stück und erst nach 50 Metern blieb sie liegen. Dann warf die andere Mannschaft. Aber die Kugel blieb schon nach dreißig Metern liegen. Wir hatten den ersten Punkt gewonnen! Ein Schött, wie die Leute hier sagen.
Jedes Team ging dann zu seiner Kugel und das Spiel ging weiter. Ich war die vierte Spielerin in unserer Mannschaft. Ich hab es genau wie die anderen gemacht: Schwung geholt, geworfen ... aber die Kugel ist leider in einem Graben gelandet. Horst holte aus dem Bollerwagen eine lange Stange mit einem Netz am Ende. „Das ist ein Boßelkugelfischgerät", erklärte er und fischte die Kugel aus dem Graben.
Unsere Strecke war über 10 Kilometer lang und wir haben über drei Stunden gebraucht.
Aber die Zeit verging schnell: reden, Tee trinken, boßeln, Bollerwagen ziehen, Kuchen essen!
Boßeln ist ein tolles Spiel!
Der „Deichkieker" war ein gemütliches kleines Restaurant, und bis das Essen kam, redeten wir über das Spiel und lachten viel. Dann gab es „Kohl und Pinkel". Das ist ein typisches Gericht in Norddeutschland. Ich hab mir die Zutaten aufgeschrieben, aber irgendwas fehlt.
Ich muss morgen Erika anrufen.
Jetzt bin ich nur noch müde!!!

d Kennen Sie ein ähnliches Spiel aus Ihrem Land oder anderen Ländern? Stellen Sie es im Kurs vor.

e Ein typisches Rezept – Aurea hat im Restaurant Notizen gemacht. Was hat sie nicht notiert?

Grünkohl (ein Gemüse)
gekochte Kartoffeln
Bratwürste/Fleisch
?
dazu Bier – viel Bier!

Gespräch über Werbung

3 Generationen in der Werbung

Arbeiten Sie zu zweit. Lesen Sie die Aufgaben a und b und die Redemittelkästen.
Sehen Sie sich dann die Anzeige A **oder** B an.

a Die Anzeige betrachten:

- Sammeln Sie sechs Adjektive, die zu den Personen in Ihrer Anzeige passen.
- Gehen Sie bei Ihrer Beschreibung auf die Fragen *Wer?, Wie?, Wo?, Was?, Warum?* ein.
- Wofür wird mit Ihrer Anzeige geworben?
- Passt das Foto dazu?
- Wie finden Sie die Anzeige?

b Die Anzeige beschreiben:

1. Beschreiben Sie Ihrem Partner / Ihrer Partnerin die Anzeige.
2. Ihr Partner / Ihre Partnerin beschreibt Ihnen dann seine/ihre Werbeanzeige. Stellen Sie Fragen dazu und reagieren Sie darauf.

Ein Bild beschreiben

Auf dem Bild sieht man drei Personen, die ...
Die Personen befinden sich in ...
Sie sehen ... aus.
Sie scheinen ... zu sein, weil ...

Im Vordergrund/Hintergrund sieht man ...
Links/Rechts ist ... zu sehen.

Die Anzeige zeigt ...
Die Anzeige ist eine Werbung für ...

Ich finde die Anzeige ...
Mich erinnert das an ...

Auf den Partner / die Partnerin reagieren

Wo befinden sich die Personen?
Was machen sie?

Kannst du noch mal sagen, wo/wie/was ...?
Ich habe nicht verstanden, wo/wie/was ...

Warum glaubst du, dass ...?

Gefällt dir die Anzeige? Warum? Warum nicht?

c Könnte es diese Anzeigen auch in Ihrem Heimatland geben?

Ich glaube (nicht), dass die Anzeige Ich denke (nicht), dass Ich kann mir gut/nicht vorstellen, dass Die alten / jungen Leute bei uns Werbung ist bei uns	in meinem Heimatland erfolgreich wäre, weil ... man ... bei uns akzeptieren ... ... den Menschen in meinem Land zu ... wäre. interessieren sich nicht/auch für ... sind auch/nicht ... viel witziger/langweiliger/... als diese hier. genauso ... wie diese Anzeigen.

Generationen in der Werbung A

humorvoll • modern • originell • fröhlich • aktiv • traurig
alt • verrückt • uncool • jung • schick • normal • cool
optimistisch • positiv • auffällig • ernsthaft • offen • witzig
bunt • intelligent

Generationen in der Werbung B

humorvoll • modern • originell • fröhlich • aktiv
traurig • alt • verrückt • uncool • jung • schick • normal
cool • optimistisch • positiv • auffällig • ernsthaft
offen • witzig • bunt • intelligent

Geschichte und Geschichten

B

A

C

D

❶ In den Siebzigerjahren versuchten junge Leute, anders zu leben und zu arbeiten und Kinder anders zu erziehen als ihre Eltern. Es entstanden Wohngemeinschaften, Kinderläden, Landkommunen und selbst verwaltete Betriebe. Aus dem politischen Protest gegen Atomkraftwerke ging die Ökobewegung hervor.

❷ Am 9. November 1989, um 19 Uhr 7 erklärte die SED völlig überraschend, dass DDR-Bürger ab sofort in die Bundesrepublik und nach West-Berlin ausreisen durften. Nachdem die Radio- und Fernsehsender diese Nachricht verbreitet hatten, liefen Tausende zu den Grenzübergängen. Im Laufe der Nacht trafen Deutsche aus Ost und West zum ersten Mal seit 28 Jahren wieder ohne Kontrolle zusammen.

❸ Mit dem Wirtschaftswunder kamen die „Gastarbeiter“. Als erste waren ab 1955 Italiener gekommen. Ihnen folgten Griechen, Spanier, Türken, Portugiesen und Jugoslawen. 20- bis 40-jährige Männer ohne Familien, die in Deutschland mit schweren und oft gefährlichen Arbeiten in kurzer Zeit möglichst viel Geld verdienen wollten, um danach in ihre Heimat zurückzukehren.

❹ 4. Juli 1954: In einem dramatischen Finale gewann die deutsche Elf die Fußballweltmeisterschaft 3:2. Sensationell schlug das deutsche Team im Endspiel die favorisierten Ungarn. Das Wunder von Bern war perfekt.

Lernziele 28

- **über Geschichte sprechen**
- **erzählen**
- **Unsicherheit ausdrücken**
- **Präteritum**
- **Plusquamperfekt**

Der Portugiese Armado Rodriguez trifft in Köln ein, um in Deutschland zu arbeiten. Er erhält bei seiner Ankunft ein Moped als Geschenk. Er ist der Millionste

❼ Anfang Mai 1945 zog die sowjetische Armee in Berlin ein. Der 2. Weltkrieg, den Deutschland 1939 mit dem Angriff auf Polen begonnen hatte, war zu Ende: Deutschland und halb Europa waren zerstört. Der Fotograf Jewgeni Chaldej sagt zu seinem Bild: „Ich suchte lange ... Es sollte auch etwas von Berlin zu sehen sein. Dann sagte ich: ‚Jungs, stellt euch da hin und hisst die Fahne ...' Es waren drei Soldaten. Einer aus der Ukraine, einer aus Dagestan und ein Russe ... Ich habe einen ganzen Film verknipst, 36 Bilder."

❺ Nachdem Carl Benz 1886 das erste Auto gebaut hatte, machte seine Frau Berta im August 1888 mit ihren beiden Söhnen Richard (13) und Eugen (15) die erste „Fernreise". Sie fuhren von Mannheim zur Großmutter nach Pforzheim. Unterwegs hatten sie zwar kleine Pannen und mussten Benzin in der Apotheke einkaufen, aber am Abend hatten sie die erste Auto-Fernfahrt der Welt geschafft.

❻ Als die Nazis die Kommunisten holten, habe ich geschwiegen; ich war ja kein Kommunist ...
Als sie die Juden holten, habe ich nicht protestiert; ich war ja kein Jude.
Als sie mich holten, gab es keinen mehr, der protestierte.
Martin Niemöller (Theologe)

1 Welche Texte und Bilder passen zusammen?

Text + Bild 1 + E 2 + ___ 3 + ___ 4 + ___ 5 + ___ 6 + ___ 7 + ___

2 Geschichte hören – Welcher Text passt wozu? Welche Stichworte fallen Ihnen noch dazu ein?

1.13 ▸ S. 174

Politik	Sport	gesellschaftliche Veränderungen

3 Über die Vergangenheit berichten: Präteritum

a Suchen Sie auf S. 42/43 die Präteritumformen und machen Sie eine Liste.

machte   durfte   fuhr   erklärte

b Regelmäßige und unregelmäßige Verben – Ordnen Sie und notieren Sie die Infinitive.

regelmäßig	unregelmäßig	Vokaländerung + Endung regelmäßig
macht-te/machen	fuhr/fahren	durf-te/dürfen
erklär-te/erklären		

4 Die Nachkriegszeit – Ergänzen Sie die passenden Verben.

begann • ging • entwickelte • erhielt • teilten • wurden • gab

Nach 1945 _______________ die Alliierten Deutschland in vier Teile. Aus diesen vier Teilen _______________ 1949 die zwei deutschen Staaten (BRD und DDR). Im Westen (BRD) _______________ sich eine parlamentarische Demokratie, aber die Deutschen im Osten (DDR) durften 40 Jahre lang nicht frei wählen und es _______________ dort keine freie Presse und keine unabhängigen Gerichte. Die BRD _______________ wirtschaftliche Hilfe von den USA. Anders als in der DDR _______________ es im Westen ab 1949 deshalb schnell aufwärts. Es _______________ das deutsche „Wirtschaftswunder".

5 Wichtige Daten

a Sammeln Sie Informationen zu Ihrem Heimatland. Berichten Sie. Fragen Sie im Kurs.

Fragen	Antworten	Ereignisse
Seit wann ist ...? Hat es bei euch einmal ...? Kannst du mir sagen, seit ...? Weißt du, ob / wie lange / bis wann ...? ...	Seit ... Ich bin mir nicht sicher, aber ich glaube, dass ... Ich bin mir nicht sicher, ob	EU-Mitglied sein • eine Revolution geben • den letzten Krieg geben • Republik sein • eine Diktatur / Demokratie sein ...

b Gibt es einen Tag in Ihrer Lebensgeschichte, der Ihr Leben verändert hat?

2002 starb meine Großmutter.
Das war sehr schwer für mich.

Vor vier Jahren kam meine Tochter zu Welt.
Das hat mein Leben total verändert.

6 Eine private Geschichte im November – Hören Sie und ergänzen Sie den Text. Die Präteritumformen finden Sie in der Wortliste.

1.15

fragen • gehen • hören • laufen • nehmen • packen • rauchen • rufen • sagen • schmecken • sein • sehen • sitzen • trinken • werfen • umschalten

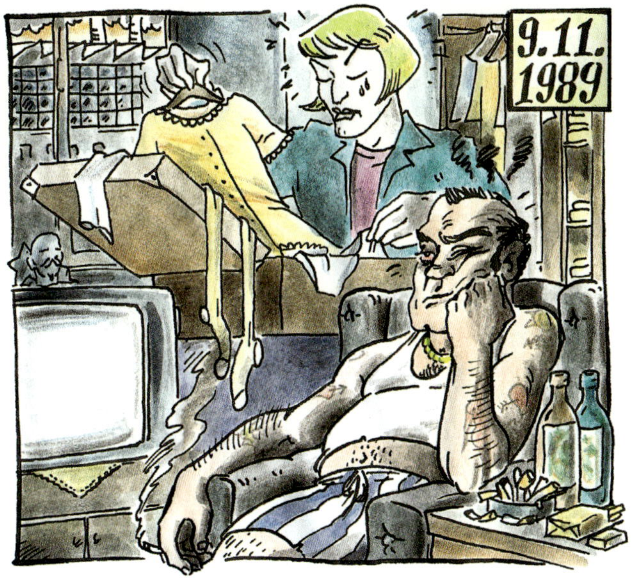

9. November 1989, 23 Uhr. Claudia Kleinert und ihr Mann Udo hatten den ganzen Abend gestritten. Nun __waren__ sie müde und traurig. Er __saß__ vor dem Fernseher, sie __________ ihre Sachen. Seit zwei Stunden hatten sie kein mehr Wort gesprochen. Er __________ sein Bier, __________ eine Zigarette nach der anderen, obwohl sie ihm nicht __________. Claudia __________ die Tränen übers Gesicht. Wütend __________ sie ihre Kleider in den Koffer. Mit der Fernbedienung __________ er ____ und da __________ er folgende Nachricht: „Ab heute ist es für jeden DDR-Bürger möglich, ohne besonderen Anlass ... ins Ausland zu reisen. [...] In der Nacht passierten zahlreiche DDR-Bürger die Grenzübergänge lediglich nach Vorlage des Personalausweises ...“ „Schnell, komm mal, Claudia“, __________ Udo. Sie __________ ins Wohnzimmer und __________ staunend auf den Bildschirm. „Bedeutet das, dass die Mauer weg ist? Heißt das Wiedervereinigung?“, __________ sie. Er stand auf, __________ sie in den Arm und __________ zärtlich: „Ja, vielleicht auch Wiedervereinigung. Lass es uns versuchen!“

7 Perfekt und Präteritum – Beim Sprechen benutzt man bei den meisten Verben das Perfekt. Formulieren Sie die schriftlichen Aussagen in mündliche um.

▶ S. 176

1. Carl Benz erfand 1886 das Auto.
2. Hitler kam 1933 an die Macht.
3. 1956 gründeten sechs europäische Länder in Rom die Europäische Wirtschaftsgemeinschaft (EWG).
4. Der deutsche Ingenieur Conrad Zuse baute 1941 den ersten Computer.
5. Hosni begann seinen Deutschkurs im Jahr 2002.
6. Birsens Eltern sprachen nur Türkisch.
7. Tom arbeitete lange in einem Supermarkt.
8. Helgi traf Leopold in Wien und verliebte sich sofort in ihn.

8 Die „Gastarbeiter“ – Was passt zusammen? Ordnen Sie 1–5 und a–e zu.

1. Nachdem 1955 die ersten Italiener gekommen waren,
2. Am Anfang hatte man sie als „Fremdarbeiter“ bezeichnet,
3. Viele blieben in Deutschland und fanden hier eine neue Heimat,
4. Nachdem die deutsche Wirtschaft Mitte der 70er Jahre in die Krise geraten war,
5. Es gab immer wieder soziale Konflikte,

a) obwohl die meisten geplant hatten, wieder in die Heimat zurückzukehren.
b) aber bald hießen sie offiziell „Gastarbeiter“.
c) sprach die Regierung einen Anwerbestopp aus.
d) folgten bis Ende der Sechzigerjahre Griechen, Spanier, Türken, Portugiesen und Jugoslawen.
e) weil die Regierungen nicht rechtzeitig Programme zur Integration von Ausländern entwickelt hatten.

9 Was war zuerst und was kam dann?

a Lesen Sie die Texte 2, 3 und 5 auf S. 42/43 und Aufgabe 8 noch einmal und markieren Sie.

Nachdem Carl Benz ... gebaut hatte, machte seine Frau ...

b So bildet man das Plusquamperfekt – Ergänzen Sie die Regel.

Das Plusquamperfekt bildet man mit dem Pr________________ von *haben* oder *sein* und dem Pa________________ II des Verbs. Wann benutzt man *haben* und wann *sein*? Hier gelten dieselben Regeln wie beim P________________.

▶ S. 177

10 Eine Karriere in Europa – Ergänzen Sie die Verben im Plusquamperfekt oder Präteritum.

1. Obwohl ich in der 9. Klasse mit einem Schüleraustausch in Frankreich gewesen war, ________________ ich mich erst viel später für Europa zu interessieren. (sein / beginnen).
2. Nachdem ich 1982 mein Abitur und danach den Zivildienst ________________ ________________, ________________ ich mit dem Studium beginnen. (machen / können).
3. Als ich 1989 mein Examen als Architekt ________________ ________________, ________________ ich gleich eine Stelle bei einer Baufirma. (bestehen / finden)
4. Nachdem ich zehn Jahre dort ________________ ________________, ________________ ich ein eigenes Büro und ________________ mich auf Ökohäuser. (arbeiten / gründen / spezialisieren).
5. Der große Erfolg ________________ aber erst, nachdem wir 2001 ________________ ________________, überall in Europa zu arbeiten. (kommen / beginnen)

11 Europa – Notieren Sie eine Minute lang Stichwörter zu Europa. Sammeln Sie danach an der Tafel und ordnen Sie die Stichwörter thematisch.

Sprachen

Geschichte

Arbeit

Kriege

Demokratie

EUROPA

Shakespeare

Süden / Norden

Essen / Trinken

12 Die wichtigsten europäischen Institutionen

Lesen Sie und hören Sie zu. Von welcher Institution wird jeweils gesprochen?
Notieren Sie die zusätzlichen Informationen.

1. Die **Europäische Kommission** ist praktisch die Regierung der EU. Sie verwaltet den Haushalt. Ihre wichtigste Aufgabe ist die Harmonisierung der Wirtschafts- und Industriepolitik der Mitgliedsstaaten. Sie sitzt in Brüssel (Belgien).
2. Das **Europäische Parlament** wird direkt gewählt. Es hat über 600 Abgeordnete aus allen Ländern der EU und tagt in Straßburg (Frankreich).
3. Der **Europäische Rat** und der **Ministerrat** bestehen aus den Regierungschefs und den Fachministern der Länder. Sie sind die wichtigsten Institutionen der EU.
4. Der **Europäische Gerichtshof** achtet auf die Einhaltung der EU-Verträge. Ziel ist die Entstehung eines gemeinsamen europäischen Rechtssystems. Er sitzt in Straßburg (Frankreich).
5. Die **Europäische Zentralbank** ist für die Geldpolitik der Euroländer verantwortlich. Sie sitzt in Frankfurt (Deutschland).

13 Europa und ich

a Vier Meinungen – Ordnen Sie die Stichwörter den Personen zu.

1. Ashwani Singh (Indien)
2. Jiri Havliček (Tschechien)
3. Arben Shabani (Kosovo)
4. Me Sun Shin (Süd-Korea)

freier Handel · Reisefreiheit · starkes Europa · eigene Kultur · Bürokratie · reich · Probleme · Arbeitsplätze · Wirtschaft · Chancen · Risiken · Hoffnung · junge Leute · Angst · Geschichte · Amerika · Südeuropa · amerikanisiert · Währung / Euro

b Schreiben Sie einen Text mit drei Sätzen. Hängen Sie die Texte im Kursraum auf. Sprechen Sie im Kurs.

Europa als ein großes Land mit dem Euro, das ist eine gute Idee. Aber Europa darf die Tür für Menschen aus anderen Ländern nicht zumachen. Europa soll tolerant und offen sein.

Ich finde nicht, dass überall der Euro die Währung sein muss.

Warum nicht? Das ist doch praktisch.

14 Eine zweite Chance?

a Erster Eindruck – Welche Stichwörter passen zum Text und warum?

Freizeit • Politik • Beruf • mein Leben
Geld • Macht • Spaß

Zum Thema „Eine zweite Chance" hatte der Talkshow-Moderator drei Gäste eingeladen: einen wichtigen Politiker, eine berühmte Schauspielerin und eine alte Dame, die niemand kannte. Zuerst sprach der Moderator lange mit der Schauspielerin. Nachdem sie von Filmen, von Partys und von ihren großen Erfolgen und kleinen Problemen erzählt hatte, stellte ihr der Moderator die Frage: „Wenn Sie Ihr Leben noch einmal leben könnten, was würden Sie anders machen?" Die berühmte Schauspielerin überlegte nicht lange und antwortete: „Wenn ich mein Leben noch einmal leben könnte, würde ich alles genauso machen!" Das Publikum im Studio applaudierte laut und lange. Danach sprach der Moderator mit dem Politiker. Und nachdem dieser von seinen großen Erfolgen, kleinen Niederlagen und von den Treffen mit Politikern aus der ganzen Welt erzählt hatte, stellte der Moderator auch ihm die Frage: „Wenn Sie Ihr Leben noch einmal leben könnten, was würden Sie anders machen?" Der wichtige Politiker überlegte nur etwas länger als die Schauspielerin und antwortete: „Wenn ich mein Leben noch einmal leben könnte, würde ich alles genauso machen!" Und das Publikum im Studio applaudierte wieder laut und lange.
Dann wandte sich der Moderator der alten Dame zu und sagte: „Leider ist unsere Sendezeit schon fast zu Ende, aber ich möchte auch Ihnen wenigstens diese Frage stellen: Wenn Sie Ihr Leben noch einmal leben könnten, was würden Sie anders machen?"
Die alte Dame, die niemand kannte, überlegte eine Weile und sagte dann langsam und traurig: „Wenn ich mein Leben noch einmal leben könnte, würde ich alles ganz anders machen! Aber Ihre Frage ist nicht ganz richtig. Sie müssten fragen: ‚Wenn Sie Ihr Leben noch einmal leben würden, was könnten Sie anders machen?' Könnte ich Kriege verhindern? Könnte ich die Arbeitslosigkeit abschaffen? Könnte ich die Wälder und Tiere retten? Könnte ich die Menschen von mehr Toleranz überzeugen? Wenn ich das könnte, würde ich das tun!" Und das Publikum applaudierte – lange, aber leise und wie in Gedanken. Nach dem Ende der Sendung kam Werbung für Autos, Haarshampoo und Hundefutter und danach kamen die Nachrichten …

b Wer könnte das sagen? Markieren Sie S (Schauspielerin), P (Politiker) oder D (alte Dame). Begründen Sie Ihre Zuordnung.

1. _______ Ich muss meistens tun, was andere sagen.
2. _______ Mir gefällt mein Leben. Die große Politik interessiert mich nicht.
3. _______ Die da oben machen doch sowieso, was sie wollen.
4. _______ Ich habe mich immer gern engagiert. Man kann schon etwas verändern.
5. _______ Ich will gar nichts ändern. Hauptsache, es geht mir gut.
6. _______ In meinem Beruf ist es wichtig, dass man den Menschen Mut macht.

15 Lebenschancen – Wir haben vier Leuten die Frage aus dem Text gestellt.

1.18

a Wer sagt was? Hören Sie zu und machen Sie Notizen.

b Was passt? Kreuzen Sie an:

1. Lotte Stör (*1923)
   - [a] musste wegen Hitlers Krieg ihre Heimat verlassen.
   - [b] hatte wenig Chancen, etwas anders zu machen.
   - [c] würde heute nicht mehr so schnell heiraten und Kinder kriegen.

2. Walter Schulz (*1936)
   - [a] war in der Jugend Kommunist und sieht das heute kritisch.
   - [b] findet immer noch, dass sein soziales Engagement richtig war.
   - [c] würde vieles in seinem Privatleben anders machen.

3. Tina Kleinmann (*1968)
   - [a] hat die Schule abgebrochen und später wieder angefangen.
   - [b] würde nicht mehr so früh heiraten.
   - [c] würde heute nicht mehr so früh ein Kind haben wollen.

4. Bodo Krumm (*1979)
   - [a] fand seine Lehre als Einzelhandelskaufmann sehr gut.
   - [b] ist insgesamt zufrieden.
   - [c] will demnächst heiraten.

c Was ist Ihre Meinung? Machen Sie sich Notizen und sprechen Sie dann im Kurs.

16 Projekt: Stadtgeschichte/Regionalgeschichte

Entscheiden Sie zuerst, ob Sie über Ihre Heimatstadt/-region oder eine Stadt/Region in Deutschland berichten wollen.
- Wie alt ist meine Stadt? Was sind die ältesten Orte in der Region?
- Welche interessanten Personen kommen aus der Gegend?
- Was war ihre beste/schlechteste Zeit?

Auf einen Blick

Im Alltag

1 Erzählen

zuerst	Zuerst habe ich einen Deutschkurs besucht,
anfangs	das war anfangs gar nicht leicht für mich.
am Anfang	Am Anfang war alles schwer für mich.
zu Beginn	Zu Beginn meiner Zeit in Deutschland konnte ich kein Wort Deutsch.
nach dem/der/den	Nach dem Deutschkurs / Nach den ersten Monaten wurde es leichter.
dann	Dann habe ich eine Schreinerlehre gemacht und
danach	danach eine Stelle in einem Baumarkt bekommen, aber da habe ich nicht lange gearbeitet, weil …
anschließend	Anschließend bin ich noch einmal zur Schule gegangen.
später	Später habe ich mich immer wieder fortgebildet.
schließlich	Schließlich machte ich die Meisterprüfung als Schreiner.
zum Schluss	Zum Schluss war ich Meister.
am Ende	Am Ende habe ich eine Schreinerwerkstatt eröffnet, die sehr gut geht.

Grammatik

2 Präteritum

Regelmäßige Verben

Infinitiv	fragen	antworten
ich	frag**te**	antwort**e**te
du	frag**test**	antwort**e**test
er/es/sie	frag**te**	antwort**e**te
wir	frag**ten**	antwort**e**ten
ihr	frag**tet**	antwort**e**tet
sie/Sie	frag**ten**	antwort**e**ten

Die regelmäßigen Verben haben im Präteritum die gleichen Endungen wie die Modalverben. Aber bei den regelmäßigen Verben kommen fast nur die 1. und 3. Person Singular **-te** und Plural **-ten** vor.
⚠ Verben auf -d und -t im Stamm, haben zwischen Stamm und Endung ein -e-.

Unregelmäßige Verben

Infinitiv	gehen	sprechen
ich	g**i**ng	spr**a**ch
du	g**i**ng**st**	spr**a**ch**st**
er/es/sie	g**i**ng	spr**a**ch
wir	g**i**ng**en**	spr**a**ch**en**
ihr	g**i**ng**t**	spr**a**ch**t**
sie/Sie	g**i**ng**en**	spr**a**ch**en**

Einige unregelmäßige Verben haben die gleichen Endungen wie die regelmäßigen Verben. Dazu gehören auch *haben, wissen, denken, kennen* und die Modalverben (*müssen* …):
*hat**te**, wuss**te**, dach**te**, kann**te**, muss**te** …*

TIPP Die Formen der unregelmäßigen Verben muss man auswendig lernen. Probleme? Machen Sie sich Lernkarten.

sprechen

er spricht
er sprach
er hat gesprochen

3 Präteritum und Perfekt

Die ersten Gastarbeiter kamen mit der Industrialisierung Ende des 19. Jahrhunderts nach Deutschland. Es waren polnische Arbeiter, die im Ruhrgebiet beim Aufbau der Kohle- und Stahlindustrie halfen. Viele blieben in Deutschland. Deshalb findet man im Ruhrgebiet heute besonders häufig polnische Familiennamen wie Grabowski oder Kowalski.

Im Deutschen kann man mit dem Perfekt über die Vergangenheit berichten.
Das Präteritum wird meistens in schriftlichen Texten verwendet (Zeitungsartikel, historische Texte, Literatur …).

Gestern bin ich mit meiner Freundin ins Kino gegangen. Wir haben uns noch mal „Casablanca“ angesehen.

Sein / haben und die Modalverben verwendet man fast immer im Präteritum.

4 Plusquamperfekt

Mit dem Plusquamperfekt berichtet man über Ereignisse, die **vor** anderen Ereignissen in der Vergangenheit passiert sind.

Nachdem ich meinen Realschulabschluss gemacht hatte, begann ich eine Lehre als Schreiner.

Ich begann eine Lehre als Schreiner, nachdem ich meinen Realschulabschluss gemacht hatte.

Zu Anfang hatte man sie als „Fremdarbeiter“ bezeichnet.

Die meisten hatten geplant, wieder in die Heimat zurückzukehren.

Viele blieben, obwohl die meisten geplant hatten zurückzukehren.

So bildet man das Plusquamperfekt: *sein/haben* konjugiert + Partizip II des Verbs.

Für *haben* oder *sein* gelten die gleichen Regeln wie beim Perfekt.

Männer und Frauen

A

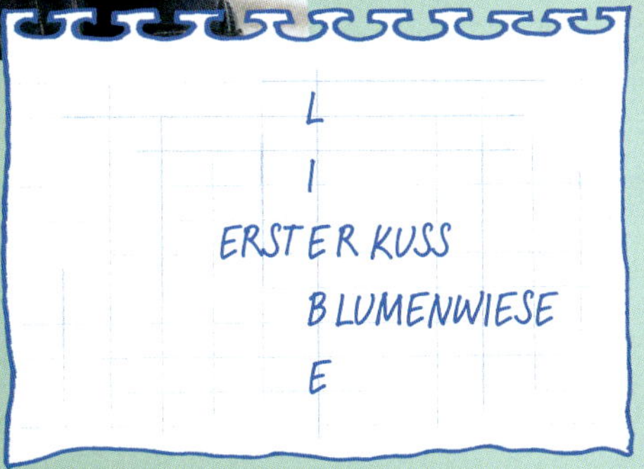

1 Liebe?

a Was fällt Ihnen spontan ein? Arbeiten Sie in Gruppen und finden Sie ein passendes Wort für jeden Buchstaben des Wortes LIEBE.

b Wählen Sie ein Bild aus und beschreiben Sie die Situation und die Gefühle der Personen mit Ausdrücken aus dem Kasten. Die anderen raten.

es tut mir Leid, dass … · sich aufeinander verlassen können · rot werden · traurig sein · gern haben · verlegen sein · ich freue mich, dass … · lieben · gemeinsam alt werden · sympathisch finden · getrennt sein · sehr gern mögen · keine Worte finden · es geht mir gar nicht gut · nervös sein · den Verstand verlieren · enttäuscht sein von · romantisch sein · es tut mir weh, dass … · ein Kribbeln / Schmetterlinge im Bauch haben

Lernziele 29

- über Beziehungen sprechen
- Rollenklischees
- über Statistiken sprechen
- zweigliedrige Konjunktionen
- Nebensatz: *während* (adversativ)

2 Wie Anna und Michael sich kennen lernten
Hören Sie die Geschichte. Bringen Sie die Sätze in die richtige Reihenfolge.

1.19

▶ S. 181

___ Erst als ich in Annas Büro zu tun hatte, kamen wir ins Gespräch.

_1_ Wir kennen uns jetzt etwas länger als zwei Jahre, weil Michael häufiger in meiner Firma zu tun hatte.

___ Aber Michael kann nicht nur erzählen, sondern auch gut zuhören.

___ Ich hab auch in der Woche danach häufig bei Anna angerufen und gefragt, ob sie meine Hilfe braucht.

___ Obwohl Michael mit seiner Arbeit fertig war, ist er noch bei mir im Büro geblieben.

___ Ich habe gemerkt, dass er nicht nur aus beruflichen Gründen anruft, und mich mit ihm verabredet.

___ Bei unserem ersten Treffen habe ich Anna viel von mir erzählt, z.B. dass ich geschieden bin.

3 Liebenswürdigkeiten und Macken.

a Lesen Sie die Äußerungen von Anna und Michael. Über wen wird gesprochen? Ergänzen Sie die Namen und Personalpronomen mit Bleistift.

1. Also, ___________ hat einige negative, aber auch viele positive Eigenschaften. Tja, was soll ich sagen, so spontan? Komischerweise fällt einem zuerst immer das Negative ein. Also, was mich wirklich immer ärgert, ist, dass _____ nie die Schranktüren zumacht: Nicht nur in der Küche, sondern auch in allen anderen Räumen vergisst _____ einfach, Türen und Schubladen zuzumachen. Aber in der Küche stört mich das am meisten. _____ stört das überhaupt nicht. Wenn ich _____ das sage, lacht _____ nur.

2. Was ich an ___________ toll finde ist, dass _____ so viel Humor hat. Man kann immer Spaß mit _____ haben, wirklich immer. Auch in kritischen Situationen, wenn ich mal so richtig niedergeschlagen bin, baut _____ mich auf, sowohl durch die Fähigkeit zuzuhören als auch durch einen lockeren Spruch. Mit _____ kann ich wirklich durch dick und dünn gehen. Auf _____ kann ich mich 100-prozentig verlassen.

3. Ach, und da fällt mir noch ein, dass ich jedes Mal fast einen Herzinfarkt bekomme, wenn ich mit ___________ Auto fahre. Wirklich, lachen Sie nicht. _____ fährt manchmal wie ein Henker. Dann sieht _____ weder Geschwindigkeitsbegrenzungen noch andere Verkehrszeichen. _____ sagt allerdings, dass das Quatsch ist und dass ich mich nicht so anstellen soll. Zum Glück ist noch nichts passiert.

4. ___________ ist leider ganz schrecklich unpünktlich. Man muss immer eine halbe Stunde mehr einkalkulieren, wenn man sich mit _____ verabredet. Das liegt meistens daran, dass _____ die Zeit nicht richtig einteilen kann: Entweder fällt _____, kurz bevor wir wegmüssen, noch etwas ganz Wichtiges ein, was _____ noch machen muss, oder _____ vergisst einfach die Termine und sie fallen _____ erst in letzter Sekunde ein. Das finde ich sehr nervig.

1.20

b Hören Sie zur Kontrolle. Stimmen Ihre Vermutungen?

4 Macken – Sammeln Sie im Kurs.

a Welche finden Sie nervig, nett oder lustig?

Mich stört, wenn mein Freund mich immer verbessert.

Mein Vater singt immer beim Rasieren. Das finde ich lustig.

Ich kaue oft Kaugummi. Meinen Mann stört das manchmal.

Hakans Handy klingelt manchmal im Unterricht. Das finde ich ...

Mein Onkel ist sehr unordentlich. Manchmal trägt er sogar unterschiedliche Socken. Das ...

b Macken-Hitparade: Was sind die drei nervigsten und die drei liebenswürdigsten Macken?

5 Zweiteilige Konjunktionen

a Markieren Sie auf Seite 54 die Sätze mit diesen Konjunktionen.

nicht nur ..., sondern auch ... • sowohl ... als auch ... • weder ... noch ... • entweder ... oder ...

b Schreiben Sie die Konjunktionen zu den passenden Zeichnungen.

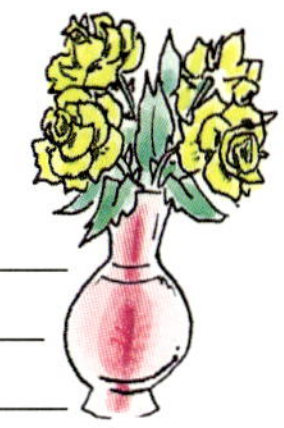

6 Schreiben Sie die Sätze zu Ende.

▸ S. 182

1. Anna gefallen sowohl Michaels witzige Sprüche ...
2. Anna mag weder Michaels Unpünktlichkeit ...
3. Michael kann nicht nur erzählen, ...
4. Anna fährt manchmal weder langsam ...
5. Im Urlaub kann man entweder allein bleiben ...
6. Macken können nicht nur nerven, ...
7. Bei Partys kannst du sowohl Leute kennen lernen ...
8. Entweder schauen wir uns den Krimi im Fernsehen an ...

sondern auch ...
als auch ...
noch ...
oder ...

a) ins Kino gehen
b) gut zuhören
c) etwas mit anderen machen
d) gut tanzen
e) Verkehrszeichen beachten
f) Fähigkeit zuzuhören
g) liebenswürdig sein
h) Vergesslichkeit

Anna gefallen sowohl Michaels witzige Sprüche als auch seine Fähigkeit zuzuhören.

7 Gegensätze ausdrücken – Nebensätze mit *während*

▸ S. 183

Anna ist gern **pünktlich**.	⟷	Michael ist schrecklich **unpünktlich**.
Während Anna gern pünktlich (ist),		ist Michael schrecklich unpünktlich.
Anna ist gern pünktlich,		**während** Michael schrecklich unpünktlich (ist).

a Gegensätze im Kurs – Sammeln Sie an der Tafel.

Jacob ist 1,97 m groß, Helena 1,58 m.
Branco hat sieben Geschwister, Sofia ist ein Einzelkind.
Hamide arbeitet schon 17 Jahre, Salih hat erst seit drei Wochen einen Job.

b Schreiben Sie mit Ihren Beispielen Sätze mit *während*.

Branco hat sieben Geschwister, während Sofia ein Einzelkind ist.
Während Hamide schon 17 Jahre arbeitet, hat Salih ...

8 Ein Gedicht von Kurt Tucholsky

a Lesen Sie und finden Sie einen Titel.

„Ja –!“
„Nein –!“
„Wer ist schuld?
Du!“

„Himmeldonnerwetter, lass mich in Ruh!“
– „*Du* hast Tante Klara vorgeschlagen!
Du lässt dir von keinem Menschen was sagen!
Du hast immer solche Rosinen!
Du willst bloß, ich soll verdienen, verdienen —
Du hörst nie. Ich red dir gut zu …
Wer ist schuld – ?
Du.“
…
„Nein.“
„Ja.“
„Wem ich das erzähle …!
Ob mir das einer glaubt – !“
– „Und überhaupt – !“
„Und überhaupt – !“
„Und überhaupt – !“

Ihr meint kein Wort von dem, was ihr sagt:
Ihr wisst nicht, was euch beide plagt.
Was ist der Nagel jeder Ehe?
Zu langes Zusammensein und zu große Nähe.

…

Gebt Ruhe, ihr Guten! Haltet still.
Jahre binden, auch wenn man nicht will.
Das ist schwer: ein Leben zu zwein.
Nur eins ist noch schwerer: einsam sein.

b Ordnen Sie den Begriffen aus dem Gedicht die passende Umschreibung zu.

1. Himmeldonnerwetter
2. Rosinen (im Kopf) haben
3. plagen
4. überhaupt
5. der (Sarg-)Nagel zu etwas sein
6. binden

a) in etwa: verbinden
b) ärgern, quälen
c) das Ende für etwas sein
d) Ausruf, wenn man ärgerlich und ungeduldig ist (*ugs.*)
e) außerdem, übrigens
f) große, unrealistische Pläne, Ideen haben

c Wie viele Personen sprechen im Gedicht? Beschreiben Sie die Personen.

Alter • Geschlecht • Familienstand • Beruf • Probleme …

9 Aussprache: Ein Gedicht sprechen üben

a Üben Sie das Gedicht mit mehreren Personen.

1. Verteilen Sie in der Gruppe die Rollen. Welche Person spricht was?
2. Legen Sie fest, wie die Personen sprechen: aufgeregt/aggressiv, ruhig/leise, erst leise, dann lauter …
3. Jede/r Sprecher/in bestimmt den Satzakzent in ihrem/seinem Textteil.
4. Üben Sie das Gedicht und tragen Sie es dann im Kurs vor.

1.21

b Hören Sie das Gedicht zum Vergleich. Welche Version gefällt Ihnen am besten?

10 Wenn falsche Worte fallen: „Killerphrasen" in der Familie

Lesen Sie den Text. Welche Überschriften passen zu 1–4? Ordnen Sie zu.

___ Mann und Frau denken unterschiedlich.

___ Der Ton macht die Musik.

___ Ich-Botschaften verwenden, Wünsche äußern!

___ Du-Botschaften vermeiden.

Das Miteinanderreden in einer Partnerschaft ist gar nicht so einfach, aber man kann es lernen. Denn was man unüberlegt ausspricht, kann beim Gesprächspartner falsch ankommen und so zu Missverständnissen führen. Daran sind besonders so genannte Killerphrasen schuld, die garantiert zum Streit führen: „Nie machst du ...", „Immer sagst du ..." und Ähnliches. Was raten also die Psychologen?

1 „Du bist ...", „Du hast ..." – hier steckt ein Vorwurf drin, der den Partner / die Partnerin leicht verletzt, er/sie fühlt sich angegriffen und beschuldigt. Ebenso negativ wirkt es, wenn man Verallgemeinerungen benutzt: „Du hast schon immer ...", „Niemals tust du ...!". Auch hier fühlt sich der Gesprächspartner provoziert und wird vermutlich mit Vorwürfen reagieren.

2 Ich berichte darüber, wie es mir geht, was ich fühle, was ich meine und was ich mir wünsche. Wer verstanden werden will, muss dafür sorgen, dass sein Partner auch bereit ist, ihn zu verstehen. Es reicht nicht, Recht zu haben oder sich im Recht zu glauben.

3 Der Ton ist meist wichtiger als der Text. Wer seinen Partner anschreit, darf sich nicht wundern, dass zurückgebrüllt wird. Wie man in den Wald hineinruft, so schallt es heraus.

4 Das Problem zwischen Männern und Frauen ist: Wir sprechen anscheinend dieselbe Sprache, aber dabei sind die Bedeutungen oft sehr unterschiedlich. Experten sind der Meinung, dass es Männern eher um die technische oder organisatorische Regelung irgendwelcher Dinge geht, während Frauen sich um Beziehung und Gefühle kümmern. Beides ist positiv, nur sollte der Partner / die Partnerin wissen, wie er/sie das Gesagte bewerten muss.

11 Streitgespräche

a Erfinden Sie einen Dialog zwischen einem (Ehe-)Paar mit „Killerphrasen".

nie – immer – sich um die Kinder kümmern – sich unterhalten – lange telefonieren – die Mutter zum Arzt bringen – kochen – fernsehen – zu viel Geld ausgeben – Wäsche aufhängen – aufräumen – sich nur für Fußball interessieren – ins Kino gehen – verstehen – zu spät kommen – zu viel arbeiten – einkaufen gehen – spazieren gehen – sagen – schreien

b Wie sieht Ihr Gespräch mit „Ich-Botschaften" aus? Schreiben Sie eine Variante.

wünsche mir, dass ... – möchte, dass ... – fände es gut, wenn ... – fühle mich manchmal ... – denke, dass ... – würde gern ...

c Tragen Sie beide Versionen im Kurs vor. Achten Sie auch auf den „Ton".

12 Aus der Nähe betrachtet – Eine Reportage (Teil 1)

a Lesen Sie Zeile 1–3. Beantworten Sie die Fragen im Text und sprechen Sie im Kurs darüber.

Was ist typisch Mann, was ist typisch Frau? Was denken Frauen über Männer und umgekehrt? Mal ganz ehrlich: Fallen Ihnen nicht auch spontan viele Eigenschaften ein, die das andere Geschlecht generell hat? Und stimmt dieses Bild noch, wenn Sie es an Personen überprüfen, die Sie gut kennen?

b Lesen Sie Zeile 4–10. Was haben Männer und Frauen geantwortet? Sammeln Sie Vermutungen.

In einer repräsentativen Umfrage wurden Bundesbürger ab 16 Jahren nach ihren Vorstellungen von Männern und Frauen befragt: „Was sind Ihrer Meinung nach typische Eigenschaften von Männern bzw. Frauen?“ „Wenn Sie einmal an einen Mann / eine Frau in Ihrer Familie (Nachbarschaft, Kollegenkreis) denken, den/die Sie besonders gut kennen, was trifft auf diesen Mann/diese Frau zu?“ Auf diese Weise sind jeweils zwei Bilder entstanden:
1. ein Fernbild – das Frauen oder Männer allgemein voneinander haben;
2. ein Nahbild – von konkreten Personen aus der eigenen Umgebung.

c Eine Grafik verstehen – Ergänzen Sie die Lücken im Text mit Informationen aus der Grafik.

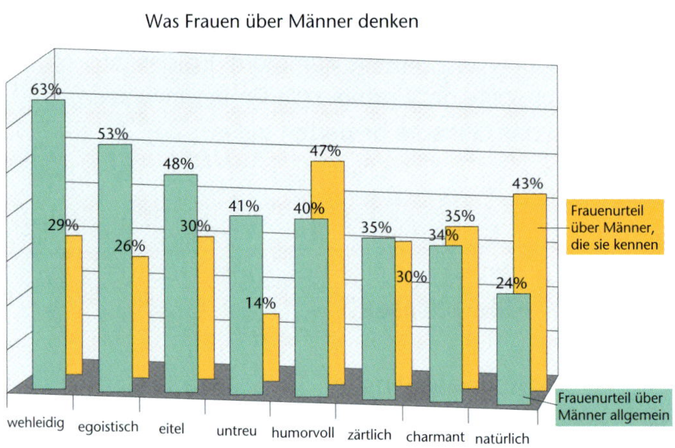

Frauen haben ihre Vorurteile: 63% der Frauen halten Männer für *wehleidig*, 53% glauben, Männer sind ___________. Während also fast zwei Drittel der Frauen denken, dass Männer wehleidig sind, beschreibt nur knapp ein Drittel (___________) der Frauen den konkreten Mann, den sie aus der Nähe kennen, als wehleidig. Und nur noch ein Viertel (26%) spricht vom ___________ des Mannes aus der Nähe. Frauen finden Männer offenbar gar nicht so schlimm, wenn man sie genauer fragt. Fast die Hälfte (___________) aller Frauen hält Männer generell für ___________, aber nur 30% bestätigen diesen Vorwurf, wenn sie genau hinschauen. „Männer sind ___________“, behaupten 41% – nur für ___________ gehört dieser Punkt auch zum Nahbild. Frauen halten Männer also im Wesentlichen für wehleidig, untreu, eitel und egoistisch. Das ist ein wenig charmantes Bild. Aber dieses Bild deckt sich meist nicht mit ihrer persönlichen Erfahrung.

1.22

d Hören Sie die Reportage und überprüfen Sie Ihre Ergänzungen.

13 **Aus der Nähe betrachtet (Teil 2) – Sehen Sie sich die zweite Grafik an. Hören Sie zu und ergänzen Sie die Leerstellen in der Grafik.**

1.23

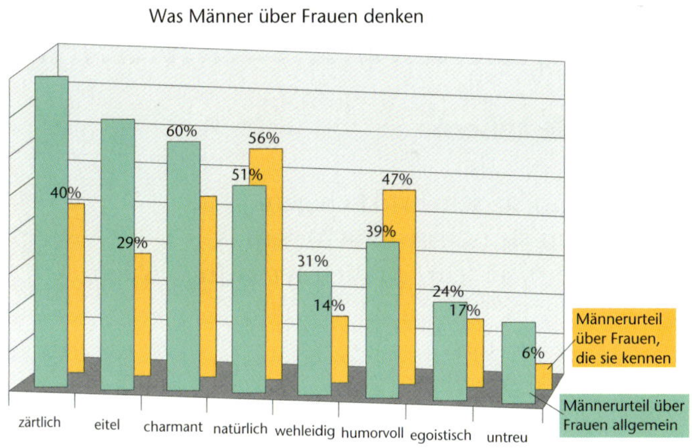

14 **Welche Informationen enthalten die Grafiken, die nicht in der Reportage genannt werden? Was finden Sie interessant?**

Die Grafik zeigt, dass ... Man kann deutlich sehen, dass ...
Aus der Grafik geht hervor, dass ... In der Grafik steht, dass ...
Ein wichtiges Ergebnis der Umfrage ist, dass ...
Es ist interessant, dass ... Mich überrascht, dass ... Während ...

	16%		die Männer	natürlich	finden
etwa/ungefähr	ein Viertel		allgemein/	humorvoll	halten für
etwas weniger als / knapp	ein Drittel	der Frauen	aus der Nähe	...	empfinden als
etwas mehr als / gut	die Hälfte	der Männer	die Frauen		beschreiben
	zwei Drittel		allgemein/		als
	drei Viertel		aus der Nähe		

15 **Eine Kursstatistik machen**

a Sammeln Sie Fragen für eine Umfrage im Kurs.

▶ S. 184

Mögliche Themen: Interessen der Männer – Interessen der Frauen
Traumberufe von Frauen und Männern

Ihr Vorschlag: ______________________________

b Führen Sie die Umfrage durch.

		Männer	Frauen
interessieren sich für	– Sport	////	////
	– Kleidung	/	//// //
	– ...		

c Machen Sie aus Ihren Ergebnissen eine Grafik und stellen Sie sie vor. Betonen Sie die wichtigsten Ergebnisse.

Auf einen Blick

Im Alltag

1 Gefühle äußern

Ich habe ihn/sie sehr/wirklich gern.
Ich mag ihn/sie (sehr/wirklich) gern.
Ich finde ihn/sie sehr/wirklich sympathisch/nett.

Ich freue mich, dass ...
Ich bin traurig, weil ...
Es tut mir weh, dass ...
Ich habe das Gefühl, dass ...
Ich fühle mich immer/manchmal so ...

2 Probleme benennen und Wünsche äußern

Du machst immer/nie ...
Das ärgert mich! / Mich ärgert, dass/wenn ...
Das stört mich! / Mich stört, dass/wenn ...
Das nervt mich! / Mich nervt, dass/wenn ...

Ich wünsche mir / möchte, dass ...
Ich würde gern ...
Ich fände es gut, wenn ...

3 Kompromisse schließen

Wollen wir nicht ...?
Wir könnten doch ...
Was hältst du davon, wenn wir ...?

Ich habe einen Vorschlag: ...
Ich verstehe, dass du ..., aber ...
Ich kann dich verstehen, aber ...

4 Über Grafiken sprechen

Einleitung

Die Tabelle	stellt ... dar ...
Die Grafik	gibt Auskunft über ...
Das Schaubild	informiert über ...
	enthält Daten über ...
	zeigt, dass ...

Gegensätze ausdrücken

Während die Frauen die Männer allgemein für untreu halten ...
Im Gegensatz zum Fernbild sieht das Nahbild viel positiver aus.
Im Gegensatz zu den Männern/Frauen ...
Im Unterschied zu ...

Die eigene Meinung sagen

Mich überrascht, dass ...
Es ist interessant, dass ...

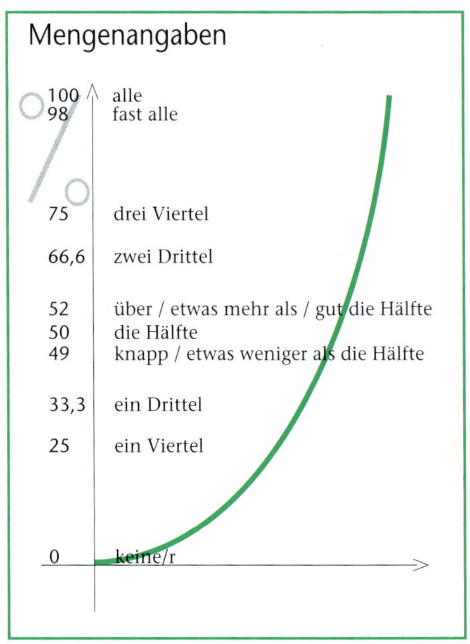

Grammatik

5 Zweigliedrige Konjunktionen

+ positive Aufzählung +	– negative Aufzählung –	← Alternative →
sowohl … als auch das eine und das andere	**weder … noch** das eine nicht, aber auch das andere nicht	**entweder … oder** das eine oder das andere
nicht nur …, (sondern) auch natürlich das eine, aber auch noch das andere		

Sie wollte einen schönen Strauß, **sowohl** rote **als auch** gelbe Rosen.
Sie mag Rosen einfach gern, **nicht nur** rote, **sondern auch** gelbe.
Im ersten Blumenladen gab es aber **weder** rote **noch** gelbe Rosen.
Im zweiten Blumengeschäft sagte die Verkäuferin: „Ich würde **entweder** rote **oder** gelbe Rosen nehmen, ich würde sie nicht mischen."

6 Nebensätze mit *während*

Anna mag Blumen gern.	⟷	Michael findet Blumen unnötig.
Während Anna Blumen gern (mag),		findet Michael Blumen unnötig.
Anna mag Blumen gern,		**während** Michael Blumen unnötig (findet).

Wortbildung

7 Personenbezeichnungen aus Verben

fahren	der Fahrer	die Fahrerin
Auto fahren	der Autofahrer	die Autofahrerin
lieb haben	der Liebhaber	die Liebhaberin
	der VERB + **er**	**die** VERB + **er** + **in**

8 Verkleinerungsformen (Diminutive)

der Mann	**das** Männ**chen**	**das** Männ**lein**
die Blume	**das** Blüm**chen**	**das** Blüm**lein**
das Herz	**das** Herz**chen**	**das** Herz**lein**

TIPP *-chen* und *-lein* machen alles klein!

Krankenhaus

Lernziele 30

- einen Unfallablauf beschreiben
- persönliche Informationen geben
- sich im Krankenhaus orientieren
- etwas aushandeln
- Relativsätze mit Präpositionen

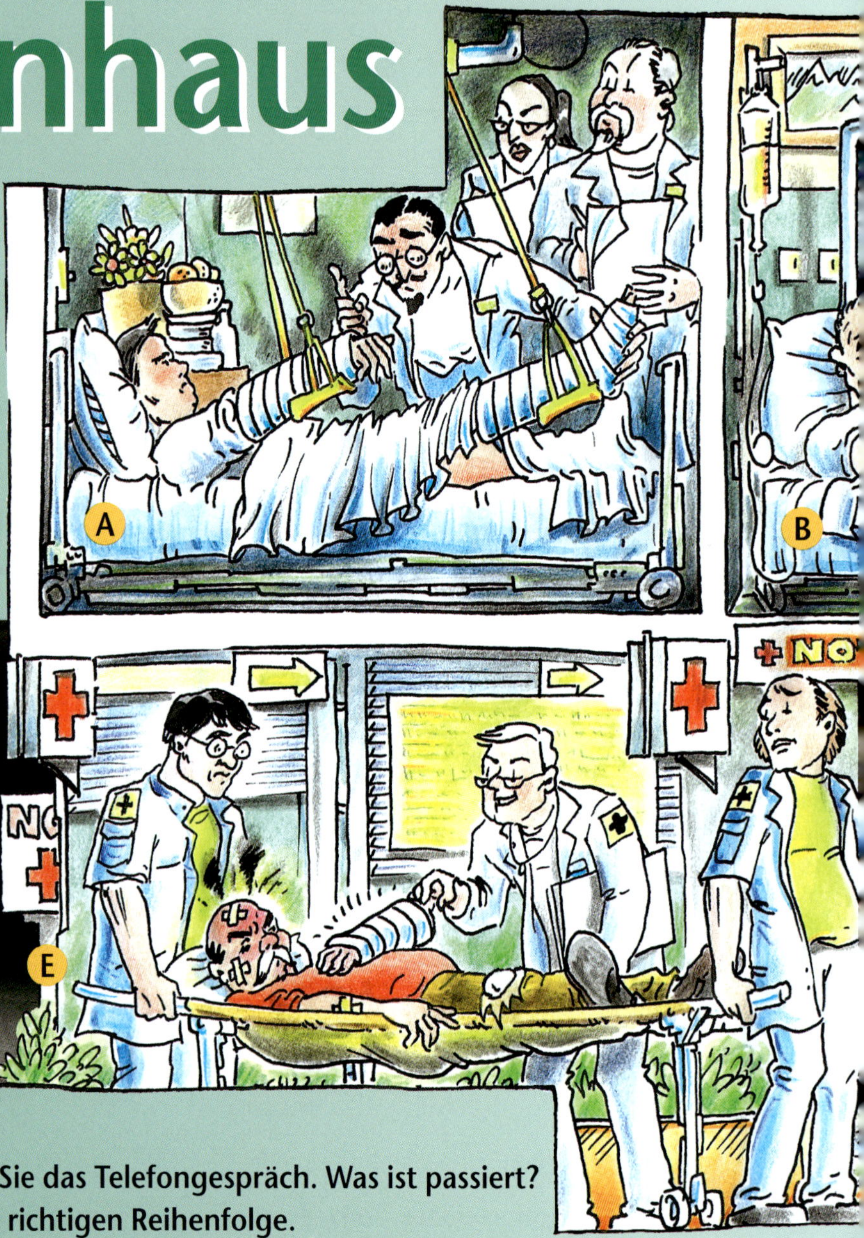

1 In der Notaufnahme

a Schauen Sie Szene E an und hören Sie das Telefongespräch. Was ist passiert? Nummerieren Sie die Fragen in der richtigen Reihenfolge.

1.24

▶ S. 186

___ Welche Etage?
___ Wie ist Ihre Telefonnummer?
_1_ Wie ist Ihr Name und von wo aus rufen Sie an?
___ Wann und wo ist der Unfall genau passiert?
___ Was genau ist passiert? Gibt es noch mehr Verletzte?
___ Welche Verletzungen hat Ihr Mitarbeiter? Ist er ansprechbar?

b Hören Sie noch einmal und notieren Sie wichtige Informationen für den Rettungsdienst.

Wer ruft an? Herr Kölmel ...
Was ist passiert? Wo? Wann? Welche Verletzung?

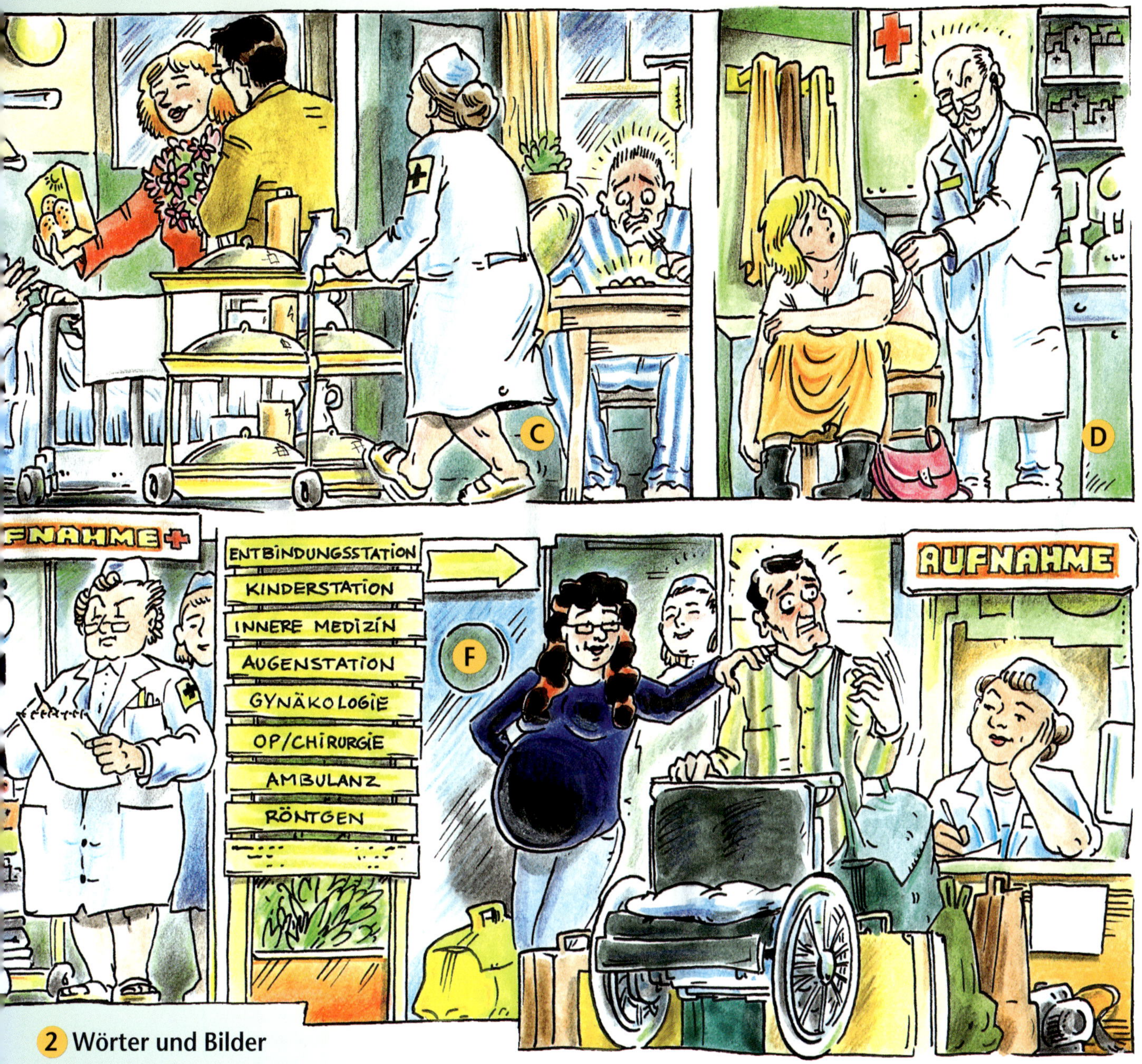

2 Wörter und Bilder

a Ordnen Sie die Wörter den Szenen A–F zu.

schwanger sein • der Chefarzt • Visite machen • ein Kind bekommen • Blumen bringen • ins Krankenhaus bringen • auf die Entbindungsstation kommen • die Schonkost • die Hebamme • die Diät • die Untersuchung • die Aufnahme • der Stationsarzt • die Versichertenkarte • Besuchszeiten

A	B	C	D	E	F
					schwanger sein

b Wählen Sie ein Bild aus und ergänzen Sie den Wortschatz. Beschreiben Sie dann mit Hilfe der Wörter, was Sie auf dem Bild sehen.

3 Das Aufnahmegespräch: die Anamnese

a Welche Fragen stellt der Arzt und welche der Patient? Markieren Sie.

	Arzt	Patient
1. Haben Sie Schmerzen? Wo und wann haben sie angefangen?	☐	☐
2. Trinken Sie regelmäßig Alkohol?	☐	☐
3. Muss ich operiert werden?	☐	☐
4. Wie schlafen Sie?	☐	☐
5. Welche Untersuchungen machen Sie zunächst?	☐	☐
6. Hatten Sie schon einmal eine Operation?	☐	☐
7. Sind Sie allergisch?	☐	☐
8. Haben Sie Appetit? Vertragen Sie das Essen gut?	☐	☐
9. Wie lange werde ich arbeitsunfähig sein?	☐	☐
10. Nehmen Sie Medikamente? Welche?	☐	☐
11. Rauchen Sie oder haben Sie früher geraucht? Wie viel?	☐	☐
12. Wann waren Sie das letzte Mal im Krankenhaus?	☐	☐

b Welche Fragen könnten Sie noch stellen?

1. Krankenhausaufenthalt – wie lange?
2. Weiterbehandlung – welche?
3. Name der Krankheit – wie?
4. neue Medikamente – welche?

…

Wie lange muss ich im …?

4 Paul Schiller ruft seine Frau Doris an. Hören Sie und kreuzen Sie an.

1.25

▸ S. 187

1. Doris soll die Versichertenkarte, den Impfpass und den Reisepass mitbringen. [r] [f]
2. Ganz wichtig sind normalerweise die Einweisung und der (Vor-)Befund des Arztes. [r] [f]
3. Doris soll die Kulturtasche und den Bademantel nicht vergessen. [r] [f]
4. Ein Handy darf man mitbringen. [r] [f]
5. Für den Fernseher benötigt man eine spezielle Karte, die man kaufen muss. [r] [f]
6. Besuch darf man nur zu den Besuchszeiten bekommen. [r] [f]
7. Vor einer Operation muss man bestimmte Routineuntersuchungen machen. [r] [f]

5 Checkliste – Was muss/sollte man ins Krankenhaus mitnehmen?

▶ S. 188

a Bilden Sie Gruppen und wählen Sie zehn Sachen aus. Machen Sie eine Rangliste. Vergleichen Sie im Kurs.

Wäsche • Nachthemd/Schlafanzug • Bademantel • Laptop • Impfpass • Versichertenkarte • Jogginganzug • Föhn • Handtücher • Make-up • Schmuck • Stifte • Medikamentenliste • EC-Karte • Brille • Hausschuhe • Briefpapier • Geld • Adressbuch • Wecker • Ohropax • Briefmarken • Befund(e) • Personalausweis • Kassettenrecorder • Kopfhörer • Bücher …

b Koffer packen – ein Spiel

In meinem Koffer ist mein roter Bademantel.

In meinem Koffer sind mein roter Bademantel und meine neue Brille.

In meinem Koffer sind mein roter Bademantel, meine neue Brille und ein …

6 Einen Konflikt aushandeln

a Lesen Sie die Rollenvorgaben und die Lösungsmöglichkeiten.

Situation	Sie liegen in einem Dreibettzimmer. Es ist immer laut in dem Zimmer und Sie können sich nicht richtig ausruhen und erholen.
Patient/in A Was sagen / fragen Sie?	immer laut, nicht gut schlafen können / sich nicht erholen und ausruhen können / muss im Bett bleiben / noch nicht aufstehen dürfen …
Schwester Pia Was sagt sie?	in ein anderes Zimmer wechseln / ein anderes Bett frei sein / Einzelzimmer / frei sein, aber teuer und zusätzliche Arztkosten übernehmen (Chefarzt) / über Besuchszeiten sprechen / Schlaftablette bekommen / mit der Stationsschwester sprechen …
Patient/in B/C Was sagen/ fragen sie?	wussten nicht, dass wir Sie stören / nicht aufstehen dürfen / schon lange im Zimmer liegen / langweilig sein / (telefonieren / Besuch bekommen) zu Hause auch immer fernsehen …
Lösungsmöglichkeiten	auf den Flur / ins Café / in den Garten gehen / von … bis den Fernseher an-/ausschalten / Musik nur mit dem Kopfhörer hören / Mittagspause einhalten / den Fernseher leiser stellen / …

b Wählen Sie eine Rolle. Machen Sie Notizen und spielen Sie das Gespräch.

7 Berufe Im Krankenhaus – Lesen Sie die Texte und ordnen Sie die Aussagen zu. Welche Person könnte das sagen?

Ich habe früher nie Ferien gemacht.

Manchmal kann ich Leben retten.

Am Anfang habe ich oft sehr schlecht geschlafen.

Laleeh Amin (Hebamme)

Viele Frauen in meiner Familie waren Hebammen. Ich komme aus dem Iran und habe dort über 15 Jahre als Hebamme gearbeitet, erst in einer Kleinstadt und später auf dem Land. Das war eine sehr harte Arbeit. Urlaub hat es nie gegeben. In dem Dorf, in dem meine Mutter groß geworden ist, war die Hebamme oft auch der Ersatz für den Arzt. Sie hat jedes Kind „auf die Welt gebracht". Und sie hat die Familien versorgt, von denen sie oft kein Geld, sondern Lebensmittel erhalten hat. Dagegen sieht mein Hebammenalltag hier ganz anders aus. Ich habe Urlaub und eine geregelte Arbeitszeit. Das gefällt mir hier. Auch die fortschrittliche medizinische Versorgung finde ich gut. Aber es gibt auch Nachteile. Ich muss im Schichtdienst arbeiten und das passt überhaupt nicht zu einer Geburt, bei der ich Mutter und Kind während der ganzen Zeit begleiten möchte. Man hat auch wenig Kontakt zu den Müttern und zu den Familien. Das finde ich schade.

Arno Steiger (Rettungssanitäter)

Ich arbeite seit drei Jahren bei den Rettungssanitätern, wo ich vorher meinen Zivildienst gemacht habe. Das ist ein Beruf, bei dem man gute Nerven haben muss, weil man oft Situationen erlebt, bei denen es um Leben oder Tod geht. Das hat mich gereizt. Am Anfang haben mich die Einsätze immer ziemlich mitgenommen, ich hatte Schlafstörungen und Albträume, über die ich mit niemandem sprechen konnte. Heute ist das nicht mehr so schlimm. Man bekommt schon etwas Routine, obwohl mich schwere Unfälle natürlich weiterhin sehr belasten. Aber bei den meisten Unfällen, zu denen wir gerufen werden, können wir durch unseren schnellen Einsatz Leben retten. Das gibt mir das Gefühl, etwas Wichtiges und Einmaliges zu tun, das meinem Leben einen Sinn gibt.

8 Lesen Sie die Texte noch einmal und kreuzen Sie an. Was ist richtig?

1. ☐ Hebammen hat man früher auch mit Brot und Fleisch bezahlt.
2. ☐ Man kann bei den Rettungssanitätern Zivildienst machen.
3. ☐ Frau Amin hat als Hebamme schon immer regelmäßig Urlaub gehabt.
4. ☐ Auch schwere Unfälle belasten einen Rettungssanitäter nicht.
5. ☐ Heute arbeiten Hebammen meistens im Schichtdienst.
6. ☐ Durch diese Arbeit weiß man, wozu man lebt.
7. ☐ Frau Amin lernt immer die Familien kennen.
8. ☐ Die meisten Menschen sterben am Unfallort.

9 Relativsätze mit Präpositionen

a Markieren Sie das Bezugswort und das Relativpronomen mit Präposition.

1. Sie hat die Mütter versorgt, von denen sie oft kein Geld bekommen hat.
2. In dem Dorf, in dem meine Mutter groß geworden ist, war die Hebamme so wichtig wie der Arzt.
3. Das passt nicht zu einer Geburt, bei der ich die ganze Zeit über dabeibleiben möchte.
4. Das ist ein Beruf, bei dem man gute Nerven haben muss.
5. Bei den meisten Einsätzen, zu denen wir gerufen werden, retten wir Leben.
6. Ich hatte Albträume, über die ich auch nicht reden konnte.

b Schreiben Sie zwei Hauptsätze wie im Beispiel.

Sie hat die Mütter versorgt. Sie hat von den Müttern oft kein Geld bekommen.
In dem Dorf war ...

c Ergänzen Sie die Relativpronomen.

Das ist	der Patient,	(N)	________	heute Krankengymnastik hat.
	die Patientin,	(N)	________	heute Krankengymnastik hat.
Das ist	der Patient,	über (A)	________	ich euch geschrieben habe.
	die Patientin,	über (A)	________	ich euch geschrieben habe.
Das ist	der Patient,	von (D)	________	ich die Blumen bekommen habe.
	die Patientin,	von (D)	________	ich die Blumen bekommen habe.
Das sind	die Patienten,	von (D Pl.)	________	ich dir erzählt habe.

10 Markieren Sie zuerst das Bezugswort mit Artikel und Präposition in 1–8. Schreiben Sie dann Relativsätze wie im Beispiel.

▶ S. 190

1. Mein Zimmernachbar ist jetzt auf einer anderen Station. Ich habe mich mit meinem Zimmernachbarn viel unterhalten.
2. Es gibt keine festen Besuchszeiten. An die Besuchszeiten muss man sich halten.
3. Der Chefarzt kommt nicht jeden Vormittag. Ich habe mit dem Chefarzt bei der Visite gesprochen.
4. Hier ist Ihre Versichertenkarte. Sie haben mir die Versichertenkarte gestern gegeben.
5. Vormittags sind Untersuchungen. Bei den Untersuchungen bleiben wir nicht auf dem Zimmer.
6. Gleich kommt das Mittagessen. Auf das Mittagessen freue ich mich immer.
7. Mein Besuch kommt oft nachmittags. Ich warte immer auf meinen Besuch.
8. Morgen habe ich eine schwere Operation. Vor der Operation habe ich große Angst.

Mein Zimmernachbar, mit dem ich mich viel unterhalten habe, ist jetzt auf einer anderen Station.

Wenn Männer schwanger sind ...

11 Eine Bildergeschichte

a Welche Wörter und Ausdrücke passen zu den Bildern? Notieren Sie.

auf die Welt bringen — Aufregung — Babyabteilung — Beruhigungsmittel bekommen — hektisch sein — einen Rollstuhl schieben — Entbindungsstation — schwanger sein — Hebamme — ein bisschen Geduld haben — aufgeregt sein — nervös sein — Schwangerschaftsgymnastik machen — Strampelanzug — ohnmächtig werden — sich Sorgen machen — Wehen haben — Spielsachen aussuchen — schwitzen — Wehen bekommen — Windeln wechseln

b Erzählen Sie die Geschichte.

12 Textverstehen

a Lesen Sie und ordnen Sie die Textabschnitte den Bildern zu.

Große Aufregung! Eben hat meine Frau angerufen. Es ist so weit!! Ich rase aus dem Büro. Wo bleibt der Bus? Endlich! Tempo, Tempo! – Die Tasche für das Krankenhaus haben wir schon seit einer Woche gepackt. Wo bleibt das Taxi? Vorsichtig, mein Schatz! Warte, ich helfe dir! Zieh den Mantel an! Das Taxi ist da. Ins Krankenhaus! Mann, fahr schneller, mein Sohn kommt, ich werde Vater!! **A** ☐

☐ **B** Am Dienstag- und Donnerstagabend ist die Schwangerschaftsgymnastik. Wir liegen auf weichen Decken auf dem Boden. Die Hebamme spielt ruhige Entspannungsmusik. Mit sanfter Stimme gibt sie uns Anweisungen. Ich lerne alles über die Wehen und den Ablauf der Geburt.

Seit zwei Wochen gehe ich jeden Tag nach der Arbeit ins Kaufhaus, genauer gesagt in die Babyabteilung! Ich sehe mir zuerst immer die Spielsachen an: Autos, Teddybären, Dreiräder – die Sachen sind wirklich süß. Und erst die Kleider! Richtige Anziehsachen, halt nur viel kleiner. Jeans, T-Shirts, Turnschuhe ... Die Verkäuferinnen fragen mich immer: „Wie alt ist Ihr Sohn?“ So ein Quatsch, er ist ja noch gar nicht geboren! Das dauert noch ein paar Tage, aber ich kann es gar nicht mehr erwarten. Jedenfalls habe ich schon vier blaue Strampelanzüge gekauft. **C** 1

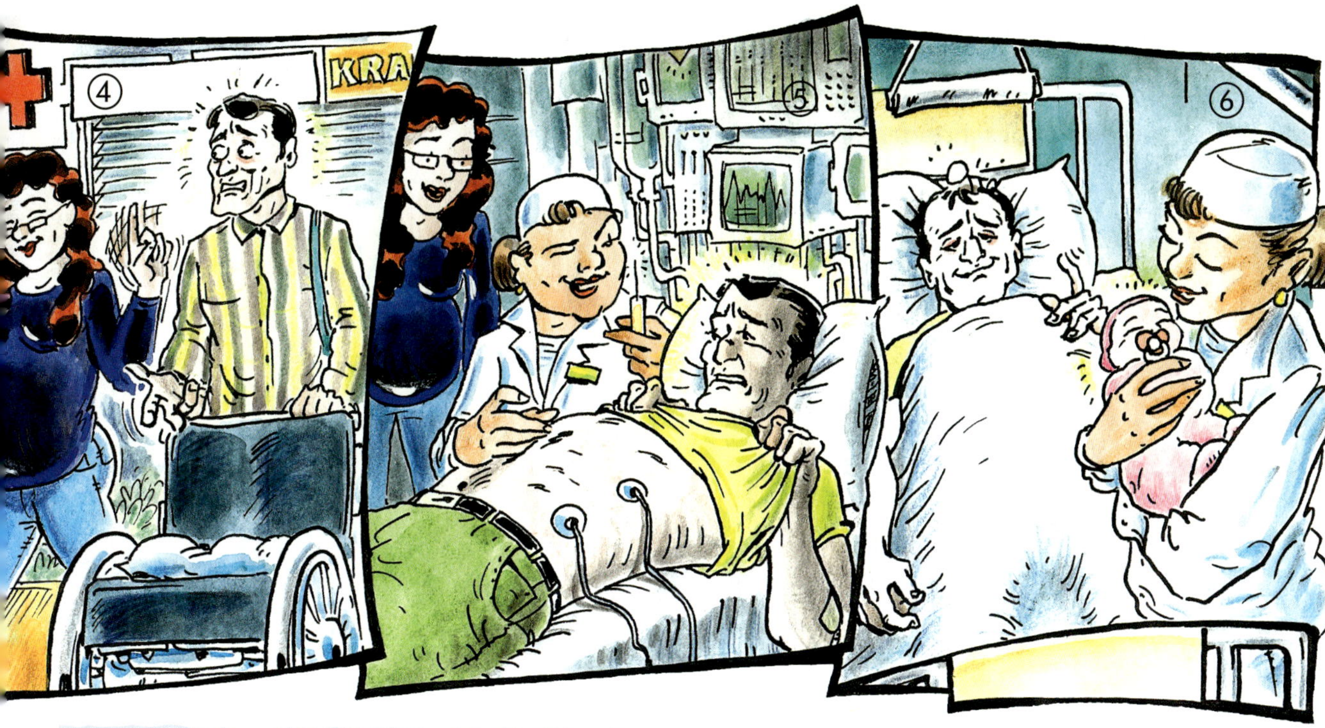

Ich glaube, die Hebamme ist verrückt! Sie hat mir zu unserer Tochter gratuliert … **D** ☐

Ich bin wohl ohnmächtig geworden. Die Hebamme hat mir ein Beruhigungsmittel gegeben und ich hab ein paar Stunden geschlafen. **E** ☐

Wo ist ein Rollstuhl? Wo ist die Entbindungsstation? Aus dem Weg! Ich krieg ein Kind! Krankenhäuser sind einfach schlecht organisiert! Zuerst muss man zur Anmeldung, dann muss man auf den Arzt warten. Sollen wir denn unseren Sohn hier am Empfang auf die Welt bringen? Ah, hier ist ein freier Rollstuhl. Setz dich, mein Schatz, ich fahr dich …
Jetzt will sie auch noch selber laufen. Schwangere Frauen sind einfach verrückt!
Das Zimmer ist sehr hell und freundlich. Die Hebamme hat alles vorbereitet. Die Wehen kommen immer schneller. Die Schmerzen sind groß, aber noch größer ist die Freude auf das Baby. **F** ☐

b Notieren Sie Stichwörter zu den Fragen und antworten Sie dann.

1. Warum geht der Mann jeden Tag ins Kaufhaus?
2. Was denken die Verkäuferinnen?
3. Was passiert am Dienstag- und Donnerstagabend?
4. Wie reagiert der „werdende Vater" am Tag der Geburt?
5. Was passiert mit ihm?

13 Meinungen im Kurs – Diskutieren Sie über die Thesen.

1. Männer bei der Geburt? Das müssen die Frauen entscheiden!
2. Frauen bekommen die Kinder und Männer kümmern sich ums Geld.
3. Kindererziehung ist Frauensache.
4. Der Mann hat auch wichtige Aufgaben bei der Erziehung.

Das stimmt. / Das ist Unsinn.
Ich finde nicht, dass …
Ich meine aber, …
Warum können Männer/Frauen nicht auch …?
Früher war das vielleicht so, aber heute …
Das kommt darauf an, wie alt die Kinder sind …

Auf einen Blick

Im Alltag

1 Gesundheitsprobleme beschreiben

Arzt	Patient
Was für Beschwerden haben Sie?	Mir tut es hier weh.
Wo genau tut es Ihnen weh?	Mein Bein/Bauch/Kopf … tut weh.
	Ich habe Probleme/Schmerzen beim …
	Ich habe starkes Herzklopfen.
	Mein Kreislauf/Blutdruck …
	Ich bin sehr nervös und schlafe schlecht.
	Ich fühle mich dauernd …
	Mir ist oft schlecht/kalt/schwindelig.

2 Fragen im Krankenhaus

Wie heißt Ihr Hausarzt?	Das ist Dr. … / Ich habe keinen Hausarzt.
Hatten Sie schon einmal eine Operation?	Nein. / Ja, im Mai 1999 / Ich hatte …
	Ja, ich wurde 2004 am Blinddarm/Knie operiert.
Wann waren Sie das letzte Mal im Krankenhaus?	20… / Das weiß ich nicht.
	Ich war noch nie im Krankenhaus.
Haben Sie eine Allergie?	Nein. / Ich weiß es nicht.
	Ja, gegen Antibiotika/Gräser …
Nehmen Sie Medikamente?	Nein. / Ja, ich nehme regelmäßig …

Hier ist der Bericht für Ihren Hausarzt.
Das ist die Bescheinigung für den Arbeitgeber.

3 Notruf

i

Bitte halten Sie sich bei Ihrer Meldung an folgendes Schema:

Wer meldet?
Wo geschah es?
Was geschah?
Wie viele Personen sind betroffen?
Welche Art der Erkrankung/Verletzung liegt vor?
Warten auf Rückfragen.

Notruf
Polizei **110**
Feuer **112**
Notarzt **112**

Bundesgrenzschutz
0180 523 45 66

Grammatik

4 Nebensätze: Relativsätze

Hauptsatz 1	Hauptsatz 2
Bezugswort	
Das ist Schwester Siegrid.	Sie (N) hat heute Nachtdienst.
Schwester Siegrid ist Stationsschwester.	Sie (N) bringt die Medikamente.

Hauptsatz (Teil 1)	Nebensatz mit **Relativpronomen**	Hauptsatz (Teil 2)
Das ist Schwester Siegrid,	**die** heute Nachtdienst hat.	
Schwester Siegrid,	**die** die Medikamente bringt,	ist Stationsschwester.

Ein Relativsatz erklärt ein Nomen im Hauptsatz.
Der Relativsatz steht immer möglichst nah bei dem Bezugswort.

5 Relativsätze im Nominativ, Akkusativ, Dativ

	Hauptsatz	Relativsatz	Hauptsatz
N	Der Arzt,	der heute auf der Station ist,	ist neu.
A		den du heute morgen gesehen hast,	ist der Stationsarzt.
D		dem du deine Verletzung gezeigt hast,	ist der Chefarzt.

6 Relativpronomen – Deklination

	Maskulinum	Neutrum	Femininum	Plural
Nominativ	der	das	die	die
Akkusativ	den	das	die	die
Dativ	dem	dem	der	**denen**

7 Relativsätze mit Präposition.

Das ist Dr. Schell, **von** (D) **dem** du mir erzählt hast.
Das ist gut für meine Kinder, **mit** (D) **denen** ich mehr Zeit verbringen kann.
Der Besuch, **auf** (→ A) **den** ich so lange gewartet habe, ist endlich gekommen.

Wortbildung

8 Substantivierung

Verb → Nomen	einnehmen →	das Einnehmen	Das Einnehmen der Medikamente ist wichtig.
Adjektiv → Nomen	gesund →	das Gesunde	Das Gesunde am Obst sind die Vitamine.

Raststätte

1 plus & minus – Ein Wiederholungsspiel

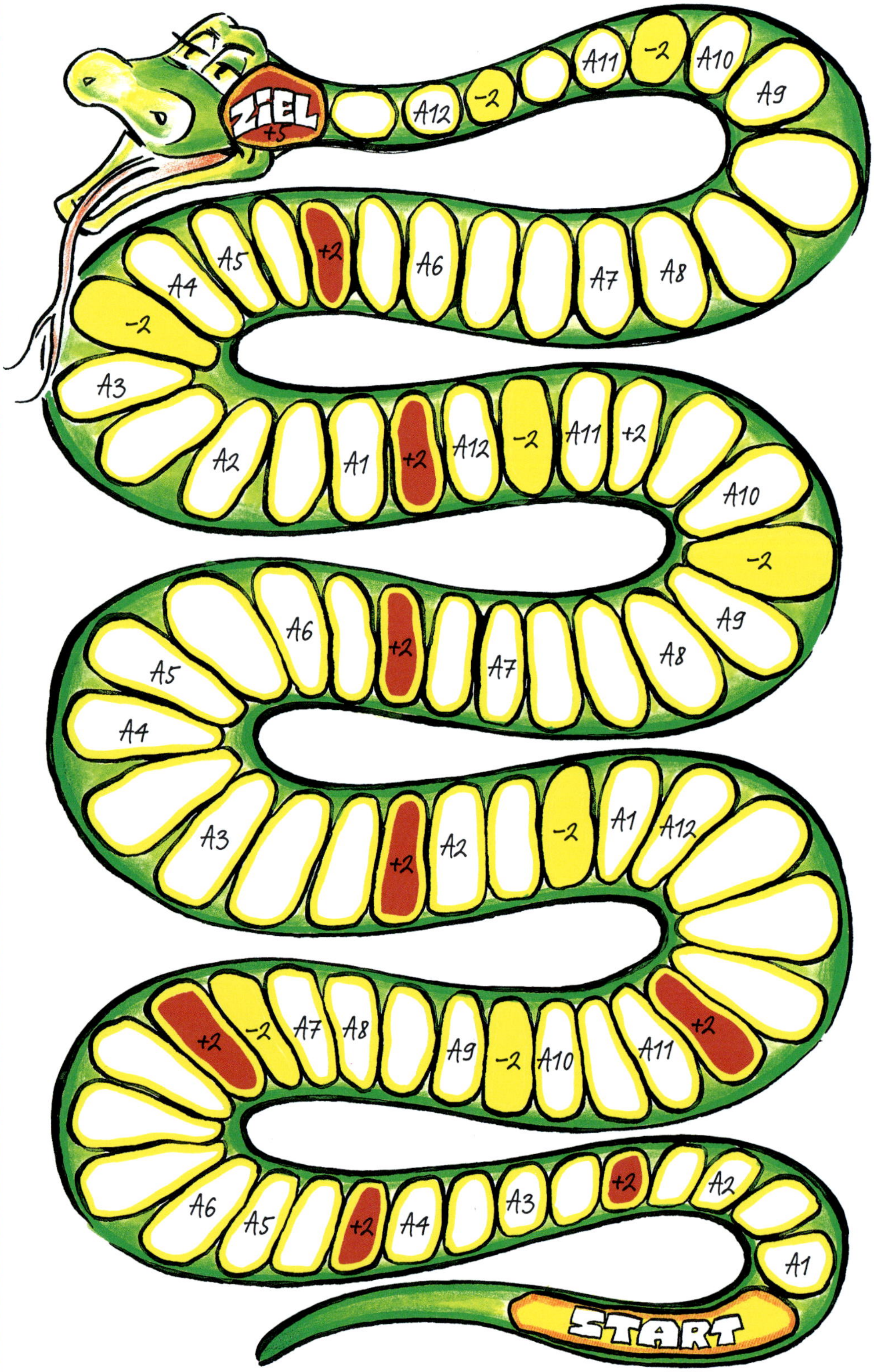

SIE BRAUCHEN:
Spielfiguren und einen Würfel.

ES SPIELEN:
Zwei Spieler/innen oder zwei Gruppen.

ZIEL DES SPIELS:
Möglichst viele Punkte sammeln.

REGELN:

1 Sie beginnen bei „Start“. Würfeln Sie und ziehen Sie Ihre Spielfigur. Sie dürfen nach jedem Würfeln wählen, ob Sie vorwärts oder rückwärts laufen.

2 Auf den **A**ufgabenfeldern müssen Sie eine Aufgabe mit der entsprechenden Nummer lösen. Sie können zwischen Gelb, Grün und Blau wählen. Blaue Aufgaben bringen 3 Punkte, grüne 2 und gelbe 1 Punkt. Wenn Sie die Aufgabe falsch lösen, bekommen Sie 3, 2 oder 1 Minuspunkt.

3 Jede Aufgabe darf nur einmal gelöst werden. Wenn alle Aufgaben einer Nummer verbraucht sind, dann kann man auf dem Feld bleiben, ohne eine Aufgabe zu lösen.

4 Extrapunkte:
+2 Pluspunkte
Ziel +5
–2 Minuspunkte

Wer die meisten Punkte hat, hat gewonnen.

1. Ergänzen Sie: Carl Benz hat 1886 … erfunden.
2. Im Mai 1945 war der Zweite Weltkrieg …
3. Welche zwei Präteritumendungen sind bei den regelmäßigen Verben am wichtigsten?
4. Wie heißen die Präteritumformen: gehen – …, kommen – …, bleiben – …?
5. Thema „Liebe“: fünf Wörter.
6. Wie heißt das Gegenteil: pünktlich sein – … , lustig sein – …, sympathisch sein – …?
7. Wie heißen die Wörter: 50% = die H…, 33% = ein D…, 25% = ein V…?
8. Ergänzen Sie die Konjunktion: Sie kann … gut reden, … auch gut zuhören.
9. Thema „Gesundheit“: 10 Wörter.
10. Antworten Sie: Rauchen Sie oder haben Sie früher geraucht? Wie viel?
11. Ergänzen Sie: Das ist der Arzt, … ich gestern gesprochen habe.
12. Ergänzen Sie: Die Patientin, … ich euch geschrieben habe, ist gestern operiert worden.

1. Was ist in diesen Jahren passiert: 1939, 1989?
2. Ergänzen Sie: Nachdem Carl Benz das … (erfinden), machte Berta Benz die erste … damit.
3. Ergänzen Sie: Nachdem ich die Schule … (beenden), …
4. Sagen Sie den Satz im Präteritum: Ab 1955 kommen viele Gastarbeiter, die in Deutschland arbeiten wollen.
5. Ergänzen Sie die Ausdrücke: rot w… – sich aufeinander f… – keine Worte f…
6. Ergänzen Sie den Satz: Mich stört es, wenn …
7. Ergänzen Sie den Satz: Im Urlaub kann man entweder zu Hause bleiben …
8. Formulieren Sie die „Ich-Botschaft“: „Du bist immer unpünktlich!“
9. Einen Unfall melden: Wie heißen die drei W-Fragen?
10. Fragen im Krankenhaus. Ergänzen Sie: Wie lang …? Muss ich …? Wann kann ich …?
11. Nennen Sie drei Dinge, die Sie ins Krankenhaus mitnehmen würden. Begründen Sie.
12. Wie heißt der Relativsatz? Es gibt Besuchszeiten. An die Besuchszeiten muss man sich halten.

1. Wann und mit welchem Ereignis hat der Zweite Weltkrieg begonnen?
2. Welche Konsequenzen hatte der 9.11.1989 für die DDR und Deutschland?
3. Berichten Sie über ein historisches Ereignis in Ihrem Land.
4. Nennen Sie zwei historische Ereignisse und sagen Sie, was da passiert ist.
5. Welche „Macken“ von Menschen finden Sie lustig oder nervig? Begründen Sie.
6. Was bedeutet das: „Du hast zu viele Rosinen im Kopf.“?
7. „Ich-Botschaft“ – „Du-Botschaft“: Was ist der Unterschied? Ein Beispiel.
8. Nennen Sie zwei wichtige Eigenschaften, die ein/e Partner/in haben muss. Begründen Sie.
9. Sie haben sich ein Bein gebrochen und sind im Krankenhaus. Formulieren Sie drei Fragen an den Arzt.
10. Sie können wegen Ihres Zimmernachbarn nicht schlafen. Was sagen Sie zur Krankenschwester?
11. Beruf „Rettungssanitäter“ – Berichten Sie über Vorteile und Nachteile.
12. Männer bei der Geburt – Was ist Ihre Meinung? Begründen Sie.

Warum ist es am Rhein so schön ...?

2 Vereinsausflug an den Rhein

a Hören Sie den ersten Teil der Rede des Vereinsvorsitzenden und kreuzen Sie an.

1. Der Rhein fließt von den Alpen zur Ostsee. [r] [f]
2. Der Rhein ist über 1000 Kilometer lang. [r] [f]
3. Der Rhein ist z.T. Staatsgrenze zwischen Frankreich und Deutschland. [r] [f]
4. Mehr als zehn Länder liegen am Rhein. [r] [f]
5. Der Rhein ist der längste Fluss der Welt. [r] [f]

b Hören Sie weiter und kontrollieren Sie mit der Karte. Wo beginnt die Reise? Notieren Sie die Stationen. Ordnen Sie die Informationen der Reiseroute zu.

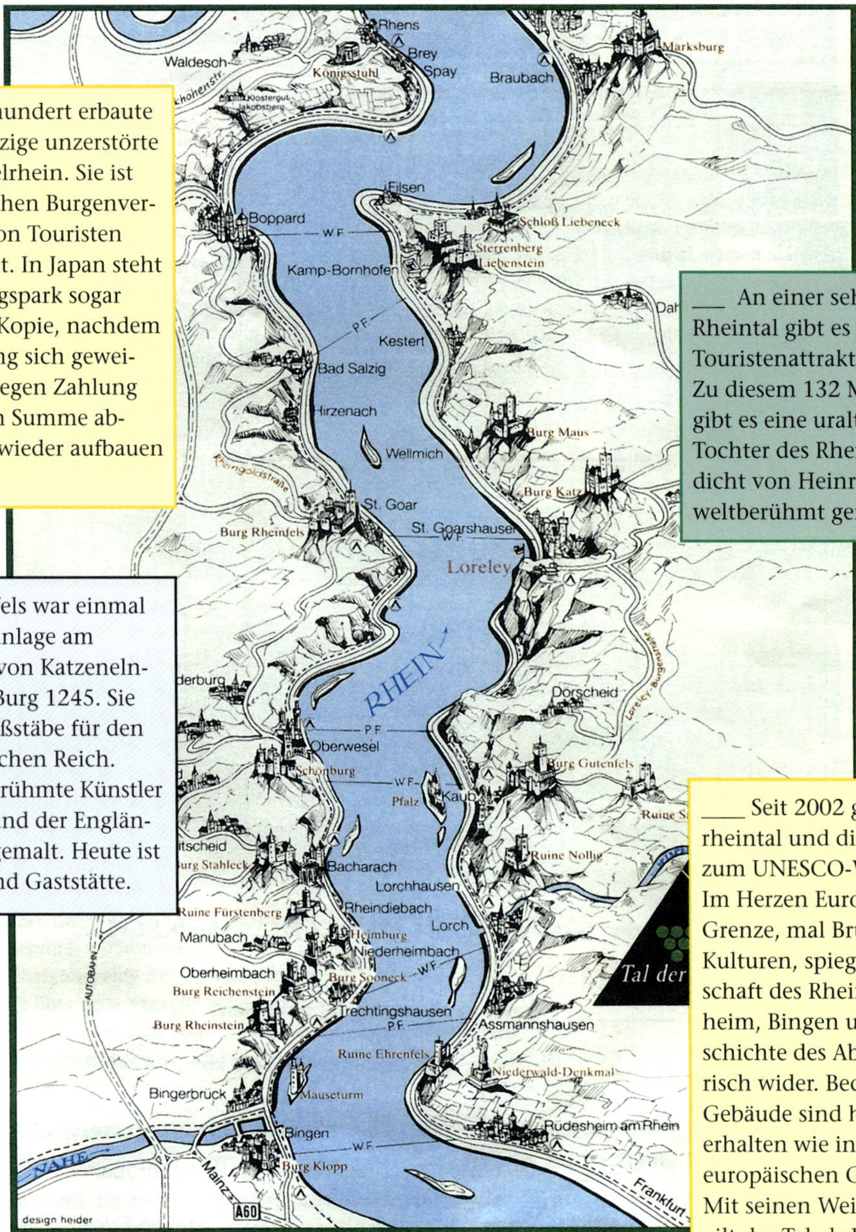

____ Die im 12. Jahrhundert erbaute Marksburg ist die einzige unzerstörte Höhenburg am Mittelrhein. Sie ist heute Sitz der Deutschen Burgenvereinigung und wird von Touristen aus aller Welt besucht. In Japan steht in einem Vergnügungspark sogar eine originalgetreue Kopie, nachdem die Burgenvereinigung sich geweigert hatte, die Burg gegen Zahlung einer unvorstellbaren Summe abtragen und in Japan wieder aufbauen zu lassen.

____ An einer sehr engen Stelle im Rheintal gibt es eine bekannte Touristenattraktion, die „Loreley". Zu diesem 132 Meter hohen Felsen gibt es eine uralte Sage von der Tochter des Rheinkönigs. Ein Gedicht von Heinrich Heine hat sie weltberühmt gemacht.

____ Die Burg Rheinfels war einmal die mächtigste Burganlage am Rhein. Graf Diether von Katzenelnbogen gründete die Burg 1245. Sie setzte damals die Maßstäbe für den Burgenbau im Deutschen Reich. Die Burg haben so berühmte Künstler wie Albrecht Dürer und der Engländer William Turner gemalt. Heute ist sie teilweise Hotel und Gaststätte.

____ Seit 2002 gehören das Mittelrheintal und die Stadt Rüdesheim zum UNESCO-Weltkulturerbe. Im Herzen Europas gelegen, mal Grenze, mal Brücke zwischen den Kulturen, spiegelt die Kulturlandschaft des Rheintals zwischen Rüdesheim, Bingen und Koblenz die Geschichte des Abendlandes exemplarisch wider. Bedeutende historische Gebäude sind hier in einer Menge erhalten wie in kaum einer anderen europäischen Gegend.
Mit seinen Weinbergen und Burgen gilt das Tal als Inbegriff der romantischen Rheinlandschaft.

Heinrich Heine: Ich weiß nicht, was soll es bedeuten

3 Hören Sie Heines Gedicht als Lied.

1.28

a Wie gefällt Ihnen das Gedicht?

Ich weiß nicht, was soll es bedeuten,
Dass ich so traurig bin;
Ein Märchen aus alten Zeiten,
Das kommt mir nicht aus dem Sinn.

Die Luft ist kühl und es dunkelt
Und ruhig fließt der Rhein;
Der Gipfel des Berges funkelt
Im Abendsonnenschein.

Die schönste Jungfrau sitzet
Dort oben wunderbar;
Ihr goldnes Geschmeide blitzet,
Sie kämmt ihr goldenes Haar.

Sie kämmt es mit goldenem Kamme
Und singt ein Lied dabei;
Das hat eine wundersame,
Gewaltige Melodei.

Den Schiffer im kleinen Schiffe
Ergreift es mit wildem Weh;
Er schaut nicht die Felsenriffe,
Er schaut nur hinauf in die Höh.

Ich glaube, die Wellen verschlingen
Am Ende Schiffer und Kahn;
Und das hat mit ihrem Singen
Die Lore-Ley getan.

b In dem Gedicht gibt es veraltete Ausdrücke – Ordnen Sie die Bedeutung zu.

1. das kommt mir nicht aus dem Sinn
2. es dunkelt
3. ihr goldnes Geschmeide blitzet
4. goldenes Haar
5. wundersame, gewaltige Melodei
6. mit wildem Weh
7. die Wellen verschlingen ... Kahn

a) ☐ es wird Abend
b) ☐ das Boot geht unter
c) ☐ blondes Haar
d) 1 ich kann es nicht vergessen
e) ☐ ihr goldener Schmuck glänzt
f) ☐ eine schöne Melodie
g) ☐ mit großer Sehnsucht

c Erarbeiten Sie in Gruppen je eine Strophe mit dem Wörterbuch.

4 Kennen Sie ähnliche Geschichten von schönen Frauen, die Männer in den Tod locken?

5 Projekt: Eine Reise an den Rhein

Wählen Sie einen Abschnitt des Rheins, planen Sie eine Reise wie in Aufgabe 2. Stellen Sie Ihre Reise im Kurs vor. Auf der Homepage **www.rheintal.de** finden Sie viele Informationen.

Gespräch über die Reiselust

A

6 Die Reiselust der EU-Bürger/innen

a Sehen Sie die Grafik an und lesen Sie den Text.

In Deutschland fahren mehr als drei Viertel der Erwachsenen mindestens einmal pro Jahr in Urlaub. Sie liegen damit an erster Stelle der EU-Länder. Urlaub heißt für die Statistik, von zu Hause wegzufahren und mindestens vier Nächte auswärts zu verbringen. Innerhalb der EU-Länder stehen die Niederländer an der zweiten Stelle. Mehr als zwei Drittel von ihnen verreisen mindestens einmal pro Jahr. Am wenigsten fahren die Einwohner der EU-Staaten Spanien und Portugal in Urlaub, jeweils nur rund ein Drittel.
Immer mehr Menschen machen mehrere kurze Urlaube in einem Jahr. Der lange große Sommerurlaub ist in den letzten Jahren immer kürzer geworden.

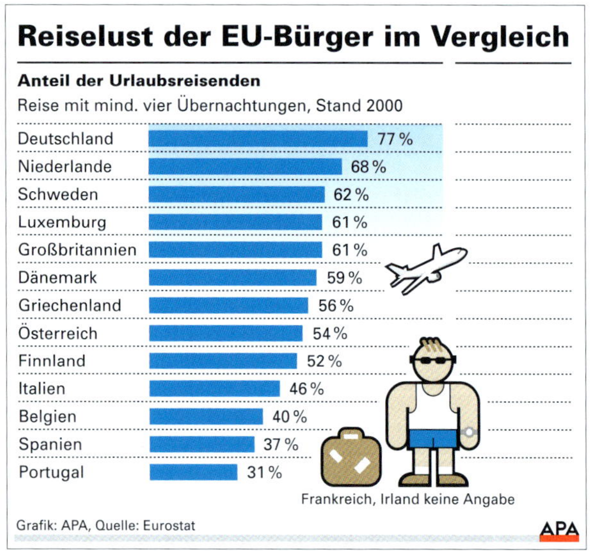

b Ergänzen Sie die folgenden Sätze. Berichten Sie dann dem Partner / der Partnerin kurz, welche Informationen Sie haben. A beginnt.

1. Urlaub machen heißt für die Statistik, dass …
2. Deutschland liegt in der Statistik …
3. In der EU gibt es große Unterschiede: 77% der Deutschen, aber nur 31% …
4. Die Niederländer liegen 9% hinter …
5. Luxemburg und … liegen genau gleich, mit je … Prozent.
6. Von den Österreichern fahren etwas mehr als die Hälfte …
7. Über die Länder Frankreich und Irland gibt es …

c Gespräch über die Reiselust – Womit möchten Sie beginnen? Kreuzen Sie an und sammeln Sie weitere Ausdrücke.

1. ☐ Ist Urlaub für dich etwas Wichtiges?
2. ☐ Laut Statistik machen die Portugiesen am wenigsten Urlaub? Weißt du, warum?
3. ☐ Warum machen die Deutschen die meisten Urlaubsreisen von allen EU-Bürgern?
4. ☐ Was mich noch interessiert: Wie wichtig ist im Urlaub für dich das Wetter?
5. ☐ Welche Gründe gibt es, keinen Urlaub zu machen?

7 Ihr Land als Urlaubsland

a Notieren Sie fünf Fragen. Welche passt für den Gesprächsanfang?

☐ viele Touristen
☐ Anreise
☐ Regionen für den Urlaub
☐ typische Speisen und Getränke
☐ Sehenswürdigkeiten
☐ Gefahren

Kommen viele Touristen in dein Land?

b Sprechen Sie zu zweit. Zuerst fragt A und B antwortet. Dann wechseln Sie.

B

6 Die Reiselust der EU-Bürger/innen

a Sehen Sie die Grafik an und lesen Sie den Text.

Ganz anders sieht es aus, wenn man die Urlaubsreisen im Inland betrachtet. 96% der Griechen verbringen mindestens vier Tage Urlaub weg von zu Hause, aber in Griechenland. Es folgen Spanien und Portugal mit 90% bzw. 82% Urlaubsreisen im Inland. Auch mehr als zwei Drittel der Italiener, Finnen und Schweden fahren weg, bleiben aber im eigenen Land.
Schwierig ist es für Bewohner des kleinen Luxemburg: Wie können sie wegfahren, aber nicht ihr Land verlassen? Das schaffen gerade 0,4%.
Und die Deutschen? Von den 77%, die mindestens einmal im Jahr für vier Tage verreisen, bleiben gerade 34% im Inland, also weniger als die Hälfte.

Reiselust der EU-Bürger im Vergleich

Anteil der Urlaubsreisenden Reise mit mind. vier Übernachtungen, Stand 2000	**Davon Inlandsreisen**
Griechenland	96 %
Spanien	90 %
Portugal	82 %
Italien	77 %
Finnland	71 %
Schweden	70 %
Großbritannien	55 %
Niederlande	37 %
Deutschland	34 %
Österreich	32 %
Dänemark	31 %
Belgien	18 %
Luxemburg	0,4 %

Frankreich, Irland keine Angabe

Grafik: APA, Quelle: Eurostat APA

b Ergänzen Sie die folgenden Sätze. Berichten Sie dann dem Partner / der Partnerin kurz, welche Informationen Sie haben. A beginnt.

1. In der Statistik erfährt man etwas über …
2. Die Daten in der Statistik sind inzwischen … Jahre alt.
3. Für die Griechen ist das liebste Urlaubsland …, nämlich für … Prozent.
4. Es gibt große Unterschiede: An der Spitze liegt Griechenland vor … und …
5. Fast keine Bewohner von Luxemburg …
6. Ziemlich genau ein Drittel der Deutschen, die in Urlaub fahren, machen …
7. Die Zahl der Deutschen und Österreicher ist …

c Gespräch über die Reiselust – Womit möchten Sie beginnen? Kreuzen Sie an und sammeln Sie weitere Fragen.

1. ☐ Laut Statistik machen fast alle Griechen in Griechenland Urlaub. Was denkst du, warum?
2. ☐ Warum ist eigentlich Urlaub ein wichtiges Thema für so viele Leute?
3. ☐ Gehörst du auch zu den Menschen, die mindestens einmal im Jahr Urlaub machen?
4. ☐ Hast du schon einmal einen Badeurlaub in Deutschland gemacht?
5. ☐ Noch eine letzte Frage: Wo warst du zum ersten Mal im Urlaub?

7 Ihr Land als Urlaubsland

a Notieren Sie fünf Fragen. Welche passt für den Gesprächsanfang?

☐ viele Touristen ☐ Regionen für den Urlaub ☐ Sehenswürdigkeiten
☐ Anreise ☐ typische Speisen und Getränke ☐ Gefahren

Kommen viele Touristen in dein Land?

b Sprechen Sie zu zweit. Zuerst fragt A und B antwortet. Dann wechseln Sie.

Sport

1 Sportarten

a Betrachten Sie die Piktogramme. Welche Sportarten kennen Sie auf Deutsch?

b Suchen Sie Sportarten in der Wortschlange. Ordnen Sie die Wörter den Bildern zu.

schwimmenlaufenreitenkaratebasketballfußballskifahrenvolleyballtischtennisradfahrenhandballrugbyhockeygolfrudernsegelntauchensurfenlanglaufenschlittenfahrensnowboardenjoggenwandernbergsteigenkletternturnenboxeneislaufenschachspielentennisskaten**gymnastik**

E 1 Tauchen   B 2 Gymnastik

c Sechs Sportgeräusche – Hören Sie und notieren Sie.

2.1

1 Tennis

4 5

Lernziele 31

- Erzählen
- Abläufe schildern
- Gefühle ausdrücken
- Verben + Präpositionen
- Pronominaladverbien
- Reflexivpronomen mit Dativ

2 Was braucht man für die Sportarten von 1b? Notieren Sie Wörter zu den Sportarten.

▶ S. 197

der Schläger • die Sportschuhe • die Ski • das Spielfeld • die Sportkleidung • das Pferd

der Korb das Netz das Tor das Trikot der Ball die Inliner das Boot das Seil

3 Sportarten raten

Spielen Sie ohne Worte eine typische Bewegung zu einer Sportart vor. Die anderen notieren die Sportart und was man dazu braucht, auf einem Zettel. Vergleichen Sie: Wer hat am meisten Wörter zu jeder Sportart?

Radfahren: Fahrrad, Radhose, Sportschuhe, Helm ...

4 Treiben Sie Sport? – Eine Umfrage

A

Ich treibe keinen Sport, genauer, ich treibe keinen Sport mehr. In der Schule hatten wir Sport, Turnen hieß das da. Und das machte ich zuerst ganz gern. Aber dann haben wir einen neuen Turnlehrer bekommen. Und ich hatte immer Probleme mit ihm. Ich war ja auch schlecht in Turnen und der Lehrer hat mich richtig fertig gemacht. Da hasste ich Sport so richtig. Und ich hatte nur noch Probleme damit. Wir durften nie Spiele machen. Fußball oder Handball hätte ich gerne gespielt.
Sport im Fernsehen, das ist etwas anderes. Dafür interessiere ich mich. Am liebsten sehe ich Autorennen: Formel 1.

Peter Stein, Elektriker, 35

Kai Baffel, Informatiker, 28

B

Im Sport ist es wie im Beruf. Man muss darin seine volle Leistung bringen! Ich treibe jeden Tag Sport, meistens vor der Arbeit. Ich laufe, schwimme oder fahre Mountainbike. Täglich ungefähr eine Stunde, meistens allein, ohne Kollegen. Ich trainiere nicht gern mit ihnen. Dazu braucht man Disziplin, ich finde Disziplin wichtig! Ich mag auch Wettkämpfe, Triathlon. Ein paar Mal im Jahr nehme ich daran teil. Dabei gebe ich immer alles, oft bis zur Schmerzgrenze oder darüber. Wenn ein Sportler das schafft, ist er immer sehr zufrieden mit sich. Meine Leistungen werden immer besser und darauf bin ich sehr stolz.

C

Ja, ich treibe gerne Sport! Ich mache alles Mögliche. Oft freue ich mich schon den ganzen Tag darauf, dass ich am Abend joggen kann. Dabei vergesse ich schnell, worüber ich mich bei der Arbeit geärgert habe. Aber am liebsten mache ich Sport mit Freunden. Im Winter fahren wir oft zusammen in die Berge zum Skifahren. Oder wir fahren im Sommer an einen See und spielen Volleyball. Manchmal fahren wir auch Inlineskates. Ich finde, Sport muss Spaß machen. Leistungssport finde ich blöd.

Susanne Selb, Verkäuferin, 25

Rolf Beetz, Buchhalter, 32

D

Ich komme gerne hierher und trainiere mit den anderen. Nach meinem Unfall hatte ich davor Angst, nicht mehr laufen zu können. Hier sind alle gleich, alle sitzen im Rollstuhl. Wir trainieren jeden Dienstag und Donnerstag und am Wochenende fahren wir meistens zu einem Wettkampf. Ja, auch Behinderte können aktiv Sport treiben! Letztes Jahr erreichte unsere Gruppe bei einem großen Basketballturnier für Rollstuhlfahrer den zweiten Platz.

a Lesen Sie die Texte A–D und die Aussagen 1–5. Welcher Text passt? Notieren Sie. Welche Aussage passt nicht?

1. Die Person findet, dass Sport mit Freunden am meisten Spaß macht. ____
2. Die Person hätte in der Schule gerne Fußball gespielt. Heute treibt sie keinen Sport mehr. ____
3. Die Person trainiert täglich und nimmt jedes Wochenende an einem Wettkampf teil.
   Sie hat große Angst vor einer Sportverletzung. ____
4. Die Person sucht immer ihre Grenzen, im Sport und im Beruf. ____
5. Die Person trainiert zweimal in der Woche und ihre Mannschaft nimmt an Wettkämpfen teil. ____

b Warum treiben die Leute (keinen) Sport? Markieren Sie in den Texten und sprechen Sie im Kurs.

5 Pronomen und Pronominaladverb bei Präpositionen

	Probleme haben mit …
Dann bekamen wir **einen neuen Turnlehrer.**	Ich hatte immer Probleme mit ihm. Mit wem?
Person	Präposition + Pronomen
Da hasste ich **Sport** so richtig.	Ich hatte nur noch Probleme damit. Womit?
Sache	da(r) + Präposition

a Suchen Sie die Aussagen 1–5 in den Texten A und B und zeichnen Sie Pfeile ein.

b Ergänzen Sie die Pronomen oder Pronominaladverbien.

1. Sport im Fernsehen, das ist etwas anderes. ____________ interessiere ich mich.
2. (*Ich trainiere*) meistens allein, ohne Kollegen. Ich trainiere nicht gern ____________ .
3. Ich mag Wettkämpfe, Triathlon. Ein paar Mal im Jahr nehme ich ____________ teil.
4. Wenn ein Sportler das schafft, ist er immer sehr zufrieden ____________ .
5. Meine Leistungen werden immer besser und ____________ bin ich sehr stolz.

6 Verben mit Präpositionen – Nebensätze

▸ S. 198

a Markieren Sie die Präposition im Fragewort.

sich freuen auf	Worauf?	Ich freue mich darauf …, **dass ich abends joggen kann.**
Angst haben vor	Wovor?	Ich hatte davor Angst, **nicht mehr laufen zu können.**

b Schreiben Sie Sätze nach dem Muster.

1. Wir haben uns gefreut.	Worauf?	Wir verbringen eine Woche in den Bergen.
2. Wir waren enttäuscht.	Wovon?	Man konnte das Schwimmbad nicht benutzen.
3. Ich habe mich geärgert.	Worüber?	Es hat nur geregnet.
4. Ich hatte Angst.	Wovor?	Die Stimmung wird schlecht.
5. Wir haben uns entschlossen.	Wozu?	Wir wandern jeden Tag ein paar Stunden.

1. Wir haben uns darauf gefreut, eine Woche in den Bergen zu verbringen.
2. Wir waren davon enttäuscht, dass man …

7 Treiben Sie Sport? Warum? Warum nicht? – Machen Sie eine Umfrage im Kurs.

Was machen Sie, welche Sportarten?
Welchen Sport würden Sie gern beginnen?
Wie lange machen Sie das schon?
Mit welchem Sport haben Sie aufgehört?

▸ S. 199

8 Sport als Beruf – Ein Interview

Schülerrennen 1962, 1. Platz

Meine Pokale im Keller

Gold für Alisa, Salt Lake City, 2002

a **Sehen Sie die Fotos an. Welche Informationen erwarten Sie? Sammeln Sie.**

2.2

b **Sie hören ein Interview. Welche Stationen aus dem Lebenslauf nennt die Person? Kreuzen Sie an.**

Ausbildung		
Volksschule Götzens	09.1961 – 07.1965	☐
Gymnasium Innsbruck	09.1965 – 07.1974	☐
AFS-Stipendium Oregon, USA	09.1972 – 07.1973	☐
Universität Innsbruck (A)	10.1974 – 06.1981	☐
Berufliche Tätigkeit		
Skilehrer und Manager der Skischule Götzens		☐
Trainer des Fußballclubs FC Götzens		☐

c **Hören Sie das Interview noch einmal. Richtig oder falsch? Kreuzen Sie an.**

1. Als ich klein war, sind alle Leute in meiner Umgebung Ski gefahren. [r] [f]
2. Die Wettkämpfe bei der Winterolympiade durfte ich nicht besuchen. [r] [f]
3. Ein Schulfreund ist ein ganz erfolgreicher Sportler geworden. [r] [f]
4. Beim Skifahren schloss ich Freundschaften, die bis heute halten. [r] [f]
5. Später habe ich Sport studiert und die Ausbildung zum staatlich geprüften Skilehrer und Trainer gemacht. [r] [f]
6. Durch den Sport konnte ich mein Studium finanzieren, denn ich bekam leicht Jobs. [r] [f]
7. Leider habe ich nur im Ausland Trainerjobs bekommen, aber nicht in Österreich. [r] [f]
8. Als Trainer habe ich aufgehört, weil ich zu wenig Erfolge hatte. [r] [f]
9. Weil ich als Trainer unterwegs bin, sehe ich meine Kinder kaum. [r] [f]
10. Auch als Koordinator bin ich immer noch viel unterwegs. [r] [f]

d **Stellen Sie sich vor, Ihr Kind ist acht Jahre alt und hat Talent als Tennisspieler/in. Was würden Sie tun und warum? Wo liegen die Chancen und Risiken?**

9 Traum – Beruf – Traumberuf

a Lesen Sie. Welchen Aussagen stimmen Sie zu, welchen nicht? Unterstreichen Sie mit zwei Farben.

Ich denke mir, dass jeder einen Traum hat. Mein Traum war es eben, aus meinem Hobby meinen Beruf zu machen. Das hatte ich mir schon als Kind vorgenommen. Und mein Hobby war Sport, ich interessierte mich fast nur für Sport, für verschiedene Sportarten. Darum habe ich mich für Sport entschieden. Kein Mensch wird als Sportler geboren, auch wenn man von der geborenen Schwimmerin oder dem geborenen Skifahrer spricht. Das ist Quatsch. Und es ist auch ein Quatsch, dass man alles erreichen kann, wenn man nur will. Ich habe die Erfahrung gemacht, dass man Erfolg nicht nur planen kann, oft muss man spontan entscheiden. Das habe ich mir gut gemerkt.

b Stellen Sie je eine Aussage vor. Begründen Sie Ihre Meinung.

Mein Traum war es eben, aus meinem Hobby meinen Beruf zu machen.

Ich finde, Beruf und Hobby sollte man trennen!

10 Reflexivpronomen im Dativ – Markieren Sie in 1–6 die Reflexivpronomen im Dativ und machen Sie eine Tabelle.

► S. 200

sich etwas denken	Ich denke mir, dass jeder einen Traum hat.
	Helmuts Traum war es, aus seinem Hobby seinen Beruf zu machen.
sich etwas vornehmen	Das hatte er sich schon als Kind vorgenommen.

1. Hast du dir die Adresse gemerkt? Ich habe sie vergessen. 2. Ihr kommt aber spät! Wir haben uns schon Sorgen gemacht! 3. Meine Freunde konnten sich nicht vorstellen, eine Woche ohne Strom zu leben. 4. Anne nimmt sich vor, im Sommer oft mit dem Rad zu fahren. 5. Das Kind hat sich genau gemerkt, wie es den Computer anschalten kann. 6. Zwei Wochen Urlaub im Regen! Könnt ihr euch das vorstellen? Schrecklich!

11 Wie beginnt Ihr Tag?

a Notieren Sie eine Reihenfolge und schreiben Sie Sätze.

- ☐ sich anziehen
- ☐ sich die Zähne putzen
- ☐ sich kämmen
- ☐ sich einen Kaffee machen
- ☐ sich auf den Weg machen
- ☐ sich schminken
- ☐ sich waschen
- ☐ sich verabschieden
- ☐ sich im Bett umdrehen
- ☐ sich …
- ☐ Gymnastik machen
- ☐ Zeitung kaufen/lesen
- ☐ E-Mails checken
- ☐ Radio/Fernseher anschalten
- ☐ den Wecker ausschalten

b Eine Geschichte erfinden – Schreiben Sie eine kurze Geschichte. Beginnen Sie so:

Am letzten Montag war alles ganz anders. Zuerst … Dann …

12 **Was macht einen Fan zu einem echten Fan?**

a Sammeln Sie im Kurs.

b Lesen Sie den Text und ergänzen Sie Ihre Stichworte.

„56 Leberkässemmeln, bitte!"

Der junge Mann in der Metzgerei lächelt und wartet auf seine Bestellung.
Er trägt eine weiß-blaue Mütze und eine Jeansjacke. Auf der Jeansjacke ist ein großer Löwe und die Schrift „Seelöwen Unteriglbach". Er ist ein Fan. Ein Fan des Fußballclubs „TSV 1860 München". Er kauft den Reiseproviant für die Reise zum Heimspiel der „Sechzger[1]" gegen den „HSV[2]".
Der Bus kommt. Heute steigen 34 Mitglieder des Fanclubs ein. Manchmal sind es mehr, manchmal sind es weniger. Einige Fans fahren zu jedem Heimspiel und manche auch zu jedem Auswärtsspiel.
Um zwölf Uhr fährt der Bus ab. Die Zeit vergeht sehr schnell. Gruppen diskutieren die Mannschaftsaufstellung, die Spieler des Gegners und die Gewinnchancen. Und es wird oft und laut gesungen: „57, 58, 59, 60! Das ist mein Verein – 57, 58, 59, 60! Wird es immer sein!"
Nach der halben Strecke kommt die rituelle „Brotzeitaktion": Auf dem Rastplatz Moosburg wird angehalten und schnell werden Tische und Bänke aufgebaut. Es gibt Leberkäs, Würstchen, Semmeln, Senf und Ketchup, Limonade, Spezi[3], Bier.

Nach ungefähr zweieinhalb Stunden fährt der Bus auf den großen Parkplatz vor dem Olympiastadion.
Das Spiel beginnt erst in einer guten Stunde. Aber für einen Fan gibt es davor viel zu tun. Man trifft Mitglieder anderer Fanclubs, man besucht den Fanshop und, fast das Wichtigste: Die große Vereinsfahne muss ausgebreitet werden, damit alle Fernsehzuschauer in Deutschland sehen – der Fanclub „Seelöwen Unteriglbach" ist heute im Stadion!
Auf der Rückfahrt wird viel diskutiert und analysiert. Das Spiel endete 1 : 1. Die 34 „Trainer" fahren wieder nach Hause. Am Samstag in 14 Tagen gibt es wieder ein Heimspiel. Und alle sind überzeugt: Das gewinnt bestimmt der TSV 1860 München, denn: „Einmal Löwe, immer Löwe!"

[1] Bayerisch für TSV (= Turn und Sportverein) 1860 München. Das Vereinssymbol ist ein Löwe.
[2] HSV = Hamburger Sportverein
[3] Spezi = Mischung aus Limonade und Cola

c Markieren Sie die richtige Aussage.

1. Die „Seelöwen Unteriglbach“
[a] sind ein Fußballverein.
[b] sind ein Fanclub vom HSV.
[c] sind ein Fanclub des TSV 1860 München.

2. Zu dem Heimspiel fahren
[a] alle Mitglieder des Fanclubs.
[b] heute 34 Mitglieder.
[c] meistens 56 Mitglieder.

3. Die „Brotzeitaktion“
[a] gibt es manchmal im Bus.
[b] findet heute im Stadion statt.
[c] machen die Fans immer auf einem Rastplatz.

4. 1 : 1 bedeutet:
[a] Die „Löwen“ haben verloren.
[b] unentschieden.
[c] Der TSV 1860 München hat gewonnen.

13 Ein Fan erzählt

2.3 ▶ S. 201

a Hören Sie das Interview. Was ist in 1–7 falsch? Unterstreichen Sie.

b Hören Sie noch einmal und notieren Sie die richtigen Informationen.

1. Ein Fan zeigt <u>mit seinen Liedern</u>, für welche Mannschaft er ist. *durch seine Kleidung*
2. Also, ein Trikot in bunten Farben muss man schon haben. ________
3. Als Kind haben mich meine Freunde mit ins Stadion genommen. ________
4. In unserer Stadt gibt es viele Vereine. ________
5. Ich war immer bei wichtigen Auswärtsspielen dabei. ________
6. Das Derby der „Blauen“ gegen die „Roten“ gibt es einmal im Jahr. ________
7. Sport interessiert mich. Ich bin natürlich ein Fußballfan. ________

14 Was wollten Sie Ihr Idol schon immer fragen?

a Wählen Sie ein Idol aus den Bereichen Sport, Politik, Film oder Musik. Legen Sie drei Themenbereiche fest. Bereiten Sie zu zweit Fragen und Antworten vor.

Freizeit | Familie | Partys
Hobbys | Geld | Spaß

b Spielen Sie Ihr Interview ohne Namen vor. Wen haben Sie interviewt? Die anderen raten.

Auf einen Blick

Im Alltag

1 Gefühle ausdrücken

	Endlich Wochenende!
hoffen auf ... (+ A)	Er hatte auf ein schönes Wochenende gehofft.
sich ärgern über ... (+ A)	Es hat immer geregnet. Darüber hat er sich geärgert.
enttäuscht sein von ... (+ D)	Und er war auch enttäuscht vom Hotel.
sich langweilen bei ... (+ D)	Er hat sich bei der Feier gelangweilt.
etwas hassen ... / hassen, etwas zu tun	Er hasst es, den ganzen Tag herumzusitzen.

	Endlich Wochenende!
glücklich sein über ... (+ A)	Sie war so glücklich über ein langes Wochenende.
Es ist ... egal, ...	Es war ihr ganz egal, dass das Wetter schlecht war.
Probleme haben mit ... (+ D)	Sie hatte keine Probleme damit, ihre Zeit zu nutzen.
zufrieden sein mit ... (+ D)	Sie war zufrieden damit, dass sie sich ausruhen konnte.
Es ist schade, dass ...	Es war nur schade, dass er sie dauernd gestört hat.

2 Einstellungen ausdrücken

sich etwas denken	Ich denke mir, dass Sport und Beruf vieles gemeinsam haben.
sich etwas überlegen	Man muss sich überlegen, was man erreichen will.
sich etwas merken	Ich merke mir immer, was gut war und was nicht.
sich an etwas erinnern	Oft kann ich mich nur an die guten Dinge erinnern.
etwas vergessen	Und ich vergesse, was nicht so gut war.

3 Handlungen planen und durchführen

sich etwas vorstellen • sich etwas vornehmen • sich entschließen • sich entscheiden für

Dumm gelaufen!

Eine Villa am Meer, das hatte er sich immer vorgestellt. Und er nahm sich vor, bald schon eine zu haben. Aber leider verdiente er schlecht.

Er entschloss sich, bei der Bank einen Kredit aufzunehmen. Aber die Bank gab ihm keinen. Deshalb entschied er sich, das Geld selbst zu holen.

Es ging schief. Er bekam ein Haus am Meer, aber so hatte er sich seine Villa am Meer nicht vorgestellt.

Grammatik

4 Präpositionalergänzungen – Pronomen und Pronominaladverb

	Probleme haben **mit** ...	
Ich hatte Probleme mit dem Turnlehrer.	Ich hatte Probleme **mit ihm**. Präposition + Pronomen	Person: **Mit wem?**
Ich hatte Probleme mit dem Sportunterricht.	Ich hatte Probleme **damit**. da(r) + Präposition	Sache: **Womit?**

5 Präpositionalergänzungen und Nebensätze

sich freuen **auf**	**Worauf**?	Ich freue mich **darauf**, → dass ich am Abend joggen kann.
Angst haben **vor**	**Wovor**?	Ich hatte Angst **davor**, → nicht mehr laufen zu können.

6 Verben und Ausdrücke mit Präpositionen – Pronominaladverbien

enttäuscht sein von	wovon?	davon	Präposition beginnt mit Konsonant wo...? → da...
Angst haben vor	wovor?	davor	
sich entschließen zu	wozu?	dazu	
zufrieden sein mit	womit?	da**mit**	
sich freuen auf	wo**rauf**?	da**rauf**	Präposition beginnt mit Vokal (a, e, i, o, u ...) wo**r**...? → da**r**...
sich ärgern über	wo**rüber**?	da**rüber**	
denken an	wo**ran**?	da**ran**	
traurig sein über	wo**rüber**?	da**rüber**	

7 Reflexivpronomen im Akkusativ und Dativ

	Akkusativ	Dativ		Akkusativ/Dativ
ich	mich	mir	**wir**	uns
du	dich	dir	**ihr**	euch
er/es/sie	sich	sich	**sie/Sie**	sich

Meistens steht das Reflexivpronomen im Akkusativ.

(sich) waschen	Ich wasche mich.
(sich) kämmen	Er kämmt sich.
sich bedanken	Ich bedanke mich für die Blumen.

Wenn in einem Satz mit Reflexivpronomen eine weitere Ergänzung im Akkusativ dazukommt, dann steht das Reflexivpronomen im Dativ.

Ich wasche mir die Hände.
Er kämmt sich die Haare.
Mach dir doch einen Kaffee.

Konsum

②

①

1 Ein Lied von den Prinzen

a Lesen Sie den Text. Was ist X?

X ist lustig
X macht fröhlich
X ist sehr, sehr nützlich
Denn das Leben ist leider ziemlich teuer
X macht Freude
X macht Spaß
X gibt so viel Kraft
Und manche geben damit Feuer

X ist schön
Es ist so praktisch, kann so viel dafür kaufen
X ist schön
Nur nicht den Fehler machen, alles zu versaufen
X ist schön
Es ist zwar nicht das Schönste, das Schönste auf der Welt
Doch es ist schön – auf jeden Fall schöner als kein X

X ist käuflich
X macht so reich
X ist sehr, sehr lecker
Nur nicht süchtig werden
X macht sexy
X macht so frei
X macht alles, alles, alles, alles
Nur ganz selten mal Beschwerden

X ist schön
X macht so mächtig, es macht so satt
X ist schön
Und doch so nebensächlich, wenn man viel hat
X ist schön
Es ist zwar nicht das Schönste, das Schönste auf der Welt
Doch es ist schön – auf jeden Fall schöner als kein X

b Welche Eigenschaften hat X im Lied? Welche Eigenschaften würden Sie X geben?

2.4

c Hören Sie nun das Lied und schreiben Sie selbst ein paar Liedzeilen.

X ist gefährlich
X ist oft nicht wichtig
Denn auch für viel X kann man Glück nicht kaufen

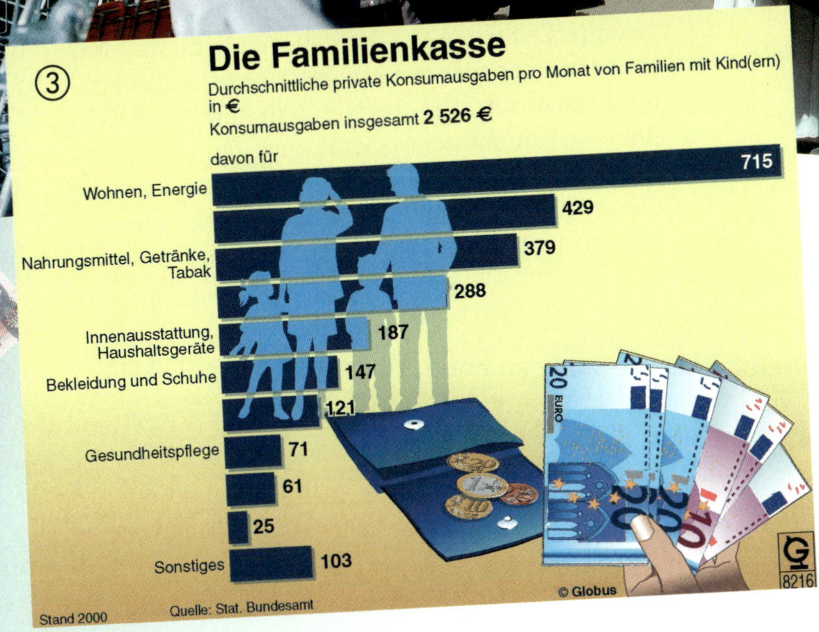

Lernziele 32

- Gesprächsstrategien am Telefon
- Reklamieren
- Stellung der Pronomen
- Genitivattribute
- *trotz*, *wegen* mit Genitiv

2 **Wo kaufen Sie was? – Sehen Sie sich die Bilder an. Welche Vor- und Nachteile haben die verschiedenen Möglichkeiten?**

Im Supermarkt sind die Sachen oft günstiger, aber es gibt keine Beratung.

3 **Blick in die Haushaltskassen**

▸ S. 202

a **Schauen Sie sich das Schaubild an, einige Stellen sind frei. Ergänzen Sie sie mit den folgenden Rubriken und vergleichen Sie im Kurs.**

Restaurants/Hotels — Bildung — Telefon/Handy/E-Mails — Freizeit/Unterhaltung/Kultur — Verkehr

b **Vergleichen Sie mit der Lösung im Schlüssel. Was überrascht Sie?**

c **Wie viel geben die Menschen wofür in Ihrem Heimatland aus? Was glauben Sie?**

Bei uns in Spanien ist die Miete nicht so hoch, da hat man mehr Geld für …

Ich glaube, in der Türkei geben die Leute mehr Geld für …

4 Verbraucher fragen – Experten antworten. Ordnen Sie 1–4 und A–D einander zu.

1

Gertrud Franke, Nettetal
Ich habe letztens in einem Kaufhaus einen teuren Pullover gekauft. Als ich zu Hause war, habe ich festgestellt, dass er nicht zu meiner übrigen Kleidung passte. Ich wollte ihn umtauschen, aber die Verkäuferin der Damenabteilung weigerte sich, ihn zurückzunehmen. Ist das nicht die Pflicht guter Kaufhäuser?

2

Gregorscz Robak, Böblingen
Vor zwei Wochen stand vor meiner Tür ein junger Mann, der sagte, dass er gerade aus dem Gefängnis kommt und versucht, im Leben wieder Fuß zu fassen. Er wollte Zeitungsabos verkaufen. Obwohl ich sie nicht brauche, habe ich dann eine Zeitschrift abonniert. Jetzt ärgere ich mich darüber. Ist die Kündigung eines Abos nach zwei Wochen noch möglich?

3

Natascha Kiener, Thal
Ich habe große Probleme wegen meiner letzten Telefonrechnung. Sie war um 300 Prozent höher als sonst. Ich habe aber nicht mehr telefoniert. Die Telefongesellschaft hat trotz meiner Reklamation nichts von den Kosten erstattet. Was kann ich tun?

4

Nadeschda Romanova, Wismar
Vor zwei Monaten habe ich einen DVD-Recorder gekauft. Erst letzte Woche habe ich bemerkt, dass eine Taste des teuren Gerätes nicht funktioniert. Ich habe es sofort in das Geschäft zurückgebracht, um es gegen ein neues Gerät umzutauschen. Doch der Verkäufer meinte, er habe kein Exemplar dieses älteren Modells mehr, und bot mir eine Reparatur an. Muss ich das akzeptieren?

5 Kundenrechte – Was steht im Text? Schreiben Sie die Sätze zu Ende. Vergleichen Sie im Kurs.

1. Man kann normalerweise nur Ware zurückgeben, die …
2. Wenn man sich nicht sicher ist, ob man ein Produkt wirklich behalten will, dann …
3. Verträge, die man zu Hause unterschrieben hat, kann man …
4. Man hat 14 Tage Zeit, um …
5. Wenn die Telefonrechnung sehr hoch ist, dann …
6. Der Verkäufer muss ein kaputtes Gerät nicht durch ein neues ersetzen, wenn …

Man kann normalerweise nur Ware zurückgeben, die einen Fehler hat / kaputt/schlecht ist …

6 Haben Sie ähnliche Probleme gehabt? Machen Sie Notizen und berichten Sie.

7 Genitivattribute – Markieren Sie die Endungen der Artikel, Adjektive und Nomen im Text. Sammeln Sie an der Tafel.

Maskulinum	der Kassenbon …	die Vorlage des Kassenbons …
Neutrum	das Gerät das Abo …	eine Taste des teuren Geräts die Kündigung eines Abos
Femininum	die Damenabteilung	…

A

Katja Bierhoff, Verbraucherzentrale Stuttgart
Das Gesetz sagt, dass alle Verträge, die im Haus abgeschlossen werden, innerhalb von zwei Wochen wieder rückgängig gemacht werden können. Wenn die zwei Wochen um sind, wird es schwierig. Schreiben Sie also noch heute einen Kündigungsbrief an den Verlag Ihrer abonnierten Zeitschrift und schicken Sie ihn sofort ab, am besten per Einschreiben.

B

Felix Hergeröder, Verbraucherzentrale Berlin
Nein, Sie haben kein automatisches Umtauschrecht, wenn Ihnen z. B. die Größe oder die Farbe der gekauften Ware nicht mehr gefallen. Sie können aber vor dem Kauf der Ware mit dem Händler ein Umtauschrecht vereinbaren. Viele Geschäfte weisen auch mit Schildern auf die Möglichkeit hin, Ware durch Vorlage des Kassenbons umzutauschen. Den Umtausch reduzierter Artikel schließen die meisten Geschäfte aus.

C

Renate Maurer, Verbraucherzentrale Rostock
Grundsätzlich haben Sie als Kundin die Wahl: d.h. entweder die Reparatur mangelhafter Ware oder eine Ersatzlieferung. Der Verkäufer darf den Austausch eines kaputten Geräts aber ablehnen, wenn er es reparieren kann.

D

Peter Karbstein, Verbraucherzentrale Eisenach
Prüfen Sie Ihre Rechnung genau. Gibt es irgendwelche Kosten, die nicht von Ihrem normalen Telefonanbieter kommen? Prüfen Sie insbesondere, ob 0190- oder 0900-Nummern dabei sind. Ist das der Fall, dann kontrollieren Sie, ob irgendwer außer Ihnen Ihr Telefon benutzt haben kann. Wenn Sie sicher sind, dass das nicht der Fall ist, sollten Sie sich bei der Verbraucherberatung so schnell wie möglich beraten lassen.

8 Genitivattribute üben

a Markieren Sie in a–f die Genitivendungen.

b Ordnen Sie zu. Es gibt z.T. mehrere Möglichkeiten.

1. Über die Details [b] sprechen wir morgen.
2. Herr Müller ist seit drei Jahren Mitarbeiter [ ].
3. Das Einlösedatum [ ] steht hinten.
4. Die Garantiezeit [ ] beträgt zwei Jahre.
5. Der Umtausch [ ] ist nicht immer möglich.
6. Der Vater [ ] ist Autohändler.

a) unserer Firma
b) Ihres neuen Vertrags
c) eines Pullovers
d) meiner alten Freundin
e) eines technischen Gerätes
f) deines Gutscheins

9 Präpositionen *trotz/wegen* mit Genitiv – Schreiben Sie die Sätze.

▶ S. 203

1. wegen / die Kündigung / das Abo	... müssen Sie einen Brief an den Verlag schreiben.
2. trotz / der Kassenbon	... muss der Händler die Ware nicht zurücknehmen.
3. trotz / eine Garantie	... können bei einer Reparatur Kosten auf Sie zukommen.
4. wegen / ihr neuer Vertrag	... müssen Sie mit dem Personalchef sprechen.
5. wegen / Ihre hohe Telefonrechnung	... sollten Sie sich an die Verbraucherzentrale wenden.
6. trotz / meine Reklamation	... habe ich kein neues Gerät bekommen.
7. wegen / Ihr Gutschein	... müssen Sie mit dem Geschäftsführer sprechen.
8. trotz / mehrfache Reparatur	... funktioniert die Nähmaschine nicht.

1. Wegen der Kündigung des Abos ...

10 Probleme am Telefon lösen

a Hören Sie das Gespräch mit der Firma *cyberpark.de*. Was ist das Problem?

b Tipps zum Telefonieren – Lesen Sie 1–11 und ordnen Sie die Tipps den drei Gesprächsphasen zu: vorher (v), während (w) des Gesprächs, nachher (n).

Grundregeln für das aktive Telefongespräch:	v	w	n
1. Schreiben Sie sich auf, was Sie als Nächstes machen wollen/müssen.	☐	☐	☒
2. Zum Gesprächspartner immer freundlich sein, auch wenn Sie sich beschweren wollen.	☐	☐	☐
3. Erklären Sie Ihr Anliegen (Frage, Beschwerde, Reklamation) ruhig und deutlich.	☐	☐	☐
4. Schließen Sie das Gespräch mit einer positiven Schlussformel.	☐	☐	☐
5. Legen Sie fest, was Ihr Ziel ist bzw. was Sie erreichen wollen.	☐	☐	☐
6. Bedanken Sie sich für das Gespräch.	☐	☐	☐
7. Halten Sie fest, was Sie erreicht haben.	☐	☐	☐
8. Notieren Sie sich den Zeitpunkt des Gespräches.	☐	☐	☐
9. Schreiben Sie den Namen Ihres Gesprächspartners und den der Firma auf.	☐	☐	☐
10. Überlegen Sie, wann Sie die Person, mit der Sie sprechen wollen, am besten erreichen.	☐	☐	☐
11. Freundlich grüßen und mit Namen (und Firmennamen) melden. Der Gruß ist der Auftakt des Gespräches und Voraussetzung eines guten Gesprächsverlaufs.	☐	☐	☐

c Herr Oti hat sein Gespräch nicht vorbereitet. Was macht er falsch? Hören Sie noch einmal und notieren Sie.

1. Er sagt seinen Namen nicht gleich.

11 Aussprache – Freundlichkeit und Unfreundlichkeit

a Hören Sie zu – Welche Aussagen empfinden Sie als eher freundlich (f) / eher unfreundlich (u)?

1. _____ 2. _____ 3. _____ 4. _____ 5. _____ 6. _____ 7. _____ 8. _____

b Freundlichkeit – Hören Sie die Aussagen und sprechen Sie sie nach.

– Guten Tag, ich hätte gern Herrn Sieber gesprochen.↘
– Herr Sieber ist heute leider nicht da.↘ Kann ich Ihnen helfen?↗
– Ich rufe wegen einer Reklamation an.↘
– Die Festplatte meines Computers funktioniert nicht mehr.↘

c Verändern Sie 1–5 so, dass Aufforderungen und Fragen freundlich wirken (Grammatik/Wörter).

1. Frau Dosch, ich brauche Ihre Hilfe. 2. Mach das Fenster zu. 3. Bis wann reparieren Sie den Fernseher? 4. Gib mir dein Wörterbuch. 5. Wann besuchst du mich wieder?

1. ... können Sie mir bitte helfen ... / ... könnten Sie mir bitte mal helfen ...

12 Telefongespräche trainieren

▶ S. 206

a Lesen Sie und sammeln Sie Ausdrücke für das Telefongespräch.

Anrufen	Anruf entgegennehmen
	Firma + Name + Was kann ich …?
Gruß + Name	
	Gruß + Kundenname
Grund des Anrufs (z.B. Fernseher kaputt)	
	Kaufdatum?/Rechnungsnummer? Problem genauer erfragen
Informationen geben / Problem beschreiben	
	Lösung anbieten
Dank für Hilfe/Auskunft	
	Dank + Gespräch beenden
Gespräch beenden	

b Schreiben Sie nun mit Hilfe der Tipps und der Ausdrücke Herrn Otis Dialog mit *cyberpark.de* neu. Spielen Sie Ihre Gespräche vor.

cyberpark@de

Kunden-Nr.: 17827
Rechnungs-Nr.: 165708004

Rechnungsdatum: 29. Mai 20…

Lösung: Herr Oti soll das Gerät in der Originalverpackung an Cyberpark zurückschicken. Das Paketporto bezahlt die Firma *cyberpark.de*. Er bekommt ein neues Gerät.

13 Pronomen als Ergänzungen

▶ S. 207

a Markieren Sie in 1–3 und a–c die Ergänzungen im Akkusativ und Dativ und vergleichen Sie. Was ändert sich?

1. Herr Oti erklärt Frau Reiß sein Problem nicht.
2. Er nennt Frau Reiß die Kundennummer nicht.
3. Er kann Frau Reiß das Problem nicht beschreiben.

a) Er müsste es ihr genau erklären.
b) Er müsste sie ihr nennen können.
c) Er müsste es ihr genau beschreiben.

b Ergänzen Sie die Sätze wie im Beispiel.

1. Nennen Sie Ihrem Gesprächspartner Ihr Anliegen und erklären Sie _es_ _ihm_ genau.
2. Schreiben Sie der Firma einen Beschwerdebrief und schicken Sie ________ ________ sofort.
3. Erklären Sie der Verkäuferin das Problem mit dem Pullover, wenn Sie ________ ________ zurückgeben.
4. Kommen Sie mit Ihren Fragen zu unserer Beratungsstelle. Wir beantworten ________ ________ gerne.
5. Ich habe den Weg nicht gefunden, obwohl Paul ________ ________ dreimal erklärt hat.
6. Pia hat Kai ein Fahrrad gekauft und will ________ ________ zum Geburtstag schenken.
7. Das Hotel war wunderbar und wäre auch was für dich. Ich kann ________ ________ nur empfehlen.

14 Ein Leben ohne Geld?

a **Können Sie sich das vorstellen? Wie könnte das aussehen? Sammeln Sie Ideen.**

b **Lesen Sie nun den Text und machen Sie Notizen zu folgenden Fragen. Berichten Sie im Kurs.**

Wovon lebt Frau Schwermer?
Was bietet sie an?
Was erhält sie von anderen?
Warum lebt sie so?
Was waren die Probleme?
Was macht sie mit Geld?

Ein Leben ohne Geld

Heidemarie Schwermer fühlt sich beim Tauschen freier

Von Angelika Calmez

Ein lila Plastikkästchen ist der wichtigste Besitz der Dortmunderin Heidemarie Schwermer. Es ist ein wahrer Schatz, denn es enthält Tauschkarten: Namen und Adressen von Menschen, die etwas anbieten, das Heidemarie Schwermer gerade braucht. Etwa eine neue Karte für ihr Handy, ein übertragbares Ticket für die Bahn oder etwas zu essen. Aber vor allen Dingen enthält das Kästchen auch die Namen von Menschen, die genau das brauchen, was die ehemalige Psychotherapeutin anbieten kann. Und da gibt es so allerlei: zuhören, das Haus hüten, den Hof fegen, babysitten – alles, nur kein Geld. Davon lebt die agile Frau, davon unterhält sie auch ein Büro.

Die Dortmunderin, eine Pionierin der „Tauschring"-Bewegung der 90er Jahre, fasst seit fünf Jahren nahezu kein Geld mehr an. „Geld ist heute mehr als ein Tauschmittel, es definiert den Wert des Menschen. Hab ich viel, bin ich auch viel wert", hat sie einmal gesagt. Davon will sie frei sein und so lebt sie eben „ohne". „Jeder Mensch wird geboren, um hier etwas zu erledigen. Meine Aufgabe ist es, die Diskrepanz zwischen Arm und Reich zu überwinden", erklärt sie. In ihrer Vision der Welt sind alle Arbeiten gleichwertig, eine ärztliche Leistung könnte problemlos mit Gartenarbeit vergütet werden. „Nicht jeder kann so leben", räumt sie ein. Aber das verlangt sie auch gar nicht. „Jeder Mensch soll sinnvoll leben. Sinnentleerung entsteht durch die Geldlogik: anpassen, unterordnen, verkaufen", so ihre Überzeugung. Sie selbst fühlt sich unabhängig und frei.
„Mittlerweile weiß ich alles, aber der Anfang war schwierig", berichtet die Frau mit dem weißblonden Haar. In Dortmund haben sich ihre Lebensstrukturen eingespielt. Mit dem übertragbaren Busticket eines Tauschpartners fährt Heidemarie Schwermer zum Bioladen. Sie schläft bei Bekannten. Aber rosig waren die Zeiten nicht immer. „Ich war schon manchmal verzweifelt: Die meisten Leute verstehen nicht, was ich tue." Negative Reaktionen bekommt sie am meisten von Frauen, weil – wie sie glaubt – sie sich getraut hat, aus dem Alltag auszubrechen.

Das Selbstbewusstsein, ihre Lebensform zu vertreten, musste noch wachsen, erinnert sie sich: „Noch vor einem Jahr habe ich mich schlecht gefühlt – von der Psychotherapeutin zu einer, die andere als eine Loserin [Verliererin] sehen." Aber die Zeiten sind vorbei: Heute ist sie Dauergast in Talkshows, hält Vorträge und Lesungen. Ihr Buch „Das Sterntaler-Experiment" ist innerhalb eines Jahres knapp 20.000 Mal verkauft worden. Ihre Gagen werden aber nicht etwa gespart, sondern gespendet – zum Beispiel für die „Gib-und-Nimm-Zentrale", die sie 1994 ins Leben gerufen hat. Für arm hält sich Heidemarie Schwermer nicht: „Ich habe so viele Sachen, die die Leute anschleppen. Manche sagen: Der reichste Mensch, den ich kenne, das ist die Heidemarie."

c **Können Sie Frau Schwermer verstehen? Warum (nicht)? Diskutieren Sie im Kurs.**

d **Lesen Sie den letzten Satz des Textes noch einmal. Was meinen die Leute damit? Sprechen Sie im Kurs.**

15 Ein Gedicht von Erich Kästner

a Hören Sie zu und lesen Sie mit.

Die Zeit fährt Auto

Die Städte wachsen. Und die Kurse steigen.
Wenn jemand Geld hat, hat er auch Kredit.
Die Konten reden. Die Bilanzen schweigen.
Die Menschen sperren aus. Die Menschen streiken.
Der Globus dreht sich. Und wir drehn uns mit.

Die Zeit fährt Auto. Doch kein Mensch kann lenken.
Das Leben fliegt wie ein Gehöft vorbei.
Minister sprechen oft vom Steuersenken.
Wer weiß, ob sie im Ernste daran denken?
Der Globus dreht sich und geht nicht entzwei.

Die Käufer kaufen. Und die Händler werben.
Das Geld kursiert, als sei das seine Pflicht.
Fabriken wachsen. Und Fabriken sterben.
Was gestern war, geht heute schon in Scherben.
Der Globus dreht sich. Doch man sieht es nicht.

Worterklärungen: *Kurs, der, -e:* der Preis, den Aktien an der Börse haben • *Bilanz, die, -en:* Aufstellung, mit der man die Einnahmen und Ausgaben einer Firma miteinander vergleicht. • *Gehöft, das, -e:* ≈ Bauernhof • *Scherbe, die, -n:* ein Stück eines gebrochenen Gegenstandes aus Glas oder Porzellan

b Wer macht was? Finden Sie Nomen zu diesen Verben im Gedicht. Was machen die Menschen, was die Dinge und was macht der Globus?

wachsen • reden • fahren • lenken • vorbeifliegen • drehen • kursieren • sterben • steigen

Geld kursiert

c Die Menschen möchten ihr Leben planen und kontrollieren. Was meint Kästner dazu?

d Wie verstehen Sie diese Zeilen des Gedichts?

Wenn jemand Geld hat, hat er auch Kredit.

Wer Geld hat, der hat auch viele Freunde.

Was gestern war, geht heute schon in Scherben.

Die Zeit fährt Auto.

Doch kein Mensch kann lenken.

Im Alltag

1 Formelle Telefongespräche

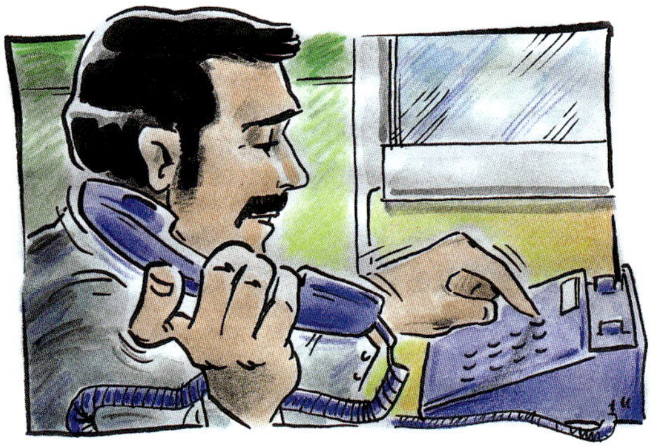

Anrufen / Anruf entgegennehmen

Anruf entgegennehmen:

- cyberpark.de, mein Name ist Christina Reiß, was kann ich für Sie tun?
- Christina Reiß.
- Reiß.

Anrufen:

- Fischer. Guten Tag, Frau Reiß.
- Guten Tag, Frau Reiß, mein Name ist Fischer.
- Hier spricht Fischer. Guten Tag, Frau Reiß.

Anruf entgegennehmen:

- Guten Tag, Herr Fischer.

Anrufen:

- Ich rufe an wegen ...
- Ich rufe an, weil ...
- Ich hätte da eine Frage, und zwar ...
- Ich habe ein Problem: ...
- Ich würde gern mit jemandem sprechen, der ...

Anruf entgegennehmen:

- Ja, da kann ich Ihnen helfen ...
- Da muss ich Sie mit Herrn ... verbinden, einen Moment, bitte.
- Einen Moment, bitte, ich verbinde Sie mit der zuständigen Abteilung.

Anrufen:

- Vielen Dank für Ihre Auskunft.
- Das war's. Vielen Dank.
- Vielen Dank für Ihre Bemühungen.

Anruf entgegennehmen:

- Ich danke für Ihren Anruf. Auf Wiederhören.

Anrufen:

- Auf Wiederhören. / Wiederhören.

2 Freundlich sein

So können Sie eine Aussage, Frage, Bitte oder Aufforderung freundlicher machen.

Konjunktiv II		Bis wann könnten Sie den Fernseher reparieren? Hättest du morgen etwas Zeit für mich?
Partikel	bitte	Kannst du mir **bitte** helfen? / Hilf mir **bitte**.
	mal	Wann besuchst du mich **mal** wieder?
	doch	Schreib mir **doch** eine SMS!
	vielleicht	Können/Könnten Sie **vielleicht** den Brief für mich schreiben?
	wohl	Haben/Hätten Sie **wohl** einen Moment Zeit für mich?

Grammatik

3 Genitivattribute

Genitivattribute bestimmen das vorangehende Nomen.

Die Garantiezeit			beträgt zwei Jahre.
Die Garantiezeit ←	**aller technischen Produkte**		beträgt zwei Jahre.
Die Garantiezeit ←	**aller Produkte** ←	**unserer Firma**	beträgt drei Jahre.

4 Artikel und Possessivartikel im Genitiv

Maskulinum	der Vertrag	Die Details d**es**/mein**es** Vertrags kläre ich morgen.
Neutrum	das Angebot	Die Details d**es**/mein**es** Angebots erfahren Sie morgen.
Femininum	die Reise	Die Details d**er**/mein**er** Reise stehen im Reiseplan.
Plural	die Aufträge	Die Details d**er**/mein**er** Aufträge finden Sie im Protokoll.

Alle anderen Artikelwörter (*dein, sein, ihr, dieser, jener …*) funktionieren genauso:

Die Details dies**es** Vertrags verstehe ich nicht. Ich kann nicht die Details all**er** Verträge kennen.

5 Adjektivendungen im Genitiv

Die Adjektive enden im Genitiv fast immer auf -en.

	a)* bestimmte Artikel	b)** unbestimmte Artikel/*kein*	c) ohne Artikel
Maskulinum	des neuen Autos	(k)eines neuen Autos	neuen Autos
Neutrum	des neuen Kleides	(k)eines neuen Kleides	neuen Kleides
Femininum	der neuen Hose	(k)einer neuen Hose	neu**er** Hose
Plural	der neuen Autos/Kleider …	keiner neuen Autos/Kleider …	neu**er** Autos/Kleider …

* Auch nach *dieser, jener, manche* (Pl.), *alle* (Pl.) ** Auch nach allen Possessivartikeln

6 Die Präpositionen *wegen* und *trotz* + Genitiv

Präposition

Wegen Ihr**er** hoh**en** Telefonrechnung sollten Sie sich an die Verbraucherzentrale wenden.
Trotz mein**er** Reklamation habe ich kein neues Gerät bekommen.

Wegen wird auch häufig mit dem Dativ benutzt.

Konjunktion

Weil Ihre Telefonrechnung so hoch ist, sollten Sie sich an die Verbraucherzentrale wenden.
Obwohl ich (den Fehler) reklamiert habe, habe ich kein neues Gerät bekommen.

7 Pronomen als Ergänzungen

Herr Oti erklärt Frau Reiß	sein Problem	nicht.	Dativ + Akkusativ
Herr Oti erklärt ihr	sein Problem	nicht.	Dativ + Akkusativ
Herr Oti erklärt es	ihr	nicht.	Zwei Pronomen: Akkusativ + Dativ

Wenn beide Ergänzungen Pronomen sind, dann steht zuerst das Pronomen im Akkusativ.

Natur und Umwelt

Lernziele 33

- Umweltprobleme beschreiben
- Argumentieren
- Passiv Präsens
- Passiv Präteritum

1 Thema Umwelt – Schauen Sie die Bilder an.

**a Wählen Sie ein Foto aus.
Sprechen Sie darüber im Kurs.**

Windräder machen die Landschaft hässlich.

**b Sammeln Sie zu jedem Bild so viele Begriffe wie möglich.
Diese Wörter und Ausdrücke helfen:**

Abfall trennen • Fahrgemeinschaften bilden • Abfall vermeiden • Obst und Gemüse ernten • Kohlendioxid (CO_2) reduzieren • erneuerbare Energien nutzen (Sonne/Wind) • keinen Müll in die Landschaft werfen • Energie/Wasser sparen • Gemüse aus dem Garten essen • Verkehr • die Luft verschmutzen • keine Plastiktüten benutzen • öffentliche Verkehrsmittel benutzen • kein Abwasser in die Flüsse leiten • Energiesparlampen benutzen • die Natur schützen/erhalten • Mehrwegflaschen kaufen • elektrische Geräte ausschalten (nicht auf Stand-by) • Bäume pflanzen • Verpackungen sparen • Einkaufstaschen aus Stoff benutzen

2 Meinungen zum Thema „Umweltschutz" – Hören Sie zu. Welcher Text passt zu welchem Thema? Notieren Sie die Nummer.

Natur: ____ Energie: ____ Abfall: ____ Verkehr: ____

3 Umweltschutz im Alltag – Was kennen Sie und wie finden Sie das?

▶ S. 208

Ich bin/war (nicht) überrascht/erstaunt, dass …
Bei uns gibt es das auch/nicht.
Ich finde es verantwortungslos, wenn/dass …
Ich verstehe nicht, warum …
Ich finde es übertrieben, dass/wie …
Ich finde es gut, dass/wie …

4 Was tun mit dem Hausmüll?

a Definitionen – Ordnen Sie die Begriffe zu.

Sperr·müll *der* Müll·berg *der* Son·der·müll *der* Re·cyc·ling *das* Haus·müll *der* Müll·kip·pe *die*

① **1** (zu) große Menge Müll, von der man nicht weiß, was man damit machen soll. **2** ein Hügel aus Müll (der mit Erde zugedeckt wurde, damit Gras u. Bäume darauf wachsen)

② ein Platz, zu dem man den Müll bringen darf ≈ Müllabladeplatz, Müllhalde <etw. auf die M. bringen>

③ die Abfälle, die in privaten Haushalten entstehen

④ Müll, der auf besondere Art gelagert u. vernichtet werden muss

⑤ Dinge, die so groß od. schwer sind, dass man sie nicht zum normalen Müll tun kann

⑥ Technik, mit der man aus bereits gebrauchten Gegenständen (*bes.* aus Papier, Glas od. Metall) neue Gegenstände herstellt: *das R. von leeren Dosen u. Flaschen*

b Welche Informationen finden Sie im Text zu folgenden Stichwörtern?

Müllberge sortieren Entsorgung Sondermüll Kleidung Recycling

Ein Europäer produziert heute zehnmal so viel Müll wie ein Mensch aus einem „Dritte-Welt-Land“ und ein Amerikaner produziert fast doppelt so viel wie ein Europäer. Was früher in Tüten oder Kannen gefüllt wurde, wird heute aufwändig verpackt. Früher wurden die Windeln gewaschen, heute füllen Wegwerfwindeln die Mülltonnen. Diese Entwicklung führt zu riesigen und weiterwachsenden Müllbergen. Eine Möglichkeit, die Müllberge zu verringern, besteht darin, Müll zu sortieren. Was ist recycelbar? Was ist organischer bzw. kompostierbarer Müll und was ist Restmüll? In Deutschland ist die Entsorgung von Hausmüll die Aufgabe der Städte und Gemeinden. Sie bestimmen, wie der Müll zu sammeln, zu sortieren und zu entsorgen ist. Während z.B. in Bielefeld die Bürger das Altpapier einmal im Monat zum Abholen auf die Straße stellen, gibt es in München für jeden Haushalt eine blaue Papiertonne, in der das Papier gesammelt wird. Alle müssen den Hausmüll in Papier, Glas, Kunststoff, Bioabfall und Restmüll sortieren. Daneben gibt es noch den Sperrmüll. Dazu gehören z.B. alte Möbel und Hausrat, Gegenstände also, die nicht in die Mülltonne passen.

Zum Sondermüll gehören alle Abfälle, die gefährliche Giftstoffe enthalten und die man gesondert entsorgen muss, wie z.B. Batterien, Farben und Lacke und andere chemische Stoffe. Gut erhaltene Kleidung wird in speziellen Sammelaktionen zu Hause abgeholt oder in „Kleidercontainern“ gesammelt. Je knapper und teurer die Rohstoffe werden, desto größere Bedeutung gewinnt das Recycling. Die Abfallwirtschaft ist heute ein bedeutender Wirtschaftszweig mit großen Zuwachsraten, in dem Millionen von Arbeitsplätzen geschaffen wurden.

5 Projekt: Wie wird die Müllentsorgung in Ihrer Stadt/Gemeinde organisiert?

▶ S. 210

Wie wird der Hausmüll getrennt?
Wo kann man Sperrmüll anmelden? Was kostet das?
Wo kann man alte Kleider/Schuhe hinbringen?
Wo gibt es einen Recyclinghof?
Wo gibt es Sammelstellen für Batterien und Sondermüll?

Bei uns gibt es … / Wir haben …
Das gibt es bei uns nicht.
Weiß jemand, wo man hier …
Da musst du bei der Stadt nachfragen, im Umweltamt.
Man kann auch in der Zeitung inserieren / im Internet verkaufen / …

6 Passiv

a Ordnen Sie zu und schreiben Sie Sätze im Passiv.

Papier		in München jede Woche geleert.
Batterien		in den grünen Komposteimer geworfen.
Biomüll	wird	getrennt.
Der Hausmüll	werden	in den gelben Sack geworfen.
Die Papiertonne		zur Sammelstelle gebracht.
Milchtüten und Dosen		auf dem Flohmarkt verkauft.
Alte Sachen		gesammelt.

1. Papier wird gesammelt.

b Wie heißt die Regel?

Das Passiv wird mit ____________ und dem ____________ des Verbs gebildet.

c Passiv Präteritum – Markieren Sie im Text auf Seite 100 die Passivformen.

d Was war früher nicht so? Schreiben Sie die Sätze aus 6a – verneint – im Präteritum.

1. Früher wurde das Papier nicht gesammelt.

7 Aktiv und Passiv

a Markieren Sie das Subjekt und die Akkusativergänzung.

▶ S. 210

Aktiv	Passiv
Man sammelt das Altpapier.	Das Altpapier wird gesammelt.
Man verwendet häufig Energiesparlampen.	Energiesparlampen werden häufig verwendet.
Früher trennte man den Hausmüll nicht.	Früher wurde der Hausmüll nicht getrennt.

b Früher und heute: Schreiben Sie die Sätze im Passiv.

	früher	heute
Sperrmüll:	wegwerfen	anmelden und abholen
Milch:	in Kannen füllen	in Packungen oder Flaschen kaufen
Altpapier:	im Ofen verbrennen	im Papiercontainer entsorgen
Windeln:	waschen	in Mülltonnen werfen

Früher wurde der Sperrmüll weggeworfen, heute wird er …

8 Eine Umweltaktion

a Zwei Ansichten eines Innenhofs – Was wurde hier gemacht und wozu?

2.10

b Hören Sie das Interview über eine Umweltaktion. Notieren Sie Stichpunkte.

Wo? Wer? Was? Warum?

c Hören Sie noch einmal und kreuzen Sie an.

		r	f
1.	Herr Kramer arbeitet bei einer Bürgerinitiative mit.	☐	☐
2.	Viele Bäume bedeuten mehr frische Luft.	☐	☐
3.	1000 Bäume wurden neu gepflanzt und 16.000 qm schöner gestaltet.	☐	☐
4.	Dadurch gibt es in der Stadt 1500 Tonnen Kohlendioxid weniger.	☐	☐
5.	Bis 2010 wird es doppelt so viele Bäume wie heute geben.	☐	☐
6.	Eine Bürgerinitiative hat dieses Programm begonnen und organisiert.	☐	☐
7.	Das Programm wird über Baumpatenschaften finanziert.	☐	☐
8.	Das Baumprojekt wurde schon in Österreich durchgeführt.	☐	☐
9.	In München gibt es kein Geld von der Stadt.	☐	☐

▶ S. 212

9 Pro und Kontra

a Lesen Sie die Ausdrücke. Welche drücken Zustimmung, Ablehnung oder Unsicherheit aus?

Das halte ich für falsch. • Das finde ich auch. • Ich halte das für richtig. • Das ist doch Unsinn! • Ich bin damit absolut einverstanden. • Das sehe ich ganz anders. • ~~Ich bin da anderer Meinung.~~ • Das ist auch meine Meinung. • Ich stimme dem zu. • Vielleicht, aber … • Damit bin ich überhaupt nicht einverstanden. • ~~Das stimmt.~~ • Ich denke genauso. • ~~Ich bin nicht sicher.~~

Zustimmung:	Ablehnung	Unsicherheit
Das stimmt.	Ich bin da anderer Meinung.	Ich bin nicht sicher.

b Schauen Sie die Bilder an. Wählen Sie ein Bild aus. Notieren Sie Pro- und Kontra-Argumente.

Pro	Kontra
Der Wäschetrockner trocknet die Wäsche bei jedem Wetter.	Das stimmt, aber ein Wäschetrockner verbraucht viel Strom.
…	
Ein Geschirrspüler spart Zeit.	Das ist Unsinn. Man muss den Geschirrspüler auch ausräumen und einräumen.
…	

c Diskutieren Sie die Situationen aus 9b in Gruppen. Verwenden Sie die Redemittel aus 9a.

10 Die Umwelt und ich – Machen Sie Notizen zu den Themen und sprechen Sie.

▶ S. 213

Einkaufen	Energiesparen	Abfall	Verkehr	Sonstiges

Ich kaufe nur Mehrwegflaschen. Die werden wieder verwendet.

11 Umweltschutz in Ihrem Land – Sprechen Sie im Kurs.

Was ist das größte Problem?
Wodurch entstehen die Probleme?
Welche Folgen zeigen sich?
Was macht der Staat und was kann der Einzelne machen?
Was ist erlaubt/verboten?
Gibt es Umweltorganisationen? Was machen sie?

Das größte Problem ist, dass …
Probleme entstehen dadurch, dass …
… Dadurch entstehen viele Probleme.
Das hat zur Folge, dass …
Daraus folgt, dass …
Das hat die Konsequenz/Wirkung, dass …
Es ist verboten/erlaubt, … zu …
Man darf nicht …

12 Kleingärten

a Lesen Sie. Welche Funktionen hatten diese Gärten früher? Welche können sie heute haben?

Das kleine Glück

Was braucht der Mensch, um glücklich zu sein? Einen kleinen Garten mit einer Laube nicht weit von der eigenen Wohnung! Über 4 Millionen Kleingärtner und ihre Familien sind heute Mitglied in einem Kleingartenverein und bewirtschaften ihren eigenen kleinen Schrebergarten. Angestellte und Beamte, Handwerker und Selbständige teilen diese Freude an der Gartenarbeit und dem Anbau von eigenem Gemüse. Die Erholung in der Natur und gefahrlose, natürliche Spielmöglichkeiten für die Kinder steigern vor allem in Großstädten die Lebensqualität der Menschen.

Das war nicht immer so. Die Anfänge der Kleingartenbewegung sind eng verknüpft mit der Industrialisierung des 19. Jahrhunderts. Wohnungsnot, mangelnde Ernährung und große Armut waren die Begleiterscheinungen dieser Entwicklung. Der Leipziger Arzt und Erzieher Dr. Daniel Schreber forderte schon 1860 Spielplätze für Kinder, um ihre Gesundheit zu stärken. Später griff ein Leipziger Verein diese Idee auf und richtete Gärten für arme, kinderreiche Familien ein. Einen Garten innerhalb dieser Anlagen nannte man „Schrebergarten“.

Die preiswerte Selbstversorgung mit Obst und Gemüse war bis in die 60er Jahre (des letzten Jahrhunderts) ein wichtiger Grund für die Pflege eines Schrebergartens. Maria Berger berichtet: *„Ich bin 1950 geboren und fast alle in unserer Siedlung hatten einen Schrebergarten. Wir waren 7 Kinder zu Hause in einer 4-Zimmer-Wohnung und ich bin praktisch in einem Schrebergarten groß geworden. Wenn mein Vater von der Arbeit kam, sind wir in den Garten gegangen. Gartenarbeit mit einer guten Ernte war das Wichtigste für meinen Vater, für uns Kinder war die Gartenkolonie mit ihren 64 Parzellen einfach ein riesiger Spielplatz.“*

Kleingartenanlagen sind öffentlich zugänglich, damit sind sie wichtige Orte der Naherholung. Mit ihren Bäumen und Sträuchern tragen sie zur Verbesserung des Stadtklimas bei und bieten natürliche Lebensräume für Pflanzen und Tiere. Sie begrünen das Wohnumfeld, sind zu Fuß, mit dem Fahrrad oder mit öffentlichen Verkehrsmitteln leicht zu erreichen und damit eine Alternative zu Massentourismus und kilometerlangen Blechlawinen auf der Autobahn. Die Kleingartenkolonien sind nicht nur ein Ort der Erholung, sondern auch sozialer Kontakte: Die Kolonien verbinden sowohl die Generationen als auch Menschen unterschiedlicher sozialer oder kultureller Herkunft. Deswegen sind Schrebergärten auch bei ausländischen Familien sehr beliebt. Dazu der türkische Familienvater Mehmet Atagün: *„Mein Gärtchen ist ein wahrer Schatz! Ich pflanze türkische Paprika und ernte die größten Kürbisse. Und mit meinem Nachbarn tausche ich Gärtnertipps aus. Für meine ganze Familie ist der Garten ein wunderbarer Ort der Erholung und für mich ein Stück Heimat, eine Erinnerung an den Garten meines Vaters.“*

Die Kleingartenkolonie St. Gereon in Merheim ist ein Pilotprojekt der Stadt Köln. Dort pflanzen deutsche und türkische, polnische und russische, indische, italienische und iranische Gartenfreunde gemeinsam ihr grünes Paradies.

b Lesen Sie den Text noch einmal. Richtig oder falsch? Kreuzen Sie an.

1. Vier Millionen Menschen leben mit ihren Familien in einem Schrebergarten. [r] [f]
2. Kleingärtner sind viel an der frischen Luft und essen gern ihr eigenes Gemüse. [r] [f]
3. Die ersten Kleingärten gab es vor 200 Jahren, als viele Menschen hungerten. [r] [f]
4. Dr. Daniel Schreber hat den ersten Verein gegründet. [r] [f]
5. Familien mit vielen Kindern mussten nicht so viel Gemüse kaufen. [r] [f]
6. Die Kleingartenanlagen dürfen nur Mitglieder betreten. [r] [f]
7. Im Kleingarten ist der Alltag anstrengend. [r] [f]
8. Der Kleingarten ist hauptsächlich ein Treffpunkt für junge Leute. [r] [f]
9. Man kann mit dem Gartennachbarn über die Gartenarbeit sprechen. [r] [f]
10. Sein Schrebergarten erinnert Mehmet Atagün an seine Kindheit. [r] [f]

13 Herr Göhnermeier hat einen Schrebergarten.

a Was gefällt ihm gut? Hören Sie zu und machen Sie Notizen.

2.11

b Hören Sie noch einmal und kreuzen Sie die richtigen Antworten an.

1. Warum hat Klaus Göhnermeier einen Garten gemietet?
[a] Er möchte die Jahreszeiten erleben.
[b] Obst und Gemüse aus dem Garten schmecken gut.
[c] Er möchte im Schrebergarten leben.

2. Wie sieht der Schrebergarten aus?
[a] Im Garten steht ein Häuschen, das 30 qm groß ist.
[b] Es gibt ein WC.
[c] Auf dem Grundstück gibt es einen Teich.

3. Was macht er dort in seiner Freizeit?
[a] Er möchte sich dort ausruhen.
[b] Er nimmt sich von zu Hause Arbeit mit.
[c] Er erntet Obst und Gemüse.

4. Was muss er in der Schrebergartenanlage machen?
[a] Er muss auf seinem Grundstück den Rasen mähen.
[b] Er muss mit den anderen die Wege und den Spielplatz sauber halten.
[c] Er muss im Jahr mehrere Stunden Gemeinschaftsarbeit leisten.

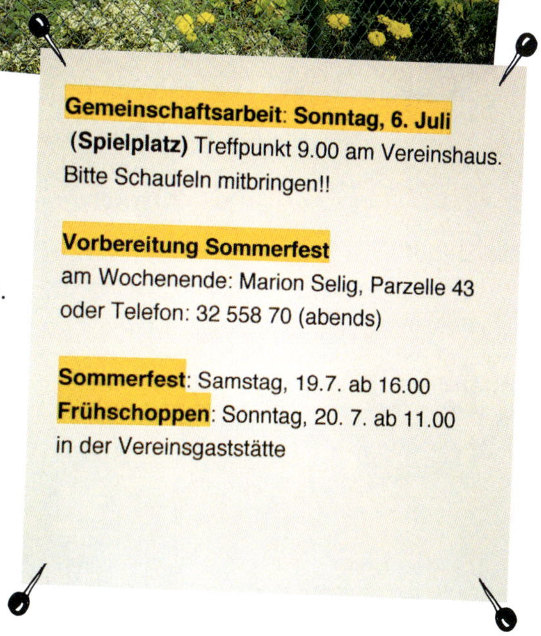

5. Welche Probleme hat er mit seinem Garten?
[a] Der Wochenendurlaub ist zu kurz.
[b] Der Garten ist zu weit von der Wohnung entfernt.
[c] Die älteren Leute wollen zu viel Kontakt.

Im Alltag

1 Trennung von Hausmüll

Papier	Wertstoff	organischer Abfall	Restmüll	Glas
Briefumschläge	*Kunststoff:*	Küchenabfälle	Disketten/CDs	Einwegflaschen
Computerpapier	Joghurtbecher	(Kartoffelschalen,	Faxpapier	Einweggläser
Hefte	Spülmittelflaschen	Eierschalen ...)	Glühbirnen	
Kartons		Filtertüten mit	Kerzenreste	**Sondermüll**
Prospekte	*Metall:*	Kaffeesatz	Kulis	Batterien
Verpackungen	Alufolien	Teebeutel	Pflaster	Farben
Papier/Pappe	Getränkedosen	Milchprodukte	...	Medikamente
Zeitungen		Speisereste		...
	Verbundstoff:	...		
	Getränkekartons			
	...			

Wie wird der Hausmüll getrennt?
Wo kann man alte Kleider/Schuhe hinbringen?
Wo gibt es Sammelstellen für Batterien/Sondermüll?
Wo kann man Sperrmüll anmelden und was kostet das?
Wo gibt es einen Recyclinghof?

Bei uns gibt es ... / Wir haben ...
Das gibt es bei uns nicht.
Da musst du im Umweltamt nachfragen.
Man kann auch auf den Flohmarkt gehen / in der Zeitung inserieren / im Internet verkaufen.

2 Umweltsiegel in Deutschland

Blauer Engel

Produkte mit dem „Blauen Engel" garantieren eine lange Lebensdauer, sind rohstoffsparend oder schadstoffarm oder energiesparend. Zum Beispiel:

Computer: energiesparend/recyclinggerecht
Schreibpapier: aus 100% Altpapier
Möbel: emissionsarm
Uhren: ohne Batterie
Armaturen (Bad/Toilette): wassersparend
Lacke: schadstoffarm
Sonnenkollektoren: hoher Wirkungsgrad
Drucker: emissionsarm/recyclinggerecht

Bio-Siegel

Das „Bio-Siegel" garantiert, dass
- Pflanzen nicht mit Pestiziden und/oder Kunstdünger behandelt wurden.
- dem Tierfutter keine Antibiotika hinzugefügt wurden.
- Tiere artgerecht gehalten wurden.
- Lebensmittel keine gentechnisch veränderten Bestandteile enthalten.

Grammatik

3 Passiv Präsens und Präteritum

Passiv Präsens	Passiv Präteritum
Alte Sachen (werden) auf dem Flohmarkt (verkauft).	Alte Sachen (wurden) auf dem Flohmarkt (verkauft).
Der Müll (wird) einmal in der Woche (abgeholt).	Der Müll (wurde) einmal in der Woche (abgeholt).

Das Passiv wird mit *werden* und dem Partizip II des Verbs gebildet.

4 Aktiv und Passiv

Aktiv	Passiv
N Man sammelt A das Papier.	N Das Papier (wird) (gesammelt).
Man trennt den Hausmüll.	Der Hausmüll (wird) (getrennt).

5 Passiv im Nebensatz

Hauptsatz:	Der Müll (wird) immer montags (abgeholt).
Nebensatz:	Der Vermieter hat mich informiert, dass der Müll immer montags (abgeholt) (wird).

6 Indefinitpronomen *man* statt Passiv

Aktiv	Die Müllabfuhr holt den Müll immer montags ab.	WER?	die Müllabfuhr
man	Man holt den Müll immer montags ab.	WER?	unbestimmte Person
Passiv	Der Müll wird immer montags abgeholt.	WER?	nicht genannt

Man bezeichnet eine unbestimmte, nicht näher genannte Person, die etwas tut.
Ein Satz mit *man* hat passivische Bedeutung.

Wortbildung

7 Adjektive aus Verben oder Nomen: *-lich, -bar, -arm, -frei, -los*

verzeih~~en~~	verzeih**lich**	der Schadstoff	schadstoff**arm**	= fast keine Schadstoffe
verkauf~~en~~	verkäuf**lich**	das Abgas	abgas**arm**	= fast keine Abgase
les~~en~~	les**bar**	das Rezept	rezept**frei**	= ohne Rezept
trink~~en~~	trink**bar**	die Kosten	kosten**frei**	= ohne Kosten
recycel~~n~~	recycel**bar**	die Kosten	kosten**los**	= ohne Kosten

-bar und *-lich* bedeuten hier, dass man etwas *verzeihen, verkaufen, lesen* ... **kann.**

1 Stadt und Land

a Suchen Sie sich eines der Bilder aus.

Notieren Sie:

drei Sätze, die das Bild beschreiben.
zwei Sätze, die Ihre Gefühle beschreiben.

b Stadt und Land – Eine Diskussion

1. Bilden Sie drei Gruppen: Gruppe A lebt gerne in der Stadt, Gruppe B lebt gerne auf dem Land, Gruppe C ist die Jury.
2. A und B sammeln Argumente für ihren Wohnort. Berücksichtigen Sie dabei folgende Aspekte: Arbeit, Freizeit, Einkaufen, Kinder, Schule, Gesundheit, Wohnung/Haus, Garten/Natur, früher und heute, Alt und Jung.
3. Die Jury notiert Kriterien, wie man eine Diskussion beurteilen kann: Inhalte der Argumente (überzeugend / nicht überzeugend), Klarheit/Verständlichkeit, Aussprache (deutlich/undeutlich), Gefühle (engagiert/distanziert) …
4. Nun beginnt die Diskussion (maximal 10 Minuten). Gruppe A beginnt. Jede/r muss mindestens einmal zu Wort kommen. (Auf der CD finden Sie ein Beispiel.) 2.12
5. Die Jury macht Notizen und sagt danach ihre Meinung zur Diskussion.
6. Sprechen Sie über die Diskussion: Was war gut, was hätte man besser machen können?

2 **Situationen – Suchen Sie sich zwei Bilder aus und schreiben Sie je einen Dialog oder einen Text.**

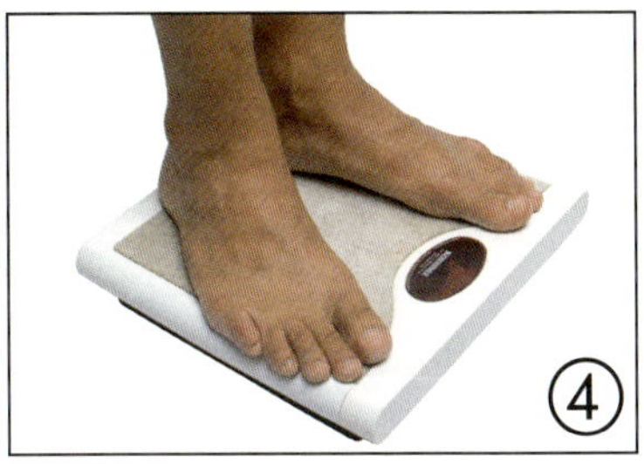

3 **Ich kann …**

a **Suchen Sie sich fünf Aufgaben aus. Notieren Sie je ein Beispiel (Aussage/Frage) dazu. Sammeln Sie im Kurs.**

1. … nach dem Weg fragen / einen Weg beschreiben.
2. … meine Meinung sagen / zustimmen/widersprechen.
3. … mich über etwas beschweren / etwas reklamieren.
4. … im Café etwas bestellen.
5. … meine Wohnung beschreiben.
6. … Ereignisse aus der Geschichte benennen.
7. … sagen, was ich gestern gemacht habe.
8. … zwei Dinge (z.B. Röcke) vergleichen.
9. … einem Arzt ein Gesundheitsproblem beschreiben.
10. … ein Wort / einen Gegenstand erklären.
11. … Wünsche/Träume äußern.
12. … über Umweltschutz diskutieren.
13. … mein Land und Deutschland vergleichen.

b **Arbeiten Sie jetzt zu zweit und spielen Sie zwei Beispiele als Dialoge.**

Ich suche den Berliner Platz.

Da müssen Sie hier geradeaus gehen bis …

DIE ALPEN

4 Die Alpen und ich

„Ich finde Gletscher einfach schön –
der Schnee und das Eis im Sommer.
Da kann man auch im Sommer Ski fahren."
Britt Svenson (Stockholm)

„Zu den Alpen gehören für mich die Almen.
Die Berge sind im Sommer nicht leer, auf den
Almen gibt es viel Vieh und wenig Menschen."
Claudia Dornbusch (Dresden)

a Was fällt Ihnen spontan ein? Machen Sie im Kurs ein Plakat mit Ihren Wörtern.

b Warum haben Sie dieses Wort ausgewählt? Erzählen Sie.

5 In den Alpen wohnen

2.13

a Sie hören drei Personen. Woher kommen sie wohl?

b Hören Sie noch einmal. Worüber reden die Personen? Machen Sie Notizen.

Person 1	Person 2	Person 3
Berge: Grenze für Horizont	hartes Leben für Bergbauern	früher: Alpen = Urlaub

6 Gegensätze – Lesen Sie. Welche Probleme schafft der Tourismus in den Alpen? Unterstreichen Sie.

Text 1 Wenn 12 Menschen von 100 Menschen Besuch bekommen, dann schafft das für die Besuchten Probleme: Wo können so viele Gäste essen und schlafen? Wo können sie parken? 12 : 100 ist das Verhältnis zwischen den Bewohnern des Alpenraumes und der Zahl ihrer jährlichen Besucher – allerdings in Millionen. Und diese Touristen verteilen sich nicht gleichmäßig. 45 Millionen allein nächtigen in Tirol. Das ergibt pro Tiroler den Weltrekord von 72 Nächtigungen im Jahr. Im französischen Hochsavoyen gibt es mehr als 300.000 Gästebetten. Das entspricht der Einwohnerzahl der Stadt Bielefeld.

Text 2 Allein die österreichischen Seilbahnen investieren pro Jahr über 100 Millionen Euro in künstliche Beschneiung. Nur so ist ein durchgehender Skibetrieb über die ganze Wintersaison (Anfang Dezember bis Ende April) möglich. In Südtirol (Italien) werden 90% aller Skipisten künstlich beschneit. Die Beschneiung der Tiroler Skipisten in den Wintermonaten verbraucht gleich viel Trinkwasser wie die Stadt Innsbruck mit ihren 150.000 Einwohnern in drei Monaten. Für die Erzeugung von Schnee wird allein in Tirol so viel Energie verbraucht, wie eine Stadt mit 50.000 Einwohnern in einem Jahr braucht.

Text 3 Auf Österreichs Skipisten gibt es jährlich 90.000 Unfälle. 67.000 Freizeitsportler müssen laut einer Statistik des Institutes „Sicher leben“ nach einem Unglück im Krankenhaus behandelt werden. Das Risiko, beim Skifahren zu verunglücken, liegt zwischen 1,0 und 1,25%: Die Gründe sind vielfältig. Die häufigsten Ursachen sind in dieser Reihenfolge: das Überschätzen des eigenen Könnens, Konditionsmangel und Ermüdung sowie Alkoholisierung.

7 Ohne Berge keine … Was wären die Folgen?

a Machen Sie in Gruppen eine Kette.

b Vergleichen Sie Ihre Ketten.

Ohne Berge keine …
Skifahrer.

Ohne Skifahrer kein(e) …

Ohne … kein(e) …

Ohne … kein(e) …

Ohne … kein(e) …

Ohne … kein(e) …

Gespräch: Einen Ausflug planen

8 Gespräch mit der Partnerin / dem Partner

Ihr Kurs geht zu Ende. Deshalb wollen Sie zusammen mit Ihrer ganzen Klasse einen interessanten Ausflug machen. Dazu lesen Sie in einem Prospekt die folgende Anzeige.

Erlebnisreiche Wanderungen von Hütte zu Hütte in Südtirol
Preiswerte Wanderwoche für Einsteiger!

Unsere erlebnisreiche Rundwanderung führt uns durch eine großartige Gebirgslandschaft: den Rosengarten. Wir laden Sie ein in die Berggruppe der Südtiroler Dolomiten, nordwestlich des Fassatals. Wenn Sie die Rotwand und den Kesselkogel (3004 m) in der Abendsonne gelblich-rot schimmern sehen, werden Sie verstehen, wie der Rosengarten zu seinem Namen kam. Auf den Hütten können Sie dieses einmalige Naturschauspiel genießen. Unsere Wanderungen durch König Laurins sagenumwobenen Rosengarten führen über schmale Wege und Pässe. Auf der Trentiner Seite leuchten die Berge am Morgen am intensivsten, auf Südtiroler Seite im Feuer der untergehenden Sonne.

a Sie sollen zusammen mit Ihrer Partnerin / Ihrem Partner diesen Ausflug planen und überlegen, was alles zu tun ist und wer welche Aufgaben übernehmen kann.

Überlegen Sie sich Vorschläge zu folgenden Punkten:
- Termin der Reise?
- Welches Verkehrsmittel: Bahn, Auto ...?
- Wer fährt alles mit: Ehepartner, Lehrer ...?
- Wo übernachten?
- Was mitnehmen (Rucksack, gute Schuhe ...)?

Unser Wanderurlaub
1. Termin:
2. Anreise:

b Bevor Sie mit dem Sprechen beginnen, bearbeiten Sie zunächst die Aufgaben 1–3:

1 Ordnen Sie die Sätze. Notieren Sie die Nummer.

zustimmen *1*	etwas vorschlagen ______	nach Meinungen fragen ______
ablehnen ______	Gegenvorschläge machen ______	seine Meinung äußern ______

① Also gut. ② Also, ich bin dagegen. ③ Also, wie findest du das? ④ Damit bin ich gar nicht einverstanden. ⑤ Darf ich etwas anderes vorschlagen? ⑥ Darf ich etwas vorschlagen? ⑦ Das finde ich toll. ⑧ Das halte ich für keine gute Idee. ⑨ Das ist ein guter Vorschlag. ⑩ Davon halte ich nicht viel. ⑪ Einverstanden. ⑫ Ich bin der Ansicht, dass … ⑬ Ich bin der Meinung, dass … ⑭ Ich denke, dass … ⑮ Ich glaube, dass … ⑯ Ich habe da eine ganz andere Idee. ⑰ Ich hätte da einen anderen Vorschlag! ⑱ Ich meine, … ⑲ Ich schlage vor, dass … ⑳ Ist das ein guter Vorschlag? ㉑ Ja gut, wir machen das so. ㉒ Kommt für mich nicht in Frage. ㉓ Meiner Meinung nach … ㉔ Was denkst du? ㉕ Was hältst du davon, wenn wir …? ㉖ Was meinst du dazu? ㉗ Lass uns doch … ㉘ Wie wäre es, wenn wir …?

2 Verkehrsmittel – Sammeln Sie Vor- und Nachteile.

Verkehrsmittel	*Vorteile*	*Nachteile*
Zug	*Spartarife …*	*oft umsteigen …*
Auto	*Unabhängigkeit …*	
Bus		

3 Suchen Sie nun Vor- und Nachteile für die anderen Punkte in 8a und schreiben Sie Sätze.

mit/ohne Familie	Hotel/Jugendherberge	mit/ohne Lehrer/in

Mir ist lieber, wenn …
Es ist besser, wenn …
Es ist ein Vorteil, wenn …
Ein Nachteil wäre, wenn …
Es könnte ein Nachteil sein, wenn …
Ich glaube, es wäre ungünstig, wenn …

c Führen Sie nun das Gespräch zu zweit.

Begegnungen

Lernziele 34

- Unsicherheit/Zweifel ausdrücken
- (nicht) *brauchen, lassen*
- n-Deklination
- *deswegen, trotzdem …*

Der Begriff „Heimat" ist für mich nicht räumlich gebunden. Ich verbinde ihn vielmehr mit Menschen und Erlebnissen, die mir etwas bedeuten.
Annette (Deutschland)

Das Schrecklichste, was einem Menschen passieren kann, ist, dass er weit weg von seiner Heimat und getrennt von den geliebten Menschen leben muss.
Fettnah (Kurdistan)

1 Wo treffen sich Leute? Sammeln Sie Orte und Situationen.

2 Alte Heimat – neue Heimat

a Welchen Aussagen oder Teilen davon stimmen Sie zu? Bilden Sie drei Gruppen zu den drei Aussagen. Hören Sie zu und notieren Sie Stichwörter zu Ihrer Aussage. Berichten Sie im Kurs.

③

④

⑤

⑥

Heimat ist der Ort, den man vermisst, wenn man ihn verlässt.
Agim (Kosovo)

b Was bedeutet der Begriff „Heimat" für Sie?

Heimat ist so etwas wie ...	... bedeutet ungefähr ... / ... ist so ähnlich wie ...
Heimat ist mehr ein ... als ...	Ich weiß nicht so recht, wie ich sagen soll ...
Heimat heißt für mich ...	..., wie soll ich sagen, ... / ... ist fast wie ...

3 Heimat und Heimatgefühl – Mit welchen Sinnen erfährt man „Heimat"? Sammeln und vergleichen Sie. ▶ S. 219

 riechen

 hören

 sehen

 schmecken

 spüren/tasten

4 Ein Gedicht lesen und hören

2.15

a Welche Aussage finden Sie am wichtigsten? Sprechen Sie darüber.

Wo haben Zugvögel ihre Heimat?
Warum können sich die Pflanzen
ihre Heimat selbst aussuchen?
Warum dürfen Menschen nicht
ihre Heimat selbst wählen?
Warum dürfen sie nicht ihre Existenz
dort aufbauen, wo sie wollen?
Heimat ist dort, wo ich mich wohl fühle.
Heimat kann das Lachen eines Kindes,
das Verwelken eines Blattes
und das Wahrnehmen eines Geruches sein.
Heimat ist ein Gefühl der Geborgenheit.
Gefühle kennen keine Grenzen.

Zeynel Sahin
(Der Autor ist Kurde und lebt in Gießen.)

Zeichnung: Nikola Lainović

selbst aussuchen können

b Schreiben Sie ein eigenes Gedicht. Sie können die folgenden Elemente verwenden.

Wo haben … ihre Heimat?
Warum können … selbst aussuchen?
Warum dürfen Menschen nicht …?
Warum dürfen sie nicht …?
Heimat ist ein Ort, wo …
Heimat ist …

5 Ein Interview mit Nikola Lainović.

2.16

a Sammeln Sie Informationen zu den Stationen von Nikolas Leben.

Belgrad *Florenz* *München*

b Warum hat Nikola seine Lieblingszeile so illustriert?

c Welche Zeile des Gedichts würden Sie illustrieren?

Zugvögel sind ein schönes Bild.

Ich würde ein Haus zeichnen,
das ist für mich Geborgenheit.

▸ S. 220

6 Die kurze Geschichte von Herrn Lang

a Lesen Sie die Geschichte von Herrn Lang und erfinden Sie einen Schluss.

Herr Lang hatte Urlaub, er brauchte nicht früh aufzustehen. Endlich konnte er ausschlafen. Nach einem langen Frühstück fuhr er in die Stadt. „Ich geh zu meinem Friseur Abdu", dachte er, „da lass ich mir die Haare schneiden. Und ich lass mir auch den Kopf massieren!" Er freute sich auf einen Tag für sich allein und hoffte, keinen Menschen zu treffen. Kaum hatte er die Tür zum Friseurladen geöffnet, sah er schon genau den Kollegen, den er heute nicht sehen wollte. „Hallo, mein Junge, schön, dass du auch hier bist", grüßte dieser quer durch den Raum. „Gut, dass ich dich sehe, ich möchte …" Mehr brauchte der nicht zu sagen: „Ich komme besser ein anderes Mal wieder", sagte Herr Lang zu Abdu und verließ den Laden. Er war froh, dass es in der Stadt so viele Leute gab. Herr Lang wollte zwar unter Menschen, aber auch allein sein. „Hallo, Sie", hörte er rufen. Mehr brauchte er nicht zu hören. So schnell er konnte, ging er weiter. Als er sich doch umdrehte, sah er einen Polizisten, der ihm nachlief …

b *nicht brauchen* – Bilden Sie Sätze nach dem Muster.

Herr Lang **brauchte nicht** früh auf**zu**stehen.	≈ Er musste nicht früh aufstehen.
Mehr **brauchte** er **nicht** zu sagen.	≈ Er musste nicht mehr sagen.
nicht brauchen → + Infinitiv mit zu	≈ nicht müssen → + Infinitiv

1. Du musst das nicht machen.
2. Sie muss heute nicht arbeiten.
3. Sie müssen nicht auf mich warten.
4. Ich muss morgen nicht wegfahren.
5. Er muss nicht in die Schule gehen.
6. Wir müssen nicht pünktlich sein.

Du brauchst das nicht zu machen.

c *lassen* – Bilden Sie Sätze nach dem Muster.

Herr Lang lässt sich die Haare schneiden.	Er schneidet sich die Haare nicht selbst.
Er lässt sich den Kopf nicht massieren.	Er massiert sich den Kopf selbst.

1. Peter kann das Auto nicht selbst reparieren, er …
2. Stefan möchte die Wohnung nicht selbst tapezieren, er …
3. Herr und Frau Peters putzen nicht gern die Wohnung, sie …
4. Eva lässt den Computer nicht installieren, sie ....
5. Hanna lässt sich das Auto nicht waschen, sie …
6. Kai lässt sich nie die Haare waschen, er …

1. … er lässt es reparieren.
4. … installiert ihn selbst.

7 n-Deklination

▸ S. 221

a Markieren Sie die Endungen dieser drei Nomen im Text von Aufgabe 6.

der Mensch, der Kollege, der Polizist

Polizist *der; -en, -en;* ein Mitglied der Polizei

b Ergänzen Sie die Endungen.

1. Herr Lang trifft einen Kollege_____ . 2. Frau Peters spielt mit ihrem Junge_____. 3. Kai fragt einen Polizist_____. 4. Das Gasthaus heißt „Zum Bär_____". 5. Petra spricht mit Herr_____ Lang.

▶ S. 221

8 Von Osten nach Westen

a Lesen Sie den Text und die Aussagen unten. Welche passen? Kreuzen Sie an.

Von Babara Kerneck

In den Plattenbauten von Marzahn-Hellersdorf wohnen etwa 25 000 Spätaussiedler, zehn Prozent der Bevölkerung des Berliner Bezirkes Marzahn. Einkaufen und zum Arzt gehen kann man hier auf Russisch. Deutsch braucht man nur fürs Sozialamt. „1996 hat es hier noch richtige Straßenschlachten zwischen Migranten aus der ehemaligen Sowjetunion und einheimischen Gangs gegeben", sagt der Sozialarbeiter Wolfgang Zeiser. Doch damit sei es zum Glück vorbei. Damals sind im Bezirk Jugendhäuser, Mädchenzentren und Sportklubs gegründet worden und die halten alle Jugendlichen, egal welcher Herkunft, auf Trab. Da ist keine Zeit mehr zum Prügeln.

Nikolaj Poljanski (25), genannt Kolja, … macht im dritten Jahr eine Lehre als Koch bei einer Filiale des Jugendaufbauwerks Berlin. Hier bekommen 80 Jugendliche, die durch ihre Biografien benachteiligt sind, eine Berufsausbildung, Kolja kocht mit Hingabe, aber der Meister fürchtet, dass sein Deutsch für die Theorieprüfungen nicht ausreicht. „Ich bin ehrlich: Ich bin schlecht", kommentiert Kolja seine deutschen Sprachkenntnisse, „ich hab schon versucht, die Abendschule zu besuchen. Aber da saßen lauter Frauen und da hab ich gleich an was anderes gedacht …" Koljas Freundin ist ebenfalls Spätaussiedlerin und an den Wochenenden geht's in eine Russendisco.

Adelina Stößel (25) spricht heute selbstbewusst Deutsch mit charmantem russischem Akzent. Als gelernte medizinische Laborassistentin hat sie gerade auf dem zweiten Bildungsweg ihr Abitur nachgemacht und ein Biotechnologie-Studium begonnen. Sie jobbt als Model und spielt in ihrer Freizeit in einer russischen Theatergruppe. Adelina kam 1992 im Alter von 14 Jahren mit Vater und Bruder nach Deutschland. „Initiatorin und Motor" dieser Umsiedlung war ihre Großmutter. Die alte Dame las deutsche Zeitungen und schwärmte für Willy Brandts Ostpolitik. Im Aufnahmelager Marienfelde fand Adelina alles wunderbar. Doch dann zogen sie ins bürgerliche Reinickendorf im Norden Berlins und Adelina wurde zur Außenseiterin. Noch heute kann sie es nicht fassen, dass keine einzige Mitschülerin sie während der zwei Jahre zu sich nach Hause einlud. Obwohl ihr Deutsch schon alltagstauglich war, bekam sie Sprechhemmungen: „Ich hab die Wurst im Supermarkt immer abgepackt gekauft, um bloß nichts an der Fleischtheke verlangen zu müssen."

In der Bundesrepublik leben über zwei Millionen Aussiedler aus den GUS-Staaten. Die Mehrheit der erwachsenen Spätaussiedler gibt an, dass sie um der Zukunft ihrer Kinder willen emigriert sind. Die Eltern verlieren bei der Migration oft ihr ganzes Vermögen. Wenn es um Stellen geht, so nehmen die meisten einen großen sozialen Abstieg in Kauf. Ingenieure arbeiten als Schlosser und Geologinnen als Putzfrauen.

1. In Berlin-Marzahn gab es Probleme zwischen Deutschen und Zuwanderern. ☐
2. Die Sozialarbeit in Jugendhäusern und Sportklubs funktioniert nicht. ☐
3. Kolja sagt, dass er ein schlechter Koch ist. ☐
4. Kolja muss für die Prüfung mehr Deutsch lernen. ☐
5. Adelina studiert Biotechnologie und hat viele Hobbys. ☐
6. Nach dem Umzug nach Reinickendorf hatte sie große Schwierigkeiten. ☐
7. Viele Spätaussiedler können in Deutschland nicht mehr in ihrem Beruf arbeiten. ☐

b **Migration und Fremdsein – Welche Aussagen gibt es im Text? Sammeln Sie.**

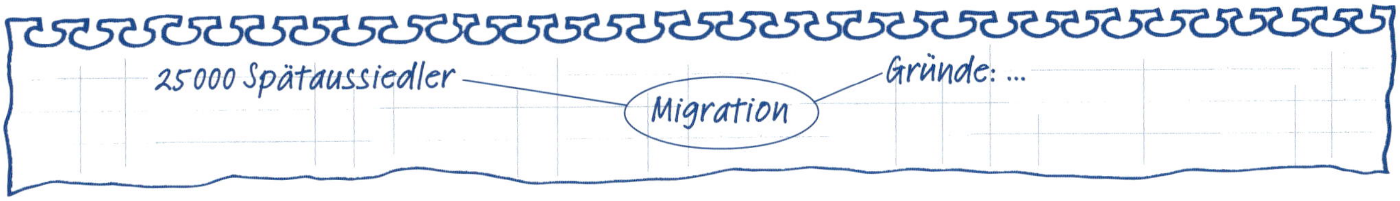

9 Aussagen verbinden: *deshalb/deswegen, trotzdem*

	Adelina hat auf dem zweiten Bildungsweg Abitur gemacht.
erwartete Konsequenz →	Deshalb/Deswegen konnte sie ein Studium beginnen.
	Adelina konnte schon genug Deutsch für den Alltag.
nicht erwartete Konsequenz →	Trotzdem wollte sie beim Einkaufen nicht sprechen.

a ***Deshalb/deswegen*** **oder** ***trotzdem*** **– Suchen Sie die Aussagen im Text und ergänzen Sie die Sätze.**

1. Es gibt viele Angebote für Jugendliche. … haben sie zum Streiten keine Zeit mehr.
2. Kolja hat die Abendschule besucht. … ist sein Deutsch sehr schlecht.

b **Verbinden Sie die Sätze mit** ***deshalb/deswegen*** **oder** ***trotzdem.***

1. Mischa spricht nur mit Leuten aus seinem Land. Er lernt nur langsam Deutsch.
2. Olga war in Russland Ärztin. In Deutschland arbeitet sie als Krankenpflegerin.
3. Petar hatte in Kroatien keine Arbeit. Er ist nach Deutschland gegangen.
4. Aynur will Architektin werden. Sie hat Abitur gemacht und das Studium begonnen.
5. Vanja war früher Musiker. Heute arbeitet er als Lastwagenfahrer.
6. Kemal hat Elektriker gelernt. Er macht sich selbständig.

10 Über Migration sprechen – Wählen Sie einen Aspekt von Migration. Machen Sie in Gruppen Plakate. Stellen Sie diese in der Klasse vor.

Gründe für Migration

keine Arbeit

Wünsche/Hoffnungen

eine Ausbildung machen

aktuelle Probleme

die Sprache

▶ S. 223

11 Ein Porträt

a Lesen Sie und sammeln Sie Informationen zu Frau Gün Tank.

Das böse Mädchen

Sie gründete vor fünf Jahren die Multikulti-Band „Die Bösen Mädchen" und singt seither gegen Rassismus an: die Deutsch-Türkin Gabriele Gün Tank – von Uta Andresen

Gabriele Gün Tank war fünf Jahre alt, als ihre Mutter ihr erklärte, dass Multikulturalität zwar eine etwas komplizierte, aber auf jeden Fall positive Angelegenheit ist. Weil die kleine Gabriele wissen wollte, wer sie denn nun sei, da doch Mama aus der Türkei und Papa aus Berlin komme, versuchte es die Mutter mit einem kulinarischen Vergleich. „Sie sagte damals zu mir: ‚Was schmeckst du, wenn du Schokoladeneis isst? Was, wenn Vanille? Und was, wenn beides?' Ab da war mir klar: Ich bin so etwas wie ein gemischtes Eis", sagt Gabriele Gün Tank. Jahre später ist aus dem Erklärungsversuch der Mutter ein Song der Tochter geworden.

Im Grunde ist es immer noch die Sache mit dem gemischten Eis, die Gabriele Gün Tank, inzwischen 27 Jahre und Journalistin, Menschen in ihrem Alter klarmachen will. Jedoch auf ihre Art. Multikulti kann man nicht erklären, man muss es leben.

b Was meint Frau Gün Tank mit: „Ich bin so etwas wie ein gemischtes Eis"?

12 Die Band – Lesen Sie und ergänzen Sie die Sätze.

1. Die Band gibt es ...
2. Fast jedes Wochenende ...
3. Das Projekt sollte anfangs nur ...
4. Die Mädchenband wollte mit ihren Songs ...
5. Das Programm wird ...
6. Jugendliche lassen sich ...
7. Die Bandmitglieder ...
8. Die IG-Metall ...

Die Band gibt es schon seit fünf Jahren.

Jugendliche lassen sich nicht von Vorträgen beeindrucken. Von einer Band, in der Mädchen aus dem Sudan mit Frauen aus Ostdeutschland einträchtig HipHop, Rock und Pop ins Mikro donnern, schon eher ...

Seit fünf Jahren gibt es „Die Bösen Mädchen" und kaum ein Wochenende vergeht, an dem die Band aus Berlin nicht in einem Jugendklub oder auf einer Gewerkschaftsveranstaltung irgendwo in der Republik einen Auftritt hat. Dabei war die Mädchenband eigentlich nur als ein Projekt auf drei Monate angelegt. „Einen Song wollten wir aufnehmen. Wir wollten diesen ganzen Boygroups etwas entgegensetzen und vor allem mal Inhalte transportieren", sagt Gabriele Gün Tank. Zeigen, „dass Vielfalt eine große Chance für Deutschland ist". Also stellten sich die acht Mädchen hin – von zehn bis 27 Jahren, von olivfarbener bis blasser Haut – und sangen ...

Was in einem Westberliner Mädchenladen begann, ist inzwischen ein Antirassismusprogramm geworden, das von der IG Metall, der Alice-Salomon-Fachhochschule in Berlin sowie durch die Bundesregierung und die Europäische Union gefördert wird. „Das Ganze wurde zum Selbstläufer", sagt Gabriele Gün Tank.

13 Gemischtes Eis – Ein Lied von den „Bösen Mädchen"

2.17

a Ordnen Sie die Aussagen 1–6 den Strophen zu.

1. In Deutschland darf man nur einen Pass haben.
2. Sie liebt die Vielfalt.
3. Grenzen machen Menschen zu Fremden.
4. Die Regierungen haben keinen Mut für neue Wege.
5. Menschen aus vielen Ländern leben in Deutschland.
6. Die nächste Generation wird noch bunter.

b Haben Sie Erfahrungen gemacht, die zum Lied passen?

c Was ist Ihre Meinung zum Lied?

Ich bin 'ne deutsche Türkin, 'ne türkisch-deutsche Frau.
Fremd in beiden Ländern, wenn ich in ihre Spiegel schau.
Muss mich bald entscheiden, nur eins davon darf's sein.
Keins mag mich so recht leiden und so bin ich ganz allein …
Die Länder haben Verträge, der Mensch wird einsortiert.
Abgeschminkt sind neue Wege, sie haben es noch nicht einmal probiert.
Merhaba und Guten Tag, nur eins davon darf's sein.
Der Nationalitätenwahn macht die Vielfalt wieder klein.

Gemischtes Eis mit Sahne drauf gibt den Kinderaugen Glanz,
wir sind gemischte Menschen, nicht halb und halb, wir sind noch ganz.
Gemischt soll auch die Zukunft sein, Obstsalat, ja das sind wir.
Als Deutsche trink ich Raki, als Türkin trink ich Bier.
Ich bin 'ne türkisch-deutsche, 'ne deutsch-türkische Frau,
fremd gemacht durch Grenzen, mir die Angst vor uns anschau.

Ich hab mich längst entschieden, will noch mehr als nur die zwei,
kann noch viel mehr Menschen lieben, aus Afrika und Uruguay,
Russland und Amerika, Uganda und Zaire,
Irak, Iran und China, gemischte Menschen leben hier.
Vermischt sind unsre Kinder, und noch bunter wird das Land,
der Frühling auch im Winter, menschlicher wird der Verstand.
Und so mischt sich auch Deutschland in die Menschheit dieser Welt,
da helfen keine Grenzen, gemischtes Eis ist schon bestellt.

Grenzenlose Welt, gemischtes Eis ist schon bestellt.
Grenzenlose Welt, gemischtes Eis ist schon bestellt.

Auf einen Blick

Im Alltag

1 Unsicherheit ausdrücken

Was ist das eigentlich, Heimat?

ist so etwas wie	Heimat ist so etwas wie ein Gefühl.
heißt für mich	Heimat heißt für mich vieles: Sprache, Freunde …
bedeutet ungefähr	Heimat bedeutet ungefähr „Sich-wohl-Fühlen“ und „Kindheit“.
ist mehr ein Gefühl als	Heimat ist mehr ein Gefühl als ein Ort.
ist so ähnlich wie	Heimat ist so ähnlich wie Vaterland,
mehr	Vaterland ist aber mehr ein politischer Begriff.
fast wie	Heimat ist fast wie „Ich habe meinen Platz gefunden“.
wie soll ich sagen,	Heimat ist, wie soll ich sagen, etwas, was man hat oder eben nicht hat.

2 Zweifel ausdrücken

ich weiß nicht, ob …	Ich weiß nicht, ob sie kommt oder nicht.
ich glaube nicht, dass …	Ich glaube nicht, dass sie kommt.
ich zweifle (daran), dass …	Ich zweifle daran, dass er rechtzeitig mit der Arbeit fertig ist.
ich zweifle, ob …	Ich zweifle, ob er rechtzeitig fertig wird.
ich bezweifle …	Ich bezweifle, dass er das schafft.
ich habe meine Zweifel (daran)	(Stimmt das?) – Daran hab ich so meine Zweifel.
Kaum!	(Ob das Paket heute wohl noch kommt?) – Kaum!
kaum	Mit dieser Arbeit werde ich heute kaum noch fertig.
wohl nicht	Sie kommt wohl nicht mehr.

Grammatik

3 *nicht brauchen* + Infinitiv + zu

nicht brauchen + zu + Infinitiv	≈ nicht müssen + Infinitiv
Herr Lang **brauchte nicht** früh auf**zu**stehen.	≈ Er musste nicht früh aufstehen.
Mehr **brauchte** er **nicht zu** sagen.	≈ Er musste nicht mehr sagen.

4 *lassen* + Infinitiv

Herr Lang lässt sich die Haare schneiden.	Er schneidet sich die Haare *nicht selbst*.
Er lässt sich den Kopf **nicht** massieren.	Er massiert sich den Kopf *selbst*.

5 Maskuline Nomen: n-Deklination

	Singular		Plural	
Nominativ	der Mensch	der Junge	die Mensch-**en**	Junge-**n**
Akkusativ	den Mensch-**en**	den Junge-**n**	die Mensch-**en**	Junge-**n**
Dativ	dem Mensch-**en**	dem Junge-**n**	den Mensch-**en**	Junge-**n**
Genitiv	des Mensch-**en**	des Junge-**n**	der Mensch-**en**	Junge-**n**

Zur n-Deklination gehören

einige maskuline Nomen, vor allem Personen und Tiere:
der Mensch, der Herr …
der Bär …

maskuline Nomen auf -e:
der Schwede, der Russe, der Junge, der Kollege, der Name …

maskuline internationale Wörter, z.B.:
-ist: der Polizist, Optimist …
-ent: der Student, Patient …
-ant: der Elefant, Konsonant …
-at: der Soldat, Demokrat …

TIPP Wenn die Endung im Genitiv Sg. *-(e)n* ist, dann ist sie auch im Dativ und Akkusativ *-(e)n*.
⚠ Die Nomenendung *-(e)n* ist nicht immer Plural. Der Kontext hilft.

6 Aussagen verbinden: *deshalb/deswegen, trotzdem*

zwei Hauptsätze	Hauptsatz und Nebensatz
erwartete Konsequenz/Folge Adelina hatte Abitur gemacht. **Deshalb** konnte sie ein Studium beginnen. Verbindungsadverbien: *deshalb, deswegen, darum, daher, also, folglich*	Grund **Weil** Adelina Abitur gemacht hatte, konnte sie ein Studium beginnen. Konjunktion *weil*
nicht erwartete Konsequenz Adelina konnte schon genug Deutsch für den Alltag. **Trotzdem** wollte sie **nicht** sprechen. Verbindungsadverb: *trotzdem*	nicht erwartete Konsequenz **Obwohl** Adelina schon genug Deutsch für den Alltag konnte, wollte Sie nicht sprechen. Konjunktion: *obwohl*

Wortbildung

7 Kurzwörter

Abi	das **Abi**tur	Geo	die **Geo**grafie
Bio	die **Bio**logie / **bio**logisch	Info	die **Info**rmation
Demo	die **Demo**nstration	Krimi	der **Krimi**nalroman/-film
Disco	die **Disco**thek	Mathe	die **Mathe**matik
Doku	der **Doku**mentarfilm	Mikro	das **Mikro**fon / der **Mikro**wellenherd
Foto	die **Foto**grafie	Öko	die **Öko**logie / **öko**logisch

Arbeit – Neue Perspektiven

Rund 100 000 Mädchen haben sich beim bundesweiten „Girls' Day – Mädchenzukunftstag" ein Bild von technischen Berufen gemacht. Das sind mehr als doppelt so viele wie im vergangenen Jahr, teilte der Deutsche Gewerkschaftsbund mit. In mehr als 3 500 Unternehmen konnten sie den Mitarbeitern über die Schultern schauen.

①

②

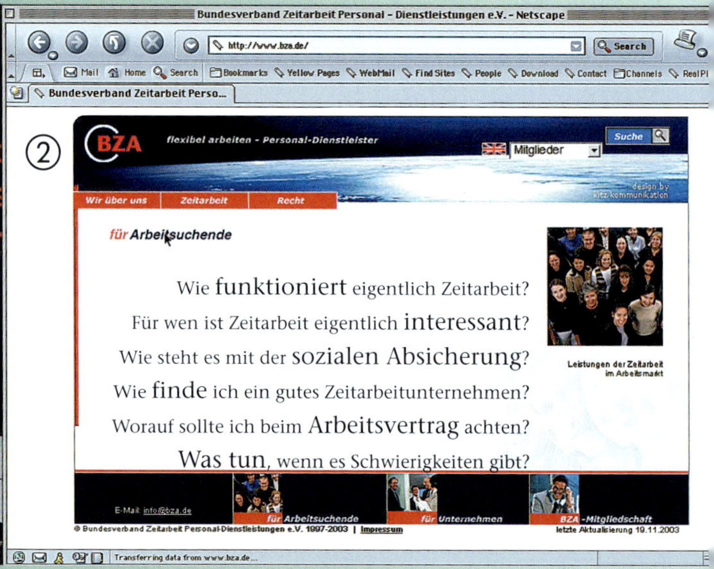

Lernziele 35

- über Arbeitsperspektiven sprechen
- jemanden beraten
- Nebensätze: *seit, während*

Über Zeitarbeitsbetriebe einen Job zu finden ist keine Ausnahme mehr. Zum Ende des vergangenen Jahres hatten über 283 000 Menschen, so genannte Leiharbeiter, einen Arbeitsplatz auf Zeit, fast doppelt so viele wie fünf Jahre zuvor. Leiharbeiter deshalb, weil der Arbeitnehmer, der den Arbeitsvertrag mit dem Zeitarbeitsbetrieb geschlossen hat, an ein Unternehmen quasi auf Zeit ausgeliehen wird. Zeitarbeit wird von vielen als Chance gesehen, aus der Arbeitslosigkeit herauszukommen.

1 Suchen Sie aus den Texten alle Komposita mit dem Wort „Arbeit" heraus und ordnen Sie sie in einem Wortnetz. Wie? Das bestimmen Sie!

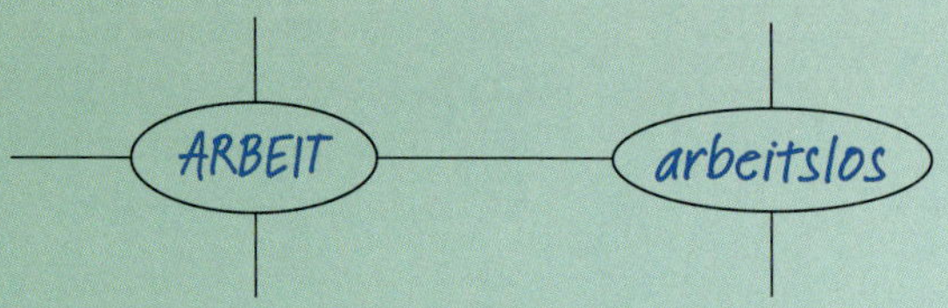

Flexible Arbeitsformen sind im Kommen, zum Beispiel: die Telearbeit. Wie die Bonner Forschungsgesellschaft Empirica ermittelte, gibt es in Deutschland derzeit rund sechs Millionen Telearbeitsplätze. Der Begriff „Telearbeit“ bezeichnet keinen Beruf, sondern eine Form, die Arbeit zu organisieren. Man versteht darunter alle Tätigkeiten, die an einem Computer fern vom Standort des Arbeitgebers durchgeführt werden. Der Telearbeitsplatz zu Hause bietet für Frauen oft die einzige Möglichkeit, Familie und Beruf zu vereinbaren.

③

Mit einem Hilfspaket sollen Arbeitslose motiviert werden, den Weg in die Selbständigkeit zu gehen. Eine „Ich-AG“ kann jeder Arbeitslose, ABM-Beschäftigte oder Kurzarbeiter gründen, wenn er sich mit einer Geschäftsidee selbständig machen will. Solange der Existenz-Gründer mit seinem Einkommen unter 25 000 Euro im Jahr liegt, erhält er bis zu drei Jahre lang einen monatlichen Existenzgründungszuschuss. Dieser Zuschuss beträgt im ersten Jahr 600 Euro, im zweiten 360 und im dritten 240 Euro monatlich. (Stand 2004)

④

2 **Lesen Sie die Überschriften a–h. Lesen Sie dann die vier Texte noch einmal und entscheiden Sie, welche Überschrift am besten zu welchem Text passt.** ▸ S. 224

a Ein Weg zur eigenen Firma

b **Durch Arbeitszeitverkürzung mehr Arbeitsplätze**

c **Die Angst vor der Selbständigkeit**

d *Viele Arbeitsorte – ein Arbeitgeber*

e Arbeitslosenzahl auf Mairekord

f **Junge Frauen informieren sich über die Berufswelt**

g Geld verdienen, wenn die Kinder schlafen

h **Streik als Mittel im Kampf um die Arbeitsplätze**

3 Was sind für Sie typische Frauen- bzw. Männerberufe? Begründen Sie Ihre Wahl.

4 Frauen in technischen Berufen

a Überlegen Sie in Gruppen, was die folgenden Ausdrücke bedeuten könnten:

die Schulbank drücken
einen Beruf ergreifen
sich die Finger wund schreiben
sein Glück auf Umwegen finden
ein harter Job
jemandem geht ein Licht auf

b Lesen Sie den Text, markieren Sie die Begriffe aus 4a und überprüfen Sie Ihre Vermutungen.

Elektrokabel und Maschinenöl

Wie sich zwei Frauen für die Arbeit in der Werkhalle entschieden haben

Katharina Felbor und Anja Scheidt sind schon ewig Freundinnen: Sie waren zusammen im Kindergarten und haben gemeinsam die Schulbank gedrückt. Dass sie aber auch nach der Schule ähnlich außergewöhnliche Wege gehen würden, hätten sie vorher nicht gedacht. Beide haben den Mut gehabt, einen traditionell „männlichen" Beruf zu ergreifen.

Eigentlich wollte Katharina ja Erzieherin werden. Anfangs sah es auch nicht schlecht aus, weil sie die mittlere Reife immerhin mit „gut" bestanden hatte. „Ich hab mir die Finger wund geschrieben", erzählt die 17-Jährige, „in keinem der Kindergärten, bei denen ich mich beworben hab, war ein Ausbildungsplatz frei." Auf die Idee, sich umzuorientieren, hat sie dann ausgerechnet ihr Großvater gebracht. Er legte ihr beim Kaffeetrinken eine Anzeige der Firma Elektrodata auf den Tisch, die Auszubildende als Elektroniker/Elektronikerin suchten. „Ich war erst ganz verwundert. Aber dann ging mir ein Licht auf. Denn er ist Elektriker, und seit ich zehn bin, hat er mich in den Ferien immer mal mitgenommen und helfen lassen."

Seit sich die junge Frau aus dem westfälischen Halle zu diesem Schritt entschlossen hat, ist sie überglücklich. Die Arbeit, bei der sie sowohl Kopf als auch Hände einsetzen muss, ist ihr noch keinen Tag langweilig geworden. Sie lernt hier, Telefonanlagen und Alarmanlagen zu planen, zu installieren und zu reparieren. „Und wenn ich fertig bin, kann ich später auch in den Außendienst und Kunden beraten. Dann hab ich auch noch viel mit Menschen zu tun."

Auch Katharinas Freundin Anja, die sich immer einen Platz zur Ausbildung als Bürokauffrau gewünscht hatte, hat ihr berufliches Glück auf Umwegen gefunden. Nach einem Praktikum bei einer Versicherung hat auch sie ihre ursprünglichen Pläne aufgegeben. „Das war mir zu monoton." Sie lernt jetzt bei einem Textilmaschinenhersteller den Beruf der Mechatronikerin und ist nach einem halben Jahr Ausbildung immer noch begeistert, wie viel Spaß die Arbeit macht. Mechanik, Elektronik und eine Frau passen für sie selbstverständlich zusammen, auch wenn der Job manchmal körperlich hart ist. Aber bei einer Krankenschwester fragt schließlich auch niemand, ob es ihr zu schwer ist, täglich Patienten von einem Bett ins andere zu heben.

Die Tatsache, dass sie durch ihre Ausbildung in eine Männerwelt geraten sind, stört Katharina und Anja nicht. Sowohl in der Werkhalle als auch in der Berufsschule gibt es zwar nur sehr wenige Frauen, aber das hat für beide durchaus positive Seiten: „Wir haben eben viel mehr Jungs als Freunde, seit wir in der Ausbildung sind."

Auf die Frage, ob sie auch anderen jungen Frauen einen technischen Beruf empfehlen könnten, antworten die beiden mit einem eindeutigen „Ja". Und sie fügen hinzu: „Spaß am logischen Denken, gute Noten in Mathe und Physik sind schon wichtig, aber das Allerwichtigste ist, dass die Mädchen sich was zutrauen."

5 Was passt zu Katharina (K) und was zu Anja (A) oder zu beiden?

a Lesen Sie den Text noch einmal, ordnen Sie zu und ergänzen Sie die Sätze. Arbeiten Sie zu zweit.

b Bringen Sie die Aussagen in eine sinnvolle Reihenfolge. Vergleichen Sie im Kurs.

1. K kam früh mit Technik in Kontakt, weil ...
2. ___ wollte zuerst ... werden.
3. ___ ist seit vielen Jahren mit ... befreundet.
4. ___ hat die Ausbildung zur ... nicht gemacht, weil ...
5. ___ findet es gut, dass sie mehr männliche Freunde hat, seit ...
6. ___ ist mit ... zur Schule gegangen.
7. ___ hat einen typischen Männerberuf gewählt.
8. ___ gefällt ihre jetzige Ausbildung, weil ...
9. ___ die Arbeit gefällt ihr, obwohl ...
10. ___ freut sich, dass sie später ...
11. ___ findet ihre Arbeit anstrengend, aber ...
12. ___ glaubt, dass technische Berufe für Frauen interessant sind, wenn ...
13. ___ hat fast nur männliche Kollegen, aber ...

Katharina wollte zuerst Erzieherin werden. Sie hat die Ausbildung zur Erzieherin nicht ...

6 Würden Sie gerne in einem technischen Beruf arbeiten? Warum (nicht)?

▶ S. 225

7 Nebensätze mit *seit*. Schreiben Sie Sätze wie im Beispiel.

▶ S. 226

*Katharina ist sehr glücklich. Sie **macht** eine Ausbildung zur Elektronikerin.*
*Katharina ist sehr glücklich, seit sie eine Ausbildung zur Elektronikerin **macht**.*

1. In Deutschland gibt es den „Girls' Day". Mehr Mädchen interessieren sich für technische Berufe.
2. Anja und Katharina haben viel mehr männliche Freunde. Sie sind in der Ausbildung.
3. Georg hat wieder Arbeit gefunden. Er sieht richtig zufrieden aus.
4. Alle arbeiten viel engagierter. Wir haben einen neuen Chef.
5. Das Arbeitsklima hat sich verbessert. Es arbeiten mehr Frauen in unserem Betrieb.
6. Ich mache regelmäßig Sport. Ich fühle mich körperlich viel besser.
7. Frau Sanders Tochter ist im Kindergarten. Sie hat viel mehr Zeit für sich.
8. Frank hat 150 Euro gespart. Er raucht nicht mehr.

1. Seit es in Deutschland den „Girls' Day" gibt ...

▸ S. 226

8 Ein Arbeitsplatz zu Hause oder im Büro? – Lesen Sie die Texte und sehen Sie die Bilder an.

Rolf Sommer (34)
allein erziehender Vater,
eine Tochter (5)

Viktor Kemper (28)
Junggeselle

Rolf Sommer ist seit über neun Jahren bei der Firma Schäfer angestellt. Die ersten fünf Jahre hatte er sein Büro in dem Unternehmen, heute ist sein Büro zu Hause in seiner Wohnung. Er hat einen Telearbeitsplatz bei der Firma Schäfer.

Viktor Kemper hat gerade in der Firma angefangen. Er ist noch in der Probezeit. Er möchte auf jeden Fall in einem Büro in der Firma arbeiten, weil ihm der tägliche Kontakt zu seinen Kollegen wichtig ist.

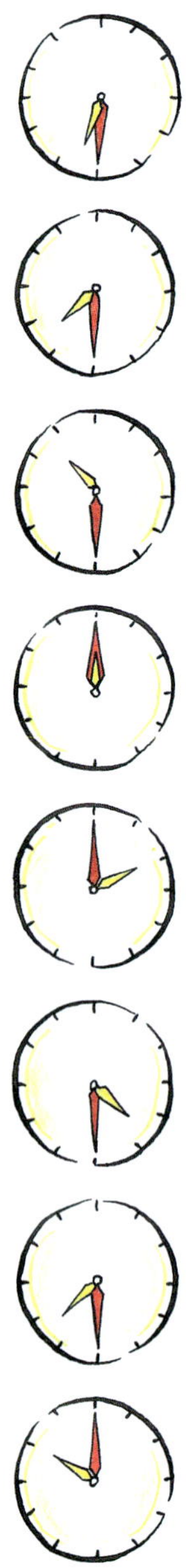

Rolf Sommer	Viktor Kemper
schläft noch	unter der Dusche
frühstückt mit Tochter	im Bus
am Schreibtisch/ Computer	am Schreibtisch / im Großraumbüro
bringt Post/Briefe weg	in der Kantine mit Kollegen
am Schreibtisch/ Computer	Konferenz
holt Tochter vom Kindergarten ab	im Fitnessstudio
liest seiner Tochter vor	mit einer Frau im Restaurant
Schreibtisch/Computer	Kneipe

a Nebensätze mit *während* – Was passiert zur gleichen Zeit? Vergleichen Sie.

Um halb sieben schläft Rolf Sommer noch.	Viktor Kemper duscht schon.
Um halb sieben schläft Rolf Sommer noch, während	Viktor Kemper schon duscht.

Um halb acht frühstückt Rolf Sommer, während ... Um halb elf ...

b Beschreiben Sie nun die Tagesabläufe von Rolf Sommer und Viktor Kemper.

c Was machen Rolf Sommer und Viktor Kemper um 8.00, 13.00, 16.00, 21.00 Uhr? Überlegen Sie mit einem Partner / einer Partnerin und erzählen Sie im Kurs.

9 Telearbeit

a Hören Sie das Gespräch. Notieren Sie die Vorteile und Nachteile von Telearbeit. Die Stichwörter helfen.

2.18

Arbeitszeit

zeitliche Flexibilität

Vereinbarkeit von Familie und Beruf

Fahrtkosten/Wegzeiten

persönliche Kontakte / Gespräch mit Kollegen / isoliert sein

Wiedereinstieg in den Beruf

Karrierechancen

Terminkalender

Ein Vorteil ist, dass man ...

... Das kann ein Nachteil sein.

Die Telearbeit hat viele Vorteile, z.B. ...

Man muss aufpassen, dass ...

b Könnte Telearbeit für Sie das Richtige sein? Warum? Warum nicht?

10 Arbeitszeit und Freizeit – Lesen Sie den Text. Wo liegt das Problem?

„Kommen Sie mir bloß nicht wegen Urlaub! Wissen Sie überhaupt, wie wenig Sie arbeiten? Ich rechne es Ihnen einmal vor: Das durchschnittliche Jahr hat bekanntlich 365 Tage. Davon schlafen Sie täglich etwa acht Stunden, das sind 122 Tage, bleiben noch 243 Tage. Täglich haben Sie acht Stunden frei, das sind wieder 122 Tage – also bleiben noch 121 Tage. Sonntags wird nicht gearbeitet, 52 mal im Jahr. Was bleibt übrig? 69 Tage! Sie rechnen doch noch mit? Samstagnachmittag wird auch nicht gearbeitet, das sind noch mal 52 halbe oder 26 ganze Tage. Es bleiben noch 43 Tage. Aber wir sind ja noch lange nicht fertig. Sie haben täglich 2 Stunden Pause, also insgesamt 30 Tage. Was bleibt in der Rechnung? Nur ein Rest von 13 Tagen. Das Jahr hat 12 Feiertage – und da bleibt?! Sage und schreibe ein Tag! Und das ist der 1. Mai – und an dem wird auch nichts getan! Und da wollen Sie noch Urlaub?"

▶ S. 226

11 Selbständig arbeiten

a Welche Informationen finden Sie in der Grafik? Sammeln Sie Redemittel. Sprechen Sie.

In dieser Grafik geht es um …
Das Thema der Grafik ist …
Es fällt auf, dass …
Besonders interessant finde ich, dass …
Die wichtigsten Gründe für … sind: …
Die meisten Menschen entscheiden sich für eine selbständige Arbeit, weil …

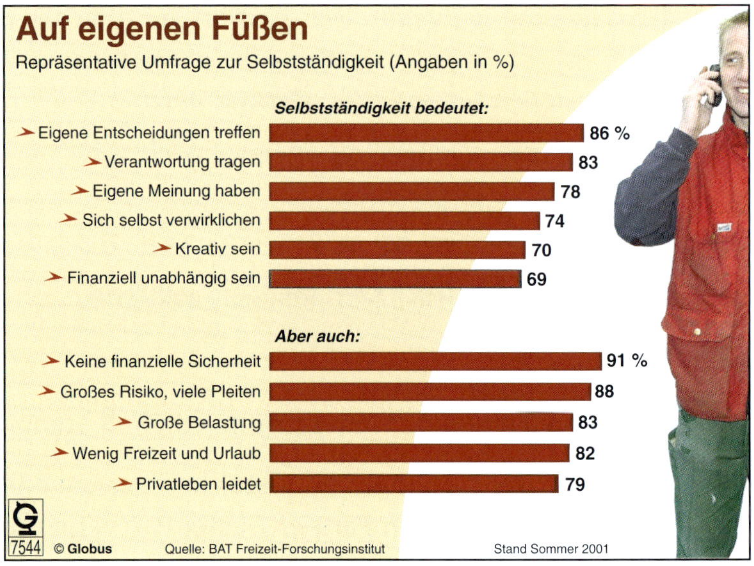

b Wählen Sie drei Gründe für die Selbständigkeit aus und finden Sie Beispiele dazu.

12 Frank Brünger ist Tischler – Ein Bericht

2.19

a Lesen Sie den Text und geben Sie ihm eine passende Überschrift.

Ich arbeite seit 12 Jahren als Schreiner in einer kleinen Schreinerei. Wir machen vorwiegend Möbelbau und Ladenausstattungen. Da haben wir uns in den letzten Jahren einen guten Ruf erarbeitet und hatten bis vor zwei Jahren auch regelmäßig Aufträge von langjährigen Partnern, vor allem Architekten, Designern, Privatpersonen und Institutionen. Seit einem halben Jahr arbeite ich nur noch Teilzeit, weil wir nicht genug Aufträge haben, um die regelmäßigen Kosten decken zu können. Es reicht nicht für zwei Festangestellte und einen Lehrling. Tja, ich bin 41 Jahre und habe Familie – ich brauche ein gesichertes Einkommen. Für meinen Chef ist die Sache klar, er ist 59 Jahre alt und macht den Laden im nächsten Sommer zu, wenn es nicht besser wird. Aber ich muss noch 20 Jahre arbeiten, das ist etwas ganz anderes.

Mein Chef hat mir angeboten, den Betrieb eventuell im nächsten Jahr zu übernehmen. Das wäre ein großer Schritt für mich. Aber vielleicht verdiene ich dann endlich mal etwas mehr Geld. Als Angestellter habe ich am Monatsende mein Geld auf dem Konto. Für die Sozialversicherungen – Kranken-, Renten-, Pflege- und Arbeitslosenversicherung – zahle ich jetzt nur die Hälfte, die andere Hälfte zahlt der Betrieb. Dann gehen natürlich noch die Steuern ab. Von meinem Bruttogehalt wird ungefähr ein Drittel abgezogen. Dagegen ist Selbständigkeit etwas ganz anderes: Ich brauche Kapital, um die Werkstatt zu übernehmen, muss mich um meine Versicherungen selber kümmern, muss die Bücher führen, neue Kunden finden und dann noch schreinern und einen Lehrling ausbilden! Auf der anderen Seite kenne ich den Betrieb und unsere Kunden. Ich weiß, was mich erwartet. Auf jeden Fall wäre das eine Möglichkeit für die Zukunft. Existenzgründungen sind modern, die Arbeitsagentur bietet Unterstützungen an. Es gibt Existenzgründungsprogramme, die IHK* bietet Beratungen an usw. Da werde ich mich in den nächsten Wochen mal informieren. Ich sage mir auch: Die fetten Jahre sind vorbei, und wie heißt es so schön: *Wer nicht wagt, der nicht gewinnt.*

(* Industrie- und Handelskammer)

b Richtig oder falsch? Kreuzen Sie an.

1. Die Schreinerei baut auch Regale für Buchhandlungen. [r] [f]
2. Die Schreinerei nimmt nur Aufträge über Architekten an. [r] [f]
3. Herr Brünger kann die Miete nicht mehr bezahlen. [r] [f]
4. Im nächsten Jahr wird die Schreinerei eventuell geschlossen. [r] [f]
5. Herr Brünger wird auf jeden Fall mehr Geld verdienen. [r] [f]
6. Für Angestellte zahlt der Betrieb die Hälfte der Sozialversicherung. [r] [f]
7. 30% von Herrn Brüngers Bruttogehalt bekommt der Staat. [r] [f]
8. Die Kunden erwarten Herrn Brünger im Betrieb. [r] [f]
9. Die Arbeitsagentur hilft, wenn man sich selbständig machen will. [r] [f]

13 Jemanden beraten – Frank Brünger möchte den Betrieb übernehmen. Was spricht dafür? Was muss er beachten? Welche Ratschläge können Sie ihm geben? Notieren Sie Stichwörter. Diskutieren Sie über Ihre Ergebnisse im Kurs.

Vorteile	Risiken/Gefahren	Ratschläge
keinen Chef haben	Schulden mehr Arbeit	Beratung bei der Bank

Es spricht dafür, dass …

Du musst aufpassen, dass …

Du solltest auch …

Es ist ein Vorteil, wenn …

Hast du auch daran gedacht, … zu …?

Hast du dich informiert, ob/wie …

14 Geschäftsideen – Sie hören drei Berichte. Welche Geschäftsidee finden Sie gut? Welche ist wahrscheinlich erfolgreich? Begründen Sie Ihre Meinung.

2.20

▶ S. 228

15 Projekt: Entwickeln Sie in Gruppen je eine Geschäftsidee und stellen Sie sie vor.

Sie bekommen 5000 Euro Startkapital. Überlegen Sie:

Was können Sie gut?
Was macht Ihnen Spaß?
Wo könnte eine Marktlücke sein?
Was braucht der Markt?

Was ist an der Idee interessant/neu?
Welches Produkt könnte man gut verkaufen?
Welche Dienstleistung wäre interessant?
Wie wollen Sie das Projekt umsetzen?

Im Alltag

1 Jemanden beraten

Es ist gut, dass …
Hast du auch daran gedacht, dass …
Du musst bedenken, dass …
Vielleicht kannst du auch mit … sprechen?
Kennst du jemanden, der/die …?
Warum rufst du nicht mal bei … an?
Das kann ich verstehen, aber …
Ich finde auch wichtig, dass …

2 Vorteile und Nachteile benennen

Ein Vorteil ist, dass/wenn …
Das Gute an der Selbständigkeit ist, dass …
Ich würde lieber in einer Firma arbeiten, weil ich …
Ein Problem der Heimarbeit ist, dass …
Ein großer Vorteil/Nachteil der Telearbeit ist …
Man muss bedenken, dass …
Es spricht dafür/dagegen, dass …
Bei der Telearbeit hat man keine geregelte Arbeitszeit. Das kann ein Nachteil sein.
Für mich wäre es ein Vorteil/Nachteil, wenn …

i

Kleines Glossar zur Arbeitswelt

Minijobs
So nennt man Jobs, bei denen der Arbeitnehmer nicht mehr als 400 Euro im Monat verdient. Bei diesen Jobs gibt es spezielle Regelungen für die Sozialabgaben und die Steuern.

Schwarzarbeit
So wird Arbeit genannt, bei der die gesetzlich vorgeschriebenen Abgaben nicht bezahlt werden. Schwarzarbeit ist illegal und wird bestraft. Dennoch ist sie sehr verbreitet.

Zeitarbeit/Leiharbeit
Es gibt Firmen für Zeitarbeit oder Leiharbeit, die Arbeitnehmer für eine bestimmte Zeit an Firmen verleihen. Die Zeitarbeitsfirma bleibt der Arbeitgeber.

Ich-AG
Wenn man arbeitslos ist und sich selbständig machen möchte, kann man eine Ich-AG gründen. Diese Initiative unterstützt der Staat in der Gründungsphase (3 Jahre). Die Voraussetzung ist, dass man bei der Arbeitsagentur arbeitslos gemeldet oder Kurzarbeiter ist.

Kurzarbeit
Wenn es Firmen wirtschaftlich schlecht geht, können sie Kurzarbeit anmelden. Die Arbeitszeit ist dann kürzer als normal. Ein Teil des fehlenden Arbeitslohns wird vom Staat über das Arbeitslosengeld finanziert.

Grammatik

3 Nebensatz: *seit*

Katharina ist sehr glücklich. Sie (macht) eine Ausbildung zur Elektronikerin.

Katharina ist sehr glücklich, seit sie eine Ausbildung zur Elektronikerin (macht).

Mit *seit* kann man sagen, wann oder womit etwas angefangen hat, das bis jetzt dauert.

4 Nebensatz: *während* (temporal) (▶ S. 61)

Um halb sieben schläft Rolf Sommer noch.

Viktor Kemper duscht schon.

Um halb sieben schläft Rolf Sommer noch,

während Viktor Kemper schon duscht.

Mit *während* kann man sagen, dass zwei Handlungen/Situationen zeitlich parallel verlaufen.

Man kann mit *während* auch einen Kontrast ausdrücken.

Rosi könnte jeden Tag Spaghetti essen, ⟷ während Klaus alle Nudelgerichte hasst.

5 Konjunktionen und entsprechende Präpositionen

Hauptsatz, Konjunktion + Nebensatz		Präposition (+ Artikel) + Nomen	
nachdem	Ich begann eine Ausbildung zur Bankkauffrau, nachdem ich mein Abitur gemacht hatte.	nach + D	Nach meinem Abitur begann ich eine Ausbildung zur Bankkauffrau.
seit	Anja hat viel mehr Freunde, seit sie die Ausbildung macht.	seit + D	Seit Beginn ihrer Ausbildung hat Anja viel mehr Freunde.
bis	Viktor muss noch viel lernen, bis er die Prüfung machen kann.	bis + D	Bis zur Prüfung muss Viktor noch viel lernen.
während	Ich kann keine Musik hören, während ich arbeite.	während + G (D)	Während der Arbeit kann ich keine Musik hören.
weil	Katharina mag ihre Arbeit, weil sie abwechslungsreich ist.	wegen + G (D)	Wegen der vielen Abwechslung mag Katharina ihre Arbeit.
obwohl	Katharina hat keine Lehrstelle bekommen, obwohl sie so viele Bewerbungen geschrieben hat.	trotz + G (D)	Trotz der vielen Bewerbungen hat Katharina keine Lehrstelle bekommen.

Wortbildung

6 Abkürzungen durch Anfangsbuchstaben oder Silben

bez. **bez**ahlt
bzw. **b**e**z**iehungs**w**eise
d.h. **d**as **h**eißt
etc. **et c**etera (= usw.)

evtl. **ev**en**t**ue**l**l
s.o. **s**iehe **o**ben
s.u. **s**iehe **u**nten
usw. **u**nd **s**o **w**eiter

u.a. **u**nter **a**nderem
und **a**ndere
v.a. **v**or **a**llem
z.B. **z**um **B**eispiel

ABM **A**rbeits**b**eschaffungs**m**aßnahme
AG **A**ktien**g**esellschaft, **A**rbeits**g**ruppe
DGB **D**eutscher **G**ewerkschafts**b**und
IHK **I**ndustrie- und **H**andels**k**ammer

Azubi **Au**s**zubi**ldende/-r
Kripo **Kri**minal**po**lizei
Mofa **Mo**tor**fa**hrrad
Kita **Ki**nder**ta**gesstätte

Ein Leben lang lernen

① **Übung macht den Meister.**
Deutsches Sprichwort

② **Sage es mir, und ich vergesse es; zeige es mir, und ich erinnere mich; lass es mich tun, und ich behalte es.**
Konfuzius (um 551–470 v. Chr.)

③ **Der Kluge lernt nach dem ersten Fehler, der Dumme nach dem x-ten Fehler, der Weise lernt nie aus.**
Chinesisches Sprichwort

Lernziele 36

- über Unterrichtserfahrungen berichten
- über Zukunftspläne sprechen
- schriftlich Informationen beschaffen
- Partizipien als Adjektive

1 Zehn Zitate und Sprichwörter zum Thema „Lernen“

a Welches Zitat sagt etwas zu den folgenden Punkten? Notieren Sie die Nummer.

lernen und üben	1	lernen und anwenden	____	aus Fehlern lernen	____
lernen und Alter	____	ein Leben lang lernen	____	lernen und Belohnung	____

b Was bedeuten die Zitate oder Sprichwörter? Versuchen Sie Erklärungen.

„Übung macht den Meister“ bedeutet vielleicht, dass man besser wird, wenn man regelmäßig übt.

c Kennen Sie andere Zitate oder Sprichwörter zum Thema „Lernen“?

⑥ **Es gibt nichts Gutes, außer man tut es.**
Erich Kästner (1899 – 1974)

④ **Wenn du gerne lernst, wirst du auch viel lernen. Was du gelernt hast, erhalte durch Übung.**
Isokrates (griechischer Redner, 436 – 338 v. Chr.)

⑤ **Ohne Fleiß kein Preis.**
Deutsches Sprichwort

⑦ **Was Hänschen nicht lernt, lernt Hans nimmermehr.**
Deutsches Sprichwort

⑧ **Was Hänschen gelernt hat, das reicht für Hans nimmermehr.**
Spruch im Internet

⑨ **Aus Schaden wird man klug.**
Deutsches Sprichwort

⑩ **Klug ist jeder, der eine vorher und der andere nachher.**
Volksmund

2 Was haben Sie wann, wo und von wem gelernt?

a Sammeln Sie Beispiele. Die Bilder helfen.

Was?	Wann?	Wo?	Von wem? / Mit wem?
schreiben	ab 1983	Schule	meiner Lehrerin
Fahrrad fahren			
schwimmen			
...			
Deutsch			

b Meine Lernbiografie – Sprechen Sie mit Hilfe der Beispiele aus 2a über Ihre „Lernbiografie".

Ich habe Fahrrad fahren erst spät gelernt. Da war ich bei meinem Onkel zu Besuch. Der hat …

► S. 231

3 Wie lernen Sie am besten? Ein kleiner Test.

2.21

1. Sie hören einen Text. Kreuzen Sie danach die 12 Wörter an, die im Text vorkommen.

☐ Ampel ☐ Arbeit ☐ Auto ☐ Bahnhof ☐ Baustelle ☐ Bus ☐ Busfahrer ☐ Chef ☐ Geld
☐ Haltestelle ☐ Fahrschein ☐ Fahrrad ☐ Sekretärin ☐ Straßenbahn ☐ Unfall ☐ U-Bahn
☐ Verspätung ☐ Taxi ☐ Zug ☐ Zoo

Überlegen Sie: Wie habe ich mir die Wörter gemerkt?

2. Warten Sie, bis Ihr/e Kursleiter/in „Jetzt!" sagt. Drehen Sie dann das Buch um. Sehen Sie sich die Wörter 10 Sekunden an und machen Sie das Buch zu. Warten Sie wieder 10 Sekunden. Schreiben Sie dann die Wörter auf.

der Garten	der Ball	schlafen	schwimmen
grün	groß	kalt	warm
der Baum	das Haus	der Mond	die Sonne

Überlegen Sie: Wie habe ich mir die Wörter gemerkt?

3. Ihr/e Kursleiter/in hat 12 Gegenstände. Berühren Sie die Gegenstände und merken Sie sich die entsprechenden Wörter. Gehen Sie dann wieder an Ihren Tisch und schreiben Sie die Wörter auf.

Überlegen Sie: Wie habe ich mir die Wörter gemerkt?

Wo haben Sie die meisten Punkte? Welche Aufgabe empfanden Sie am schwersten/leichtesten? Warum?

4 Lerntypen – Schauen Sie die Bilder an. Versuchen Sie, die Lerntypen den Bildern zuzuordnen.

① 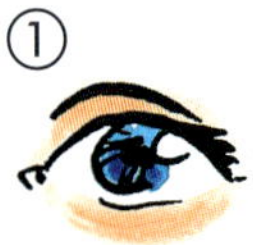

② 

③ 

④ 

⑤ 

personenorientiert: ____ motorisch: ____ kognitiv: 2 auditiv: ____ visuell: ____

▶ S. 232

5 Lerntypen

a Lesen Sie die Texte A–E und ergänzen Sie sie mit 1–5.

1. Aktionen 2. Bild 3. Hören 4. fähige Lehrperson 5. logische Regeln

Wir möchten Ihnen hier die fünf wichtigsten Lerntypen vorstellen. In der Praxis tritt ein Lerntyp selten pur auf. Mischtypen sind die Realität. Es gibt eine Vielzahl von Verknüpfungen der grundlegenden Lerntypen. Wenn Sie sich in mehr als einer dieser Beschreibungen wiederfinden, dann sind auch Sie ein Mischtyp.

A Dieser Lerntyp lernt vorwiegend über das ☐. Man erkennt ihn daran, dass er beim Lernen oft die Lippen bewegt oder den Lernstoff laut vor sich her sagt. Auf diese Weise lernende Menschen können Texte, die sie ein paarmal gehört haben, auswendig wiedergeben. Auch Gedichte und Melodien prägen sich ihnen schnell und dauerhaft ein. Sie hören aufmerksam zu, erzählen hervorragend nach und können gut kombinieren.

B Diese Menschen nehmen Informationen besser auf, wenn sie ein ☐ haben oder sich eins machen können. Sie machen sich häufig Notizen oder Skizzen. Wenn man sie fragt, wo sie die vor kurzem gelernte Regel notiert haben, müssen sie nicht lange suchen. Sie können sich gut an Details erinnern und arbeiten genau und ordentlich. Ihre Sprache und ihre Träume sind meist bildreich und farbig. Lesen und Puzzeln zählen oft zu ihren Hobbys. Wer mit ihnen „Memory" spielt, muss sich anstrengen, wenn er nicht verlieren will.

C Er oder sie ist praktisch veranlagt und kein zögernder oder lange nachdenkender Mensch. Dieser Lerntyp lässt sich von seinen Gefühlen leiten und setzt Impulse sofort in ☐ um. So veranlagte Menschen bewegen sich gerne und begreifen das Lernen als einen aktiven Vorgang, bei dem man körperlich etwas tun muss. Man erkennt diesen Lerntyp daran, dass er beim Erzählen auch mit den Händen spricht. Menschen dieses Lerntyps müssen die zu lernenden Sachverhalte mit dem eigenen Körper erfahren.

D Diesem Lerntyp gehören Menschen an, die den Sinn eines Lernstoffs einsehen müssen, bevor sie neue Inhalte akzeptieren und dauerhaft speichern können. Diese Menschen brauchen ☐ und erkennbare Strukturen. Oft sind es mathematisch interessierte Menschen, die zu diesem Lerntyp gehören. Sprachliche Formen, die klaren Regeln folgen, werden von ihnen relativ leicht gelernt. Phänome, die nicht klar definierbar sind, machen ihnen Probleme. Latein mögen diese Menschen deshalb oft lieber als z.B. Englisch.

E Sie oder er ist in hohem Maße auf eine sympathische und ☐ angewiesen. Wenn diese Menschen einen „guten Draht" zu ihren Lehrern haben, dann lernen sie fast alles. Bei Lehrern, deren Art sie nicht mögen, können sie ihre Möglichkeiten nicht entfalten. Oft neigen sie zu Leistungsschwankungen und Selbstzweifeln. Diese meist allein spielenden und arbeitenden Menschen haben wenige Freunde und denken sehr häufig nach.

b Welche Lerntypen aus 4 werden in den Texten A–E beschrieben?

c Zu welchen Formulierungen in A–E passen die folgenden Umschreibungen?

1. A etwas nicht mehr vergessen
2. B sich etwas leichter merken können
3. C man muss beim Lernen etwas tun
4. D genau wissen wollen, wie etwas funktioniert
5. D Dinge, die nicht genau bestimmbar sind
6. E mit jemandem guten Kontakt haben
7. E mal gut, mal schlecht lernen und unsicher sein

d Welcher Lerntyp kommt Ihnen am nächsten? Sprechen Sie in Gruppen.

1.: Z 13–14 dauerhaft einprägen

6 Partizipien als Adjektive

a Die Partizipien I und II benutzt man im Deutschen auch oft als Adjektiv. Lesen Sie das Beispiel.

Partizip I (etwas geschieht gerade)	Partizip II (etwas ist geschehen)
die lernenden Menschen	die gelernte Regel

b Unterstreichen Sie in den Texten auf Seite 137 alle Partizipien, die vor einem Substantiv stehen, und machen Sie eine Tabelle wie in 6a.

7 Bedeutung der Partizipien – Schreiben Sie Relativsätze statt der Partizipien.

1. Was sind arbeitende Menschen?
2. Was sind spielende Kinder?
3. Was ist ein schnell arbeitender Computer?

4. Was ist ein geschriebener Brief?
5. Was ist ein ausgeliehenes Buch?
6. Was ist ein übersetzter Text?

Was sind lernende Menschen?	
Das sind Menschen, die lernen.	AKTIV
Was ist eine gelernte Regel?	
Das ist eine Regel, die gelernt wurde.	PASSIV

▶ S. 233

8 Lerntipps – Schreiben Sie Sätze.

Partizip II

1. Es ist wichtig, die einmal (lernen) Vokabeln regelmäßig zu wiederholen.
2. Es ist notwendig, die (schreiben) Sätze vom Lehrer kontrollieren zu lassen.
3. Hören Sie einen sehr schnell (sprechen) Hörtext zweimal.

Partizip I

4. Wenn Sie einen leise (sprechen) Lehrer haben, bitten Sie ihn, lauter zu sprechen.
5. Sprechen Sie ein Schwierigkeiten (bereiten) Wort mehrmals langsam.
6. Machen Sie für schwer zu (lernen) Wörter Lernkarten.

9 Einen Erfahrungsbericht schreiben – Thema: Mein Deutschkurs

Planen Sie einen Text über Ihre Erfahrungen mit dem Deutschlernen: Wie fühlten Sie sich am Anfang? Wo hatten Sie Probleme? Wer/Was hat Ihnen geholfen? …

1. Machen Sie eine Stichwortsammlung auf einem Blatt Papier. Notieren Sie auch Wörter in Ihrer Sprache und arbeiten Sie dann mit dem Wörterbuch.
2. Ordnen Sie Ihre Stichwörter in Gruppen, z.B. Gefühle, Probleme, Erfahrungen, Lösungen …
3. Machen Sie eine Gliederung für Ihren Text.
4. Schreiben Sie einzelne Sätze.
5. Schreiben Sie Ihren Text.

Hier ein Beispiel aus dem Text einer Lernerin von der Volkshochschule Leipzig.

Ich bin vor drei Jahren als Austauschschülerin nach Deutschland gekommen. Ich habe 10 Monate selbst mit eigenen Büchern Deutsch gelernt. Aber die Aussprache war so schwer. Deshalb habe ich einen Kurs an der Volkshochschule besucht. Mit dem Kurs war ich sehr zufrieden. Ich überlege zurzeit, wie ich weiter Deutsch lernen kann …

Einen Text korrigieren:
- Inhalte: Habe ich alles gesagt, was ich sagen wollte?
- Grammatik: Stimmen die Sätze? Stehen die Verben an der richtigen Stelle? Haben die Nomen die richtigen Artikel?
- Rechtschreibung: Sind alle Nomen groß?

10 Wir haben drei Deutschlernende nach ihren Erfahrungen und „Lernplänen" für die Zukunft gefragt.

a Was würden Sie gerne fragen? Sammeln Sie Fragen.

Warum lernt ihr weiter Deutsch?

b Interviews – Hören Sie zu. Wer sagt was? Machen Sie Notizen. Werden Ihre Fragen beantwortet?

2.22

11 Was ich unbedingt noch lernen möchte, ist …

Sammeln Sie zunächst zu zweit und dann gemeinsam an der Tafel. Überlegen Sie: Welche Wünsche lassen sich leicht verwirklichen und welche sind komplizierter?

Auto fahren, fliegen, malen, Kleider selbst machen, Gitarre spielen, kochen, Gedichte schreiben – Computerkurs, Musikschule, Fahrschule, Kochkurs …

12 Projekt: Lernangebote außerhalb der Schule

Atelier & Galerie
Gunda Wichmann-Nolde
Dozentin für bildende Kunst
Zeichen- und Malereiseminar
Alle Techniken
Ferienkurse in Portugal, Griechenland und Italien
Tel: 088 3412345

Bieler Schulen
Sprachen – Wirtschaft – Multimedia
Englisch, Französisch, Italienisch, Chinesisch, Japanisch, Arabisch
Internationale Fremdsprachenassistenten
Internetdesign-Manager
Informatik-Kaufmann
www.bielerschulen.de

TANZFORUM BRASIL
Capoeiera – Samba – Frevo
Kurse für Anfänger und Fortgeschrittene
S6, 14
68113 Mannheim
www.capoeira-mannheim.de

Musikschule Vogelsang
Kurse- und Einzelunterricht
für Anfänger und Fortgeschrittene
Klavier, Flöte, Schlagzeug …

13 Ein Sketch – Hier einige Ideen zur Arbeit mit dem Text:

1. Hören: Wie viele Personen sprechen? Die Originalaufnahme von Otto Waalkes ist nicht identisch mit der gedruckten Version.
2. Abschnitte allein, zu zweit oder zu dritt sprechen
3. Mit Textabschnitten experimentieren: variieren
4. Textabschnitte auswendig lernen
5. Den Text inszenieren (Gestik, Mimik …)
6. Über den Text sprechen

Otto Waalkes

28 : 7

Wir befinden uns im Wohnzimmer der Familie Redlich. Vater Redlich sitzt gemütlich in seinem Fernsehsessel und buchstabiert im milden Schein der Leselampe seine geliebte Bildzeitung. Mutter Redlich poliert ihren geliebten Gummibaum. Beider Sohn sitzt über seinen Schulbüchern und macht seine Hausaufgaben. Er versucht es zumindest …

SOHN: Papa!

VATER, *abwesend*: Ja?

SOHN: Ich hab hier 'ne Rechenaufgabe.

VATER: Meinetwegen. Aber komm nicht so spät nach Hause!

SOHN: Ich hab hier 'ne Rechenaufgabe, die krieg ich nicht raus!

VATER, *bei der Sache*: Was? Die kriegst du nicht raus? Zeig mal her.

SOHN: Hier, 28 durch 7.

VATER: 28 durch 7? Und das kriegst du nicht raus? Elke!! Dein Sohn kriegt 28 durch 7 nicht raus!

MUTTER: Dann hilf ihm doch!

SOHN: Was heißt denn 28 durch 7, Papa? Wofür brauch ich das denn?

VATER: Wofür? Wofür? Alle naslang brauchst du das! Stell dir vor, du hast 28 Äpfel, ihr seid sieben Buben und wollt die Äpfel untereinander aufteilen!

SOHN: Wir sind aber immer nur vier! Der Fips, der Kurt, sein Bruder und ich!

VATER: Dann nehmt ihr halt noch den Erwin, den Gerd und den Henner dazu, dann seid ihr …

SOHN: Der Henner ist blöd. Der kriegt keinen Apfel.

VATER: Na, dann musst du halt sehen, wen du sonst noch auf der Straße triffst.

MUTTER: Der Junge geht mir nicht auf die Straße! Der macht jetzt seine Schulaufgaben!

VATER: Jetzt misch dich nicht auch noch ein! Oder weißt du eine bessere Erklärung dafür, wie 28 durch 7 geht?

MUTTER: Jedenfalls geht der Junge nicht auf die Straße!

VATER: Gut! Er bleibt hier! Wir haben also keine sieben Buben, sondern nur 28 Äpfel und die teilen wir jetzt durch sieben Birnen, das macht …

MUTTER: Aber Hermann! Das geht doch gar nicht!

VATER: Ja, ja, 's war falsch … Nun macht doch nicht alles so kompliziert! Ihr seid also keine sieben Birnen … äh … Buben … Ihr seid sieben Zwerge! Jawohl, ihr seid sieben Zwerge.

SOHN: Und?

VATER: Und die haben zusammen eine 28-Zimmer-Wohnung!

MUTTER: Ach Gott, Hermann, es gibt doch in der ganzen Stadt keine 28-Zimmer-Wohnung!

VATER: Natürlich nicht! Es gibt ja auch in der ganzen Stadt keine sieben Zwerge, verdammt noch mal! Wenn ich deine unqualifizierten Bemerkungen schon höre!

MUTTER: Unqualifiziert! Aha! Und was machen deine sieben Zwerge in ihrer 28-Zimmer-Wohnung?

VATER: Wohnen! Was denn sonst? 28 Zimmer durch sieben Zwerge?

MUTTER: Soso! Die gehn da durch. Hintereinander – wie?

SOHN: Und was macht das Schneewittchen, Papa?

VATER: Die? Die soll bleiben, wo sie ist, die dumme Nuss!

MUTTER: Aber Hermann!

[...]

SOHN *schreit*: Schreit doch nicht so! Das geht mir auf den Wecker!

VATER: Wecker! Sehr gut! Du hast 28 Wecker und du musst um sieben raus. Wie viel ...

MUTTER: Seit wann muss der Junge denn um sieben raus?! Der muss um halb sieben raus, so wie der immer rumtrödelt!

VATER: Gut! Gut!

MUTTER: Und wenn du schon mit Beispielen kommst, dann denk dir doch eins aus, unter dem sich der Junge auch etwas vorstellen kann!

VATER: Ist recht! Ist recht! 28 durch 7! Das muss man teilen. Verstehst du? Wie einen Kuchen. Du hast eine Torte und die teilst du in der Mitte durch. Und dann ist sie geteilt, klar?

SOHN: Ja. Und dann?

VATER: Und bei deiner Aufgabe musst du eben 28 Torten durch 7 teilen, jawohl! 28 Torten. Elke! Ich bin's leid. Kauf jetzt 28 Torten!

MUTTER: Für wen denn?

VATER: Für uns sieben!

MUTTER: Wir sind aber doch nur drei!

VATER: Dann werden eben noch vier dazugeladen. Die Gierigs. Die alte Raffke! Und der gefräßige Herr Mertens! Kauf die Torten!

MUTTER: 28 Torten?! Aber das ist ja viel zu teuer, Hermann!

VATER: Für die Bildung von meinem Sohn ist mir nichts zu teuer! Was der Staat mit seiner verhunzten Bildungspolitik nicht schafft, das muss die Familie eben ausgleichen. Jetzt kaufst du die 28 Torten!

SOHN: Aber das ist doch Wahnsinn! Da muss ja jeder von uns vier Torten essen!

VATER: Das werden wir ja sehen, ob wir das schaffen. Wenn ich schon dran denk an das süße Zeug.

MUTTER: Ja, dann könnten wir doch ...

VATER: Nein! Die Aufgabe wird jetzt gelöst. Kauf Torten!

MUTTER, *im Rausgehen*: ... 28 Torten! Vier Torten für jeden! Das schaffen wir doch nie ...

Vorhang

14 Erklärungen – Wählen Sie ein „Problem" aus und finden Sie jemanden im Kurs, der es Ihnen erklären kann.

Kannst du mir erklären, ...

... warum es in Europa Sommer und Winter gibt?
... wie eine Lampe funktioniert?
... warum Eisbären keine Pinguine fressen?
... wozu man einen Schraubenzieher benutzt?
... wie man einen Apfelkuchen macht?
... warum es im Winter schneit?
... wozu man eine Brille braucht?
...

Auf einen Blick

Im Alltag

1 Ein Leben lang lernen:

1. Was haben Sie gelernt?	Ich habe Rad/Ski/Auto fahren gelernt. Ich habe lesen/schreiben/rechnen/Englisch gelernt. Ich habe alle neuen Wörter gelernt. Ich habe gelernt, einen Computer zu bedienen. Ich habe kochen/schwimmen gelernt. Ich habe Kaufmann/Schreiner/Elektriker gelernt. Ich habe Pünktlichkeit/Zuverlässigkeit gelernt. Ich habe gelernt, gut zuzuhören. Ich habe gelernt, dass Geld nicht alles ist, aber dass es hilft.
2. Wo/Von wem haben Sie gelernt?	im Kindergarten/Gymnasium / in der Schule/Berufsschule ... an der VHS/Universität / am Goethe-Institut ... in der Fahrschule / von meiner Frau / von meinen Kindern ...
3. Wie lange haben Sie gelernt?	3 Jahre / 3 Jahre lang / nur kurze Zeit ungefähr ein halbes Jahr / ein paar Monate Das war nur ein Ferienkurs. / Das war ein 3-Wochen-Kurs.
4. Wie haben Sie gelernt?	mit (ohne) Ausdauer/Fleiß/Lust/Mühe mit einem Buch / einer Kassette/CD / mit dem Computer mit einer Lehrerin / ohne Lehrer / mit Freunden / allein leicht/schwer/mühsam / (sehr) gut/schlecht/spontan durch Erfahrung/Ausprobieren/Training / viel Übung

2 Verben, die man leicht verwechselt

lernen

Jorge lernt Deutsch an der Volkshochschule.

studieren

Tanja studiert Pädagogik an der Universität.

lehren

Herr Prof. Dr. Funk lehrt Deutsch als Fremdsprache an der Universität.

Grammatik

3 Verbformen (Zusammenfassung)

Das sind die wichtigsten Verbformen im Deutschen.

	regelmäßig	unregelmäßig (Beispiel)
Infinitiv	lernen	sprechen
Partizip I (Gegenwart)	lernend	sprechend
Partizip II (Vergangenheit)	gelernt	gesprochen

Alle Zeiten und das Passiv werden mit diesen Verbformen und verschiedenen Formen von *sein, haben* und *werden* gebildet.

a Infinitiv Den Infinitiv braucht man z.B. für das Futur und für Sätze mit Modalverben.

Futur — Ich werde weiter Deutsch **lernen**.
Modalverb — Ich muss/will/kann schnell Deutsch **lernen**.

b Partizip II Das Partizip II braucht man für einige Zeiten und das Passiv.

Perfekt — Ich **habe gelernt**, dass man selbständig lernen muss.
Plusquamperfekt — Nachdem ich Englisch **gelernt hatte**, begann ich Deutsch zu lernen.
Passiv — Die Wörter **werden gelernt** und **wiederholt**, bis man sie nicht mehr vergisst.

Das Partizip II kann auch als Adjektiv verwendet werden. Es sagt, dass etwas bereits geschehen ist.

Die einmal **gelernten** Wörter muss man mehrmals wiederholen.
Die **gebrauchten** Bücher könnt ihr auf dem Flohmarkt verkaufen.

c Partizip I Das Partizip I wird oft als Adjektiv verwendet.

Die **zitternden** Kursteilnehmer warten auf das Ergebnis der Prüfung.
Arbeitende Menschen brauchen genug Freizeit zur Erholung.

Wortbildung

4 Lange Wörter

Donaudampfschifffahrtsgesellschaftskapitänsmütze

Bezirksschornsteinfegermeisterprüfung

Fußballweltmeisterschaftsschiedsrichterassistent

1 Geschichten schreiben

Das ist der Anfang einer Geschichte:

An einem nebligen Morgen im November wachte Alica gegen vier Uhr auf. Während sie noch im Halbschlaf im Bett lag, sagte eine Stimme zu ihr: „So, wie du bisher gelebt hast, wirst du nicht mehr lange leben.“ Alica war plötzlich hellwach. Zunächst dachte sie, sie hätte geträumt. Aber am nächsten Abend ...

Schreiben Sie die Geschichte im Kurs weiter. Jede/r schreibt mindestens einen Satz.

Hier ist eine Alternative:

Ron arbeitete in einem Supermarkt draußen am Rande der Stadt. Er wohnte in einer kleinen Wohnung im 15. Stock eines Hochhauses. Seit etwa einem Jahr lebte er allein mit seiner Katze Tiger. Am 15. Mai war es ein Jahr her, dass Nora ihn verlassen hatte. Sie hatte ihm nicht einmal „Auf Wiedersehn“ gesagt. Als er am Abend nach Hause gekommen war, waren ihre Sachen weg gewesen. Keine Nachricht, nichts. Nur Tiger hatte noch sein Futter bekommen und auf dem Spiegel im Bad stand mit Lippenstift groß geschrieben „Tschüs!“. Heute war Jahrestag. Als er nach Hause kam, sah er schon von weitem Licht im Wohnzimmer ...

2 Partyspiele

Es wird Zeit, die Abschlussparty zu planen. Hier noch ein paar Vorschläge für Partyspiele. Sicher kennen Sie noch andere.

Was fehlt?
Ein Tablett mit verschiedenen kleinen Gegenständen füllen (Steinen, Schreibsachen, Lebensmitteln, Besteck ...), für zwei Minuten dürfen sich die davor sitzenden Personen alles einprägen, dann wird das Tablett weggenommen und geheim ein Gegenstand entfernt. Wer zuerst weiß, was fehlt, bekommt einen Punkt. Je mehr Gegenstände auf dem Tablett sind, desto höher ist der Schwierigkeitsgrad.

Wer bin ich? / Was bin ich?

Die Gruppe beschließt **ein** Thema: Comicfiguren, Schauspieler, Sänger/innen, berühmte Personen aus der Geschichte/Politik … und wählt entsprechende Vertreter aus (Micky Maus, Arnold Schwarzenegger, Madonna, Königin Elisabeth …). Die Personen werden auf Klebezettel geschrieben und allen Spielern auf den Rücken geklebt. Nun geht jeder herum und stellt JA/NEIN-Fragen, um herauszufinden wer er/sie selbst ist. Bei JA darf er/sie die gleiche Person noch einmal fragen. Bei NEIN muss er/sie zur nächsten Person gehen. Wer zuerst weiß, wer oder was sie/er ist, hat gewonnen.
Man kann auch Gegenstände statt Personen raten (Stuhl, Tisch, Tafel …).

Der Ernst des Lebens

Zwei Gruppen stehen sich in zwei Reihen gegenüber. Abwechselnd startet von jeder Gruppe eine Person und geht langsam und mit ernstem Gesicht zwischen den zwei Reihen hindurch. Dabei muss sie die Spieler/innen der Gegenmannschaft immer ansehen. Diese versuchen, die Person zum Lächeln oder gar Lachen zu bringen. Dabei ist alles erlaubt – außer Anfassen. Wenn die Person bis zum Ende der Reihe ihren ernsten Gesichtsausdruck beibehalten kann, darf sie sich ans Ende der eigenen Reihe stellen. Sollte sie/er aber lächeln, grinsen oder sogar lachen, muss sie/er sich an genau der Stelle in die Reihe stellen, an der sie/er jetzt steht. Die Gruppe gewinnt, deren Mitglieder komplett den Gang durch die Reihen geschafft haben, ohne zu grinsen oder zu lachen.

Begriffe spielen, zeichnen oder erklären

Spielen: Ein/e Spieler/in stellt einen Begriff oder Gegenstand aus „Berliner Platz“ ohne Worte dar. Die anderen müssen raten.

Zeichnen: Gemeinsam werden 30 Begriffe aus „Berliner Platz“ gesammelt, die man zeichnen kann: Zahnarzt, Schlafzimmer … Die Begriffe werden auf kleine Zettel geschrieben. Dann spielen zwei Gruppen gegeneinander. Ein/e Spieler/in zeichnet einen Begriff. Die andere Gruppe muss raten. Wer die meisten Begriffe erraten hat, hat gewonnen.

Erklären: Gemeinsam werden 30 Begriffe aus „Berliner Platz“ gesammelt, die man mündlich erklären kann: Minderheit, Politiker, Altersheim …
Die Begriffe werden auf kleine Zettel geschrieben. Dann spielen zwei Gruppen gegeneinander. Ein/e Spieler/in erklärt einen Begriff, ohne den Begriff zu benutzen. Die andere Gruppe muss raten. Wer die meisten Begriffe erraten hat, hat gewonnen.

3 Einen Krimi lesen

TOD AUF RÜGEN

Kurzkrimi

[1]

„Sie wünschen?"

„Ich hätte gerne eine Portion Kaffee und einen Apfelkuchen."

„Mit Sahne?"

„Nein danke. Ohne Sahne, bitte."

Helmut Müller macht Urlaub.

„Fahren Sie ans Meer", hatte sein Arzt gesagt, „Seeluft ist gesund!"

Zuerst wollte er nach Italien fahren. Aber im August ist es dort zu heiß und Müller mag keine weiten Reisen. Schließlich ist Müller nach Rügen gefahren. Die Insel Rügen liegt in der Ostsee. Von Berlin aus ist das nicht so weit, nur ungefähr 300 Kilometer. Jetzt sitzt der Privatdetektiv in einem kleinen Café in Breege. Das ist ein kleiner Ort im Norden der Insel, direkt am Meer. Am Nebentisch sitzt eine Dame und bestellt. Ihre Blicke begegnen sich, die Dame schenkt Müller ein Lächeln.

Müller freut sich auf Kaffee und Kuchen. Der Kellner kommt mit einem großen Tablett. Zuerst geht er zum Nebentisch.

„Eine Portion Tee mit Milch und ein Apfelkuchen. Bitte schön!"

Dann kommt der Kellner an den Tisch von Helmut Müller.

„Ihr Kaffee, bitte schön."

„Entschuldigung, wo ist mein Apfelkuchen?"

„Ihr Apfelkuchen? Oh, tut mir Leid, die Dame hat das letzte Stück bekommen ..."

Müller will protestieren. Er war doch zuerst da und hat zuerst bestellt, aber die Dame kommt ihm zuvor: „Wollen wir den Kuchen nicht einfach teilen? Herr Ober, bringen Sie doch bitte noch einen Teller und eine Kuchengabel."

> Was erfahren Sie über Ort und Personen? Sammeln Sie Informationen.

Ein paar Minuten später sitzt Helmut Müller bei der Dame am Nebentisch. Sie heißt Gerlinde Schmitz, ist Reiseleiterin, wohnt in Lübeck und begleitet gerade eine Touristengruppe nach Rügen.

[2]

Helmut Müller sitzt an einem Tisch im Garten und frühstückt. Es gibt Brötchen, Schinken, ein weiches Ei, Butter und Marmelade. Heute Morgen hat Müller schlechte Laune. Gestern wollte er mit Gerlinde Schmitz zu Abend essen. Aber sie hat nicht angerufen, nur eine SMS geschickt: *Keine Zeit! Melde mich, Gerlinde.* Helmut Müller beendet sein Frühstück. Sein Blick fällt auf die Zeitung. „Tourist stürzt vom Kap" lautet die Schlagzeile. Müller beginnt zu lesen:

Tourist stürzt vom Kap

Ein schrecklicher Unfall ereignete sich gestern gegen 17 Uhr am Kap Arkona. Axel F., Tourist aus Lübeck, stürzte vom Hochufer. Lebensgefährlich verletzt konnte ihn die Feuerwehr am Abend bergen und ins Krankenhaus in Sassnitz bringen. Sein Zustand ist nach wie vor kritisch. Gerlinde S., 38, Reiseleiterin: „Ich bin schockiert. Wie konnte das passieren?" Seit Jahren fordert der Tourismusverband bessere Sicherheitsmaßnahmen ...

Helmut Müller liest den Artikel noch einmal. Dann holt er sein Handy und wählt.
„Schmitz!"
„Hallo, Gerlinde, hier spricht Helmut Müller."
„Helmut! Schön, dass Sie anrufen. Wissen Sie schon Bescheid?"
„Ja. Das war meine Frühstückslektüre. Wie geht es dem Verletzten?"
„Seine Verletzungen waren zu schwer. Er ist heute Morgen gestorben."
„Wie ist der Unfall passiert?"
„Helmut, können wir uns heute Nachmittag treffen? Ich muss mit Ihnen sprechen, denn ... vielleicht war es gar kein Unfall!"

Was erfährt Helmut Müller über den Unfall aus der Zeitung und aus dem Telefonat?

[3]
Um 18 Uhr sitzen Helmut Müller und Gerlinde Schmitz im Restaurant „Jasmund".

„Was möchten Sie essen, Gerlinde?"
„Bestellen Sie ruhig, Helmut. Ich habe keinen Hunger."
Helmut Müller bestellt eine Fischplatte und einen trockenen Weißwein. Gerlinde Schmitz bestellt nur ein Mineralwasser.
„Sie wollten von dem Unfall erzählen, Gerlinde. Wie ist der Unfall passiert?"
„Das hat mich die Polizei auch schon gefragt. Ich weiß es nicht, ich war nicht dabei. Wir haben gestern einen Ausflug zum Kap Arkona im Norden der Insel gemacht. Wir sind am Hochufer entlanggegangen. Diese Tour kann ich Ihnen übrigens sehr empfehlen, man hat eine wunderschöne Aussicht. Ja, und dann haben wir die Leuchttürme besichtigt."
„Da war dieser Axel F. noch dabei?"
„Nein. Herr Fiebig und das Ehepaar Berger sind vorausgegangen. Axel Fiebig ist ein begeisterter Amateurfotograf, er wollte Fotos machen."
„Und was sagt das Ehepaar? Haben sie den Unfall gesehen?"
„Nein, sie waren nicht in der Nähe. Herr Fiebig wollte wohl Fotos machen und ist zu nahe ans Hochufer gekommen und abgestürzt."
„Aber am Telefon sagten Sie, dass es vielleicht gar kein Unfall war. Warum?"
„Die Polizei hat die Fotoausrüstung nicht gefunden, eine sehr teure Ausrüstung."

Die Fischplatte kommt und der Privatdetektiv isst mit großem Appetit.
„Helmut, könnten Sie mal mit dem Ehepaar reden?"
„Ein Verhör?"
„Nein, besser ein Gespräch."
„Gut. Morgen nach dem Frühstück in Ihrem Hotel?"
„Danke, Helmut! Und die Belohnung ist ein Ausflug zum Kap Arkona!"
„Nur wir zwei?"
„Nur wir zwei!"

Spielen Sie Detektiv! Hören Sie die Aussagen und sammeln Sie Stichpunkte. Was könnte passiert sein? Vergleichen Sie Ihre Vermutungen im Kurs.

2.24

Gespräch: Alltagsprobleme lösen

Bevor Sie mit den Situationen beginnen, lösen Sie die Aufgabe 4.

A

4 Ein Gespräch vorbereiten – Ordnen Sie die Aussagen a–n den Kategorien 1–6 zu.

1. Gefallen/Missfallen ausdrücken d
2. Zustimmung/Ablehnung ausdrücken ________
3. Zufriedenheit/Unzufriedenheit ausdrücken ________
4. Enttäuschung ausdrücken ________
5. Erstaunen/Überraschung ausdrücken ________
6. Freude/Bedauern ausdrücken ________

a) Ich habe (sehr) gute/schlechte Erfahrungen gemacht. b) Das hätte ich nicht erwartet! c) Da kann man nichts mehr machen. d) Ich finde das toll. Das ist ein guter Vorschlag. e) Ich bin da völlig anderer Meinung. f) Darüber habe ich mich sehr gefreut/geärgert. g) Das ist zu schön, um wahr zu sein. h) Ich möchte mich beschweren. i) Ich bin sehr froh darüber, dass … j) Was denken Sie sich eigentlich?! k) Einverstanden. l) Schade, es hat leider nicht geklappt. m) Das war enttäuschend. n) Es ist unerhört, dass …

5 Ein Gespräch führen – Lesen Sie und spielen Sie die Situationen. Übernehmen Sie die Rolle des Gesprächspartners A.

Situation 1:
Sie haben vor drei Monaten ein Nichtraucherzimmer im Hotel „Zur goldenen Sonne“ gebucht. Als Sie dort eintreffen, bekommen Sie ein verrauchtes Zimmer. Außerdem funktionieren die Dusche und die Heizung nicht richtig. Sie gehen zur Rezeption und beschweren sich. Sie wollen den Hoteldirektor sprechen.

Situation 2:
Sie arbeiten als Kellner/in im Restaurant „Zur goldenen Sonne“. Das Restaurant ist voll. Sie haben viel mehr Gäste als sonst. Die Küche kann so schnell gar nicht kochen. Ein Gast hat Gemüseauflauf bestellt. Der wird frisch zubereitet und braucht mindestens 25 Minuten. Das haben Sie dem Gast auch gesagt. Jetzt möchte er den Chef sprechen. Versuchen Sie, den Gast zu beruhigen, und bieten Sie ihm noch ein Glas Weißwein an.

Situation 3:
Sie liegen im Krankenhaus in einem Zweibettzimmer und wurden gerade operiert. Die Operation haben Sie gut überstanden. In Ihrem Zimmer liegt ein/e ältere/r Patient/in, der/die schwer hört und den Fernseher voll aufdreht. Sie können deswegen nicht schlafen. Außerdem schnarcht er/sie nachts so laut, dass Sie in diesem Zimmer nicht gesund werden können. Drücken Sie bei der nächsten Visite Ihr Missfallen aus und bestehen Sie auf einem anderen Zimmer.

Bevor Sie mit den Situationen beginnen, lösen Sie die Aufgabe 4.

B

4 Ein Gespräch vorbereiten – Ordnen Sie die Aussagen a–n den Kategorien 1–6 zu.

1. Gefallen/Missfallen ausdrücken d
2. Zustimmung/Ablehnung ausdrücken ________
3. Zufriedenheit/Unzufriedenheit ausdrücken ________
4. Enttäuschung ausdrücken ________
5. Erstaunen/Überraschung ausdrücken ________
6. Freude/Bedauern ausdrücken ________

a) Ich habe (sehr) gute/schlechte Erfahrungen gemacht. b) Das hätte ich nicht erwartet! c) Da kann man nichts mehr machen. d) Ich finde das toll. Das ist ein guter Vorschlag. e) Ich bin da völlig anderer Meinung. f) Darüber habe ich mich sehr gefreut/geärgert. g) Das ist zu schön, um wahr zu sein. h) Ich möchte mich beschweren. i) Ich bin sehr froh darüber, dass … j) Was denken Sie sich eigentlich?! k) Einverstanden. l) Schade, es hat leider nicht geklappt. m) Das war enttäuschend. n) Es ist unerhört, dass …

5 Ein Gespräch führen – Lesen Sie und spielen Sie die Situationen. Übernehmen Sie die Rolle des Gesprächspartners B.

Situation 1:
Sie arbeiten an der Hotelrezeption „Zur goldenen Sonne“. Sie haben gleich Feierabend, sind müde und hatten am heutigen Arbeitstag viel Stress: Einen Bus mit 20 Touristen mussten Sie unterbringen. Da kommt ein unfreundlicher Gast zu Ihnen und beschwert sich, dass er kein Nichtraucherzimmer bekommen hat und Dusche und Heizung nicht richtig funktionieren. Er will den Hoteldirektor sprechen. Beruhigen Sie den Gast und erklären Sie die Situation.

Situation 2:
Sie sitzen im Restaurant „Zur Goldenen Sonne“ und haben einen Gemüseauflauf bestellt. Sie warten schon eine halbe Stunde, doch das Essen kommt nicht. Der/Die Kellner/in will Ihnen noch ein zweites Glas Weißwein bringen. Der Wein ist aber lauwarm. Jetzt reicht es Ihnen. Sie wollen sofort den Chef sprechen.

Situation 3:
Sie arbeiten als Stationsarzt/-ärztin im Krankenhaus. Ohne dass Sie vorher informiert waren, beschwert sich ein/e Patient/in während der Visite massiv über das Zimmer und den/die Zimmernachbarn/-in. Sie versuchen, den/die Patienten/-in zu beruhigen und das Problem zu lösen.

Arbeitsbuchteil

25 Alt und Jung

Wiederholung

1 Präpositionen mit Dativ, Akkusativ, Dativ/Akkusativ – Ergänzen Sie.

immer Dativ	immer Akkusativ	Dativ oder Akkusativ
von, aus		auf

~~aus~~ • durch • an • über • bei • für • ~~auf~~ • unter • mit • gegen • hinter • vor • zwischen • nach • ohne • in • zu • um • ~~von~~ • neben • seit

2 Bilder beschreiben

a Ergänzen Sie die Präpositionen und die Artikel.

1. Auf diesem Bild sieht man zwei ältere Menschen. Sie kommen gerade ________ ein____ Spaziergang ________ d____ Stadt. Sie sitzen ________ ein____ Bank ________ d____ Haus. ________ ihn____ liegt eine Katze.

2. Hier sieht man eine Frau ________ ein____ Motorrad. Sie hat ________ drei Monaten den Motorradführerschein. Sie möchte ________ ihr____ Freundin ins Kino. Sie hat heute keine Zeit ________ ihr____ Enkelkinder. Ihre Tochter hat ein Baby ________ d____ Arm.

3. Die beiden Mädchen wollen ________ d____ Schule ________ d____ Welt reisen. Sie fahren zuerst ________ ein____ Freundin ________ Brasilien, die dort als Aupairmädchen arbeitet. Sie können kostenlos ________ ihr wohnen. ________ Brasilien wollen sie ________ Argentinien fahren und dann ________ d____ Küste bis ________ Feuerland.

b Dativ oder Akkusativ? – Ergänzen Sie die Präpositionen und Kasusendungen.

1. Ist die Frau ________ dem Motorrad eine moderne Oma?
2. Die Katze liegt ________ ein______ Bank ________ d______ Sonne.
3. Anna hat sich ________ d______ Schultern von Max gesetzt.
4. Abends macht Max ________ d______ Küche das Abendessen und bringt Anna ________ ihr Bett.
5. Dann macht er ________ sein______ Frau die Küche sauber.
6. Die Katze hat sich ________________ d______ alt____ Leute gelegt.

2

3 Eine Bildbeschreibung

a Sehen Sie das Bild auf Seite 114/115 an. Welche Gegenstände kennen Sie? Notieren Sie. Hören Sie die Bildbeschreibung und ergänzen Sie Ihre Notizen.

3.2

ein Hut

b Hören Sie noch einmal und ordnen Sie die Begriffe zu.

11 Teppichrollen
___ ein Tuch
___ eine Vase
___ Geschirr
___ ein Hut
___ eine Kleiderstange
___ eine Decke
___ Blusen, Hemden
___ Kartons
___ ein Kleidungsstück
___ eine Stange
___ ein Schal
___ Sportschuhe
___ Tüten

c Beschreiben Sie das Bild. Benutzen Sie den Wortschatz aus 3b.

Man sieht/erkennt

in der Mitte / oben/unten …
vorne rechts / hinten links …
im Vordergrund/Hintergrund …

In der Mitte steht ein Tisch und auf dem Tisch liegt/liegen …

4

4 Worterklärungen – Was passt? Ordnen Sie zu.

1. Familienanschluss
2. Seniorenzentrum
3. die mittlere Generation
4. Kinderbetreuung
5. Spielplatz
6. Ein-Eltern-Familie
7. Unterstützung bekommen
8. sich austauschen

☐ a) ein Gespräch führen
☐ b) Hier können Kinder spielen.
☐ c) Hier treffen sich ältere Menschen.
☐ d) Hilfe bekommen
☐ e) Kinder leben bei der Mutter oder beim Vater.
☐ f) Man kümmert sich um die Kinder.
☐ g) Menschen zwischen 30 und 60 Jahren
1 h) engen Kontakt zur Familie haben

5 *einander* – Ein Wort passt nicht. Streichen Sie die falschen Wörter.

1. Ein Gespräch ist gut, wenn die Personen auf … eingehen. (einander / ~~das andere~~ / die Partner)
2. Eltern und Kinder freuen sich auf … (einander / die neue Großmutter / am Nachmittag)
3. Versteht ihr euch gut mit …? (einander / die Lehrerin / euren Eltern)?
4. Im Familienalltag kümmert sich der Mann auch um … (einander / den Haushalt / die Kinder)
5. Man kann nicht den ganzen Tag von … sprechen! (einander / die Arbeit / Problemen)
6. Jugendliche telefonieren heute viel mehr mit … (einander / der Telefonzelle / einem Handy)
7. Es ist gut, wenn man auch über … lachen kann. (einander / im Kurs / den anderen)
8. Hast du schon von … erzählt? (einander / der Reise / der Kinovorstellung)
9. Sie lieben sich und sie tun alles für ... (einander / ihre Kinder / der Urlaub)
10. Wir haben oft gegen ... gespielt und er hat immer gewonnen. (einander / ihn / am Samstag)

6 Interview mit Frau Schmieder – Ordnen Sie die Fragen 1–6 den Antworten a–f zu.

1. Haben Sie sofort Kontakt zu einer Familie gefunden?
2. Wie oft sind Sie in der Familie?
3. Was macht Ihnen besonderen Spaß mit den Kindern?
4. Haben Sie auch Kontakt zu anderen Leihomas oder Leihopas?
5. Würden Sie diese Tätigkeit anderen älteren Menschen weiterempfehlen können?
6. Braucht man nach Ihrer Meinung für die Tätigkeit als Leihoma eine bestimmte Qualifikation?

☐ a) Das würde ich nicht sagen. Man muss nur auf Kinder eingehen können und Freude am Zusammensein mit Kindern haben.

☐ b) Die Fröhlichkeit und Unbefangenheit der Kinder und die Freude am Spiel.

☐ c) Ja, sofort. Wenn man sich einsam fühlt und mit jungen Menschen zusammen sein kann, wird man selber wieder jung.

[1] d) Ja, wir haben miteinander geredet und das Kinderbüro hat mir eine Mutter mit zwei kleinen Mädchen genannt, die allein erzieht und arbeitet. Und die Mädchen sind vier und sechs Jahre alt.

☐ e) Je nachdem, wie ich gebraucht werde. Die Mutter ruft mich an, wenn sie etwas vorhat oder gern auch mal abends ausgehen möchte, und in den meisten Fällen kann ich dann einspringen.

☐ f) Ja, wir treffen uns spontan und tauschen unsere Erfahrungen aus und geben uns gegenseitig Anregungen.

7 Im Brief sind zehn Fehler: fünfmal Verbposition, fünfmal Rechtschreibung. Markieren Sie die Fehler und schreiben Sie den Brief richtig.

Liebe Astrid,
ich glaube, ich dir vor vier Jahren zu deinem 60. Geburtstag das letzte Mal einen Brief geschrieben habe. Danach haben wir nur telefonirt! Heute möchte ich dir aber die beiden Fotos von Pelle und mir schicken. Pelle nachmittags immer zu mir kommt, wenn Lisa arbeitet. Seit ich Räntner bin, ich habe Zeit und bin für meinen Enkel der „Tagesopa". Es isst wunderbar! Die Fotos sind von Pelles 2. Geburtztag vor drei Wochen. Wie siehst du, lieben wir beide Schockoladentorte!
Ich hoffe, es dir gut geht und ihr seid alle gesund. Grüß bitte deine Familie und … schreib mal wieder!
Dein Ketil

8 Zwei Texte

a Lesen Sie Text A und entscheiden Sie, welche Wörter (a, b, c) zu 1–8 passen.

Alte Eltern: Großfamilie oder Seniorenheim?

Von Jutta Brinkmann und Ulrike Michels

A „Ein bisschen Wehmut ist schon dabei, (1) wir nach 43 Jahren unser Häuschen hier verlassen." Franz Hugo Beicht (74) und seine Frau (2) sich entschieden, in ein Seniorenheim zu ziehen. Sie sind stolz darauf, (3) sie diese Entscheidung in eigener Regie getroffen haben. „Wir wollten nicht umgezogen werden", (4) die 75-jährige Hildegard Beicht. „Und wir wollten auch auf keinen Fall (5) Kindern zur Last fallen." Sechs Kinder und 22 Enkelkinder (6) das Paar, doch (7) Alternative zum Altenheim hatte niemand in Betracht gezogen. Für (8) Kinder bedeutet die eigenständige Entscheidung der Eltern vor allem eine Entlastung.

(1)	(2)	(3)	(4)	(5)	(6)	(7)	(8)
[a] als	[a] hat	[a] denn	[a] sagen	[a] unser	[a] haben	[a] eine	[a] den
[b] weil	[b] haben	[b] dass	[b] sagten	[b] unserem	[b] hatten	[b] einen	[b] ihr
[X] wenn	[c] sind	[c] wenn	[c] sagt	[c] unseren	[c] hat	[c] ein	[c] die

b Lesen Sie Text B und entscheiden Sie, welche Wörter (a–l) in die Lücken 1–8 passen. Einige Wörter bleiben übrig.

B „Ich bin da (1) Hause, wo meine Kinder sind, weil ich sie liebe." So einfach erklärt Adolf Bayreuther, warum er (2) seine Frau Marianne sich vor zehn Jahren entschieden haben, zu ihrer (3) Tochter zu ziehen. Das gemeinsame Haus haben sie auch (4) finanziert. Damals konnten die beiden ihrer Tochter (5) der Betreuung ihrer zwei kleinen Kinder helfen. Heute sind sie selber auf die (6) Unterstützung von Tochter Doris angewiesen, ohne sie geht nicht mehr viel.
Durch die Parkinson-Erkrankung der 73-jährigen Marianne Bayreuther und die zunehmende Altersvergesslichkeit ihres Mannes hat Doris Langstein rund um die Uhr Dienst: „Jetzt sind es meine zusätzlichen (7) Kinder." Die enge emotionale Verbundenheit (8) Eltern und Tochter ist die Voraussetzung für Doris Langsteins Engagement.

[a] ___ und	[d] ___ vor	[g] ___ auch	[j] ___ zwischen
[b] ___ zwei	[e] 1 zu	[h] ___ gemeinsam	[k] ___ sieben
[c] ___ einzigen	[f] ___ bei	[i] ___ jetzt	[l] ___ tägliche

7

9 Eine E-Mail schreiben – Lesen Sie die Anzeige und schreiben Sie.

Sprachen *light*

Sie möchten eine Fremdsprache lernen? Kein Problem!
Wir bieten Fremdsprachenkurse für Erwachsene:

- Englisch, Französisch, Spanisch, Russisch, Italienisch, Türkisch, Deutsch
- angenehme Kursatmosphäre
- Sprachkurse rund um die Uhr
- Medienzentrum zum Selbststudium
- individuelle Beratung
- Sonderkurse zum Spartarif

Kontakt: Sprachen light • info@sprachen-light.de
73430 Aalen, Aalstraße 6

Sie haben diese Anzeige im *Stadtblatt* gelesen und möchten weitere Informationen. Sie machen oft Urlaub in Spanien und möchten Spanisch lernen. Sie können aber nur abends und am Wochenende. Am liebsten würden Sie einmal in der Woche einen Abendkurs in einer Kleingruppe besuchen. Ein Intensivkurs über einige Wochen wäre aber auch möglich. Der Kurs darf nicht zu teuer sein. Sprachen *light* soll Ihnen mehr Informationsmaterial, eine Preisliste und ein Anmeldeformular zuschicken.

Schreiben Sie eine E-Mail und äußern Sie sich zu folgenden Punkten:
– wann Sie Zeit haben
– welche Informationen Sie möchten
– warum Sie Spanisch lernen möchten
– was für einen Kurs Sie besuchen möchten

Ordnen Sie die Punkte in einer passenden Reihenfolge.
Vergessen Sie nicht die Anrede, den Gruß und Ihre Adresse.

Jetzt senden | Später senden | Als Entwurf speichern | Anlagen hinzufügen | Signatur | Optionen

Von:
An: Info@sprachen-light.de
Cc:
BCc:
Betreff:
Anlagen: keine

Standardschriftart | Textgrad

Sehr geehrte Damen und …,
ich habe im „Stadtblatt" Ihre …

8

10 Indirekte Fragesätze – Schreiben Sie.

An der Haltestelle

Können Sie mir sagen, …

Entschuldigung, wissen Sie, …

1. Um wie viel Uhr fährt der nächste Bus? *um wie viel Uhr der nächste Bus fährt?*
2. Ist der Bus schon weg? *ob* ______
3. Wo ist die nächste Bushaltestelle? ______
4. Gibt es hier auch einen Nachtbus? ______
5. Wo kann ich das Ticket kaufen? ______

Im Restaurant

Frag doch mal den Kellner, … Entschuldigung, ich möchte wissen, …

6. Ist der Tisch reserviert? ____________________
7. Wann schließt das Restaurant? ____________________
8. Bis wann kann ich warmes Essen bestellen? ____________________
9. Kann man das Bierglas hier kaufen? ____________________
10. Wo kann ich meinen Mantel aufhängen? ____________________
11. Kann ich auch mit der EC-Karte bezahlen? ____________________

Im Kaufhaus

Frag mal die Verkäuferin / an der Kasse, … Ich kann Ihnen/dir auch nicht sagen, …

12. Kann man hier auch Gutscheine kaufen? ____________________
13. Wo ist der Aufzug? ____________________
14. Darf man die Badeanzüge anprobieren? ____________________
15. Steht mir diese Bluse? ____________________
16. Wer ist für diese Abteilung zuständig? ____________________

11 Aussprache: Satzmelodie – Hören Sie, markieren Sie die Satzmelodie (↘ ↗ →) und sprechen Sie die Sätze.

3.3

1. Frag doch mal im Büro, (→) ob es noch ein Programm gibt. ( ) Das interessiert mich sehr! ( )
2. Welche Kurse interessieren Sie? ( ) Unsere Sprachkurse ( ) oder die Freizeitangebote? ( )
3. Ich kann Ihnen leider nicht sagen, ( ) ob wir noch freie Plätze haben. ( )
4. Ich möchte wissen ( ), wann der Kurs abends anfängt. ( ) Um sieben ( ) oder um halb acht? ( )

Schwierige Wörter

12 Hören Sie und sprechen Sie langsam nach. Wiederholen Sie die Übung.

3.4

Weiterbildungskurse ↗	auch Weiterbildungskurse ↗	Gibt es hier auch Weiterbildungskurse? ↗
Selbstbewusstsein ↘	stärkt das Selbstbewusstsein ↘	Bewerbungstraining stärkt das Selbstbewusstsein. ↘
Generationen ↘	zwischen den Generationen ↘	Wie ist das Verständnis zwischen den Generationen? ↘

13 Welche Wörter sind für Sie schwierig? Notieren Sie drei Wörter/Sätze wie in Aufgabe 12. Üben Sie mit einem Partner / einer Partnerin:

1. ____________________
2. ____________________
3. ____________________

26 Was kann ich für Sie tun?

Wiederholung

1 Nebensätze mit *weil/dass/wenn* – Schreiben Sie die Sätze.

1. Ich möchte mich entschuldigen. Das Essen hat so lange gedauert.
2. Ich rufe Sie an. Ich brauche eine Information von Ihnen.
3. Ich möchte ein Doppelzimmer haben. Ich habe ein Doppelzimmer bestellt.
4. Es tut mir Leid. Wir können Ihnen kein Raucherzimmer anbieten.
5. Wir möchten ein anderes Zimmer. Unser Zimmer ist zu laut.
6. Ich kann Ihnen vielleicht helfen. Rufen Sie mich in einer Stunde an.

Ich möchte mich entschuldigen, dass ...

2 Komparation – Schreiben Sie Sätze.

1. fahren / als / ein ICE / schnell / ein Regionalzug
2. kosten / viel / ein BMW / als / ein VW
3. schmecken / gut / genauso ... wie / Pizza / Nudeln
4. teuer / sein / eine Pension / nicht so ... wie / ein Hotel
5. sein / hoch / als / das Matterhorn / die Zugspitze
6. sein / gut / als / ein Campingplatz / eine Jugendherberge

Ein ICE fährt schneller als ...

3

3 Im Hotel

a Welche Verben passen zu den Nomen?

a) die Küche *2, 3, 13*
b) das Zimmer ______
c) die Speisekarte ______
d) ein Menü ______
e) das Gemüse ______

1. kontrollieren
2. sauber machen
3. aufräumen
4. planen
5. einkaufen
6. vorbereiten
7. reparieren
8. bedienen
9. kochen
10. festlegen
11. begrüßen
12. bestellen
13. putzen
14. saugen

f) die Rechnung ______
g) Drinks ______
h) ein Taxi ______
i) die Gäste ______
j) den Fernseher ______

b Schreiben Sie fünf Beispielsätze zu den Nomen a–j und vergleichen Sie im Kurs.

Kann jemand den Fernseher in meinem Zimmer reparieren?

6

4 Probleme im Hotel – Ergänzen Sie die Dialoge. Hören Sie zur Kontrolle.

3.5

Dialog 1

○ Sie sprechen mit Peter Hansen, Rezeption. Wie kann ich Ihnen ________ ?

● Sie haben mir gerade die ________ für das ________ 109 gegeben.
Aber das Zimmer ist schmutzig und überhaupt noch nicht ________ .

Dialog 2

○ Ja, Frau Kranich-Reibenau, ________ ich noch etwas für Sie tun?

● Unser Zimmer ist nicht das ________ . Wir hatten ein Doppelzimmer
________ , kein ________ .

Dialog 3

○ Dunja Braiter, Rezeption, was kann ich ________ Sie tun?

● Ich wollte fragen, ob ich kein ________ Zimmer ________ kann. Zimmer 303
________ direkt zur Straße raus. Man kann da nachts unmöglich ________ .

Dialog 4

○ Guten Tag, kann ich Ihnen helfen?

● Ich hatte vor einer Viertelstunde ein ________ für 10 Uhr 30 ________ .
Jetzt ist es schon ________ vor elf, aber bisher kam keins.

anderes • aufgeräumt • bekommen • bestellt • Einzelzimmer • für • gebucht • helfen • kann • liegt • richtige • schlafen •
Schlüssel • ~~sprechen~~ • Taxi • Viertel • Zimmer

7

5 Einen offiziellen Brief schreiben

Sie haben 14 Tage Urlaub an der Ostsee im Hotel „Seeblick" verbracht. Nach Ihrem Urlaub erkundigt sich das Reisebüro, wie Ihnen der Urlaub gefallen hat.
Formulieren Sie einen Antwortbrief und schreiben Sie:

1. wie Ihnen der Urlaub gefallen hat,
2. wie Sie das Hotel fanden,
3. wie das Essen war,
4. wie zufrieden Sie mit dem Service waren,
5. was man evtl. verbessern könnte.

Schreiben Sie in Ihrem Brief etwas zu allen fünf Punkten.
Überlegen Sie sich zuerst eine passende Reihenfolge der Punkte.
Vergessen Sie Datum und Anrede nicht. Schreiben Sie auch eine passende Einleitung und einen passenden Schluss.

Sehr geehrte Frau ... / Sehr geehrter Herr ...

sicherlich sind Sie schon wieder zu Hause und der Alltag hat Sie zurück. Wir hoffen, Sie hatten einen schönen Urlaub. Weil wir unseren Service weiter verbessern wollen, würden wir uns freuen, wenn Sie uns kurz mitteilen könnten, wie Ihnen Ihr Urlaub gefallen hat.

Mit freundlichen Grüßen
Ihre Ingeborg Wendlandt

6 Konjunktionen – Markieren Sie die passenden Konjunktionen.

1. Wir haben zurzeit keine Zimmer frei, **dass/wenn/weil** wir einen Kongress im Haus haben.
2. Es tut mir Leid, **dass/obwohl/weil** Sie so lange aufs Essen warten mussten.
3. Ich hätte gerne ein anderes Zimmer, **wenn/weil/obwohl** das möglich ist.
4. Dr. Frei ist abgereist, **wenn/dass/obwohl** wir ihm ein anderes Zimmer angeboten hatten.
5. Ich schicke Ihnen das Gerät zurück, **dass/weil/obwohl** es nicht funktioniert.
6. Wir schicken Ihnen ein neues Gerät, **obwohl/weil/wenn** wir das eigentlich nicht müssten.
7. Ralf hilft mir tapezieren, **wenn/dass/obwohl** er am Samstag Zeit hat.
8. Sagen Sie bitte Ihrem Chef, **dass/weil/wenn** Frau Rammelsberger angerufen hat.

7 Nebensätze mit *obwohl* – Ordnen Sie zu und schreiben Sie die Sätze.

1. Ich habe immer noch kein Essen bekommen.
2. Ich kann Ihnen leider nicht helfen.
3. Das Steak ist blutig.
4. Mein Zimmer riecht nach Zigaretten.
5. Der Fernseher geht immer noch nicht.
6. Ich kann die Wörter immer noch nicht.
7. Ich habe die Prüfung bestanden.
8. Er spricht sehr gut Deutsch.

a) Der Hausmeister hat ihn repariert.
b) Er ist erst ein Jahr in Deutschland.
c) Es ist ein Nichtraucherzimmer.
d) Ich habe gestern zwei Stunden gelernt.
e) Ich habe schon zweimal reklamiert.
f) Ich war schlecht vorbereitet.
g) Ich wollte es medium.
h) Ich würde es gern tun.

1e Ich habe ..., obwohl ich ... reklamiert habe.

8 Kreuzworträtsel „Hotel"

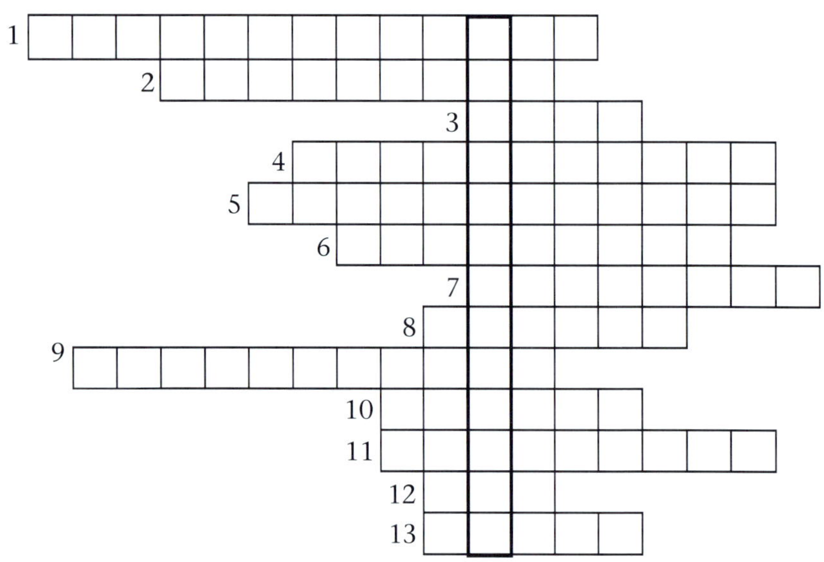

Waagerecht

1. Diese Person räumt auf und macht sauber.
2. Hier meldet man sich an, wenn man ins Hotel kommt.
3. Können Sie bitte für mich ein ... bestellen? Ich muss zum Bahnhof.
4. Der Z... ist 105 Euro pro Nacht.
5. 105 Euro für ein ... oder Doppelzimmer?
6. Der Hausmeister arbeitet im Moment in seiner ... Sie erreichen ihn unter 345.
7. Für Nr. 13 müssen Sie einen ... von 35 Euro bezahlen.
8. Ich hatte ein Zimmer mit ... bestellt. Mein Bad hat nur eine Badewanne.
9. Diese Person hilft dem Koch.
10. Nehmen Sie den ... in den dritten Stock. Ihr Zimmer ist dann gleich links die 302.
11. Diese Person mixt die Drinks.
12. Gehen wir noch auf einen Drink an die ...
13. Ein großes Hotelzimmer mit zwei Räumen.

Senkrecht: ein Beruf im Hotel

14

9 Rekorde – Ergänzen Sie die passenden Adjektive in der Superlativform.

teuer • schnell • schön • lang • berühmt • hoch • klein

1. Der ________________ Mann der Erde war Robert Pershing Wadlow mit 2,72 Metern. Er wurde nur 22 Jahre alt.

2. Der ________________ Karneval ist der von Rio de Janeiro. Jährlich sehen ihn hunderttausende von Menschen.

3. Der ________________ Berg ist der Mount Everest. Er ist 8848 Meter hoch.

4. Das ________________ Bundesland Deutschlands ist Bremen. Es hat nur 404 Quadratkilometer. Das Foto zeigt die „Bremer Stadtmusikanten".

5. Die Schweizer sagen: Der ________________ Berg in den Alpen ist das Matterhorn. Aber nur, wenn man es von der Schweiz aus sieht.

6. Das ________________ Hotelzimmer gibt es im *Atlantis Resort* auf den Bahamas. Eine Nacht kostet 25.000 Dollar.

7. Das ________________ Passagierflugzeug war die *Concorde*. Ein Exemplar steht heute im Technik-Museum in Sinsheim bei Heidelberg.

10 Eine Zeitungsreportage

a Sehen Sie sich die Bilder an und lesen Sie die Überschrift, den Untertitel und die Zwischenüberschriften. Was ist das Thema? Notieren Sie Ihre Vermutungen.

b Lesen Sie nun den Text. Welche von Ihren Vermutungen waren richtig?

Die ganze Nacht kein Auge zugetan

Wenn im Hotel Mercure die Gäste schlafen, muss Brigitte Pfab hellwach sein

Von Jürgen Kandziora

Amberg. Nachts, wenn alles schläft, ist sie hellwach. Brigitte Pfab macht das keine Probleme. Im Gegenteil. Es kommt ihrem Naturell geradezu entgegen. „Ich bin eh ein Nachtmensch", erzählt die 34-Jährige, während sie an der Rezeption in die Gästeliste schaut. Der Nachtmensch

macht Nachtdienst. Night Audit, sagen sie im Hotel Mercure dazu. Brigitte Pfab, gelernte Hotelfachfrau, hält ihre Augen offen, damit die Gäste sie beruhigt zumachen können. Die finden aus allen Himmelsrichtungen den Weg in das Haus neben dem Amberger Congress-Centrum. Sie sind männlich, weiblich, nett oder weniger nett, angenehm oder unangenehm. Ein Spiegelbild der Gesellschaft eben. Und manchmal sind sie auch in Amberg ein bisschen prominent. Die Fernseh-Talkerin Arabella Kiesbauer war schon da, der Sterne-Koch Alfons Schuhbeck, Freddy Quinn, der „Junge aus St. Pauli" …

„Der schönste Job"

In dieser Nacht sind die Gäste weniger bekannt, dafür aber umso zahlreicher. Volles Haus, heißt es wieder einmal. Alle 110 Zimmer sind belegt. Und Brigitte Pfab, seit 16 Jahren im Beruf, hat im Mercure „den schönsten Job", wie Direktorin Petra Andermann betont, mit 28 Jahren übrigens jüngste Chefin der Hotelkette im Bereich rund um Nürnberg und München. Schön sei dieser Job vor allem deshalb, weil der Nachtdienst viel mit den Gästen zu tun habe, aber dennoch nicht diesem Stress ausgesetzt sei, der die Tagschicht mitunter ganz schön schnaufen lässt. Ein Teil von Pfabs „Reich" während der Nacht ist die Rezeption, eine richtige kleine Schaltzentrale …

Frühstück aufs Zimmer

Night Audit heißt für Brigitte Pfab auch: Sie stellt fest, wer sein Frühstück aufs Zimmer haben will, macht den obligatorischen Nachtlauf (dabei werden 30 bis 40 Blätter voll mit statistischen Daten erstellt, die an die Zentrale in München gehen), gibt Zeitungen zurück, legt Zimmerlisten an, speichert die Daten des Tages auf Band, gibt die Weckrufe ins Computersystem ein, kümmert sich mit ums Frühstücksbüfett. Um 6.15 Uhr wird für Brigitte Pfab die Nacht vorbei sein, dann hat sie Feierabend, darf sie sich selbst endlich ins Bett legen. Und was ist für sie so schön am Nachtdienst? „Dass ich, wenn ich wieder aufstehe, nicht gleich zur Arbeit muss."

c Lesen Sie die Aussagen zum Text und dann noch einmal den Text. Welche Aussagen sind richtig? Kreuzen Sie an.

1. ☐ Brigitte Pfab ist abends immer sehr müde.
2. ☐ Sie arbeitet die ganze Nacht in einem Hotel.
3. ☐ Sie ist für die Sicherheit im Hotel zuständig.
4. ☐ Die Gäste im Hotel sind so wie andere Menschen auch.
5. ☐ Die Chefin von Frau Pfab geht bald in Rente.
6. ☐ Am Tag ist die Arbeit im Hotel oft anstrengender als in der Nacht.
7. ☐ Frau Pfab mag ihren Job, weil sie gerne mit Menschen zusammen ist.
8. ☐ Nachts werden auch die Computerdaten für die Hotelzentrale gesammelt.
9. ☐ Wenn sie die Weckrufe und das Frühstücksbüfett kontrolliert hat, geht sie nach Hause.

d Überlegen Sie: Was war für Sie persönlich interessant an diesem Text? Was war neu? Was war schwer zu verstehen und was war leicht?

11 Wortschatzarbeit – Zu welchen Wörtern im Text passen die Erklärungen? ↓

1. ______________________ die Leiterin einer Firma / einer Institution
2. ______________________ eine Gruppe von Hotels
3. ______________________ der Ort, von dem aus das Hotel geleitet wird
4. ______________________ charakteristische Eigenschaft einer Person, ihre Natur
5. ______________________ das Ende der täglichen Arbeitszeit
6. ______________________ vorgeschrieben; etwas, das gemacht werden muss

Feierabend • Zentrale • obligatorisch • Hotelkette • Chefin • Naturell

12 Aussprache: Vokale – Hören Sie und markieren Sie den Akzentvokal (lang oder kurz). Sprechen Sie die Wörter und Wortgruppen.

3.6

Personal • Hotel • besondere Wünsche • ausgebucht sein • Küchenhilfe • Hotelkaufmann
sich beschweren • begrüßen • kochen • das Zimmermädchen • das Telefon • Probleme haben

13 Langsam und schnell sprechen – Hören Sie und sprechen Sie dann.

3.7

Sie_hat | schon_mehrere_Jahre | Berufserfahrung. ↘	Sie hat schon mehrere Jahre Berufserfahrung. ↘
Er_hat | hier | ein Jahr | als Kellner | gearbeitet. ↘	Er hat hier ein Jahr als Kellner gearbeitet. ↘
Manchmal | muss_man | Überstunden_machen. ↘	Manchmal muss man Überstunden machen. ↘

TIPP Wörter lernen: Lernen Sie den Akzentvokal (lang oder kurz) immer mit. Sprechen Sie das Wort beim Lernen laut.

27 Man ist, was man isst

Wiederholung

1 Wortschatz sammeln: Essen und Trinken

Sie arbeiten allein: Notieren Sie möglichst viele Wörter mit Artikel in den Feldern.
Sie arbeiten in der Gruppe: Ein Spieler zählt still und langsam von 1 bis 5, ein anderer wählt A oder B.
Wenn ein dritter Spieler „Stopp" sagt, notieren Sie 2 MINUTEN lang Nomen mit Artikel.
Beispiel 3A = Thema „Getränke" mit bis zu 5 Buchstaben: *der Saft*.
Wer nach 5 Runden die meisten Wörter hat, hat gewonnen.

Wörter mit ...	A ... bis zu 5 Buchstaben	B 6 Buchstaben und mehr
1 Obst, Gemüse und Früchte		
2 Lebensmittel (außer 1, 3, 4)		
3 Getränke		
4 Süßigkeiten		
5 Dinge in der Küche		

2 Fragen nach Essgewohnheiten – Schreiben Sie indirekte Fragesätze.

1. Anthony versteht nicht: Warum mögen die Leute dieses langweilige Essen?
2. Die Ernährungsberaterin fragt ihre Kunden: Essen Sie lieber allein oder in Gesellschaft?
3. Der Arzt möchte von seinem Patienten wissen: Wie oft trinken Sie Alkohol?
4. Herr Boll kontrolliert jeden Morgen: Habe ich schon abgenommen?
5. Teresa fragt sich: Warum sprechen so viele Leute beim Essen von Problemen?

1. Anthony versteht nicht, warum die Leute dieses langweilige Essen mögen.

3

3 **Was schmeckt für Sie wie? – Schreiben Sie ein Nomen dazu.**

1. süß *Zucker*
2. sauer ______
3. scharf ______
4. mild ______
5. salzig ______
6. fettig ______

4 **Tipps zur Ernährung – Hören Sie das Interview und ergänzen Sie den Text.**

3.8

den Durst • den Körper • enthalten • entspannen • essen • Flüssigkeit • roh • ihre Ernährung • kein Widerspruch • Regel • verbrauchen • vorsichtig • ~~Zeit nehmen~~

Essen ist doch Genießen, man muss sich ein bisschen *Zeit nehmen* (1), das ist so wichtig. Viele Leute achten nicht auf ______ (2), sie denken nicht über ihre Gewohnheiten nach. Die wichtigste ______ (3) für gesunde Ernährung heißt: viel trinken! Ein erwachsener Mensch braucht zwei bis drei Liter ______ (4) pro Tag, mindestens. Aber trinken Sie nie Kaffee gegen ______ (5), das ist viel zu viel. Und wenig Limonade, am besten keine. Limonaden ______ (6) viel Zucker oder andere Süßstoffe. Wir ______ (7) aber auch zu viel Fett: 70 bis 80 Gramm pro Kopf und Tag wären gut, in Europa ______ (8) die Menschen durchschnittlich das Doppelte, 150 Gramm, Tendenz steigend. Mit fetten Nahrungsmitteln sollten wir sehr ______ (9) sein. Wenig ist besser! Kohlenhydrate tun dem Körper gut, sie beruhigen und ______ (10) eher, Fett dagegen macht müde und belastet ______ (11). Gemüse und Obst können Sie essen, so oft Sie wollen, so viel Sie wollen, am besten ______ (12)! Die Ernährungspyramide zeigt, dass gesund essen und gut essen ______ (13) ist. Entscheidend ist immer, wie oft und wie viel.

7

5 **Ab morgen wird alles anders – Was macht Herr Franz? Markieren Sie die trennbaren Verben und schreiben Sie dann die Sätze.**

1. weniger arbeiten – Herr Franz hat beschlossen, … 2. früher aufstehen – Am nächsten Tag fängt er an, … 3. eine halbe Stunde laufen – Es tut ihm gut, … 4. in Ruhe frühstücken – Er versucht auch, … 5. in der Firma anrufen – Er darf nicht vergessen, … 6. mit dem Fahrrad fahren – Es ist auch gesünder, … 7. gleich anfangen – Am Morgen regnet es. Deshalb hat er keine Lust, …

1. Herr Franz hat beschlossen, weniger zu arbeiten. 2. Am nächsten Tag fängt er an, früher aufzustehen.

6 Tipps für die „Schlacht am kalten Büfett" – Schreiben Sie Sätze wie im Beispiel.

1. nicht der Erste sein / versuchen
2. Besteck und Serviette mitnehmen / nicht vergessen
3. am Anfang nicht zu viel nehmen / daran denken
4. noch einen Teller voll holen / keine Angst haben
5. gleich eine Nachspeise mitnehmen / es ist besser
6. das Essen genießen / sich jetzt Zeit nehmen

1. Versuchen Sie, nicht der Erste zu sein.

8

3.9

7 Gewohnheiten in verschiedenen Ländern.

a Lesen Sie die Sätze und ordnen Sie 1–13 den Themen A–C zu.

Probleme? Hören Sie zuerst die Aufnahme.

A Frühstück in Deutschland	B Essenszeiten in Spanien	C Englisches Bier
Sätze: *4*	Sätze: *2*	Sätze:

1. Bei den einen gibt es Müsli und Tee, bei den anderen Kaffee, Brötchen mit Butter und Marmelade.
2. Bei uns in Spanien essen wir nicht schon um 12 Uhr zu Mittag.
3. Das ist viel zu früh.
4. Ich finde, es gibt kein richtig deutsches Frühstück.
5. Ich kann das gar nicht mehr hören, diese dummen Witze über englisches Essen und Trinken.
6. In fast jedem Haushalt gibt es ein anderes Frühstück.
7. In meiner Familie haben wir nie vor 9 Uhr zu Abend gegessen, meistens später.
8. Überall gibt es etwas anderes zum Frühstück.
9. Und deshalb gibt es auch das Abendessen viel später.
10. Wenn ich mit Freunden im Pub ein paar Bierchen trinke, dann sind die nicht kälter und nicht wärmer als in einer Kneipe in Deutschland.
11. Wieder andere mögen Brot mit Schinken und Wurst, hier mit Ei, dort ohne Ei.
12. Wir essen so um 3 oder erst um 4 am Nachmittag zu Mittag.
13. Zum Beispiel über das „warme" Bier in England.

b Hören Sie zu und kontrollieren Sie Ihre Vermutungen.

c Wie ist das Abendessen in Ihrem Land? Schreiben Sie einen kurzen Text. Die Satzanfänge helfen.

Bei uns essen die Leute …
In fast jedem Haushalt gibt es …
Bei den einen …, bei den anderen …
Ich finde, dass … Wieder andere …
Hier …, dort …
Man sagt, dass …

Was isst man in Polen am Abend?
Bei uns essen die Leute …

11

8 Smalltalk beim Essen – Ordnen Sie die Reaktionen a–g zu.

1. Das schmeckt aber interessant. [b]
2. Da haben Sie bestimmt lang in der Küche gestanden. [ ]
3. Ist das schwer zu kochen? [ ]
4. Was ist das? Das kenn ich nicht. [ ]
5. Du bist ja eine ganz tolle Köchin! [ ]
6. Und? Schmeckt's dir? [ ]
7. Hast du schon den Salat gekostet? [ ]

a) Das ist Borschtsch. Das isst man bei uns sehr oft.
b) Finden Sie? Schmeckt es nicht?
c) Nein, das geht ziemlich schnell.
d) Es ist nicht einfach. Ich kann dir das Rezept geben.
e) Nein. Ist was nicht in Ordnung?
f) Danke, ich koche einfach gern, wenn ich Zeit habe.
g) Ja, das ist ganz fantastisch.

9 Bewegung ist wichtig – Lesen Sie den Text auf S. 31, Zeile 1–13, und ergänzen Sie dann die Aussagen.

1. Es gibt immer mehr Menschen mit *Herzproblemen* .
2. Viele Menschen sterben an Herzkrankheiten. ____________ und ______________ sind daran schuld.
3. Zweimal pro Woche ____________________________ hilft bei Herzproblemen.
4. Die Gesundheit verbessert sich, wenn man ____________________________ macht.
5. Mehr Bewegung im Alltag ist einfach, gehen Sie zum Beispiel zu Fuß ____________________________ .
6. Verwenden Sie die Arbeitspausen ____________________________ .
7. Planen Sie zweimal pro Woche einen Termin für ____________________________ .

~~mit Herzproblemen~~ • zur Arbeit • 30 Minuten einfache Übungen • eine Stunde Bewegung • für Bewegung • leicht trainieren
Übergewicht und zu wenig Bewegung

10 Bewegung im Kursraum – Schreiben Sie Anweisungen für eine Übung.

① aufstehen ② sich hinter den Stuhl stellen ③ Beine grätschen ④ Arme über den Kopf heben ⑤ die Finger verschränken ⑥ seitwärts wippen

1. Steht einmal alle auf! 2. Stellt euch ...

11 **Apfel ist nicht gleich Apfel – Lesen Sie und kreuzen Sie die richtigen Aussagen an.**

Der König der Früchte

Der Apfel beherrscht die Welt, keine andere Frucht ist so verbreitet wie er.

Überall auf der Welt, außer in tropischen Regionen, wird er angepflanzt. Wenn man durch den Supermarkt geht, kann man kaum glauben, dass es weltweit immer noch 20.000 verschiedene Sorten gibt. Denn das Standardangebot enthält meistens nur 3 bis 5 überregionale Sorten und die gibt es das ganze Jahr über. Und sie schmecken immer und überall gleich. Nur auf Märkten und in Obstläden gibt es noch mehr regionale Vielfalt. Es gibt (Oder muss man schon sagen: Es gab?) Äpfel in allen möglichen Formen und Farben, mit je einem eigenen Geschmack. Von süß bis ziemlich sauer, von fest bis weich, mit harter oder ganz dünner, weicher Schale. Die frühen Äpfel, die in Deutschland im August schon reif sind, haben einen großen Nachteil. Sie halten nicht lange. Spätestens nach zwei, drei Wochen sind sie faul. Ganz anders dagegen die Winteräpfel: Sie werden erst spät im Oktober oder im November vom Baum gepflückt, wenn das meiste Laub schon gefallen ist. Diese so genannten Winteräpfel reifen bei der Lagerung nach und im Frühling sind sie am besten zu essen, immer noch frisch und saftig. Ein englisches Sprichwort wusste schon immer, dass Äpfel gesund sind: Einer pro Tag soll sogar den Arzt überflüssig machen. Heute weiß das auch die Wissenschaft: Fruchtzucker, Mineralstoffe und Vitamine enthält der Apfel – und Wasser! Und nicht zu vergessen, wichtige Stoffe enthält auch die Apfelschale. Ein Apfel macht satt und damit eignet er sich sehr gut für den kleinen Hunger zwischendurch. Vor allem aber liefert ein Apfel dem Körper bioaktive Substanzen, die vor Krebs und Herz-Kreislauf-Erkrankungen schützen können.

1. [a] Überall auf der Welt gibt es Äpfel.
   [b] Man pflanzt fast auf der ganzen Welt Äpfel an.
   [c] In den tropischen Regionen wachsen besonders gute Äpfel.
2. [a] Nur noch auf Märkten kann man mehrere verschiedene Apfelsorten bekommen.
   [b] Auf Märkten und in Obstläden gibt es noch verschiedene regionale Sorten.
   [c] Das Standardangebot in den Obstläden besteht aus 3 bis 5 verschiedenen Apfelsorten.
3. [a] Alle Apfelsorten sehen irgendwie gleich aus und schmecken auch ähnlich.
   [b] Äpfel haben unterschiedlichste Formen und Farben und schmecken verschieden.
   [c] Die Standardsorten im Supermarkt schmecken ganz unterschiedlich.
4. [a] Manche Äpfel kann man sehr lange lagern, von August bis zum nächsten Frühling.
   [b] Die Äpfel werden in Deutschland zu verschiedenen Zeiten reif.
   [c] In einem Jahr reifen die Äpfel schon im August, im anderen erst im November.
5. [a] Ein Sprichwort sagt, dass Äpfel gesund sind.
   [b] Im Gegensatz zum Sprichwort findet die Wissenschaft Äpfel nicht so gesund.
   [c] Wenn man viele Äpfel isst, sollte man sie vorher schälen, das ist gesünder.

12 Informationen auf Etiketten – Sehen Sie auf Seite 32 nach.

a Wozu passt das? Notieren Sie.

1. Lichtgeschützt aufbewahren Öl (3)
2. Im Altglas entsorgen ______
3. Vor Wärme schützen ______
4. Vor dem Öffnen schütteln ______
5. Geöffnete Flasche schnell aufbrauchen ______

b Was kann oder muss man tun, was darf man nicht tun? Schreiben Sie.

1. Man muss Öl vor Licht schützen.
Man darf Öl nicht ins Licht stellen.

13 Aussprache: Die Umlaute *ä, ö, ü*

a Ergänzen Sie die Umlaute. Hören Sie zur Kontrolle und sprechen Sie. 3.10

viele Br_tchen • eine Di_t machen • der K_rper • Essig und _l • gesunde Ern_hrung •
die K_che • viele S_ßigkeiten • _bergewicht haben • der K_se • der R_cken •
das Gem_se • Getr_nke bestellen • m_de sein • fr_hstücken

b Hören und nachsprechen – Achten Sie auf die Aussprache der markierten Vokale/Umlaute. 3.11

genug Gemüse essen • hier ist Kuchen in der Küche • Diät essen • Frühstück um sieben •
Süßigkeiten lieben • süße Getränke empfehlen • mit viel Öl essen • Brot und Brötchen zum Frühstück •
sich gesund ernähren • viel Bewegung bei Übergewicht • den Rücken massieren

Schwierige Wörter

14 Hören Sie und sprechen Sie langsam nach. Wiederholen Sie die Übung. 3.12

zwischendurch ↘	immer zwischendurch ↘	Obst esse ich immer zwischendurch. ↘
Getreideprodukte ↘	viele Getreideprodukte ↘	Wir essen viele Getreideprodukte. ↘
ziemlich ↘	ziemlich scharf ↘	Das schmeckt aber ziemlich scharf. ↘

15 Welche Wörter sind für Sie schwierig? Notieren Sie drei Wörter/Sätze wie in Aufgabe 14. Üben Sie mit einem Partner / einer Partnerin.

1. ______
2. ______
3. ______

Leseverstehen (Teil 1): Globalverstehen

ca. 10 Minuten

TIPP
1. Lesen Sie die Überschriften zuerst.
2. Lesen Sie die Texte global, **nicht** Wort für Wort.
3. Finden Sie das Thema der Texte heraus. Markieren Sie Schlüsselwörter.

Lesen Sie zuerst die 10 Überschriften. Lesen Sie dann die 5 Texte und entscheiden Sie, welcher Text (1–5) am besten zu welcher Überschrift (a–j) passt.

1. Momentan ist es heißer als heiß. Trinken, trinken lautet deshalb die Devise, das weiß jeder. Wir sind ausreichend darüber informiert, was man bei diesen Temperaturen essen soll: wenig Fleisch, noch weniger Fett, viel Obst und Gemüse, frische Sommersalate, am besten vegetarisch. Wo?
Keine Sorge, dafür gibt es ja uns!
www.marcellinos.de

2. Italienisch essen? Italien mit Herz und Zunge genießen? Wo könnte man das nördlich der Alpen besser als in München? Mehr als jedes zehnte Restaurant an der Isar ist ein Italiener. Die Auswahl ist gewaltig: Wo soll man hin? Was sollte man probieren? Antworten finden Sie in unserer aktuellen Serie auf unserer Homepage: www.az-gastro.de.

3. Man(n) kocht heute selbst – auch ohne Küchenerfahrungen. In diesem Buch finden Sie die tollsten Rezepte, einfach und genau erklärt, in vier Schwierigkeitsgrade aufgeteilt. Auch Ungeübte bringen damit erstaunlich leckere Mahlzeiten zustande. Alles gut „gewürzt" mit vielen witzigen Notizen. Wie wäre es mit einem indonesischen Fleischtopf?
www.edition-xxl.de

4. Alkoholische Getränke werden sehr gern gekauft. Trotzdem ist der Alkoholverbrauch im letzten Jahrzehnt deutlich gesunken. Er liegt gegenwärtig bei 9,5 Liter/Kopf jährlich. Es zeigen sich deutliche Rückgänge bei Bier und Spirituosen. Die Verbraucher wissen, dass hoher Alkoholkonsum gesundheitsschädlich ist.
(Arbeitsgemeinschaft Ernährungsverhalten e.V.)
www.agev-rosenheim.de

5. Jede Woche erscheinen weitere, nicht gerade billige modische Diäten auf den Seiten vieler Frauenmagazine. In Wahrheit wissen wir, dass sie nicht die Antwort auf unser Problem mit Übergewicht sind. Trotzdem verzichten wir nicht darauf. Warum? Weil der Prozess des Abnehmens für jeden Menschen sehr schwierig ist, aber noch schwieriger ist es, sein Gewicht zu halten. Mehr Infos unter: www.eufic.org.de

a) Leichte Kost bei großer Hitze ☐
b) Italienisch kochen in München ☐
c) Tagestipp: indonesisch essen gehen ☐
d) Abnehmen? Tipps für jedermann ☐
e) Teure Diäten helfen nicht ☐
f) Italienisch essen in München ☐
g) Rezepte für Kochanfänger ☐
h) Viel Alkohol schadet der Gesundheit ☐
i) Rezepte für Vegetarier ☐
j) Deutsche kaufen mehr Alkohol ☐

Mögliche Punkte: 5 – Meine Punkte: ______

Sprachbausteine (Teil 1)

ca. 10 Minuten

Lesen Sie den folgenden Text und entscheiden Sie, welches Wort (A, B oder C) in die Lücken 1 bis 10 passt.

TIPP Lesen Sie zuerst den ganzen Text. Lesen Sie dann immer den ganzen Satz, nicht nur die Lücke.

Jetzt senden | Später senden | Als Entwurf speichern | Anlagen hinzufügen | Signatur | Optionen

Von:
An: t.bolte@gmz.de
Cc:
BCc:
Betreff: Rezepte
Anlagen: keine

Liebe Großmutter,
ich möchte mich herzlich bei dir (1) das schöne Wochenende bedanken. Mir hat es unheimlich viel Spaß gemacht, zusammen mit dir zu (2) und im Internet zu surfen. So haben wir beide an diesem Wochenende etwas gelernt: Ich weiß jetzt, (3) man deinen leckeren Quarkkuchen backt, und du (4) endlich im Internet surfen. Ich war froh, (5) dein Rezept so einfach war. Aber ohne (6) Hilfe hätte ich das sicherlich nicht geschafft. Du siehst, (7) Internet ist gar keine schwierige Sache. Jetzt kannst du dir alle Informationen, (8) du brauchst, (9) Wohnzimmer holen. Ist das nicht toll? Und du kannst mir täglich E-Mails schreiben. Vielleicht schickst du mir ja noch andere Rezepte?
(10) Grüße
deine Anna

1. A ☐ mit
   B ☐ für
   C ☐ an

2. A ☐ koche
   B ☐ gekocht
   C ☐ kochen

3. A ☐ weil
   B ☐ wie
   C ☐ wenn

4. A ☐ darfst
   B ☐ willst
   C ☐ kannst

5. A ☐ dass
   B ☐ damit
   C ☐ nachdem

6. A ☐ dein
   B ☐ deine
   C ☐ deinen

7. A ☐ das
   B ☐ die
   C ☐ der

8. A ☐ den
   B ☐ der
   C ☐ die

9. A ☐ ins
   B ☐ im
   C ☐ in

10. A ☐ Liebe
    B ☐ Lieber
    C ☐ Liebes

Mögliche Punkte: 10 – Meine Punkte: ______

Sprachbausteine (Teil 2)

ca. 10 Minuten

Lesen Sie den folgenden Text und entscheiden Sie, welches Wort (A–O) in die Lücken (1–10) passt.
Sie können jedes Wort nur einmal verwenden. Nicht alle Wörter passen in den Text.

TIPP Lesen Sie unbedingt auch die Anzeige durch. Beachten Sie, dass unten mehr Wörter stehen, als notwendig sind.

Berlin – 3 Tage im Drei-Sterne-Hotel

Einfach fantastisch: Mitten in der Hauptstadt wohnen Sie im gemütlichen Gästehaus Charlotte, nur zwei Minuten vom Zentrum Berlins entfernt. 25 ruhige und komfortable Zimmer.
Lietzenburger Str. 79, 10719 Berlin

Stuttgart, 14. 05. 20..

Sehr geehrte Damen und Herren,

ich habe in der Zeitung Ihr Angebot gelesen. Wir möchten (1) Sommer für eine Woche Berlin besuchen. Zu meiner Familie (2) vier Personen: mein Mann, unsere beiden Söhne und ich. Sie sind sechs und neun Jahre alt. Wir wollen Berlin in dieser Woche näher kennen lernen, (3) meine Söhne kennen die Hauptstadt (4) gar nicht. (5) wir kein Auto haben, sind öffentliche Verkehrsmittel für uns wichtig. Aus (6) Grund möchten wir gern in der Nähe des Stadtzentrums wohnen. Ihr Gästehaus wäre deswegen für uns ideal.
Ich würde gern wissen, (7) Sie spezielle Angebote für Familien haben. Vielleicht Familienzimmer? Außerdem (8) ich mich sehr freuen, wenn Sie uns eine Preisliste (9) könnten.
Vielen Dank.

Mit (10) Grüßen
Michaela Wegner

A _____ FREUNDLICHEN	E _____ OB	I _____ NOCH	M _____ DENN
B _____ ZEIGEN	F _____ DA	J _____ IN	N _____ HÄTTE
C _____ WÜRDE	G _____ KEIN	K _____ DIESEM	O _____ DAMIT
D _____ IM	H _____ GEHÖREN	L _____ SCHICKEN	

Mögliche Punkte: 10 – Meine Punkte: _____

3.13

Hörverstehen (Teil 1): Globalverstehen

Sie hören nun fünf kurze Texte. Dazu sollen Sie fünf Aufgaben lösen. Sie hören diese Texte nur einmal. Entscheiden Sie beim Hören, ob die Aussagen 1 bis 5 richtig oder falsch sind.

TIPP Unterstreichen Sie beim Lesen in den Aufgaben 1–5 die Schlüsselwörter.

1. Die Sprecherin isst sehr gern mit ihrer Familie zusammen. [r] [f]
2. Der Sprecher denkt, dass Kochen zu viel Arbeit macht. [r] [f]
3. Die Sprecherin braucht keine Diät, weil sie gesund kocht. [r] [f]
4. Die Sprecherin isst keine Speisen mit viel Fett und Zucker. [r] [f]
5. Der Sprecher isst zwar schnell, aber regelmäßig. [r] [f]

Mögliche Punkte: 5 – Meine Punkte: _____

Informationen zum Zertifikat Deutsch: schriftliche Prüfung

Prüfungsteil	Technik	Zeit*	Punkte
Leseverstehen Teil 1	globales Lesen	ca. 10 min	5x5=25
Leseverstehen Teil 2	detailliertes Lesen	ca. 35 min	5x5=25
Leseverstehen Teil 3	selektives Lesen	ca. 15 min	10x2,5=25

Prüfungsteil	Technik	Zeit*	Punkte
Sprachbausteine Teil 1	–	ca. 10 min	10x1,5=15
Sprachbausteine Teil 2	–	ca. 10 min	10x1,5=15

* Plus 10 Minuten zum Übertragen der Lösungen zu „Leseverstehen" und „Sprachbausteine" auf den Antwortbogen.

Prüfungsteil	Technik	Zeit	Punkte
Hörverstehen Teil 1	globales Hören	ca. 10 min	5x5=25
Hörverstehen Teil 2	detailliertes Hören	ca. 35 min	10x2,5=25
Hörverstehen Teil 3	selektives Hören	ca. 15 min	5x5=25

Prüfungsteil	Inhalt	Zeit	Punkte
schriftlicher Ausdruck	persönlicher oder halb offizieller Brief	30 min	45

Einen Ausschnitt aus dem Antwortbogen finden Sie auf Seite 194.

28 Geschichte und Geschichten

Wiederholung

1 Vergangenheitsformen

a Perfekt mit *sein* oder *haben*? Ergänzen Sie die Sätze.

1. Im Jahre 1869 __________ Carl Benz das Auto _____________. (erfinden)
2. Seine Frau __________ damit 1888 von Mannheim nach Pforzheim __________. (fahren)
3. Der millionste Gastarbeiter __________ 1964 in Deutschland _____________. (ankommen)
4. Viele Gastarbeiter __________ ihr ganzes Leben in Deutschland __________. (leben)
5. 1954, 1974 und 1990 ________ Deutschland die Fußballweltmeisterschaft ___________. (gewinnen).
6. Zwischen 1949 und 1989 __________ viele Menschen aus dem ostdeutschen Staat, der DDR, in den westdeutschen Staat, die BRD, ___________. (gehen)

b Bildung des Perfekts – Ergänzen Sie bitte.

Die meisten Verben: Carl Benz (__________) das Auto im Jahr 1869 (__________).
Hilfsverb — Verb im P________II

Verben mit Bewegung: Berta Benz (__________) mit dem Auto nach Pforzheim (__________).
Hilfsverb — Verb im P________II

2

2 Wortschatzarbeit zur Geschichte – Ergänzen Sie die Sätze. Texte S. 42/43

1. Als die N_________________________ 1933 an die Macht gekommen waren, kamen viele Sozialdemokraten und K_________________________ in Konzentrationslager.
2. Mitte der 50er Jahre begann das deutsche W_________________________ und ab 1955 kamen die ersten G_________________________ aus Italien nach Deutschland. Viele gingen später wieder in ihre H_________________________ zurück, andere blieben für immer.
3. Nach 1968 lebten viele junge Leute lieber in W_________________________ als bei den Eltern. Für ihre Kinder gründeten sie antiautoritäre K_________________________. Dort durften die Kinder fast alles machen, was sie wollten. Damals begann auch die U_________________________ mit den Protesten gegen die A_________________________ und für alternative Energieformen.

3 Sebastian Popp (*1964) war als Kind in einem antiautoritären Kinderladen.

a Lesen Sie den Auszug aus dem Wörterbuch.

Kin•der•la•den *der*; e-e Art Kindergarten, der auf private Initiative der Eltern entstanden ist u. in dem die Kinder besonders liberal (antiautoritär) erzogen werden.

Aus: Langenscheidts Großwörterbuch Deutsch als Fremdsprache

b Lesen Sie 1–8 und hören Sie dann Herrn Popp. Was sagt er? Kreuzen Sie an.

3.14

1. ☐ Kinderläden waren das Gleiche, was heute Kindergärten sind.
2. ☐ Er war gerne im Kinderladen.
3. ☐ Viele Leute waren gegen die Kinderläden.
4. ☐ Die Kinder hatten in den Kinderläden mehr Freiheit als andere Kinder.
5. ☐ Die Eltern haben sich nicht um ihre Kinder gekümmert.
6. ☐ Die Kinder konnten nicht machen, was sie wollten.
7. ☐ Die Kinder sind im Sommer auch mal ohne Kleider auf die Straße gegangen.
8. ☐ Die Leute fanden das lustig.

Kinder in einem Berliner Kinderladen um 1970

c Hören Sie noch einmal und ergänzen Sie den Text.

Mein Name ist Sebastian Popp. Ich bin am 10.1.64 geb_ _ _ _, war dann m_ _ vielen anderen in siche_ _ _ _ _ einem der ers_ _ _, wenn nicht d_ _ ersten antiautoritären Kinde_ _ _ _ _ _ in der Bundesr_ _ _ _ _ _ _ ... Und das w_ _ für uns Kin_ _ _, glaube ich, sc_ _ _ ein kleines Para_ _ _ _. Wir konnten da al_ _ _ machen, was w_ _ machen wollten ... W_ _ sind da irgen_ _ _ _ _ morgens um ze_ _ rein und kon_ _ _ _ treiben, was w_ _ _ _ wollten, und we_ _ wir das Gef_ _ _ hatten, das Be_ _ _, was man m_ _ einem Piano mac_ _ _ kann, ist, a_ _ den Tasten rumzul_ _ _ _ _, dann sind w_ _ auf den Tas_ _ _ des Pianos rumgel_ _ _ _ _ ... Die Eltern ha_ _ _ gekocht, mittags, d.h., s_ _ waren auch prä_ _ _ _. Wir hatten rel_ _ _ _ viele Leute, d_ _ sich um u_ _ gekümmert haben, we_ _ wir das wol_ _ _ _. Wenn wir d_ _ nicht wollten, wa_ _ _ die auch ni_ _ _ da ...
Wenn wir im Sommer nackt auf die Straße gegangen sind, war das für uns kein Problem.

4 Über die Vergangenheit berichten – Berühmte Leute aus Deutschland, Österreich und der Schweiz. Ergänzen Sie die Verben im Präteritum.

1. Der berühmteste deutsche Schriftsteller, Johann Wolfgang von Goethe, ______________ (leben) von 1749 bis 1832. Er ______________ (kommen) aus Frankfurt, ______________ (gehen) aber 1775 nach Weimar und ______________ (werden) Geheimrat beim Herzog von Sachsen-Weimar. Sein berühmtestes Theaterstück „Faust I", ______________ (schreiben) er von 1797 bis 1808.

2. Der Komponist Ludwig van Beethoven (1770–1827) kam aus Bonn. Er ______________ (gehen) 1792 nach Wien und ______________ (wohnen) dort 35 Jahre bis zu seinem Tod. Die letzten 32 Jahre seines Leben ______________ (hören) er schlecht und ______________ (sein) seit 1818 taub.

3. Der Physiker Albert Einstein (1879–1955) ______________ (veröffentlichen) sein Hauptwerk, die „Allgemeine Relativitätstheorie", im Jahr 1905. Damit ______________ (verändern) er unser Bild von der Welt für immer. 1933 ______________ (fliehen) er vor den Nazis in die USA.

4. Die österreichische Schriftstellerin und Pazifistin Bertha von Suttner (1843–1914) ______________ (schreiben) mit „Die Waffen nieder" 1889 einen Roman, mit dem sie viele Menschen für die Friedensbewegung ______________ (gewinnen). Sie ______________ auch die Stiftung des Friedensnobelpreises ______ (anregen), den es seit 1901 gibt. 1905 ______________ (erhalten) sie ihn als erste Frau selbst.

5. Die schweizerische Erzählerin und Jugendbuchautorin Johanna Spyri (1827–1901) ______________ (beschreiben) in ihren Büchern die Menschen und Landschaften ihrer Heimat. Weltberühmt ______________ (werden) ihre Geschichten um das Waisenkind Heidi.

5 Perfekt und Präteritum – Adelina Sanchez stellt sich vor.

a Hören Sie zu und schreiben Sie dann einen Text über sie im Präteritum. ↓

3.15

1999 von Argentinien nach Deutschland – zuerst: Sprachkurs – sechs Monate – danach: mittlere Reife an der Abendrealschule – 2002: Lehre als Automechanikerin – einige Jahre nicht zu Hause – am Anfang viel Heimweh – im letzten Jahr nach Argentinien – Familie – schöne Zeit zusammen

Adelina Sanchez kam 1999 von Argentinien nach Deutschland.
Zuerst ...

kommen • machen • machen • anfangen • sein • haben • fliegen • besuchen • haben

b Schreiben Sie einen ähnlichen Text im Präteritum über sich selbst.

10

6 Präteritum oder Plusquamperfekt? Was war zuerst, was kam danach? Markieren Sie in 1–4 jeweils, was zuerst kam, und ergänzen Sie dann die Sätze.

1. Natascha ______________ bereits das Abitur ________________ (machen), als sie von Kasachstan nach Deutschland _____________ (auswandern).
2. Als sie genug Deutsch __________________________ (lernen), _____________ sie eine Banklehre (machen).
3. Nachdem sie die Lehre ___________________________ (beenden), _____________ (bekommen) Sie eine Stelle bei der Citybank.
4. Nachdem Sie dort drei Jahre __________________________ (arbeiten), _____________ (gehen) sie für zwei Jahre nach Moskau.

7 Verbinden Sie die Sätze wie im Beispiel.

1. Sergio kochte Kaffee. Er ging die Zeitung holen.
2. Vladimir kam am Hauptbahnhof an. Er suchte das Touristenbüro.
3. Karina arbeitete in einer Klinik. Sie bekam eine Stelle in einer Arztpraxis.
4. Frau Schmieder hörte auf zu arbeiten. Sie half Familien mit Kindern.
5. Ich bestellte ein Taxi. Ich wartete noch 30 Minuten, bis es kam.
6. Anthony lebte drei Jahre in Österreich. Er konnte kein scharfes Essen mehr essen.

Nachdem Sergio Kaffee gekocht hatte, ...
Sergio ging die Zeitung holen, nachdem er ...

8 Das Fotoalbum

a Lesen Sie und ordnen Sie die Fotos 1–9 den Umschlägen zu.

Umschlag/Fotos: 1 _____ 2 _____ 3 _____ 4 _____

Meine Großmutter war schon sehr alt, weit über achtzig, als sie umzog. Die letzten Monate war sie öfter krank gewesen und hatte dann beschlossen, in ein Altersheim zu ziehen. Wir waren gerade am Packen (Es waren nicht viele Sachen, die sie mitnehmen wollte.), als sie mir eine Blechschachtel brachte. Eine große, bunte Blechschachtel, in der einmal Lebkuchen verpackt gewesen waren. „Such dir aus, was du willst", sagte sie und gab mir die Schachtel. Ich öffnete sie. Es war ein Durcheinander aus Briefen, Ansichtskarten und vier nummerierten Umschlägen. Die Sammlung eines ganzen Lebens.

Ich setzte mich auf das alte Sofa, auf dem sie mir als Kind immer Geschichten vorgelesen hatte, und öffnete den Umschlag mit der Zahl 1. Im Umschlag waren alte, vergilbte Fotos. Auf den meisten stand in schöner, goldener Schrift der Name des Fotostudios. Die Menschen blickten steif und ernst in die Kamera. Sie hatten ihre besten Kleider an. Sie sahen aus, als ob man sie nicht oft fotografiert hätte. Der Anlass musste ein besonderer gewesen sein, ein Fest, ein Jubiläum. Auf manchen stand auf der Rückseite mit Bleistift die Jahreszahl. Ein Foto fiel mir besonders auf: drei junge Männer in Uniform. Selbstbewusst blickten sie in die Kamera. Auf der Rückseite stand „Frankreich 1916". In der Mitte mein Großvater. Die meisten Personen auf den Bildern kannte ich nicht. Verwandtschaft? Meine Großmutter hatte neun Geschwister, die wie sie alle ihre eigene Familie gegründet haben, mit Kindern und Enkelkindern.

Im zweiten Umschlag entdeckte ich Fotos, die alle einen gezackten oder gewellten Rand hatten. Fotos, die nicht im Fotostudio entstanden waren. Menschen bei einem Ausflug, am See, in den Bergen, auf einer Familienfeier. Amateuraufnahmen. Und viele Bilder waren unscharf. Aber trotzdem erkannte ich die meisten Personen: meine Großeltern, meine Mutter, meinen Onkel, meine Tante. In diesem Umschlag war also die eigene Familie meiner Großmutter versammelt. Die Fotos zeigten ihr Familienleben und ihre Kinder in verschiedenen Altersstufen bis hin zur Hochzeit.

Auf dem nächsten Umschlag mit Fotos von mir stand eine große 3: ich als Kind, als Jugendlicher, als Erwachsener. Fotos, die ich zum Teil selbst gemacht hatte, um meine Großmutter an meinem Leben teilhaben zu lassen. Dabei war auch das erste Foto von mir als Baby: Meine Großmutter badet mich in einer kleinen Badewanne aus Blech. Auf den nächsten Bildern lernte ich gehen. Die Hand eines Erwachsenen half mir dabei. Nach dem Gehen kam das „Fahren": das erste Dreirad, ein Schlitten, Skier, ein Fahrrad. Mein Leben als Kind war ziemlich lückenlos dokumentiert, wahrscheinlich weil ich das erste Enkelkind war. Es folgten Bilder vom Karneval, vom ersten Schultag, von der Kommunion. Auf einem Bild waren alle Männer der Familie vor einem Fernsehgerät versammelt. Sie lachen fröhlich in die Kamera, feiern, trinken Bier. Auf die Rückseite hatte jemand geschrieben: „Wir sind Weltmeister!"

Auf den übrigen Schwarz-Weiß-Fotos fehlte ich. Ich erinnerte mich. Mit zwölf bekam ich meinen ersten Fotoapparat, eine einfache Kamera von Agfa. Ich begann damals, selbst zu fotografieren: meine Familie, meine Freunde, mein Kaninchen, meine Wellensittiche.

⑦

⑧

⑨

Im vierten Umschlag waren Farbfotos. Es war der dickste Umschlag. Viele Urlaubsbilder waren darunter, aus Italien, Frankreich, Spanien. Einige sogar aus Amerika und Asien. Die Enkelkinder entdeckten die Welt und zeigten sie der Großmutter, die ihr Leben lang nie im Ausland war.
Auf einem Schnappschuss war mein Neffe in Berlin. Mit einem Hammer schlug er gerade einen großen Brocken aus der ehemaligen „Mauer“. Das Souvenir liegt seitdem in Großmutters Schrank.
Dann wiederholten sich die Motive: Babys, Kleinkinder, Schulkinder, meine Kinder, die Kinder meines Bruders, die Kinder meiner Cousins und Cousinen. Das Familienalbum war komplett. Die Urenkel schrieben die letzte Seite.
Fast einhundert Jahre Geschichte waren in der Schachtel versammelt. Ich suchte mir einige Fotos aus und machte daraus ein Album: naive Schnappschüsse, Familiendokumente, schöne Erinnerungen.

b Richtig oder falsch – Kreuzen Sie an.

1. [r] [f] Die alte Frau hat Fotos aus fast 200 Jahren.
2. [r] [f] Die ältesten Fotos stammen etwa aus der Zeit des Ersten Weltkriegs.
3. [r] [f] Am Anfang sind die meisten Fotos aus Fotostudios.
4. [r] [f] Der Erzähler kennt fast alle Leute auf den Fotos.
5. [r] [f] Großmutter wuchs in einer großen Familie auf.
6. [r] [f] Der Erzähler ist das einzige Enkelkind.
7. [r] [f] Die ersten Fotos, die der Erzähler selbst gemacht hat, waren noch schwarz-weiß.
8. [r] [f] Großmutter hat gerne im Urlaub fotografiert.
9. [r] [f] Die letzten Fotos zeigen die Urenkel der alten Frau.

c Korrigieren Sie die falschen Aussagen.

Im Text steht, dass in der Schachtel fast einhundert Jahre Geschichte versammelt sind.

9 Aussprache: Satzakzent

a Hören Sie und markieren Sie die Satzakzente in den Teilsätzen.

3.16

Als die Nazis die Kommunisten holten, habe ich geschwiegen; ich war ja kein Kommunist.
Als sie die Juden holten, habe ich nicht protestiert; ich war ja kein Jude.
Als sie mich holten, gab es keinen mehr, der protestierte.

b Einen Text lesen – Hören Sie und sprechen Sie nach.

3.17

Mit dem Wirtschaftswunder | kamen die „Gastarbeiter“. ↘ ||
Als Erste waren 1955 Italiener gekommen. ↘ || Ihnen folgten andere Südeuropäer. ↘ ||
Junge Männer, die in kurzer Zeit viel Geld verdienen wollten, um dann in die Heimat zurückzukehren. ↘

TIPP Einen Text vorbereiten: Markieren Sie a) die kleinen (|) und die großen Pausen (||), b) die Satzakzente stark (Gastarbeiter) und schwach (Wirtschaftswunder) und c) die Sprechmelodie am Satzende. Vergessen Sie die Pausen am Satzende nicht! Sehen Sie beim Vortragen Ihre Zuhörer an.

29 Männer und Frauen

Wiederholung

1 Wortschatz: Eigenschaften

a Wie viele Eigenschaften finden Sie hier?

o	v	o	l	n	g	l	ü	c	k	l	i	c	h	t
f	ä	n	g	s	t	l	i	c	h	d	u	m	m	r
q	m	s	s	e	l	b	s	t	ä	n	d	i	g	a
r	p	t	x	h	j	l	y	b	l	o	n	d	h	u
h	ü	a	d	e	b	a	m	o	d	i	s	c	h	r
n	n	r	f	r	e	n	p	p	l	a	u	t	j	i
w	k	k	m	z	r	g	a	e	r	l	e	d	i	g
t	t	d	p	l	ü	w	t	l	a	n	g	s	a	m
u	l	i	e	i	h	e	h	ä	s	s	l	i	c	h
v	i	c	f	c	m	i	i	g	e	s	u	n	d	y
b	c	k	b	h	t	l	s	u	j	m	k	d	n	d
e	h	b	s	n	o	i	c	f	m	t	l	l	e	t
k	x	t	c	q	s	g	h	a	l	k	e	i	t	h
z	f	r	e	u	n	d	l	i	c	h	i	e	t	u
s	g	r	o	ß	z	ü	g	i	g	k	n	b	t	h

b Ordnen Sie die Eigenschaften, die Sie gefunden haben, in eine Tabelle ein.

Charakter	Aussehen	Sonstiges
glücklich		

c Finden Sie die Gegensätze.

glücklich – unglücklich, traurig

d Fallen Ihnen noch weitere Eigenschaften ein? Ergänzen Sie die Tabelle.

e Ergänzen Sie die Adjektive. ↓

1. Franziska lacht nie. Ich glaube, dass sie sehr ________ ist.
2. Ein _____________ Mensch kommt nie zu spät.
3. Sie hat viele Freunde durch ihren _____________ Charakter.
4. Ilka ist nur 1,56 Meter ____ und hat auch sehr _______ Füße.
5. Mit einer _____________ Person sollte man nicht Riesenrad fahren.
6. Mein neuer Nachbar ist mir sehr _____________.

sympathisch • groß • klein • pünktlich • freundlich • traurig • ängstlich

2

2 **Wie Anna und Michael sich kennen lernten – Ergänzen Sie die fehlenden Wörter und hören Sie zur Kontrolle.**

3.18

Telefonanlage • gehen • fertig • funktioniert • endlich • Problem • man • Leben • Firma • kennen • Scheidung • Termin • ausgezogen

○ Wir __________________ uns jetzt seit zwei Jahren, ein bisschen mehr schon. Ich habe Michael ja schon lange gekannt, weil er immer wieder mal während der Arbeit in meiner __________________ war.

● Ja, das ist ganz einfach, ich bin Telefontechniker und ich betreue auch die Firma, in der Anna arbeitet. Als ich die neue __________________ im Büro von Anna installiert habe, da hatte ich auch endlich Zeit, mit ihr zu reden und ...

○ Ja, das Übliche halt, was __________________ so redet, aber als Michael dann mit der Arbeit __________________ war, da ist er nicht gleich gegangen, er hat da noch so herumgedruckst, wollte nicht gehen, aber ich hatte einen __________________ und musste weg.

● Aber das ist ja das Praktische, dass ich für Annas Firma gearbeitet habe, ich konnte einfach nachfragen, ob alles klar ist, ob alles __________________, und das hab ich in der folgenden Woche gemacht, bis __________________ ein Problem aufgetaucht ist und ich wieder hinkonnte.

○ Eigentlich gab es ja kein __________________ mit der Telefonanlage, aber als Michael immer wieder angerufen hatte, da wusste ich, was er wollte, und ich hab einfach gesagt, __________________ wir doch gemeinsam Mittag essen.

● So war das, genau, und ich habe dann von meiner __________________ erzählt, dass die Kinder __________________ sind, dass ich alleine wohne ...

○ Ja, das haben Männer immer schon, erzählt, erzählt, erzählt, aus ihrem Leben, aber als ich dann von mir sprach, aus meinem __________________ erzählte, da merkte ich, Michael kann auch zuhören, sehr gut zuhören.

3 **Der Ablauf einer Beziehung**

a Was passiert zuerst und was dann? Bringen Sie die Ausdrücke in eine sinnvolle Reihenfolge.

- ☐ ein Kribbeln im Bauch haben
- ☐ enttäuscht sein von
- ☐ es tut mir/ihr/ihm Leid, dass
- ☐ gemeinsam alt werden
- ☐ getrennt sein
- ☐ keine Worte finden
- ☐ sich gern haben

- ☐ sich ineinander verlieben
- 1 sich kennen lernen
- ☐ sich streiten
- ☐ sich sympathisch finden
- ☐ sich versöhnen
- ☐ traurig sein

b Eine Liebesgeschichte schreiben – Schreiben Sie die Geschichte über zwei Verliebte zu Ende. Benutzen Sie die folgenden Wörter und Ausdrücke.

zuerst • sofort • gleich • es dauerte nicht lange • immer • oft • dann • einmal • später • nach zwei Jahren • vier Jahre später • schließlich

Meine Freunde haben sich im Jahr 2004 bei Bekannten auf einer Geburtstagsfeier kennen gelernt. Sie waren sich gleich sympathisch und haben sich sofort ineinander verliebt. Sie haben sich jeden Tag gesehen. Meine Freundin Gabi hatte immer so ein Kribbeln im Bauch und Tim war auch sehr nervös, wenn sie sich getroffen haben. Tim war sehr in meine Freundin verliebt. Er konnte oft keine Worte finden. Dann ...

c Schreiben Sie eine eigene Geschichte nach dem Beispiel in 3b.

▶6

4 Zweiteilige Konjunktionen – Ergänzen Sie die Sätze.

nicht nur ... sondern auch • sowohl ... als auch • entweder ... oder • weder ... noch

1. Hosni ist ein Sprachentalent. Er spricht __________ __________ Arabisch, Französisch und Englisch, __________ lernt jetzt __________ noch Deutsch.
2. Ich habe keine Probleme bei meiner Arbeit: __________ mit den Kollegen __________ mit meinem Chef.
3. Du musst dich jetzt wirklich entscheiden: __________ du kommst mit __________ du bleibst zu Hause.
4. Ich kann nicht mitkommen. Ich muss das ganze Wochenende für die Führerscheinprüfung lernen, __________ am Samstag __________ __________ am Sonntag.
5. Herr Meinders hatte gestern Schwierigkeiten mit seinem PC. __________ die Tastatur __________ __________ die Maus waren kaputt.
6. Es gibt zwei Möglichkeiten: __________ du fährst mit deinen Eltern in den Urlaub __________ du machst mit mir die Fahrradtour. Beides geht nicht.
7. Sophie ist völlig pleite, sie hat ihr ganzes Geld ausgegeben. __________ auf ihrem Girokonto __________ auf ihrem Sparbuch ist ein Cent übrig.
8. Ich bin arbeitslos, aber meine Freundin hat noch mehr Probleme als ich. Sie hat __________ __________ ihre Arbeit verloren, __________ __________ ihren Freund.

7

5 Kann das gut gehen? Ein Paar mit Gegensätzen.

a Ordnen Sie die Gegensätze zu.

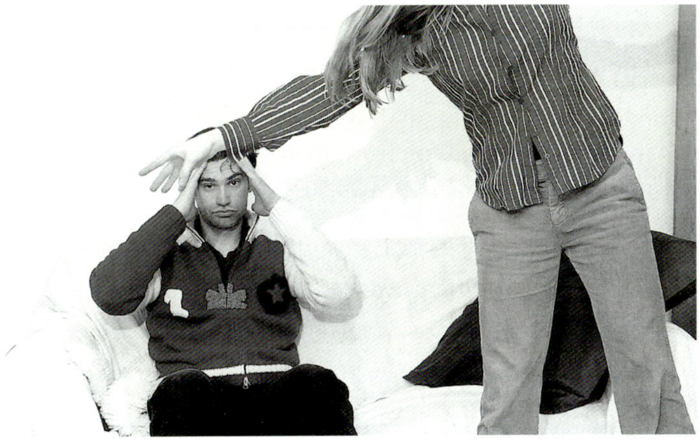

Jennifer ...
1. ... liebt Actionfilme.
2. ... isst sehr gerne Fisch.
3. ... findet Fußball langweilig.
4. ... geht gerne in die Disco.
5. ... könnte im Urlaub stundenlang am Strand spazieren gehen.
6. ... liest gerne lange Romane.
7. ... schläft bei klassischer Musik immer ein.

Markus ...
- [ ] a) ... bekommt von lauter Musik Ohrenschmerzen.
- [ ] b) ... hat kein Interesse an Literatur.
- [ ] c) ... hasst alles, was aus dem Meer kommt.
- [ ] d) ... hält Mozart für den größten Komponisten.
- [ ] e) ... würde am liebsten jedes Spiel „seines" 1. FC sehen.
- [1] f) ... sieht sich im Fernsehen gerne Komödien an.
- [ ] g) ... mag nur Wanderungen in den Bergen.

b Schreiben Sie Sätze mit *während*.

1. Jennifer (liebt) Actionfilme, während Markus sich im Fernsehen gerne Komödien (ansieht).
Während Jennifer Actionfilme (liebt), ...

6 Killerphrasen – Was bedeuten die folgenden Ausdrücke? Lesen Sie den Text auf S. 57 noch einmal. Kreuzen Sie a oder b an.

1. etwas kommt bei einer Person falsch an
   [a] die Person bekommt etwas zu spät
   [b] die Person versteht etwas nicht richtig

2. jemand ist schuld an etwas
   [a] etwas passiert, weil jemand etwas falsch gemacht hat
   [b] jemand hat sich etwas Geld geliehen

3. bereit sein, etwas zu tun
   [a] etwas nicht tun wollen
   [b] etwas tun wollen

4. sich provoziert fühlen
   [a] das Gefühl haben, dass ein anderer einen ärgern will
   [b] das Gefühl haben, dass man gerne jemanden ärgern möchte

5. die Killerphrase
   [a] ein Satz, den Kriminelle oft benutzen
   [b] ein Satz, der den Gesprächspartner ärgerlich macht

6. die Beziehung
   [a] Möbel in eine neue Wohnung bringen
   [b] die Verbindung zwischen Personen

7 Ich-Botschaften einer Mutter – Schreiben Sie die Sätze.

1. Ich bin oft traurig, ... muss / alles / allein / ich / hier / weil / machen / .
2. Mich ärgert, ... ganzen / Wohnung / der / dass / ist / in / Unordnung / .
3. Ich wünsche mir, ... wir / mehr / dass / machen / zusammen / .
4. Ich fände es gut, ... jeden / müsste / wenn / Tag / nicht / kochen / ich / .
5. mehr / für / ich / mich / haben / gerne / Zeit / würde / .
6. öfter / weggehen / könnten / wir / mal / abends / doch / .

Ich bin oft traurig, weil ich ...

15

8 Textverstehen – Lesen Sie den Text und entscheiden Sie jeweils, ob a, b oder c richtig ist.

Hotel Mama

Das Essen ist stets fertig, die Wäsche gebügelt und umsonst ist der Service auch noch. Die Vorzüge des Elternhauses führte uns zuletzt der Kinohit „Tanguy" vor: Der 28-jährige Sohnemann denkt gar nicht daran, seinem bequemen Nest den Rücken zu kehren. Jetzt bestätigt die Statistik den Trend: Besonders junge Männer entschließen sich immer später dazu, die „Eltern-Pension" zu verlassen. Home, sweet home: Schon 1996 hat der Soziologe Stefan Weick festgestellt, dass Männer im Schnitt fünf Jahre später ausziehen als Frauen. In den vorherigen Jahrzehnten habe der Unterschied noch bei drei Jahren gelegen. Wie das Statistische Bundesamt jetzt bekannt gab, setzt sich dieser Trend fort: Heute wohnen noch 82 Prozent der 20-jährigen Männer zu Hause – bei den Frauen sind es 66 Prozent. Mit steigendem Alter wird dieser Unterschied noch größer: Mit 30 Jahren leben noch 14 Prozent der Männer im Elternhaus, bei den Frauen sind es nur noch 5 Prozent. Während es junge Menschen in den 70er Jahren früh in die Unabhängigkeit zog, zeigen heute immer mehr Kinder Nesthocker-Tendenzen – Jungs wie Mädchen. Als Gründe werden gemeinhin längere Ausbildungszeiten und der teure Wohnungsmarkt genannt. Die schlechte Wirtschaftslage führe außerdem dazu, dass Jugendliche oft erst später eine feste Stelle bekämen, die ihnen finanzielle Unabhängigkeit gewähre. Die großzügige Wohnsituation vieler Familien – früher wuchsen oft mehrere Geschwister in beengten Wohnverhältnissen auf – fördere diese Tendenz noch, so Stefan Weick. Zudem sei eine Partnerschaft kein zwingender Grund mehr, die Eltern zu verlassen, da heute nicht mehr geheiratet werden müsse. Die Psychologin Christiane Papastefanou hat außerdem festgestellt, dass Kinder wohlhabender Familien heute ihr Geld lieber für Reisen und andere Freizeitaktivitäten ausgäben als für die Miete.

Papastefanou hat auch eine Erklärung dafür, dass Jungs länger das „Hotel Mama" in Anspruch nehmen als Mädchen: Sie genießen mehr Freiheiten im Elternhaus als ihre Schwestern. Während Söhne in der Regel kommen und gehen könnten, wann sie wollten, sähen sich Töchter einer größeren Kontrolle ausgesetzt. Darüber hinaus müssten sie mehr im Haushalt helfen. Nicht zu unterschätzen sei auch die Tatsache, dass Frauen oft kürzere Ausbildungswege absolvierten und somit früher ein eigenes Einkommen hätten. Die Familiengründung erfolge bei Frauen ebenfalls früher als bei Männern.

1. Kinder zeigen „Nesthocker-Tendenzen" heißt, dass sie
   [a] sich gerne vor Vogelnester setzen.
   [b] immer später aus dem Elternhaus ausziehen.
   [c] oft auf Hockern sitzen, die wie Nester aussehen.

2. Männer leben heute durchschnittlich
   [a] drei Jahre länger zu Hause als früher.
   [b] viel länger bei ihren Eltern als Frauen.
   [c] kürzer zu Hause als 1996.

3. Männer leben länger zu Hause als Frauen, weil
   [a] sie schlechter eine passende Wohnung finden.
   [b] sie mehr Freiheiten haben als ihre Schwestern.
   [c] sie Arbeitsstellen am Heimatort suchen.

4. Frauen ziehen früher zu Hause aus als Männer, weil
   [a] die Eltern sie stärker kontrollieren.
   [b] sie nicht so weit zur Arbeit fahren wollen.
   [c] sie etwas gegen die Familie haben.

5. Zwischen 1970 und 1980 haben junge Leute
   [a] noch länger bei ihren Eltern gewohnt als heute.
   [b] genauso lange bei den Eltern gewohnt.
   [c] früher die Unabhängigkeit gesucht als heute.

6. Man zieht auch später aus, weil
   [a] die eigene Wohnung oft zu teuer ist.
   [b] die Eltern dagegen sind.
   [c] es keine Wohnungen gibt.

9 Aussprache: s, *st*, *sp*, *sch* – Hören Sie und sprechen Sie nach.

3.19

○ Finden Sie diese Person sympathisch? ↗ ● Nein, nicht besonders. Mich stört ... ich weiß auch nicht. ↘

○ Was stört dich am meisten? ↗ ● Wenn jemand ständig alles besser weiß. ↘

○ Streitest du gern? ↗ ● Nein, aber ich finde, dass man sich auch mal richtig streiten muss. ↘

○ Sönke spricht oft stundenlang über seine Beziehung. ↘ ● Das verstehe ich nicht. ↘

Schwierige Wörter

10 Hören Sie und sprechen Sie langsam nach. Wiederholen Sie die Übung.

3.20

Kaugummi ↘	oft Kaugummi ↘	Ich kaue oft Kaugummi. ↘
unordentlich ↘	sehr unordentlich ↘	Mein Onkel ist sehr unordentlich. ↘
Handy klingelt ↘	wenn das Handy klingelt ↘	Mich stört, wenn das Handy klingelt. ↘

11 Welche Wörter sind für Sie schwierig? Notieren Sie drei Wörter/Sätze wie in Aufgabe 10. Üben Sie mit einem Partner / einer Partnerin:

1. ______________________________

2. ______________________________

3. ______________________________

30 Krankenhaus

Wiederholung

1 Gesundheitswortschatz – Markieren Sie die Wortgrenzen und ordnen Sie die Begriffe zu.

ALLERGIE/TERMINTABLETTEZAHNSCHMERZENARMGEBROCHENKARIESINTER
NISTBAUCHWEHGRIPPEFIEBERHUSTENSCHNUPFENMEDIKAMENTREZEPTAUSRU
HENWEHTUNERKÄLTETUNGESUNDVERSICHERTENKARTEHUSTENSAFTGRIPPE
MITTELÜBERWEISUNGWARTEZIMMERVERBANDKRANKMELDUNGKRANKENHAUS
TROPFENOHRENSCHMERZENÜBERGEWICHTHERZPROBLEMEÖFFNUNGSZEITEN

Probleme	Ärzte	Apotheke	Sonstiges
die Allergie			

2 Über eine Krankheit berichten – Schreiben Sie einen Text in der Vergangenheit (Perfekt/Präteritum). Die Ausdrücke, Satzverbindungen und Adverbien helfen.

nur Kopfschmerzen haben • Bauchschmerzen bekommen • müde sein • etwas Fieber haben • ins Bett legen • heißen Tee trinken • Kopfschmerzen stärker werden • schlecht schlafen • Halsschmerzen bekommen • zum Arzt gehen • keinen Termin haben • eine Stunde warten • mit dem Arzt sprechen • wahrscheinlich Grippe haben • eine Krankmeldung bekommen • in die Apotheke gehen • ein Grippemittel kaufen • den Rest der Woche im Bett bleiben

zuerst
dann
danach
und
aber
am nächsten Tag/Morgen
später
leider
auch

Letzte Woche war ich krank. Zuerst hatte ich nur Kopfschmerzen und dann habe ich auch Bauchschmerzen bekommen ...

1

3 Ordnen Sie die Antworten a–h der Spedition Höhne (S. 187) den Fragen 1–8 zu.

Rettungsdienst

1. Rettungsdienstzentrale. Wie kann ich Ihnen helfen? [e]
2. Wie ist Ihr Name und von wo aus rufen Sie an? [ ]
3. Gut, Herr Kölmel. Wo und wann ist der Unfall genau passiert? [ ]
4. Welche Etage? [ ]
5. Was genau ist passiert? [ ]
6. Gibt es noch mehr Verletzte? [ ]
7. Welche Verletzungen hat Ihr Mitarbeiter? Ist er ansprechbar? [ ]
8. Gut, Herr Kölmel. Ein Rettungswagen ist unterwegs. Noch eine Frage: Wie ist Ihre Telefonnummer? [ ]

Spedition Höhne

a) Hier in Köln-Ensen, in der Berliner Straße 57, ungefähr vor einer halben Stunde.
b) Meine Nummer ist 0173 89…
c) Nein, zum Glück nicht.
d) Einer unserer Mitarbeiter ist beim Möbelabladen gestürzt. Ein Schrank ist auf ihn gefallen …
e) Guten Tag. Ich möchte einen Unfall melden. Wir brauchen dringend einen Arzt.
f) Dritte Etage. Das ist die Wohnung der Familie Neumeier.
g) Ja, er ist ansprechbar. Aber er kann nicht laufen und hat vielleicht den Arm gebrochen.
h) Mein Name ist Kölmel. Ich arbeite hier bei der Spedition Höhne in der Lützner Straße. Ich bin Außendienstmitarbeiter.

4

4 Unfall und Krankenhaus – Ergänzen Sie die passenden Begriffe.

1. Wenn Sie 112 wählen, meldet sich der ________________________.
2. Nach einem Unfall kann Ihr Kollege nicht sagen, was los ist. Er ist nicht ________________________.
3. Sie hatten einen Unfall und können nicht arbeiten. Sie sind ________________________.
4. Um ins Krankenhaus gehen zu können, brauchen Sie normalerweise eine ________________________.
5. Um nachzuweisen, dass Sie krankenversichert sind, legen Sie Ihre ________________________ vor.
6. Sie dürfen nicht alles essen. Sie bekommen ________________________.

Schonkost • arbeitsunfähig • Rettungsdienst • Versichertenkarte • ansprechbar • Einweisung

5 Fragen und Informationen im Krankenhaus – Schreiben Sie Sätze.

1. Versichertenkarte. / die / brauchen / Sie / Fall / auf / jeden /
2. Allergie? / eine / Haben / Sie /
3. Krankmeldung / eine / werde / ausstellen. / Ihnen / Ich /
4. Bitte / die / ein. / halten / Besuchszeiten / Sie /
5. noch / Vor / wir / verschiedene / müssen / Operation / Untersuchungen / machen. / der /
6. Sie / eine / schon / Operation? / Hatten / einmal /
7. im / Krankenhaus? / Mal / das / letzte / Sie / Wann / waren /
8. können / Rezeption / Telefonkarte / an / sich / eine / der / kaufen. / Sie /
9. Sie / Medikamente? / Nehmen / zurzeit /
10. Krankenhaus. / Arbeitsunfall / einem / man / Bei / Einweisung / keine / braucht / ins /
11. Ihrem / Sie / einen / von / Haben / Vorbefund / Hausarzt? /
12. drei / Wochen / werden / Sie / arbeitsunfähig sein. / mindestens /

1. Sie brauchen auf jeden Fall die Versichertenkarte.

6 Tipps für einen Krankenhausaufenthalt

a Ordnen Sie 1–6 und a–f einander zu.

An Ihren gut gefüllten Kulturbeutel sowie Bademantel und bequeme Schuhe haben Sie bestimmt schon selbst gedacht. Unsere Tipps sollen Ihren Aufenthalt angenehmer gestalten und Ihrer Entspannung dienen.

1. Radio mit CD- oder Kassettenrecorder und passendem Kopfhörer!
2. Vielleicht haben Sie Lust, mal ein „Hörbuch" auszuprobieren.
3. Vielleicht haben Sie Lust, in Ruhe etwas zu lesen.
4. Briefpapier, Briefmarken und Adressbuch nicht vergessen.
5. Geld, möglichst nur ein paar kleine Scheine und Kleingeld, ...
6. Wertvollen Schmuck lassen Sie am besten zu Hause – ...

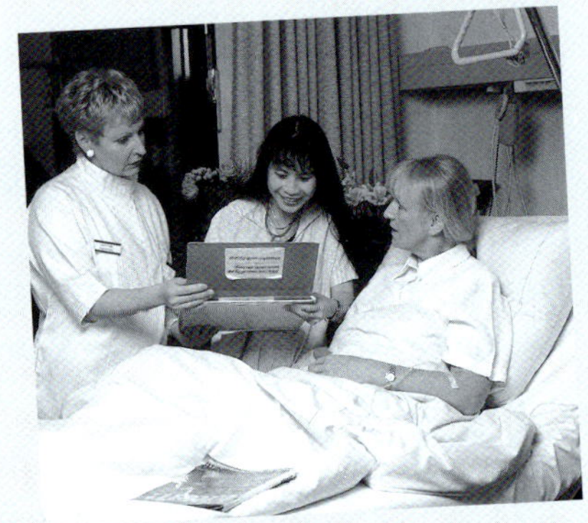

☐ a) z.B. einen Roman, ein Sachbuch, einen Bildband oder Gedichte. Viele Kliniken besitzen übrigens auch eine eigene Bücherei.

☐ b) Das sind CDs oder Kassetten, auf denen besonders ausgewählte Sprecher klassische Literatur, aber auch Bestseller, Krimis oder Lyrik vorlesen. Man kann sie in Buchhandlungen kaufen oder in der Bibliothek leihen.

☐ c) um zu telefonieren oder etwas am Kiosk der Klinik zu kaufen.

☐ d) oder fragen Sie nach, ob das Krankenhaus einen Safe für Wertsachen anbietet.

☐ e) Wer schreibt, bekommt vielleicht auch Post zurück. Im Krankenhaus ist das etwas besonders Schönes.

☐ f) Damit können Sie hören, was Sie wollen, und die anderen Patienten haben ihre Ruhe.

b Persönliche Ratschläge – Schreiben Sie Imperativsätze.

1. (denken an) ein Radio mit Kassettenrecorder und passendem Kopfhörer. 2. (ausprobieren) auch mal ein „Hörbuch". 3. (mitnehmen) ein gutes Buch 4. (denken an) Briefpapier, Briefmarken und Adressbuch 5. (mitnehmen) möglichst nur ein paar kleine Scheine und Kleingeld 6. (zu Hause lassen) wertvollen Schmuck

1. Denk / Denken Sie an ein Radio mit Kassettenrecorder.

7 Einen Brief korrigieren – Markieren Sie die zehn Fehler: fünfmal Verbposition und fünfmal Rechtschreibung. Schreiben Sie den Brief dann richtig.

Hallo, Peter,
wie es geht dir? Ich hoffe, du die Operation gut überstanden hast und jetzt nicht mehr so starke Schmertzen hast! Wir dich eigentlich schon besuchen können? Dann wir bringen dir einen großen Pignigkorb mit! Du ist ja sehr gerne und im Krankenhaus schmeckt das Essen ja meistens nicht so gut. Schreib mal, wie es dir geht!

Gute Beserung und bis balt!

Dein Bernd mit Birgit, Jan und Benny

Peter Schurmeier
Josephkrankenhaus
Station 3
Häuserstraße 6–10
69115 Heidelberg

8 Ergänzen Sie die Lücken.

Lieber Bernd,

danke für deine Karte! Ja, es geht mir schon viel besser und d____ Operation ist gut verl__________. Natürlich könnt ihr mi____ besuchen. Am besten nachm__________ oder nach 19 Uhr. Es gi____ zwar keine festen Besuch________________, aber vormittags ist hi____ richtig viel los: Vis____, Labor, Krankengymnastik und da ka____ man nicht immer a____ das Zimmer kommen. Es geht mir sch____ viel besser. Seit zwei Ta____ habe ich fast ke____ Schmerzen mehr. Aber der Chef__________ hat gesagt, dass i____ bestimmt noch eine Wo__________ bis 10 Tage hier ble__________ muss. W____ sind zu zweit in ei____ Zimmer und mein Zimmer________________ Klaus ist sehr ne____ und ruhig. Er wi____ wahrscheinlich auch noch ei____ Woche hier bleiben. D____ Essen ist super, w____ im Restaurant! Man ka____ täglich zwischen zwei Menüs ausw__________ und es hat bis__________ immer richtig gut gesch__________!

Ich freue mich, wenn ihr mich besucht!

Liebe Grüße auch an Birgit und die Kinder!

Dein Peter

9 Interview mit Frau Ringer – Lesen Sie zuerst die Aufgaben. Hören Sie zu und kreuzen Sie an.

3.21

Frau Ringer wurde an der Halswirbelsäule operiert und berichtet über ihren Krankenhausaufenthalt.

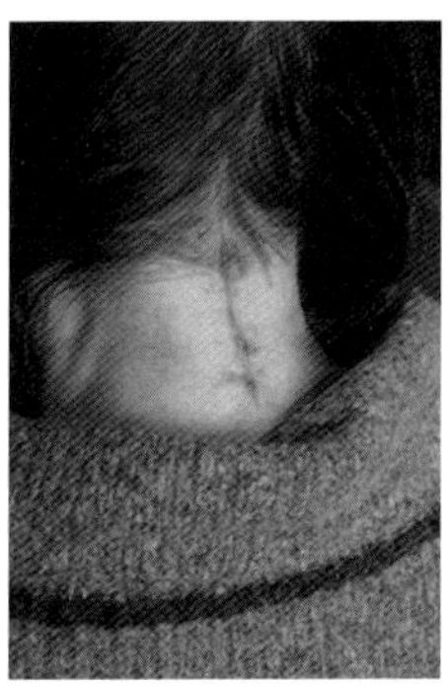

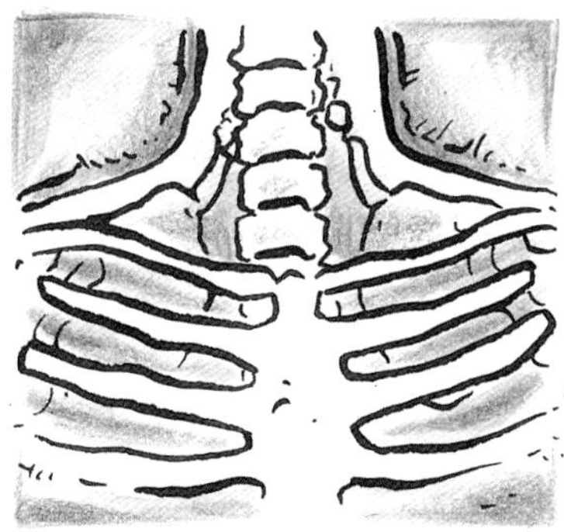

1.	Frau Ringer hat noch starke Schmerzen.	r	f
2.	Frau Ringer konnte die linke Hand nicht mehr richtig bewegen.	r	f
3.	Eine Operation an der Wirbelsäule ist kein großes Problem mehr.	r	f
4.	Frau Ringer hat sich über die Vor- und Nachteile einer Operation informiert.	r	f
5.	Die Arztvisite war vor dem Frühstück.	r	f
6.	Die Untersuchungen waren immer am Nachmittag.	r	f
7.	Die Operation ist sehr gut verlaufen.	r	f
8.	Nach der Operation hatte sie starke Schmerzen.	r	f
9.	Frau Ringer hat zwei Wochen Krankengymnastik gemacht.	r	f
10.	Es dauert lange, bis man nach einer Operation wieder ganz gesund ist.	r	f

10 Ein Problem aushandeln – Ordnen Sie den Dialog.

● Haben Sie denn schon einmal mit Ihren Zimmernachbarn gesprochen? ①
○ Ja, nein, eigentlich nicht richtig … Ich kann mich nicht richtig ausruhen und nachts mache ich mir Sorgen und kann auch nicht schlafen.

● Medikamente muss der Arzt verordnen, aber gleich ist ja Visite, dann können Sie das mit Dr. Siebach besprechen. ②
○ Danke, Schwester …

○ Guten Morgen, Schwester Karin. Ich möchte bitte mit Schwester Pia sprechen, mit der Stationsschwester. ③

● Dann sollten wir doch zuerst einmal mit Herrn Beck und Herrn Seifert sprechen. An den Fernseher kann man auch einen Kopfhörer anschließen und eine Mittagspause von 12 – 15 Uhr haben wir eigentlich auch. ④
○ Und vielleicht könnte ich abends auch mal eine Schlaftablette bekommen?

● Herr Möbius, im Moment haben wir kein freies Bett auf der Station, aber was stört Sie denn in Ihrem Zimmer? ⑤
○ Es ist immer laut, von morgens bis abends läuft der Fernseher und es kommt ständig Besuch. Manchmal kommen auch andere Patienten und spielen hier Karten.

● Das ist nicht so einfach. Im Moment sind alle Betten belegt … ⑥
○ Am liebsten hätte ich ein Einzelzimmer.

● Einzelzimmer sind für Privatpatienten reserviert, dann müssen Sie auch die Chefarztbehandlung zusätzlich zahlen. ⑦
○ Ich möchte wirklich nur meine Ruhe haben, keine Extrabehandlung.

● Hallo, Herr Möbius. Schwester Pia ist in einer Besprechung. Kann ich Ihnen helfen? ⑧
○ Vielleicht, ich möchte das Zimmer wechseln. Es ist mir einfach zu laut hier und ich kann mich nicht richtig ausruhen.

3 ___ ___ ___ ___ ___ ___ ___

▶10

11 Relativsätze – Erklären Sie die Begriffe wie im Beispiel.

1. Krankenschwester 2. Laborantin 3. Hebamme 4. Stationsärztin 5. Raumpflegerin

Blut untersuchen • Tests machen • bei der Geburt helfen • die Kranken untersuchen • Betten machen • Patienten waschen • den Boden wischen • Papierkörbe leeren • Medikamente verordnen • Spritzen geben

1. Eine Krankenschwester ist eine Person, die die Patienten wäscht und …

12 Relativsätze – Schreiben Sie.

1. Ist das der Arzt …? — Sie haben gestern *mit ihm* gesprochen. Sie haben schon viel *von ihm* gehört. Sie finden *ihn* sehr sympathisch. Sie haben Vertrauen zu *ihm*.
2. Ist das das Medikament …? — Sie müssen *es* dreimal täglich einnehmen. Sie bekommen eine Allergie *von ihm*. *Über es* spricht man in den Medien. Sie haben *es* heute vergessen. *Es* schmeckt schrecklich! Sie haben *nach ihm* gefragt.
3. Das ist die Schwester … — *Sie* arbeitet auf der Kinderstation. Die Kinder freuen sich immer *auf sie*. Die Eltern telefonieren manchmal *mit ihr*. Ein Krankenpfleger hat *ihr* rote Rosen mitgebracht.
4. Sind das die Patienten …? — *Sie* haben einen Videorecorder auf dem Zimmer. Ein Besucher bringt *ihnen* Videofilme mit. Man trifft sich *mit ihnen* zum Kartenspiel auf dem Flur. Nachmittags sitzen *sie* in der Cafeteria.

1. Ist das der Arzt, mit (+ D) dem Sie gestern gesprochen haben? … von dem …

13 Schreiben Sie Relativsätze wie im Beispiel.

1. Das Hörbuch, …, war sehr interessant.
a) *Das Hörbuch* dauerte vier Stunden.
b) Ihr habt mir *ein Hörbuch* mitgebracht.
c) Ich habe mit euch über *das Hörbuch* gesprochen.

2. Die Sanitäter, …, sind gut ausgebildet.
a) *Die Sanitäter* sind zuerst am Unfallort.
b) Ich habe mit *den Sanitätern* gesprochen.
c) Die Nachbarn haben *die Sanitäter* angerufen.

1a Das Hörbuch, das vier Stunden dauerte, war sehr interessant.

14 Aussprache: Wortakzent

a Hören Sie und markieren Sie den Akzent. Sprechen Sie die Wörter.

3.22

Me-di-ka-ment • Kran-ken-haus • O-pe-ra-tion • Un-ter-su-chung • Ver-si-cher-ten-kar-te • Kul-tur-ta-sche • Ar-beits-un-fall • Not-dienst • Rou-ti-ne-un-ter-su-chung • Pa-ti-ent • A-dress-buch • Per-so-nal-aus-weis • Ret-tungs-dienst • Ent-bin-dungs-sta-ti-on • Be-suchs-zei-ten • Ba-de-man-tel

b Hören und vergleichen Sie. Markieren Sie den Wortakzent. Sprechen Sie dann.

3.23

1. reisen – verreisen – abreisen • kommen – bekommen – ankommen • rufen – gerufen – anrufen • warten – erwarten – abwarten • kaufen – verkaufen – einkaufen • holen – wiederholen – abholen

2. Station – Kinderstation • Haus – Krankenhaus • Pause – Mittagspause • Unfall – Arbeitsunfall • Kontrolle – Ausweiskontrolle – Personalausweiskontrolle • Stelle – Haltestelle – Bushaltestelle • Meisterschaft – Weltmeisterschaft – Fußballweltmeisterschaft

TIPP Neue Wörter immer mit Wortakzent lernen und beim Lernen laut sprechen.
Bei trennbaren Verben ist der Wortakzent auf dem Präfix (einkaufen, er kauft ein).
Bei Komposita ist der Akzent auf dem Bestimmungswort (Kinderstation, Mittagspause).

Leseverstehen (Teil 2): Detailverstehen **ca. 35 Minuten**

Lesen Sie zuerst den Zeitungsartikel und lösen Sie dann die fünf Aufgaben (1–5).

Tag der offenen Tür im Kinderkrankenhaus Kiel

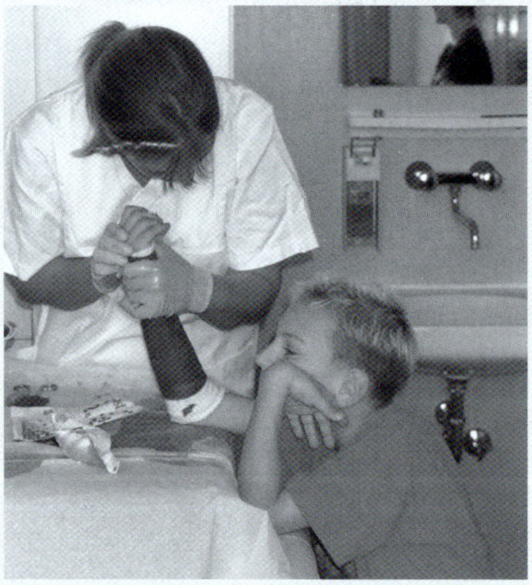

Kiel. Besucherrekord in der Klinik für Kinder- und Jugendmedizin in Kiel! Über 1000 Kinder kamen am Sonntag zusammen mit ihren Eltern, um „Krankenhaus" einmal anders zu erleben. Zum „Tag des Kinderkrankenhauses" organisierten der Chefarzt und sein Team ein Programm, das nicht nur die Kinder begeisterte. Der „Tag des Kinderkrankenhauses" findet alle zwei Jahre statt und will Kindern die Angst vor „weißen Kitteln"* nehmen. An diesem Tag können die Kinder das Krankenhaus auf spielerische Art erfahren. Die Begeisterung in den Augen der kleinen Besucher war der beste Beweis für das gelungene Programm.
Die neugierigen Kinder nahmen gleich einen blinkenden Rettungswagen in Besitz, ließen mutig ein EKG von sich machen oder schauten ihren Bauch auf einem Sonographie-Bildschirm an. Einige erlaubten einer Krankenschwester sogar, mit der gefürchteten Spritze Blut abzunehmen, um es anschließend selbst zu untersuchen. Überall gab es etwas zu entdecken und dank der lockeren Klinikatmosphäre war von Angst keine Spur. Trotz der vielen Menschen nahmen sich alle Ärzte, Krankenschwestern und Krankenpfleger die Zeit, die Fragen der kleinen Besucher in Ruhe zu beantworten. Überall sah man aufgeregte Kinder mit ihren „Zickzackzetteln", so die Bezeichnung der fünfjährigen Nicole für ihr EKG-Protokoll, durch die Flure rennen. Um den Arm hatten sie einen bunt bemalten Gips – die beliebteste Attraktion an diesem „Tag des Kinderkrankenhauses". Neben Süßigkeiten, Fähnchen und Malstiften hielt die Cafeteria für alle Besucher ein reichhaltiges Kuchenbüfett bereit, welches das Team der Kinderklinik liebevoll zubereitet hatte. In den bunt geschmückten Räumen konnten die Eltern Informationen austauschen, die sie an diesem Tag über die tägliche Arbeit in der Klinik, den Klinikablauf, die Mütterberatung und die Diabetikerschulung erhalten hatten. Die kleinen Besucher erfuhren währenddessen eine völlig neue Krankenhausatmosphäre auf dem geschützten Kinderspielplatz im Innenhof oder durch das umfangreiche Bastelangebot im Spielzimmer.

Eine große Attraktion war natürlich der Auftritt des Klinik-Clowns „Ypsilon", der hunderten kleiner und großer Besucher die Nasenspitzen rot anmalte oder sie lustig schminkte. Für „Ypsilon", den wohl

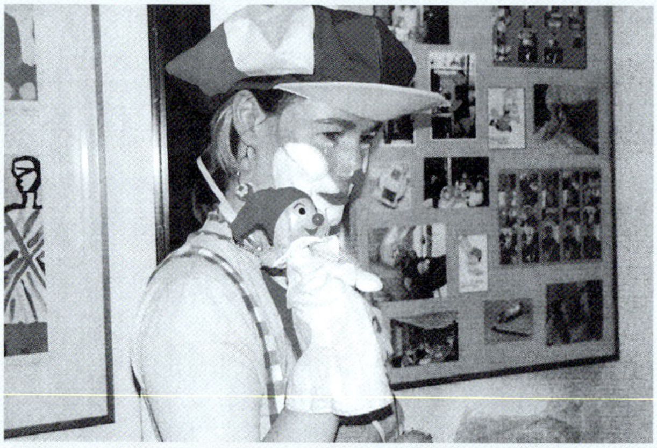

nördlichsten Clown Deutschlands, nichts Neues. Schließlich besucht er regelmäßig einmal pro Woche die kleinen Patienten in der Kinderklinik, um mit ihnen Spaß zu machen und ihnen Mut zu geben.
Der Krankenhausdirektor, Dr. Roland Ventzke, der die Gelegenheit auch nutzte, um seinen Kindern das Krankenhaus zu zeigen, zog folgendes Fazit: „Die große Resonanz ist nicht nur Belohnung für den großen Einsatz aller beteiligten Mitarbeiter/innen, sondern macht auch deutlich, dass die Bürgerinnen und Bürger der Stadt Kiel Vertrauen in die Leistungsfähigkeit unseres Hauses haben und gerne hierher kommen."

* Kittel – weiße Kittel sind die traditionelle Arbeitskleidung des Krankenhauspersonals.

Lesen Sie die Aufgaben 1–5. Entscheiden Sie, welche Lösung (a, b oder c) richtig ist.
ACHTUNG: Die Reihenfolge der einzelnen Aufgaben folgt nicht immer der Reihenfolge des Textes.

TIPP Lesen Sie vor dem zweiten Lesen erst **alle** Aufgaben.
So finden Sie die passenden Textstellen beim Lesen des Textes schneller.
Es zählt, was **im Text** steht! Was nur sein **könnte**, ist bei dieser Aufgabe nicht wichtig.

1. Am „Tag des Kinderkrankenhauses" kamen viele Kinder ins Krankenhaus,

   [a] weil sie sehr krank waren.
   [b] weil sie das Krankenhaus kennen lernen wollten.
   [c] weil einige Untersuchungen notwendig waren.

2. Der „Tag des Kinderkrankenhauses" hatte das Ziel,

   [a] den Kindern die Angst vor dem Krankenhaus zu nehmen.
   [b] die Eltern für das Krankenhaus zu interessieren.
   [c] kranke Kinder im Krankenhaus zu besuchen.

3. Die Eltern haben

   [a] den Kuchen vorbereitet.
   [b] mit den Kindern gebastelt.
   [c] sich über das Krankenhaus informiert.

4. Ein Kinderspielplatz

   [a] befindet sich im Hof.
   [b] ist bald fertig.
   [c] ist für ein Krankenhaus nicht möglich.

5. Der Clown „Ypsilon" kommt regelmäßig in die Klinik,

   [a] dann malt er mit den Kindern.
   [b] damit kranke Kinder Freude haben.
   [c] weil er selbst daran Spaß hat.

Mögliche Punkte: 10 – Meine Punkte: ______

Hörverstehen (Teil 2): Detailverstehen

3.24

Sie hören nun ein Gespräch. Dazu sollen Sie 10 Aufgaben lösen. Sie hören das Gespräch zweimal. Entscheiden Sie beim Hören, ob die Aussagen 1–10 richtig oder falsch sind. Lesen Sie jetzt die Aufgaben 1–10. Sie haben dazu eine Minute Zeit.

TIPP

1. Lesen Sie vor dem Hören die Aufgaben 1–10.
2. Unterstreichen Sie beim Lesen die Schlüsselwörter in den Aufgaben.
3. Achten Sie beim Hören auf diese Schlüsselwörter.
4. Achten Sie beim zweiten Hören auf die Aufgaben, die Sie noch nicht gelöst haben.
5. Die Aufgaben sind nicht immer in der Reihenfolge des Hörtextes.

1. Herr Linnemann ist 73 Jahre alt. [r] [f]
2. Herr Linnemann möchte ab Oktober an der Universität studieren. [r] [f]
3. Herr Linnemann weiß noch nicht, was er studieren wird. [r] [f]
4. Herr Linnemann hat auch Kurse an der Volkshochschule besucht. [r] [f]
5. Herr Linnemann hat ein Plakat über das Seniorenstudium gesehen. [r] [f]
6. Die Gebühren für das Studium betragen 39 Euro. [r] [f]
7. Nicht jeder ältere Mensch darf mit dem Studium beginnen. [r] [f]
8. Es gibt auch spezielle Veranstaltungen für Seniorenstudierende. [r] [f]
9. Für Beratungen gibt es ein spezielles Büro an der Universität. [r] [f]
10. Man kann zu jedem neuen Semester mit dem Seniorenstudium beginnen. [r] [f]

Mögliche Punkte: 10 – Meine Punkte: ______

Zertifikat Deutsch – Antwortbogen

Rechts sehen Sie einen Ausschnitt aus dem Antwortbogen bei der Zertifikatsprüfung. In diesen Bogen tragen Sie bei den Prüfungsteilen „Leseverstehen“, „Sprachbausteine“ und „Hörverstehen“ Ihre Antworten ein. Die Aufgaben in der Zertifikatsprüfung sind für diese drei Teile von 1 bis 60 durchnummeriert.

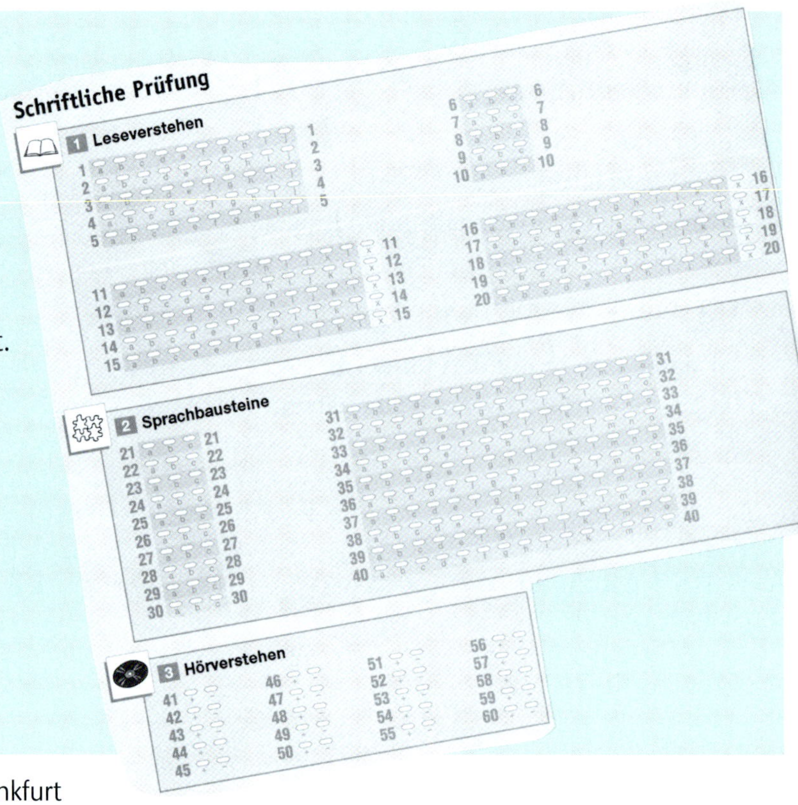

Schriftlicher Ausdruck ca. 30 Minuten

Sie haben bei einem Besuch in Hamburg einen deutschen Freund kennen gelernt.
Er hat Ihnen den folgenden Brief geschrieben.

TIPP

1. Lesen Sie die Briefvorlage und die vier Leitpunkte ganz genau.
2. Die Leitpunkte sind noch nicht geordnet. Überlegen Sie sich eine passende Reihenfolge.
3. Schreiben Sie den Brief in der Prüfung sofort auf den Antwortbogen.
4. Am Ende sollten Sie Ihren Brief genau durchlesen. Wenn Sie noch Zeit haben, versuchen Sie, Ihren Brief einmal Satz für Satz rückwärts zu lesen. So können Sie sich besser auf jedes Wort konzentrieren.

Liebe(r) ...,

wie geht es dir? Ich habe lange nichts von dir gehört. Darum schreibe ich dir heute. Außerdem habe ich eine wunderbare Nachricht: Meine Familie ist größer geworden. Mein Sohn Tim wurde letzten Monat geboren. Uns geht es allen gut. Tim ist gesund und munter. Maria geht schon im nächsten Monat wieder arbeiten. Sie hat eine sehr gute Stelle und kann nicht ein Jahr zu Hause bleiben. Das heißt, ich werde Hausmann spielen und mich um Tim kümmern. Darauf freue ich mich schon sehr. Was sagst du dazu? Ich würde mich freuen, wenn du mir bald wieder schreiben würdest. Vielleicht hast du Lust, uns bald zu besuchen?

Liebe Grüße

Frank

Schreiben Sie Ihrem Bekannten nun einen Antwortbrief, der folgende Punkte enthält:
- warum Sie Tims Entscheidung gut oder nicht gut finden
- wer sich in Ihrem Land um das Kind kümmert
- für die Einladung danken
- zur Geburt gratulieren

Bevor Sie den Brief schreiben, überlegen Sie sich
- die passende Reihenfolge der Punkte,
- eine passende Einleitung und einen passenden Schluss.

Vergessen Sie auch Datum und Anrede nicht.
Sie haben 30 Minuten Zeit.

Mögliche Punkte: 45 – Meine Punkte: ______

31 Sport

Wiederholung

1 Pronomen und Possessivartikel

a Wer ist gemeint: Anja (A), Clara (C) oder Lars (L)? Notieren Sie die Buchstaben hinter den Pronomen und Possessivartikeln.

Lars wartete. Anja hatte ihm [L] versprochen, ihn [ ] ganz sicher anzurufen. Aber sein [ ] Telefon blieb still. Also rief er [ ] selbst bei ihr [ ] an, weil sie [A/L] dringend etwas besprechen mussten. Aber Anja war nicht zu Hause. Ihr [ ] Mobiltelefon war ausgeschaltet. Anja war sonst immer zuverlässig. Heute aber nicht. Lars konnte nicht wissen, dass sie [ ] Clara getroffen hatte. Weil sie sich [ ] lange nicht gesehen hatten, waren die beiden Kaffee trinken gegangen. Dabei hatten sie [ ] die Zeit vergessen. Es gab so viel Neues. Die beiden Freundinnen unterhielten sich über ihre [ ] Arbeit und Privates, über Kolleginnen, Bekannte und Freunde. „Ich [ ] sollte eigentlich Lars anrufen", fiel Anja ein. „Ach, das hat Zeit", meinte Clara, „wir [ ] haben uns so lange nicht gesehen." „Wenn ich [ ] Anja nicht erreichen kann, dann mach ich [ ] jetzt Feierabend", dachte Lars. Er [ ] ging ins Bistro um die Ecke und traf dort einige von seinen [ ] Freunden.

b Ergänzen Sie die Pronomen. ↓

1. Als es spät geworden war, meinte Anja zu Clara: „ _Wir_ sollten __________ öfter sehen." „Da hast __________ völlig Recht", erwiderte Anja. „Aber ich nehme __________ auch zu wenig Zeit. __________ müssen einen Termin vereinbaren, ich sehe __________ sonst ja nie!"

2. Lars und _seine_ Freunde redeten über __________ Schulzeit und die Lehrer. „Wisst ihr noch, wie __________ Sportlehrer immer geschrien hat: ‚Bewegt endlich __________ müden Knochen!'" Aber wir wollten einfach __________ Ruhe haben", erzählte einer. Ein anderer sagte: „__________ Geographielehrerin war schlimmer, wir hatten Angst vor ihr. __________ Noten waren total ungerecht."

3. „Ich habe _mich_ immer über sie geärgert", meinte Lars. „Ich habe __________ immer gefragt, warum sie gerade Geographielehrerin ist. Sie hat __________ ja gar nicht dafür interessiert. Und wir haben __________ so gelangweilt." „Ja, das stimmt", meinte einer, „und deshalb habe ich __________ entschieden, nicht Lehrer zu werden." „Das ist auch gut so, dass du __________ so entschieden hast", lachten alle.

1. dich • du • mir • ~~wir~~ • Wir • uns 2. eure • ihre • Ihre • unsere • Unsere • ~~seine~~ • unser 3. dich • mich • mich • ~~mich~~ • sich • uns

2

2 Rund um den Sport – Ein Kreuzworträtsel (ß = ss)

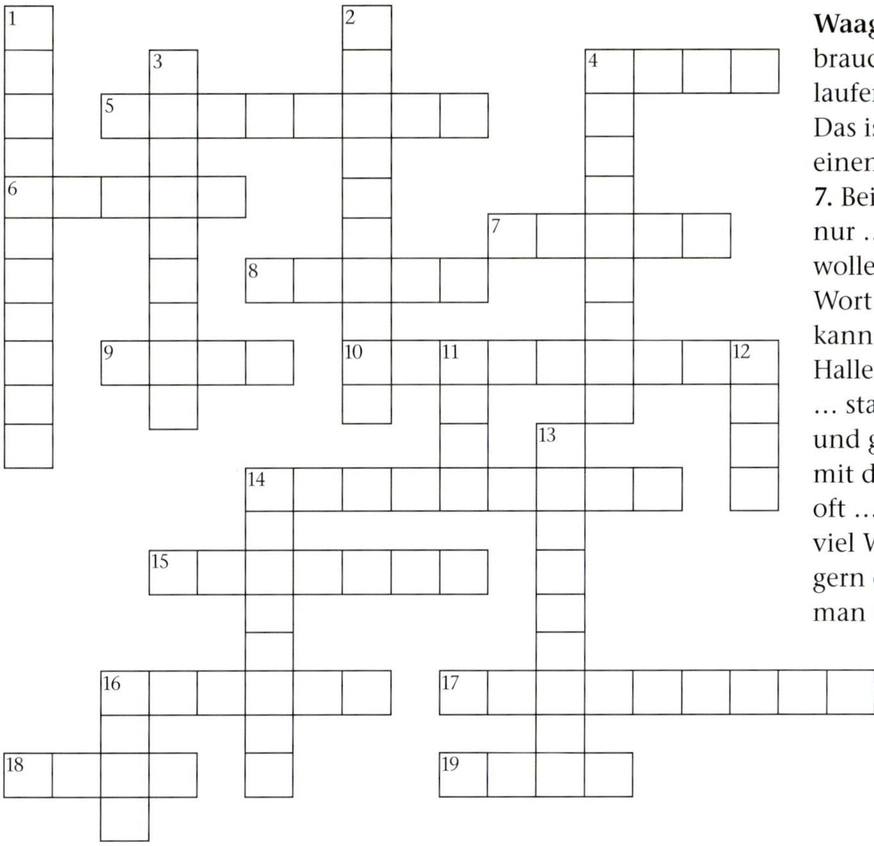

Waagerecht: **4.** Zum Segeln und Rudern braucht man ein … **5.** 22 Spieler/innen laufen 90 Minuten hinter einem Ball her. Das ist … **6.** Für T…tennis braucht man einen T…, einen Schläger und ein Netz. **7.** Bei Hobbysportlern soll Sport einfach nur … machen. **8.** Wenn Sie reiten wollen, brauchen Sie ein … **9.** Ein anderes Wort für Mannschaft. **10.** Im Winter kann man auf manchen Seen oder in Hallen E… **14.** Ballspiele finden auf einem … statt. **15.** Schneller als zu Fuß gehen und gesünder als Autofahren. Fahren Sie mit dem … **16.** Nach dem Sport hat man oft … und Durst. **17.** Dafür braucht man viel Wasser. **18.** Schon Kinder spielen gern damit. **19.** Beim Basketball muss man den Nr. 18 in den … werfen.

Senkrecht: **1.** Das tragen viele nicht nur zum Sport an den Füßen. **2.** Wenn Sie eine Sportart gut können wollen, dann müssen Sie viel … **3.** Sie sind dabei, aber sie spielen nicht mit, die … **4.** Kleidung für Nr. 17. **11.** Das gibt beim Klettern Sicherheit. **12.** Tennis und Volleyball spielt man über ein … **13.** Viele sitzen beim Sport lieber vor dem …, als selbst aktiv zu werden. **14.** Dieses Sportgerät braucht man z.B. beim Tennis oder Hockey. **16.** Der … schützt bei manchen Sportarten den Kopf.

3 Was ist das? Ergänzen Sie a–g. Ordnen Sie 1–7 den Umschreibungen a–g zu.

die • das • auf dem • mit dem • für die • den • mit denen • ~~mit denen~~

1. Tennisschläger __6__ a) Das sind Schuhe, __mit denen__ man auf dem Eis fahren kann.
2. Fernsehsportler ____ b) Das ist ein kleines Schiff, ____________ mit Windkraft fährt.
3. Segelboot ____ c) Das ist ein Spielfeld, ____________ man Fußball spielen kann.
4. Skifahren ____ d) Das ist ein Sport, ____________ man im Winter auf Schnee machen kann.
5. Reiten ____ e) Das ist ein Sportgerät, ____________ man einen Ball über ein Netz schlägt.
6. Schlittschuhe ____ f) Das ist eine Sportart, ____________ man ein Pferd braucht.
7. Fußballplatz ____ g) Das sind Leute, ____________ zwar nicht sportlich aktiv sind, ____________ man aber viel über Sport sprechen kann.

3.25

4 Eine Umfrage zum Sport – Hören Sie zu und kreuzen Sie an: richtig oder falsch?

1. Herr Stein fand Schulsport am Anfang gut, aber bei dem neuen Lehrer nicht mehr. [r] [f]
2. Nach der Schule hat Herr Stein Fußball und Handball gespielt. [r] [f]
3. Herr Baffel trainiert immer dann, wenn er Lust dazu hat. [r] [f]
4. Bei einem Triathlon strengt sich Herr Baffel so sehr an, dass es schmerzt. [r] [f]
5. Frau Selb ärgert sich, wenn sie keinen Sport machen kann. [r] [f]
6. Frau Selb macht es Spaß, an Wettkämpfen teilzunehmen. [r] [f]
7. Herr Beetz trainiert mit anderen, die auch im Rollstuhl sitzen. [r] [f]
8. An den Wochenenden sieht Herr Beetz gern anderen Sportlern bei Wettkämpfen zu. [r] [f]

5 Fragewörter mit Präpositionen – Person oder nicht? Welches Fragewort passt zum unterstrichenen Satzteil?

1. Werner hatte große Probleme mit seinem Turnlehrer. *Mit wem?*
2. Als Kind konnte Max keinen Sport treiben, er hatte Probleme mit der Gesundheit. ____________
3. Petra interessiert sich nicht mehr für Sport, weil es da nur ums Geld geht. ____________
4. Lisi will immer besser werden. Sie ist nie zufrieden mit ihrer Leistung. ____________
5. Karin spielt gut Tennis, ihre Mutter ist sehr stolz auf sie. ____________
6. Arno klettert sehr viel und hat keine Angst vor der Gefahr. ____________
7. Evi sieht keinen Sport im Fernsehen an, weil sie sich beim Zusehen langweilt. ____________
8. Peter fährt lieber alleine Rad, dann muss er nicht auf seine Kollegen warten. ____________

6 Verben mit Präpositionen und Pronominaladverbien

a Ergänzen Sie rechts die passenden Präpositionen zu den Verben. S. 269.

1. Vielen Dank für deine Einladung zum Segeln. — ich – sich freuen *über*
2. Martina hat mit Tennis aufgehört. — sie – sich nicht mehr interessieren ____________
3. Beim Fußballspielen gibt es viele Verletzungen. — Bernd – Angst haben ____________
4. Paul hatte Angst vor dem Wasser. — die anderen Kinder – lachen ____________
5. Im Fernsehen sieht man immer die gleichen Sportstars. — Silvia – sich ärgern ____________
6. Anni läuft seit Januar jeden Tag eine halbe Stunde. — sie – begeistert sein ____________
7. Susanne geht am Abend nach der Arbeit joggen. — sie – Lust haben ____________
8. Max möchte gern mehr Sport machen. — er – keine Zeit haben ____________

b Schreiben Sie zu 1–8 passende Sätze wie im Beispiel.

1. Ich habe mich sehr darüber gefreut.

7 Rolfs Urlaub – Notieren Sie die Fragewörter und schreiben Sie dann Sätze wie im Beispiel.

1.	Rolf freute sich	*worauf?*	zwei Wochen Urlaub am Meer machen
2.	Er hatte sich … entschlossen	________	nach Kuba fahren
3.	Im Flugzeug ärgerte er sich …, dass …	________	eine Gruppe von Touristen war so laut
4.	Er hatte Lust …	________	lesen und schlafen, aber das war unmöglich
5.	Er hoffte …, dass …	________	diese Touristen sind in einem anderen Hotel
6.	Er interessierte sich …	________	wie leben die Leute auf Kuba
7.	Er war total enttäuscht …	________	das Hotel war nicht so schön wie im Prospekt

1. Rolf freute sich darauf, zwei Wochen Urlaub am Meer zu machen. Er hatte sich …

▶8

8 Das Länderspiel – Ein Gespräch im Fernsehen

Vor einigen Jahren fand ein Qualifikationsspiel für die Fußballweltmeisterschaft in Nikosia (Zypern) statt. Nach dem Spiel telefonierte der Fernsehreporter aus dem Studio in Deutschland mit seinem Kollegen in Nikosia, um das Ergebnis und Informationen zum Spiel zu erfahren. Die Telefonleitung war nicht sehr gut.

a Hören Sie das Telefongespräch zwischen Deutschland und Zypern. Wie ist das Resultat? Kreuzen Sie an.

3.26

○ So. Nun wollen wir einmal versuchen, eine Verbindung mit Nikosia herzustellen. Hallo!
● Ja.
○ Ah, da sind Sie ja. Wie war das Spiel?
● Ich habe Ihre Frage nicht verstanden.
○ Meine Frage war, wie war das Spiel?
● Das Spiel?
○ Jawohl.
● Welches Spiel?
○ Na, ich denke, das Spiel, über das Sie uns berichten wollen, das Länderspiel in Nikosia.
● Was?

- ☐ 1 : 0 für Zypern.
- ☐ Das Ergebnis ist noch nicht bekannt.
- ☐ 0 : 1 für Deutschland.
- ☐ Das Spiel konnte nicht stattfinden.

b Was ist passiert? Notieren Sie Ihre Vermutungen und vergleichen Sie im Kurs.

Der Reporter in Zypern hat das Spiel … Aber er will das nicht sagen. Vielleicht hat/ist er …

9 Was tun Sportlerinnen und Sportler?

a Markieren Sie die Reflexivpronomen.

Dana, Volleyballspielerin

„Jede Sportlerin überlegt sich genau, was sie will, was ihre Ziele sind. Sie stellt sich vor, was sie im Sport erreichen will: Soll es ein Hobby bleiben? Will sie an Wettkämpfen teilnehmen? Welche Vorteile hat sie durch den Sport im Privatleben oder im Beruf? Ich mache mir deshalb einen Plan für mein Training. Darin lege ich Ziele und kleine Zwischenziele fest. Ich brauche diese Planung."

Klaus, Geschäftsführer und Langstreckenläufer

„Ein Sportler muss genau so planen wie ein Geschäftsmann: Was will er in der nächsten Woche erreichen? Ich nehme mir vor, was ich zuerst machen will. Und ich lege gemeinsam mit meiner Trainerin fest, wie intensiv ich trainieren muss. Und ich muss mich natürlich oft entscheiden: Welche Schwerpunkte sind genau zu diesem Zeitpunkt besonders wichtig? Im Beruf und im Sport."

Kathrin, Skifahrerin

„Skifahren ist ein Einzelsport. Aber ich interessiere mich natürlich dafür, wie andere trainieren und wie sich andere auf Wettkämpfe vorbereiten. Eine Sportlerin muss aber auch überprüfen, ob ihre Arbeit richtig ist: Sie muss sich merken, was gut funktioniert hat und was nicht so gut war. Sport ist eben eine gute Schule für das Leben."

b Sport und lernen – Was machen Sie, wenn Sie etwas Neues lernen? Schreiben Sie Sätze mit Hilfe der Texte aus 9a. Vergleichen Sie im Kurs.

Ich überlege mir, was meine Ziele sind. Ich stelle mir vor, ...

10 Akkusativ oder Dativ? Ergänzen Sie die Reflexivpronomen

Ich interessiere *mich* (1) nicht für Sport im Fernsehen. Ich denke ________ (2), da geht es nur ums Geld. Aber mein Bruder interessiert ________ (3) dafür. Er sieht ________ (4) viele Sportsendungen an. Und er merkt ________ (5) fast alle Ergebnisse. Meine Schwester ist auch sehr sportlich. Sie hat ________ (6) vorgenommen, jeden Tag mindestens eine Stunde zu trainieren. Und sie kann ________ (7) dabei richtig quälen. Ich mag das nicht. Ein bisschen Sport finde ich gut, aber es muss ________ (8) Spaß machen. Ich kann ________ (9) auch nicht vorstellen, dass ich bei jedem Wetter im Freien bin. Wenn es regnet oder kalt ist, mache ich es ________ (10) lieber bequem.

13

11 Ein Fan erzählt – Ergänzen Sie. Hören Sie zur Kontrolle.

○ Hallo, Michi, danke, dass du _dir_ (1) einen Moment Zeit genommen ______ (2). Habt ihr gewonnen?

● Ja, 3 : 2. Das war __________ (3) knapp. Aber jetzt haben wir gute __________ (4) auf den UEFA-Cup.

○ ... Kannst du das ein bisschen __________ (5): Was ist das, ein ______ (6)? ... Wie unterscheidet ______ (7) ein Fan von einem normalen ____________ (8) im Fußballstadion?

● Also, das siehst du ja schon an ______ (9) Verkleidung. So sieht ______ (10) 60er aus, ein Fan des Clubs 1860 München. Ein Fan zeigt durch ______ (11) Kleidung, für welche Mannschaft er ist. Ah, also mindestens ein _________ (12) in den Vereinsfarben und einen Schal ______ (13) man schon haben. Manche haben auch ______ (14) Mütze, die dazu passt.

Chancen • ~~dir~~ • ein • eine • erzählen • Fan • hast • meiner • muss • seine • sich • Trikot • ziemlich • Zuschauer

12 Aussprache: Satzakzent – Hören Sie und markieren Sie den Satzakzent. Sprechen Sie den Text laut. Beachten Sie die Pausen und die Satzmelodie.

Ja, ich treibe gerne Sport! Ich mache alles Mögliche. Oft freue ich mich schon den ganzen Tag darauf, dass ich am Abend joggen kann. Dabei vergesse ich schnell, worüber ich mich bei der Arbeit geärgert habe. Aber am liebsten mache ich Sport mit Freunden. Im Winter fahren wir oft zusammen in die Berge zum Skifahren. Oder wir fahren im Sommer an einen See und spielen Volleyball. Ich finde, Sport muss Spaß machen.

Schwierige Wörter

13 Hören Sie und sprechen Sie langsam nach. Wiederholen Sie die Übung.

Leistungssport ↘	regelmäßig Leistungssport ↘	Sie macht regelmäßig Leistungssport. ↘
Wintersportgebiet ↘	ein tolles Wintersportgebiet ↘	Die Alpen sind ein tolles Wintersportgebiet. ↘
viel Disziplin ↘	braucht man viel Disziplin ↘	Beim Sport braucht man viel Disziplin. ↘

14 Welche Wörter sind für Sie schwierig? Notieren Sie drei Wörter/Sätze wie in Aufgabe 13 und üben Sie mit einem Partner / einer Partnerin.

1. ______________________________
2. ______________________________
3. ______________________________

32 Konsum

Wiederholung

1 Adjektivdeklination – Ergänzen Sie die Endungen (Nominativ, Akkusativ, Dativ).

1. Ich suche einen grün*en* Mantel mit groß___ Taschen.
2. Meine neu___ Hose ist schon kaputt.
3. Unser Bäcker hat den beste___ Kuchen, das leckerst___ Brot und die frischest___ Brötchen.
4. Ich bin gestern mit dem neu___ VW-Golf gefahren. Ein toll___ Auto!
5. Das ist ein ganz modern___ Fernsehgerät mit einem digital___ Satellitenempfänger.
6. Darf ich mir das neu___ Handy mit dem beleuchtet___ Display mal ansehen?
7. Mit einer gut___ Spülmaschine braucht man weniger Wasser als beim normal___ Abwaschen.
8. Dieses elegant___ Kleid kann ich Ihnen mit Rabatt verkaufen.
9. Kannst du bitte noch ein halb___ Kilo Bohnen kaufen und eine klein___ Packung Sahne?
10. Kim hat mir ihre neu___ Wohnung mit der groß___ Küche gezeigt. Sie gefällt mir gut.

3.30

2 Einkaufsdialoge – Hören Sie zu. Welche Reaktion passt? Kreuzen Sie an.

1. [a] Es soll schon schick sein, aber nicht zu feierlich.
   [b] Wissen Sie, Grün steht mir überhaupt nicht.
2. [a] Ich bin mir nicht sicher, ob ich das kann.
   [b] Das ist mir zu wenig.
3. [a] Bar.
   [b] Ich glaube, ich habe keinen.
4. [a] Haben Sie die auch in Blau?
   [b] Haben Sie den auch eine Nummer größer?

▶ 3

3 Die Familienkasse – Sehen Sie sich die Statistik auf Seite 89 noch einmal an und ordnen Sie dann die Satzelemente einander zu.

1. Die deutsche Durchschnittsfamilie	☐ a) besteht aus den Eltern und ein oder zwei Kindern.
2. Sie hat pro Monat	☐ b) für Miete, Heizung und Strom ausgeben.
3. Das meiste Geld muss sie	☐ c) muss die Familie dagegen relativ wenig ausgeben.
4. Transport, Miete und Energie	☐ d) ausgegeben als z.B. für Möbel und Haushaltsgeräte.
5. Für Essen und Trinken	☐ e) noch weniger Geld aus als für Telefon und Internet.
6. Für die Freizeit wird mehr	☐ f) machen mehr als 40% der monatlichen Ausgaben aus.
7. Für die Bildung gibt man	☐ g) 2526 Euro zur Verfügung.

9

4 Genitivattribute – Ergänzen Sie die passenden Artikel oder Endungen.

1. der Chef — Die Handynummer mein____ Chefs ist 0176 9087723.
   Die Frau d____ Chefs arbeitet auch in unserer Firma.
2. das Büro — Die Adresse mein____ Büros finden Sie auf meiner Karte.
   Die Durchwahlnummer d____ Büros von Herrn Wermann ist -330.
3. die Hotline — Die Nummer unser____ Hotline ist 0800 776890.
   Die Nummer d____ Hotline ist immer besetzt.
4. die Mitarbeiter (Plural) — Wir haben das Weihnachtsgeld unser____ Mitarbeiter in diesem Jahr gekürzt.
   Die Stimmung d____ Mitarbeiter ist deshalb ziemlich schlecht.

5 Genitivformen bei Artikeln, Adjektiven und Nomen

a Schreiben Sie Sätze wie im Beispiel.

1. der Benzinverbrauch / *mein – neu – Auto* / liegt unter vier Liter
2. die Risiken / *ein – spontan – Einkauf* / im Internet sind oft hoch
3. der Umtausch / *ein – kaputt – Gerät* / ist normalerweise kein Problem
4. der Bruder / *mein – neu – Kollege* / ist Pilot
5. der Mann / *meine – jüngste – Schwester* / ist Koch
6. die Fragen / *die – engagiert – Studenten* / sind wichtig
7. die Knöpfe / *meine – alt – Hose* / sind schon ganz locker

1. Der Benzinverbrauch meines neuen Autos liegt unter vier Liter.

b Der Genitiv wird in der Umgangssprache oft durch den Dativ mit *von* ersetzt. Wie heißen die Sätze 3–7 aus Aufgabe 5a mit dem Dativ?

Der Umtausch von einem ...

6 *trotz/wegen* mit Genitiv – Ergänzen Sie die Präpositionen und Genitivendungen.

1. Trotz mein____ wiederholt____ Reklamationen kam niemand, um die Heizung zu reparieren.
2. ________ d____ andauernd____ Probleme mit der Wohnung zahle ich nur die halbe Miete.
3. Mein Freund ist ________ sein____ dauernd____ Diskussionen mit dem Vermieter umgezogen.
4. Ich möchte ________ einig____ Mängel in der Wohnung bleiben, weil sie so schön hell ist.
5. ________ des schön____ Wetter____ kann ich nicht ins Schwimmbad, weil ich krank bin.
6. Ich kann ________ d____ stark____ Regen____ nicht mit dem Fahrrad zur Arbeit fahren.
7. ________ ein____ groß____ Staus auf der Autobahn kommt Frau Gade etwas später.
8. Sie will ________ ihr____ schlecht____ Gesundheit morgen wieder arbeiten gehen.

7 Einen Text genau lesen – Die Verbraucherzentrale informiert

a Lesen Sie die Überschriften und den Text einmal schnell.
Welche zwei Überschriften passen zum Text?

a **Schnell klicken und Geld sparen**

b **Tipps zum Einkauf im Internet**

c Vorsicht vor spontanen Entscheidungen

d **Internetgeschäfte werden immer einfacher**

Es ist verführerisch, im Internet bequem nach Schnäppchen zu jagen. Besonders Gewinnspiele, billige Waren, Versteigerungen oder Last-Minute-Reisen verlocken zum schnellen Kauf. Doch was auf den ersten Blick unkompliziert und Zeit sparend aussieht, kann oft teuer und gefährlich werden. Die Verbraucherzentrale rät deshalb, bei der Bestellung per Mausklick auf Folgendes zu achten:

1 Prüfen Sie vor dem Einkauf, ob das Online-Angebot Namen, Adresse und Telefonnummer des Anbieters enthält.

2 Prüfen Sie, ob die allgemeinen Geschäftsbedingungen (AGB) vollständig lesbar und bei Bedarf herunterzuladen sind.

3 Geben Sie so wenig persönliche Daten wie möglich an! Wenn der Anbieter nach Ihren Familienverhältnissen oder persönlichen Vorlieben bzw. Hobbys fragt, will er fast immer Informationen für ein Kundenprofil für spätere Werbezusendungen sammeln, die Sie vielleicht gar nicht wollen.

4 Das Internet ist nicht sicher! Wenn keine geschützte Übertragung angeboten wird, sollte man niemals die Kreditkartennummer angeben. Bietet der Händler keine anderen Zahlungsweisen wie z.B. per Rechnung oder Nachnahme an, sollten Sie vorsichtig sein! Bezahlen Sie auf keinen Fall, bevor Sie die Ware haben. Sie haben sonst bei Problemen nichts in der Hand, um Ihre Interessen durchzusetzen.

5 Vergessen Sie nicht, Preise zu vergleichen und die Währung (Euro/Dollar/Schweizer Franken ...) zu berücksichtigen! Beachten Sie auch, dass bei Käufen aus Ländern außerhalb der EU zu den Transport- und Verpackungskosten zusätzliche Kosten für Steuern und Zölle hinzukommen können.

6 Prüfen Sie, ob die wichtigsten Eigenschaften des Produkts klar und verständlich beschrieben sind! Wie im Versandhandel können Sie die Produkte vor dem Kauf weder anfassen noch testen.

7 Achten Sie bei technischen Produkten auf die Angabe von Service-Hotlines oder Vertragswerkstätten für den Fall, dass Sie später Beratung brauchen! Bei Waren, die viel Geld kosten, sollte man prüfen, ob Herstellergarantien gewährt werden.

b Was steht im Text? Kreuzen Sie an.

1. ☐ Einkäufe im Internet können sehr schwierig sein.
2. ☐ Man sollte nicht zu schnell im Internet einkaufen.
3. ☐ Man kann die Herkunft des Anbieters nicht überprüfen.
4. ☐ Es ist wichtig, beim Kauf die persönlichen Daten möglichst vollständig anzugeben.
5. ☐ Viele Händler sammeln persönliche Daten von Kunden für Werbeaktionen in der Zukunft.
6. ☐ Wenn eine Ware kaputtgeht, dann muss man sich selbst eine Werkstatt suchen.
7. ☐ Man soll prüfen, ob der Händler/Hersteller auch leicht telefonisch erreichbar ist.
8. ☐ Es ist wichtig, dass der Händler die Ware bei Problemen zurücknimmt oder kostenlos repariert.
9. ☐ Die Zahlung mit Kreditkarte funktioniert problemlos.

c Fachwortschatz – Zu welchen Wörtern im Text passen die Erklärungen? ↓

1. ______________ die generellen Regeln einer Firma für ein Geschäft
2. ______________ Daten von einer anderen Internetseite holen
3. ______________ Verkäufer, der Ware anbietet
4. ______________ Liste von Eigenschaften, die ein Kunde hat (Beruf, Hobbys, Familie ...)
5. ______________ Werbung per (elektronischer) Post
6. ______________ hier: Transport von Daten im Internet
7. ______________ die Art der Bezahlung
8. ______________ eine Art Steuer, die man bezahlt, wenn Ware aus dem Ausland kommt

abrufen • allgemeine Geschäftsbedingungen • Anbieter • Kundenprofil • Übertragung • Werbezusendung • Zahlungsweise • Zölle

8 Präpositionen und Kasus – Ergänzen Sie die Präpositionen und Endungen.

1. am • ~~aus~~ • bei • durch • für • im • ohne • seit

Mustafa kommt _aus_ d_er_ Türkei. Er lebt _______ ein___ halb___ Jahr in Berlin. Er wohnt _______ sein___ Onkel und sein___ Tante _______ Stadtteil Kreuzberg. _______ ihr___ Rat hätte er es _______ Anfang schwer gehabt. Jetzt arbeitet er _______ ein groß___ Kaufhaus als Fahrer. Er muss _______ d___ Stadt fahren und Waren ausliefern.

2. am • auf • bei • für • in • mit • nach • über • um • von • zum

Wir sind _______ nächst___ Samstag _______ Geburtstag von Klaus eingeladen. Wir sollen _______ 20 Uhr kommen. Wir freuen uns _______ d___ Party, denn _______ dies___ Gelegenheit treffen wir viele _______ unser___ Bekannten. Wir haben Probleme _______ unser___ Geschenk. Wir haben ein Buch _______ ih__ gekauft, sind aber unsicher, ob er sich dar_______ freut. Er kann es aber _______ sein___ Geburtstag _______ d___ Buchhandlung umtauschen.

3.31

9 Ein Telefon-Abenteuer

der Tastendruck

die Spracheingabe

a Hören Sie das Gespräch. Mit wem spricht Herr Maier?

☐ mit einer Telefon-Hotline ☐ mit einem Computer
☐ mit einer Bankangestellten ☐ mit einem Computer und dann mit einer Bankangestellten

b Hören Sie noch einmal – Welche Informationen gibt Herr Maier und welche bekommt er?

Kontonummer	☐ 88584772	☐ 88456772	☐ 88878772
Geheimzahl	☐ 2237	☐ 3287	☐ 2387
Kontostand	☐ 617 Euro	☐ 670 Euro	☐ 607 Euro

c Was hätte er tun müssen? Kreuzen Sie an.

1. [a] Wählen Sie die Telefonnummer des Telefonbankings.
   [b] Sagen Sie die Telefonnummer des Telefonbankings.
2. [a] Sagen Sie die Bankleitzahl oder geben Sie sie per Tastendruck ein.
   [b] Hören Sie die Bankleitzahl und geben Sie sie per Tastendruck ein.
3. [a] Sagen Sie die Geheimzahl.
   [b] Sagen Sie das Geheimwort.
4. [a] Sagen Sie das Wort „Hilfe".
   [b] Sagen Sie das Wort „Überweisung".
5. [a] Folgen Sie den weiteren Aufforderungen.
   [b] Sprechen Sie mit der Bankangestellten.

10 Amelie Schulenbach von der Volksbank Odenwald schreibt eine Notiz an ihre Kollegin. Kreuzen Sie für jede Lücke die richtige Antwort an.

1.	☐ nachher	☐ bald	☐ schnell
2.	☐ auf	☐ über	☐ für
3.	☐ beschweren	☐ beschwert	☐ beschwerte
4.	☐ vergessen	☐ versprechen	☐ versprochen
5.	☐ ihm	☐ ihn	☐ ihr
6.	☐ Kfz-Nummer	☐ Kontonummer	☐ Hausnummer
7.	☐ Hochachtungsvoll	☐ Ihre	☐ Liebe Grüße

Liebe Rosi,
ich muss ganz [1] weg (Zahnarzttermin!!!). Leider hat eben ein Kunde angerufen und sich [2] unser Telefonbankingsystem [3]. Ich habe ihn beruhigt und ihm eine Informationsbroschüre [4]. Könntest du sie [5] gerade noch schicken? Seine Adresse und seine [6] stehen unten.
Danke, du bist ein Schatz. Bis morgen.
[7]
Amelie

13

11 Personalpronomen im Akkusativ und Dativ. Kreuzen Sie an.

1. Muss Tim die Tabletten nehmen oder hast du ? schon gegeben? — ☐ sie er ☐ ihn sie ☐ sie ihm
2. ○ Der Brief an Frau Schenkel muss heute raus. –
   ● Ich hab ? schon geschickt! — ☐ ihn ihr ☐ ihn sie ☐ sie ihn
3. Franziska liebt mein Sofa.
   Ich glaube, ich schenke ?. — ☐ es ihr ☐ ihn ihr ☐ sie ihm
4. Es tut mir Leid, dass Sie die Ware erst heute bekommen haben.
   Die Spedition sollte ? schon gestern bringen. — ☐ Ihnen sie ☐ Sie ihnen ☐ sie Ihnen
5. Sven hat ein tolles Geschenk für seine Eltern gesehen.
   Heute will er ? kaufen. — ☐ ihn Ihnen ☐ Ihnen es ☐ es ihnen

12 Verben mit Akkusativ und Dativ – Schreiben Sie Sätze wie im Beispiel. Markieren Sie die Akkusativ- und Dativergänzungen.

1. a) ich / du / eine Lampe / schenken — b) zum Geburtstag
2. a) ich / er / ein Parfum / schenken — b) zu Weihnachten
3. a) sie / er / das Handy / erklären — b) dreimal am Tag
4. a) wir / ihr / die Insel Rügen / empfehlen — b) besonders für den Sommerurlaub
5. a) er / sie / das Buch / zurückgeben — b) nachdem sie es gelesen hat
6. a) Frau Pöltl / der Tochter / ein Paket / schicken — b) immer mit „Postexpress"
7. a) du / der Firma / einen Reklamationsbrief / schreiben müssen — b) gleich morgen
8. a) ihr / wir / die Geschichte / erzählen — b) am Telefon

1a) Ich schenke dir eine Lampe. 1b) Ich schenke sie dir zum Geburtstag.

13 Aussprache

a Hören Sie zu und achten Sie auf die Aussprache am Wortende.

3.32

b Sprechen Sie die Strophe und variieren Sie Ihre Sprechweise. Sprechen Sie als Jugendlicher, als Lehrer, als Millionär. Sprechen Sie auch mit mehreren Personen.

Geld ist lustig
Geld macht fröhlich
Geld ist sehr, sehr nützlich
Denn das Leben ist leider ziemlich teuer

Geld macht Freude
Geld macht Spaß
Geld gibt so viel Kraft
Und manche geben damit Feuer

TIPP

-b / -d / -g	spricht man am Wort- und Silbenende immer hart: *„-p, -t, -k"*.
-er	spricht man am Wort- und Silbenende ähnlich wie ein kurzes *„a"*.
-ig	spricht man am Wort- und Silbenende: *„-ich"*.

33 Natur und Umwelt

Wiederholung

1 Anweisungen – Schreiben Sie die Sätze im Imperativ.

1. keinen Müll in die Landschaft werfen
2. Abfall trennen
3. Fahrgemeinschaften bilden
4. Gemüse aus dem Garten essen
5. Energiesparlampen kaufen
6. öffentliche Verkehrsmittel benutzen
7. Mehrwegflaschen kaufen
8. Verpackungen sparen

1. Werfen Sie / Wirf keinen Müll in die Landschaft.

2 Probleme und Konsequenzen – Ordnen Sie zu und schreiben Sie Aussagen wie im Beispiel. Benutzen Sie das Futur mit *werden*.

1. Autos sind teuer und verschmutzen die Luft.
2. Energie und Wasser werden immer teurer.
3. Es wird immer mehr Müll geben.
4. Man muss die Natur viel mehr schützen.

_____ Abfall vermeiden
_____ mehr Mehrwegflaschen kaufen
1 _____ mehr Fahrgemeinschaften bilden
_____ keinen Müll mehr in die Landschaft werfen
_____ erneuerbare Energie nutzen
_____ kein Abwasser mehr in die Flüsse leiten
_____ mehr Wasser sparen
1 _____ öffentliche Verkehrsmittel benutzen

1. Vielleicht wird man / werden die Menschen mehr Fahrgemeinschaften bilden oder ...

3

3 Beobachtungen in Deutschland – Ergänzen Sie die Texte 1 und 2.

1. Ich lebe seit zwei Jahren in München. Als i_ _ nach Deuts_ _ _ _ _ _ kam, w_ _ ich üb_ _ die vie_ _ _ Mülltonnen se_ _ erstaunt u_ _ dachte: D_ _ Deutschen si_ _ verrückt. E_ _ Container f_ _ Papier, ei_ _ _ für Pla_ _ _ _. Glas wird sogar na_ _ Farbe getr_ _ _ _. Mit der Zeit habe ich mich daran gewöhnt und finde das auch gut.

2. Mein Name ist Anna, ich komme aus Mexiko. Mein Fre_ _ _ ist Deut_ _ _ _ _. Wir ha_ _ _ eine Zw_ _-Zimmer-Wohnung u_ _ sparen überall in d_ _ Wohnung m_ _ Energiesparlampen St_ _ _. Am Anf_ _ _ fand i_ _ das komisch und dac_ _ _: „typisch deu_ _ _ _." Jedes M_ _, wenn i_ _ das Li_ _ _ angemacht ha_ _, musste i_ _ darüber lac_ _ _. Aber vor kurzem zei_ _ _ mir me_ _ Freund d_ _ Stromrechnung. Ich war erstaunt. Das ist richtig viel Geld.

4 **Lesen Sie die Überschriften a–j und die Zeitungsausschnitte 1–5.**
Welcher Zeitungsausschnitt passt zu welcher Überschrift? Sie dürfen jeden Zeitungsausschnitt nur einmal verwenden. Es ist auch möglich, dass es keinen passenden Zeitungsausschnitt gibt. Dann schreiben Sie (0).

Überschrift	a	b	c	d	e	f	g	h	i	j
Zeitungsausschnitt										

a) Weniger Müll nach Sommerfesten.
b) Saubere Energie kann man kaufen.
c) In Vorarlberg darf man nicht mit dem Auto zur Schule.
d) 33% des deutschen Waldes sind krank.
e) Die Wälder der Welt sterben langsamer.
f) Früher gab es an den Schulen kein Umweltschutzpapier.
g) Lassen Sie Ihr Auto heute in der Garage!
h) Sind unsere Energiequellen am Ende?
i) Müll sortieren auch schon im Kindergarten?
j) Umweltschutzpapier hilft dem Wald!

1
Vorarlberg – Das Motto 2003 lautet „Autofrei zur Schule“. Der Zweck des autofreien Tages ist, zumindest an einem Tag im Jahr Mobilität aus einer anderen, ungewohnten Perspektive zu betrachten. Ausgewählte Straßen und Plätze werden autofrei sein und für Fußgeher, Radfahrer und andere alternative Verkehrsteilnehmer zur Verfügung stehen. Die Umgebung kann dabei ohne Lärm und ohne Abgase genossen werden. Nachhaltige Verkehrslösungen werden diskutiert, der Bevölkerung vorgestellt oder teilweise auch dauerhaft umgesetzt.

2
Rom – Nach Angaben der Vereinten Nationen werden jährlich etwa 11,3 Millionen Hektar Wald vernichtet – fast ein Drittel der Fläche Deutschlands. Allein in der Dritten Welt gingen von 1990 bis 1995 rund 65 Millionen Hektar Wald verloren. Immerhin konnte die Zerstörung des Waldbestands in den vergangenen Jahren leicht gebremst werden. Das geht aus dem „Internationalen Waldbericht“ hervor, den die UN-Organisation für Ernährung und Landwirtschaft (FAO) in Rom veröffentlichte. Es ist aber noch nicht klar, ob es sich um eine langfristige Trendwende handelt, heißt es in dem Bericht.

3
München – *Projekt 21plus* informiert über Ökostrom, führt individuelle Beratungen durch und hilft bei den Formalitäten, wenn Sie den Stromanbieter wechseln wollen. *Projekt 21plus* nennt die Vorteile von Ökostrom: Grüner Strom wird aus erneuerbaren Energiequellen gewonnen und/oder durch Kraft-Wärme-Kopplung erzeugt. Er schont die Ressourcen. Kohle, Öl und Erdgas sind zu wertvoll, als dass sie verbrannt werden sollten. Grüner Strom spart Rohstoffe und schont das Klima, weil der Treibhauseffekt gebremst wird.

4
Hamburg – Kaiserwetter am Wochenende und die Hamburger strömen in die Parks und an den Elbstrand zum Picknicken. Zum Ärger derjenigen, die hinter ihnen aufräumen müssen. Wie in jedem Jahr sammeln sich Cola-Dosen, Flaschen und Papier zuhauf. Wenn auf den Alsterwiesen komplette Abitur-Feiern stattfinden, sieht's manchmal schon schlimm aus. Aber – und das ist ein Erfolg der Umweltinitiativen – das Müllproblem ist kleiner als in den vergangenen Jahren.

5
Düsseldorf – Die *Initiative 2000 plus: Schulmaterialien aus Recyclingpapier* setzt sich für den Erhalt und Ausbau des Angebotes an Schulmaterialien aus Recyclingpapier ein. In Deutschland werden über 80% des Zellstoffes importiert – teilweise aus Urwäldern. Gleichzeitig sank in den letzten zehn Jahren der Anteil der umweltfreundlichen Schulhefte aus Recyclingpapier von 70% auf unter 10%. Die *Initiative 2000 plus* möchte diesem Trend entgegenwirken: Recyclingpapier ist aktiver Urwaldschutz!

5

5 Müll produzieren und Müll vermeiden – Ordnen Sie zu.

1. Ein Europäer produziert	___	a)	als früher.
2. Es gibt heute viel mehr Verpackungen	___	b)	alte Kleidung von zu Hause ab.
3. Was nicht in die Mülltonne passt,	___	c)	aus gebrauchten Gegenständen neue herstellt.
4. Man kann die Müllberge verringern,	___	d)	das Altpapier zum Abholen an die Straße.
5. In manchen Städten stellen die Bürger	1	e)	fast 50% weniger Müll als ein Amerikaner.
6. Batterien muss man	___	f)	in spezielle Behälter werfen.
7. Manche Organisationen holen	___	g)	in der Abfallwirtschaft arbeiten.
8. Recycling bedeutet, dass man	___	h)	kommt auf den Sperrmüll.
9. Immer mehr Menschen werden in Zukunft	___	i)	wenn man Abfall vermeidet.

6 Definitionen – Erklären Sie die Begriffe mit Relativsätzen.

1. Hausmüll sind Abfälle.	Abfälle entstehen in privaten Haushalten.
2. Eine blaue Papiertonne ist ein Behälter.	In diesem Behälter sammelt man Papier.
3. Eine Müllkippe ist ein Platz.	Zu diesem Platz darf man Müll bringen.
4. Wegwerfwindeln sind Windeln.	Man benutzt die Windeln einmal und wirft sie dann weg.
5. Zum Sondermüll gehören Abfälle.	Diese Abfälle enthalten gefährliche Giftstoffe.
6. Kleidercontainer sind große Behälter.	In den Behältern sammelt man alte Kleidung.

1. Hausmüll sind Abfälle, die in privaten Haushalten entstehen.

7

7 Ein Rezept aus *Berliner Platz 1*: Kartoffel-Zucchini-Auflauf. Schreiben Sie das Rezept im Passiv.

1. Zwiebel schälen, schneiden und anbraten und dann in eine Auflaufform geben.
2. Kartoffeln, Zucchini und Äpfel waschen, schälen und in dünne Scheiben schneiden.
3. Alles in die Auflaufform schichten.
4. Den Backofen auf 200° vorheizen.
5. Eier und Sahne verrühren und mit Salz, Pfeffer und Muskatnuss würzen.
6. Das Ganze über das Gemüse in die Auflaufform gießen.
7. Den Auflauf 50 Minuten im Backofen garen.

1. Die Zwiebel wird geschält, geschnitten und angebraten und dann in ...

8 Passiv üben

a Schreiben Sie die Sätze im Passiv Präsens wie im Beispiel.

Bei unseren Nachbarn ...
1. montags: die Wäsche waschen 2. mittwochs: die Mülltonnen an die Straße stellen 3. freitags: das Auto waschen 4. freitags: einen Großeinkauf machen 5. samstags: immer die Treppen putzen 6. sonntags: die Eltern zum Kaffeetrinken einladen

Bei unseren Nachbarn wird montags die Wäsche gewaschen. Mittwochs werden ...

b So war es auch letzte Woche! Schreiben Sie die Sätze im Präteritum wie im Beispiel.

Bei unseren Nachbarn wurde am Montag die Wäsche gewaschen. Am Mittwoch wurden ...

9 Nebensätze im Passiv – Schreiben Sie wie im Beispiel (Präsens oder Präteritum).

1. Ich habe gehört, — lesen / dass / immer weniger / Bücher

   Ich habe gehört, dass immer weniger Bücher gelesen werden
2. Können Sie mir sagen, — hier alle Fehler / ob / korrigieren / ?

   ____
3. In der Zeitung steht, — dass / im nächsten Jahr / schließen / das Schwimmbad

   ____
4. Ruf doch mal in der „Kamera" an, — welcher Film / zeigen / heute

   ____
5. Gestern fiel der Krimi aus, — die Fußballweltmeisterschaft / weil / live übertragen

   ____
6. Weißt du noch, — die DDR / wann / gründen / ?

   ____
7. Finden Sie es gut, — nicht mehr rauchen / dass / in Restaurants und Kneipen / ?

   ____
8. Ich bin froh, — dass / auch viel lachen / in unserem Sprachkurs

   ____
9. Woher soll ich wissen, — der Test / wann / schreiben / ?

   ____
10. Weißt du, — Klaus / warum / einladen / nicht zur Party / ?

    ____

10 **Sie brauchen ein Auto und überlegen einen Neukauf? Dann lesen Sie zuerst unsere Expertentipps! Wir haben zwei Spezialisten gefragt, hier sind ihre Argumente.**

Pro und Kontra: kaufen oder leihen?

Steffen Probst von *stattauto*:

Also, *stattauto* ist organisiert wie ein Verein. Man bezahlt einen Eintrittsbeitrag von 99 Euro, eine Kaution von 300 Euro und eine monatliche Gebühr von 9,90. Eintritt und Kaution bezahlt man nur einmal. Und dann bezahlt man nur die gefahrenen Kilometer und die Zeit.
Der Kilometer kostet nur 9 Cent. Die Ausleihzeit wird so berechnet: die Stunde 2,49 Euro, der Tag 34,90 oder die Woche 199. Überlegen Sie also genau: Wie oft brauchen Sie tatsächlich ein Auto? Ausflüge, Transporte, Großeinkauf und so, vielleicht brauchen Sie Ihr Auto nur einmal pro Woche. Rechnen Sie selbst und Sie werden sehen, *stattauto* ist meistens billiger!
Hier ein Beispiel: Sie fahren zwei Wochen in den Urlaub, vielleicht 1000 Kilometer. Bei zwei Urlaubsreisen im Jahr kostet Sie das ca. 1000 Euro. Und dann natürlich all die zusätzlichen Kosten wie Reparaturen, Steuer und Versicherung. Diese Kosten sind bei *stattauto* alle schon enthalten!

Walter Kanovski von der Firma „Autokauf":

Ein Mietvertrag, ob Leasing oder Car-Sharing, kann ganz schön teuer werden! Da ist der Ratenkauf oft billiger! Es empfiehlt sich in jedem Fall, vorher genau zu rechnen. Bei einem Neupreis von ca. 16 200 Euro, wie in unserem Beispiel ein VW Golf ohne Extras, kostet die Rate im Monat nur 271 Euro. Dazu kommen noch die Zinsen von etwa 500 Euro im Jahr. Und ein ganz wichtiges Argument: Beim Ratenkauf gehört das Auto nach fünf Jahren Ihnen! Und die Zinsen werden auch immer weniger!
Wenn Sie schon ein Auto haben, können Sie es in Zahlung geben, was den Kaufpreis reduziert. Auch hat Ihr Wagen nach fünf Jahren immer noch einen hohen Wiederverkaufswert, wenn Sie dann ein anderes Auto kaufen wollen.
Dazu kommt noch eine Menge anderer Vorteile, die ein eigenes Auto bietet! Sie haben z.B. keine Wartezeiten, wie etwa beim Car-Sharing, denn mit dem eigenen Auto können Sie fahren, wann Sie wollen!

1. Welche Vorteile nennen die Experten? Notieren Sie.

2. Welche Argumente fehlen? Welche Nachteile hat das *stattauto* bzw. das eigene Auto? Sammeln Sie Argumente.

10

11 Sechs Tipps für das Energiesparen zu Hause – Ergänzen Sie.

Geräte • Schlafzimmer • Energie • geduscht • ~~Zimmern~~ • Fenster • Licht • Wohnräume • täglich • Ausnahme • Kauf • Stand-by

1. Nur in den *Zimmern*, in denen etwas getan wird, haben wir das ____________ an.
2. Unsere ____________ sind wärmer als das ____________ oder der Flur.
3. Wir lüften mehrmals ____________ alle Räume ca. 10 Minuten, ansonsten sind die ____________ geschlossen.
4. Eigentlich wird bei uns immer nur ____________, Baden ist die ____________.
5. Beim ____________ von technischen Geräten achten wir darauf, dass sie wenig ____________ verbrauchen.
6. Elektrische ____________ stellen wir nicht auf ____________, sondern schalten sie ganz aus.

12 Aussprache: Emotionales Sprechen – Sprechen Sie die Äußerungen mit starker / nicht so starker Zustimmung/Ablehnung oder als Rückfrage.

3.33

Ich bin damit einverstanden. ↘
Ich bin damit absolut einverstanden. ↘
Bist du damit einverstanden? ↗
Bist du damit wirklich einverstanden? ↗

Das halte ich für falsch. ↘
Das halte ich für völlig falsch. ↘
Hältst du das für falsch? ↗
Hältst du das wirklich für falsch? ↗

Schwierige Wörter

13 Hören Sie und sprechen Sie langsam nach. Wiederholen Sie die Übung.

3.34

Umweltschutz ↘
Bürgerinitiative? ↗
Geschirrspülmaschine? ↗

aktiver Umweltschutz ↘
in einer Bürgerinitiative? ↗
eine Geschirrspülmaschine? ↗

Fahrradfahren ist aktiver Umweltschutz. ↘
Sind Sie auch in einer Bürgerinitiative? ↗
Haben Sie eine Geschirrspülmaschine? ↗

14 Welche Wörter sind für Sie schwierig? Notieren Sie drei Wörter/Sätze wie in Aufgabe 13. Üben Sie mit einem Partner / einer Partnerin:

1. ______________________________
2. ______________________________
3. ______________________________

Leseverstehen (Teil 3): Selektives Lesen

ca. 15 Minuten

Lesen Sie zuerst die zehn Situationen (1–10) und dann die 12 Texte (A–L).
Welche Anzeige passt zu welcher Situation? Sie können jede Anzeige nur einmal verwenden.
Tragen Sie Ihre Lösung in die Tabelle ein. Es ist auch möglich, dass Sie das, was Sie suchen, nicht finden.
Schreiben Sie dann *x*.

TIPP
1. Lesen Sie zuerst die Aufgaben und unterstreichen Sie Schlüsselwörter.
2. Suchen Sie dann in den Anzeigen nach den Schlüsselwörtern.

1. _____ Ihre beste Freundin heiratet und Sie brauchen beim Organisieren der Feier Hilfe.
2. _____ Sie haben Freunde zu Besuch. Sie wollen zusammen chinesisch essen gehen.
3. _____ Sie wollen sich abends mit Ihren Arbeitskollegen einmal in der Woche sportlich betätigen.
4. _____ Ihr Freund will sich einen neuen, sehr preiswerten Computer kaufen. Er weiß aber nicht, wo.
5. _____ Sie planen für das Wochenende mit Ihren Kindern einen Ausflug in die Welt der Tiere.
6. _____ Sie wollen für Ihr gerade renoviertes Wohnzimmer eine neue, moderne Schrankwand kaufen.
7. _____ Sie suchen ein Internetcafé, in dem Sie auch etwas trinken und essen können.
8. _____ Sie haben zu Hause ein Aquarium und wollen es neu einrichten.
9. _____ Sie haben Lust, am Samstag mit Freunden zum Tanzen zu gehen.
10. _____ Ihre Kollegin hat Geburtstag. Sie wollen ihr einen Geburtstagsstrauß schicken.

Mögliche Punkte: 10 – Meine Punkte: _____

Ⓐ

Ⓑ

Ⓒ

Ⓓ

(E)

Die Preisagentur
PREIS ASS-Leipzig
Äuß. Fr.-Naumann-Str. 39
04158 Leipzig-Lindenthal
☎ (03 41) 4 61 82 55
Fax (03 41) 4 61 82 51
E-Mail: preisass...

PREIS ASS
„Wir suchen – Sie sparen!"

STIFTUNG WARENTEST 1. Platz Im Test: Preisagenturen test 12/1999
STIFTUNG WARENTEST 1. Platz Im Test: Ersparnis bei Kfz-Versicherungen durch Preisagenturen

Wir suchen nach Ihren Vorgaben den für Sie günstigsten Preis!
Egal, was Sie suchen:
Konsumgüter, Computertechnik, Auto und Kfz-Zubehör
Neutrale Computervergleiche von Versicherungen und Sparanlagen, Urlaubsreisen, Linienflüge
Preisvorteile bei Versandhäusern
RUFEN SIE UNS AN!

(F)

RESTAURANT Marché MÖVENPICK
The fresh market place

Ob Firmenjubiläum, Hochzeit oder Geburtstagsparty: Wir sind Ihre kompetente Crew für Festlichkeiten jeder Art!

Buchen Sie den Richard-Wagner-Saal unter
Tel. 03 41/5 93 34 95

(G)

Ergee – Socken – Tage
Nimm 5 Paar und zahle nur 4 Paar
Gültig für Ergee-Socken, Kniestrümpfe und Rutschsocken von Größe 18 - 49
Ergee Strumpfhosen 4 Paar 7,- jetzt 5,50 €
Schuhhaus Kuhn Seit 1930 ältestes Fachgeschäft am Platze
...19 · 68535 Edingen · Tel. 81441

(H)

Billardtreffpunkt
POOL
NEU ... NEU ... NEU ... NEU ... NE
NEU: 9 Tischtennisplatten
Wochentags Spartarif:
Montag bis Freitag von 13 bis 18 Uhr
...3,- Euro/Stunde
...lich
...y Hour
...-20 Uhr
...gszeiten:
...nerstag 13-2 Uhr
...amstag 13-5 Uhr
...igner-Allee 64
...eipzig/Plagwitz
...41-479 26 10
...nsens größte
...halle auf 3000 m²

(I)

Lesecafé eco
Erlesener Genuss
Sonntagsbrunch für nur 3,60 € von 10.00 bis 15.00 Uhr
Kostenloser Internetzugang mit AOL Station oder Ihrem Laptop
...enießen Sie unsere Kaffeespezialitäten und Tagesgerichte zum kleinen Preis
...ffnungszeiten
...o.-Fr. 9.00 - 1.00 Uhr
... 10.00 - 20.00 Uhr
... 10.00 - 1.00 Uhr
»LESECAFÉ ECO«
BRÜDERSTRASSE 37-41
NÄHE BAYER. BAHNHOF - LEIPZIG
TEL. 0341-961 32 44

(J)

RESTAURANT
„BEI JANNI"
Neugasse 18 (an der Schule)
68535 Neckarhausen
Telefon 0 62 03 / 10 78 19

Griechische und deutsche Kü... in gemütlicher Atmosphäre

Öffnungszeiten:
Täglich von 17.00 bis 24.00 Uhr
Sonn- und Feiertage von 11.30 bis 14.30 U...
und 17.00 bis 24.00 Uhr - Kein Ruhetag...
(Nach Vereinbarung sind wir auch zu anderen Zeiten...)

Auf Ihren Besuch freut sich:
Familie Joannis Akrivopoulos

(K)

Umzug ?
preiswert - zuverlässig - schnell
Unsere Leistungen: Umzüge nah und fern
Demontage und Montage Ihrer Möbel • Zwischenlagerung • Transporte • Entsorgung
Möbelreparatur • Verkauf von Küchen ab Werk
Elmar Kraus
Service in Sachen Möbel & Transport

Fax: 0341 - 47 71 053
Tel.: 0341 - 40 14 082 u. 47 71 063
E-Mail: moebel-service.de.Kraus@t-online.de
Internet: www.gewusst-wo.de/L/moebelservice-kraus.htm
Möbel-Service-Transport Elmar Kraus
Industriestraße 11 • 04229 Leipzig

(L)

Wild Life
ZOOHANDEL

Georg-Schumann-Str.
Ecke Breitenfelderstr. 20 · 04155 Leipzig
Phone. (0341) 58 32 760 · Fax. (0341) 58 32 761
eMail. zoohandelwildlife@gmx.de
iNet. www.zoohandel-wildlife.de

- Auslieferung • Bestellservice
- Notdienst: Hilfe bei Problemen mit Reptilien
- Wir übernehmen die Pflege Ihrer Aquarien und Terrarien

Terraristik
Aquaristik
Floristik
Futtermittel
Reptilien
Vögel
Nager
Zubehör

Testtraining 11

Schriftlicher Ausdruck

ca. 30 Minuten

TIPP Sehen Sie sich den TIPP auf Seite 195 noch einmal an.

Sie haben in der Regionalzeitung Ihrer Heimatstadt die folgende Anzeige gelesen:

Schnupperwochen für alle im

FITNESS-PARADIES

Eine Woche lang erwartet Sie ein tolles und erlebnisreiches Programm, zu dem wir Sie und Ihre Freunde herzlich einladen möchten. Die Schnupperwochen starten in unserem Club ab dem 10. November. Nähere Informationen erhalten Sie in Ihrem FITNESS-PARADIES.

★ Professionelle Betreuung und erstklassige Ausstattung
★ Modernes Design: offen und hell gestaltete Räumlichkeiten
★ Ein Treffpunkt für alle, die beim Training Spaß haben und nette Leute kennen lernen wollen

FITNESS-PARADIES, 99843 Thal (Thüringen), Eisenacher Straße 11-13,
www.fitness-paradies.de – Tel: 0369 882669

Sie interessieren sich sehr für dieses Angebot. Schreiben Sie einen kurzen Brief an das *Fitness-Paradies*, der die folgenden Punkte enthält:

– was die Teilnahme kostet
– wie Sie sich anmelden können
– warum Sie schreiben
– was das Programm bietet

Bevor Sie den Brief schreiben, überlegen Sie sich die passende Reihenfolge der Punkte, eine passende Einleitung und einen passenden Schluss. Vergessen Sie auch Datum und Anrede nicht.

Mögliche Punkte: 45 – Meine Punkte: ______

Hören (Teil 3)

ca. 30 Minuten

Sie hören nun fünf kurze Texte. Dazu sollen Sie fünf Aufgaben lösen. Hören Sie jeden Text zweimal. Entscheiden Sie beim Hören, ob die Aussagen 1–5 richtig oder falsch sind.

1. Auf der Autobahn Leipzig–Dresden befinden sich Tiere auf der Fahrbahn. [r] [f]
2. Der Intercityexpress nach Berlin kann nicht mehr erreicht werden. [r] [f]
3. Der neue Kinofilm beginnt um 22 Uhr im Kino Cinestar. [r] [f]
4. Spanische Orangen sind neu im Angebot. [r] [f]
5. Am Wochenende regnet es nicht, aber die Temperaturen fallen. [r] [f]

Mögliche Punkte: 5 – Meine Punkte: ______

Sprachbausteine (Teil 1)

ca. 10 Minuten

Lesen Sie den folgenden Text und entscheiden Sie, welches Wort (A, B oder C) in die Lücken 1–10 passt.

TIPP Lesen Sie zuerst den ganzen Text durch und dann immer den ganzen Satz, nicht nur die Lücke.

Jetzt senden | Später senden | Als Entwurf speichern | Anlagen hinzufügen | Signatur | Optionen

Von: Beate Kuhl [b.kuhl@rex.de]
An: Martina Daub [m.daub@kbw.de]
Cc:
BCc:
Betreff: Fitness
Anlagen: keine

Liebe Martina,
ich habe versucht, dich (1), aber leider meldet sich nur dein Anrufbeantworter. Ich habe einen tollen Vorschlag, (2) ich dir unbedingt gleich mitteilen möchte: Ich hatte gerade ein (3) Telefongespräch. In (4) Zeitung habe ich die Anzeige eines Fitness-Studios gelesen, das Kurse zum Schnuppern (5). Völlig kostenlos! Ich dachte, das wäre doch etwas (6) uns. Die Kurse sind immer montags und beginnen um 17 Uhr. Wir treffen uns doch montags sowieso immer auf ein Glas Wein. (7) uns doch vorher ein bisschen Sport treiben! Das (8) doch toll! Hast du Lust? Bitte antworte heute noch, (9) ich im Fitness-Studio Bescheid geben muss.

Viele Grüße
(10) Beate

1. [A] ☐ anrufen
   [B] ☐ angerufen
   [C] ☐ anzurufen

2. [A] ☐ den
   [B] ☐ das
   [C] ☐ dem

3. [A] ☐ interessante
   [B] ☐ interessanten
   [C] ☐ interessantes

4. [A] ☐ der
   [B] ☐ die
   [C] ☐ dem

5. [A] ☐ anbieten
   [B] ☐ anbietet
   [C] ☐ anbietest

6. [A] ☐ für
   [B] ☐ mit
   [C] ☐ von

7. [A] ☐ Lassen
   [B] ☐ Lasst
   [C] ☐ Lass

8. [A] ☐ wäre
   [B] ☐ würde
   [C] ☐ hätte

9. [A] ☐ obwohl
   [B] ☐ dass
   [C] ☐ weil

10. [A] ☐ dein
    [B] ☐ deiner
    [C] ☐ deine

Mögliche Punkte: 10 – Meine Punkte: ______

34 Begegnungen

Wiederholung

1 Was muss man tun? Was darf man (nicht) tun?

a Welches Schild passt zu welchem Satz? Ordnen Sie zu.

b Ergänzen Sie die Modalverben.

Ⓐ

Ⓑ

Ⓒ
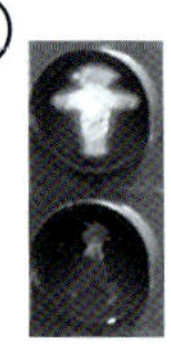

Ⓓ

Ⓔ

Ⓕ

Ⓖ

Ⓗ

1. _G_ Hier ____________ man nicht rauchen.
2. ____ Bei diesem Schild ____________ Sie stehen bleiben.
3. ____ Du ____________ hier nicht geradeaus fahren, du ____________ rechts abbiegen.
4. ____ Hier ____________ man das Auto nicht stehen lassen.
5. ____ Sie ____________ Ihr Handy ausschalten, man ____________ hier nicht telefonieren.
6. ____ Man ____________ weder links noch rechts fahren, Sie ____________ geradeaus fahren.
7. ____ Wenn die Ampel rot ist, ____________ du stehen bleiben; bei Grün ____________ du gehen.
8. ____ Kinder ____________ auf dem Schulhof nicht spielen, sie ____________ woandershin gehen.

3.36

2 Modalverben – Ergänzen Sie die zwei Dialoge. Hören Sie zur Kontrolle.

Dialog 1

○ _Kann_ (1) ich Ihnen helfen?

● Wir ____________ (2) einen Tisch für vier Personen.

○ Oh, das sieht nicht gut aus. Ich ____________ (3) den Kollegen fragen. Einen Moment bitte.

● Ich weiß nicht. ____________ (4) wir gleich wieder gehen?

○ Ich ____________ (5) Ihnen nur den kleinen Tisch beim Eingang anbieten.

▶ Nein, lieber nicht. Ich ____________ (6) aufpassen, dass es nicht zieht.

Dialog 2

○ Ich brauche etwas gegen Halsschmerzen. Und ich hatte da mal ein gutes Mittel.
Aber ich ____________ (1) mich nicht mehr an den Namen erinnern.

● Tja, was war das, vielleicht „Tonsitron“-Tabletten?

○ ____________ (2) Sie mir die mal zeigen? – Nein! Jetzt fällt es mir wieder ein: „Angioben“.

● Die ____________ (3) ich Ihnen ohne Rezept nicht geben.
Da ____________ (4) Sie zuerst zum Arzt gehen.

○ Nein, das ____________ (5) ich nicht, ich habe keine Zeit.
Dann ____________ (6) ich welche ohne Rezept nehmen.

3

3 Orte für Begegnungen – Sie hören vier Personen. Wo finden für diese Personen Begegnungen statt? Notieren Sie B (Bettina), T (Theresa), O (Ossi) und M (Mehmet). 3.37

a) __T__ auf dem Weg in die Schule
b) ____ im Kindergarten
c) ____ im Gasthaus
d) ____ bei der Arbeit
e) ____ in der Fußgängerzone
f) ____ beim Einkaufen
g) ____ beim Seniorentreff
h) ____ in der Moschee
i) ____ im Café
j) ____ zu Hause
k) ____ auf der Straße
l) ____ im Sportverein
m) ____ in der Disco
n) ____ an der Bushaltestelle
o) ____ im Schwimmbad
p) ____ auf dem Sportplatz
q) ____ in der Schule
r) ____ im Fitnessstudio
s) ____ in der Stammkneipe
t) ____ in einem Ferienclub
u) ____ bei Festen

4 Heimat – Was ist das? Was passt zusammen? S.114/115 helfen.

1. Für Agim bedeutet Heimat einen Ort,
2. Annette verbindet den Begriff „Heimat“ mehr mit Menschen und Erlebnissen
3. Fettnah findet es schrecklich, sowohl von seiner Heimat
4. Wenn Petra das Wort „Heimat“ hört,
5. Eva weiß nicht so recht,
6. Klaus meint, Heimat ist so ähnlich
7. Alina sagt, Vaterland ist ein politischerer Begriff

__5__ a) was sie zu „Heimat“ sagen soll.
____ b) als auch von den geliebten Menschen getrennt zu leben.
____ c) als Heimat: Heimat ist für sie viel mehr ein Gefühl.
____ d) wie Vaterland.
____ e) und zwar einen Ort, der einem fehlt, wenn man ihn verlassen hat.
____ f) als mit Orten oder Landschaften.
____ g) denkt sie an den Klang des Dialekts.

5 Was bedeutet „Heimat? Ergänzen Sie. Hören Sie zuerst und ergänzen Sie dann.

3.38

1. Ich • dann • eine • ~~was~~ • bedeutet • ob • nicht • es

Nicole sagt: „Ich habe im Wörterbuch nachgeschlagen, ___was___ (1) Heimat bedeutet. Danach __________ (2) Heimat: das Land, die Gegend, wo jemand geboren bzw. aufgewachsen ist. __________ (3) bin aber der Meinung, dass __________ (4) nichts damit zu tun hat, __________ (5) ich in dem Land geboren bin oder __________ (6). Wenn ich mich dort wohl fühle, __________ (7) ist es für mich auch __________ (8) Heimat."

2. in • habe • und • ich • aber • mein

Sonay erzählt: „Ich bin Türkin, __________ (1) ich bin Deutschland geboren. Von meinen Eltern her ist __________ (2) Heimatland eigentlich die Türkei, aber weil ich __________ (3) Deutschland geboren bin, fühle __________ (4) mich hier wohler. Also __________ (5) ich zwei Heimatländer: die Türkei __________ (6) Deutschland."

3. für mich • egal • wie • ein bisschen • Erinnerung • die

Theo erklärt: „Ich weiß nicht, __________ (1) ich sagen soll, das ist __________ (2) schwierig. Also, Heimat ist __________ (3) mehr ein Gefühl, eine __________ (4) an Menschen, Geräusche, Gerüche, __________ (5) ich im Herzen trage, __________ (6) wo ich gerade bin."

6

6 *nicht brauchen* – Schreiben Sie Sätze nach dem Muster.

1. Heute habe ich frei, ich muss nicht arbeiten gehen.
2. Tina hat Ferien, sie muss nicht früh aufstehen.
3. Du kannst mit mir fahren, du musst nicht zu Fuß gehen.
4. Ich gebe dir meine CD, du musst sie nicht kaufen.
5. Peter ist schon fertig mit der Arbeit, du must ihm nicht helfen.
6. Irene weiß schon, dass du morgen nicht kommst. Du musst sie nicht extra anrufen.
7. Es gibt genug Platz im Restaurant, Sie müssen nicht reservieren.

> 1. Heute habe ich frei, ich brauche nicht arbeiten zu gehen.

7 Das machen Herr und Frau Lässig nicht selbst. Schreiben Sie Sätze mit *lassen*.

1. die Wohnung putzen
2. die Wäsche bügeln
3. das Auto waschen
4. die Kinder in die Schule bringen
5. den Müll entsorgen
6. die Einkäufe nach Hause tragen

> Sie lassen die Wohnung putzen.

7

8 Welche Endung passt: *-(e)n, -(e)s* oder keine (–)? Ergänzen Sie.

Eines schönen Tag_es__ (1) läutete es bei Herr_n__ (2) Busch. Er öffnete. Vor der Tür seines Haus_____ (3) lag ein Paket. Er sah keinen Mensch_____ (4), wohin er auch schaute. „Für Herr_____ (5) Busch" stand darauf. „Ist das nicht die Schrift meines Kollege_____ (6) Klaus?", dachte er. Das Papier des Paket_____ (7) war schmutzig und nass. Herr_____ (8) Busch nahm das Paket, ging hinein und schloss die Tür seines Zimmer______ (9). Er wollte zuerst seinen Kollege_____ (10) Klaus anrufen und wählte die Nummer des Handy_______ (11). „Hallo, Klaus, warum hast du nur geläutet und nicht gewartet?" „Wie bitte", antwortete Klaus, „was hab ich gemacht?" „Vor der Tür lag ein Paket mit meinem Name_____ ." (12) „Aber nicht von mir", sagte Klaus zu Herr_____ (13) Busch. Das war das Ende des Gespräch_____ (14). Aus dem Innern des Paket_____ (15) hörte Herr_____ (16) Busch ein Geräusch. Er bekam Angst und rief die Polizei. „Wir können doch nicht wegen jedes Blödsinns einen Polizist_____ (17) schicken", sagte der Polizist am Telefon. Das Geräusch wurde lauter.
Herr Busch warf das Paket aus dem Fenster seines Zimmer_____ (18). Es klirrte und schepperte. Da fiel ihm ein, dass er seine Küchenuhr zur Reparatur gegeben hatte.

8

9 Von Osten nach Westen – In welchen Zeilen des Texts auf S. 118 finden Sie diese Informationen? Notieren Sie.

	Zeile
1. In Berlin-Marzahn kann man fast alle Dinge des Alltags auf Russisch erledigen, nur für die Ämter braucht man Deutsch.	5–6
2. Es gibt viele Aktivitäten für Jugendliche, damit sie in ihrer Freizeit beschäftigt sind und keine Konflikte entstehen.	
3. Das Jugendaufbauwerk sorgt dafür, dass auch Jugendliche, die ein schwieriges Leben hatten, einen Beruf lernen können.	
4. Kolja lernt Koch, aber er kann nicht gut Deutsch und deshalb ist die Prüfung für ihn schwierig.	
5. Adelina Stößel hat das Abitur nicht im Alter wie viele andere Jugendliche gemacht, sondern erst, nachdem sie schon einen Beruf gelernt hatte.	
6. Während ihrer Schulzeit hatte Adelina nur in der Schule zu ihren Mitschülerinnen Kontakt, aber nicht privat.	
7. Menschen, die als Erwachsene ihre Heimat verlassen haben, sagen, dass sie für die Kinder eine bessere Zukunft wollten.	
8. Viele Leute arbeiten in Deutschland in einem viel schlechteren Beruf als in der Heimat.	

10 Einen Brief schreiben – Viktoria hat diesen Brief von ihrer Freundin Petra erhalten.

a Ordnen Sie den Brief.

Ⓐ ___ Dass ich endlich eine Arbeit habe, das ist ja auch wirklich gut. Aber dass ich in dieser kleinen Stadt gelandet bin, das macht mir Sorgen. Ich kenne noch so wenig Leute und es ist so schwer, neue Freunde zu finden. Ich bin oft allein.

Ⓑ _1_ Liebe Viktoria,
ich habe Neuigkeiten für dich. Ich bin umgezogen, vom Norden nach Süden.

Ⓒ ___ Genauer gesagt, ich bin nach Garmisch-Partenkirchen gezogen und ich weiß nicht, ob das eine gute Entscheidung war. Aber ich habe endlich eine Stelle als Erzieherin bekommen und deshalb auch sofort zugesagt. Ich war lange genug arbeitslos.

Ⓓ ___ Mit ganz lieben Grüßen,
Petra

Ⓔ ___ Du musst mir schreiben oder, noch besser, du musst mich bald besuchen.

Ⓕ ___ Wenn ich durch den Ort gehe, wenn ich einkaufe oder auf dem Weg zur Arbeit bin: Alle Leute hier scheinen sich zu kennen. „Grüß dich, was machst du grad!", „Servus, ich hab dich so lang nicht mehr gesehen!", hört man überall. Aber zu mir sagt niemand was. Darum komme ich mir auch so fremd vor.

b Schreiben Sie einen Antwortbrief an Petra.

Schreiben Sie etwas zu den folgenden fünf Punkten. Vergessen Sie Datum und Anrede nicht. Denken Sie auch an eine passende Einleitung und einen passenden Schluss.

1. Sie haben selbst in einer kleinen Stadt gelebt.
2. Man braucht Zeit, bis man Kontakte findet. Geduld!
3. Sie haben die Leute am Anfang schwer verstanden.
4. Sie möchten Näheres zur Arbeit wissen.
5. Besuch: ein langes Wochenende in etwa einem Monat.

Liebe Petra,
ich freue mich, dass du endlich einen Job gefunden hast.

11 Verbinden Sie die Sätze. Verwenden Sie jeweils das Wort in Klammern.

1. Petra ist in eine andere Stadt gezogen. Sie hatte keine Arbeit. (weil)
2. Petra hat gern in Hamburg gelebt. Sie ist nach Garmisch umgezogen. (trotzdem)
3. Sie versteht die Leute nicht. Sie spricht die gleiche Sprache wie sie. (obwohl)
4. Alle Einheimischen scheinen sich zu kennen. Petra fühlt sich fremd. (deshalb)
5. Viktoria lebt gern in Kassel. Sie sucht keine Arbeit in einer anderen Stadt. (darum)
6. Sie hat dort ihr Freunde. Sie will in Kassel bleiben. (deswegen)
7. Viktorias Freund Dieter hat keine besonders gute Arbeit. Er sucht keine neue Stelle. (trotzdem)
8. Er ist zufrieden. Er verdient wenig Geld. (obwohl)

Petra ist in eine andere Stadt gezogen, weil sie keine Arbeit hatte.

11

12 **İsmail und Aynur Zengin – Schreiben Sie ihre Geschichte. Schreiben Sie 1–10 zu Ende. Kontrollieren Sie im Kurs.**

Juli 1965	İsmail Zengin fährt nach Deutschland. Er arbeitet in Ravensburg auf dem Bau. Seine Frau Aynur Zengin bleibt bei ihren Eltern in Bingöl.
Dez. 65	Der älteste Sohn, Cengiz, kommt zur Welt.
Dez. 66	Erster Besuch von Ismail in Bingöl, ein Monat Urlaub.
Juli 68	Aynur folgt ihrem Mann und arbeitet in einer Spielzeugfabrik. Cengiz bleibt bei den Großeltern.
Aug. 72	Geburt der Tochter Ayşe.
März 73	Sohn Cengiz kommt nach. Er kommt fast ohne Deutschkenntnisse in die Schule.
1973/74	Große Schwierigkeiten von Cengiz in der Schule; Geburt von Mehmet.
Juli 74	Cengiz bleibt nach dem Urlaub bei den Großeltern in Bingöl.
ab 1975	Ayşe und später Mehmet besuchen den Kindergarten und die Schule, ohne Sprachprobleme.
ab 1980	Aynur beginnt wieder zu arbeiten.
1996	İsmail geht nach einem Arbeitsunfall in Pension.
2001	Ayşe heiratet in Deutschland.
2002	İsmail und Aynur Zengin kehren in die Türkei zurück.

1. Nachdem İsmail Zengin 1965 nach Deutschland gefahren war, arbeitete …
2. Während İsmail in Deutschland arbeitete, blieb …
3. İsmail lebte in Deutschland, als im Dezember 1965 …
4. Der Vater sah seinen Sohn zum ersten Mal, als …
5. Als Aynur im Sommer 1968 ihrem Mann folgte und in einer Fabrik arbeitete, blieb …
6. Aynur arbeitete in der Fabrik, bis 1972 …
7. Der älteste Sohn Cengiz musste 1973 gleich in die Schule, obwohl …
8. Nach dem Urlaub der Familie im Juli 1974 …
9. Ganz anders als Cengiz hatten Ayşe und Mehmet …
10. Nachdem Ayşe 2001 in Deutschland geheiratet hatte, …

1. Nachdem …
2. Während İsmail in Deutschland arbeitete, blieb seine Frau bei ihren Eltern in Bingöl.

13 **Aussprache: viele Konsonanten – Hören Sie und sprechen Sie. Sprechen Sie die schwierigen Wörter zunächst langsam, dann in normalem Tempo.**

3.39

1. das Schrecklich**ste**	Das Schrecklichste ist, wenn man von den geliebten Menschen getrennt lebt. ↘
2. du brau**chst** / ni**chts**	Du brauchst mir nichts zu sagen. Ich kenne dich! ↘
3. au**sschl**afen	Im Urlaub kann Herr Lang jeden Tag ausschlafen. ↘
4. sel**bst schn**eiden	Sie kann sich die Haare selbst schneiden. ↘

TIPP Sprechen Sie jeden Laut. Sprechen Sie ein Wort zunächst langsam, dann in normalem Tempo. Üben Sie das Wort in Wortgruppen oder in kurzen Sätzen.

35 Arbeit – Neue Perspektiven

Wiederholung

1 Nebensätze mit *weil* und *obwohl*. Verbinden Sie die Sätze.

1. Frau Anselm geht heute nicht in die Kantine.
2. Rafik lernt Deutsch.
3. Meike hat gekündigt.
4. Sven hat keinen Ausbildungsplatz bekommen.
5. Ich brauche dringend Urlaub.
6. Ich schaue jeden Samstag in den Anzeigenteil der Tageszeitung.

a) Ich habe zu viel gearbeitet.
b) Sie hat noch keinen neuen Arbeitsplatz.
c) Er hat sehr gute Schulnoten.
d) Sie hat einen Riesenhunger.
e) Ich suche eine neue Arbeitsstelle.
f) Er möchte in Deutschland eine Ausbildung machen.

1. Frau Anselm geht heute nicht in die Kantine, obwohl sie einen Riesenhunger hat.

2

2 Schreiben Sie die Sätze aus Aufgabe 1 um und benutzen Sie *deshalb* und *trotzdem*.

1. Frau Anselm hat einen Riesenhunger. Trotzdem geht sie heute nicht in die Kantine.
2. Rafik möchte in Deutschland eine Ausbildung machen. Deshalb ...

3 Wortfeld „Arbeit und Beruf". Welche Kombinationen sind möglich?

TELE, AMT, TRAUM, KOLLEGE, SUCHE, ZEIT, WAHL, BÜRO, WELT, AUSBILDUNG, VERTRAG, GEBER

Arbeit... ...arbeit
Beruf... ...beruf

FEUERWEHR, KRAFT, PLATZ, NEBEN, FABRIK, WUNSCH, MINISTER, BERATER, NEHMER, KURZ

⚠ Manchmal brauchen Sie ein *-s-* zwischen den beiden Wörtern!

Arbeitsamt Traumarbeit Berufswelt Traumberuf

6

4 Interview mit Anja Scheidt – Ordnen Sie die Fragen 1–8 den Antworten a–h zu. Hören Sie zur Kontrolle.

3.40

1. Frau Scheidt, ist die Arbeit als Mechanikerin nicht zu anstrengend für eine Frau?
2. Gibt es noch viele andere Mitschülerinnen an der Berufsschule?
3. Ist Mechanikerin denn Ihr Traumjob?
4. Können Sie Ihre Berufswahl auch anderen jungen Frauen empfehlen?
5. Sie haben ja lange Haare, stören die nicht bei der Arbeit?
6. Und ... wie finden Sie das?
7. Werden denn für die Ausbildung zur Mechanikerin besondere Fähigkeiten gebraucht?
8. Wie sieht Ihre Arbeit denn genau aus?

____ a: Nein, nicht unbedingt. Es ist schon Hand- und Knochenarbeit, klar. Aber denken Sie mal an Krankenschwestern. Die müssen doch auch täglich zentnerschwere Patienten von einem Bett ins andere wuchten. Da fragt auch niemand, ob das eine Arbeit für Frauen ist.

____ b: Tja, ich bin ja erst ein halbes Jahr in der Ausbildung, da lernt man erst mal das Wichtigste: wie man schweißt, bohrt, dreht, d.h., an der Drehbank habe ich auch schon gearbeitet und und und.

____ c: Ja, die muss ich natürlich zusammenbinden und in schicken Klamotten kann ich hier natürlich auch nicht rumlaufen, immer nur in Latzhose. Aber das finde ich völlig o.k. Und die Hände werden auch ordentlich dreckig, da muss ich halt nach Feierabend ein bisschen schrubben.

____ d: Na ja, früher hatte ich immer andere Vorstellungen von meinem Beruf, aber jetzt macht mir das hier irre viel Spaß. Ich kann alles anwenden, was ich gut kann, es ist Handwerk und Kopfarbeit, das ist genau das, was ich will.

____ e: Nee, in meiner Klasse ist keine andere Frau und im Betrieb gibt's halt nur in der Verwaltung noch Frauen. In der Werkhalle bin ich auch die Einzige.

_6_ f: Ich hab keine Probleme damit, im Mittelpunkt zu stehen. Nein, im Ernst, ich hab hier im Betrieb schon ein paar Vorteile als Frau, denn der Meister nimmt sich schon mal mehr Zeit, mir etwas zu erklären. Aber einfacher wird es mir trotzdem nicht gemacht. Da hätten auch die anderen Azubis was dagegen. Aber die sind auch supernett. Seit ich die Ausbildung mache, habe ich viel mehr Jungs als Freunde als vorher ... Ich fühle mich wohl hier.

____ g: Ja, klar, sofort. Wenn eine Interesse an Technik hat, soll sie einfach mal in einen Betrieb gehen und sich das Ganze ansehen. Da bekommt man dann einen viel besseren Eindruck, als wenn das ein Berufsberater beschreibt. Die Praxis kann keiner theoretisch erklären, das muss man sehen, hören, riechen ...

____ h: Wenn man keine Probleme mit dem logischen Denken hat, ist das ganz klar von Vorteil und auch gute Noten in Mathematik oder Physik sind schon wichtig. Aber das Allerwichtigste ist: Die Mädels müssen sich einfach mal was zutrauen!

7

5 **Nebensätze mit *seit*. Ordnen Sie 1–6 und a–f zu. Schreiben Sie die Sätze.**

1. Anja trägt jeden Tag eine Latzhose, ...	☐ a) ein neues Bett haben
2. Seit sie nur mit Männern zusammenarbeitet, ...	☑ 1 b) Ausbildung zur Mechanikerin machen
3. Seit Ingo eine Lehrstelle hat, ...	☐ c) er über seine Probleme sprechen
4. Seit ich Deutsch lerne, ...	☐ d) viel mehr männliche Freunde haben
5. Ich kann meinen Freund viel besser verstehen, ...	☐ e) wissen, was ein Dativ ist
6. Ich schlafe viel besser/schlechter, ...	☐ f) zufrieden sein

1. Anja trägt jeden Tag eine Latzhose, seit sie eine Ausbildung zur Mechanikerin macht.

8

6 **Kontrast oder Gleichzeitigkeit ausdrücken – Schreiben Sie Sätze mit *während* und markieren Sie Gleichzeitigkeit (G) oder Kontrast (K)**

1. Während Hosni nicht gut im Sitzen arbeiten kann, / Arbeit / Carmen / die / am Schreibtisch / liebt / .
2. Während Rolf Sommer arbeitet, / Tochter / seine / Kindergarten / ist / im /.
3. Während ich gerne sehr früh aufstehe, / Langschläfer / ein / Mann / ist / mein /.
4. Kim mag es nicht, wenn ihre Kollegen sich unterhalten, / mit / sie / telefoniert / während / Kunden / .
5. Die Kollegen gehen nach der Arbeit noch einen Kaffee trinken, / Frau Brill / vom / abholen / ihre/ während / Kinder / muss / Kindergarten / .
6. Oleg hat Probleme mit den Nebensätzen, / spannend / das / Rashmi / findet / Thema / während /.

1. Während Hosni nicht gut im Sitzen arbeiten kann, liebt Carmen die Arbeit am Schreibtisch. K

11

7 **Die Arbeitstage im Jahr**

a **Welcher Text auf Seite 227 gehört zu welchem Schaubild? Ordnen Sie zu.**

b **Ergänzen Sie die Lücken in den Texten auf Seite 227.**

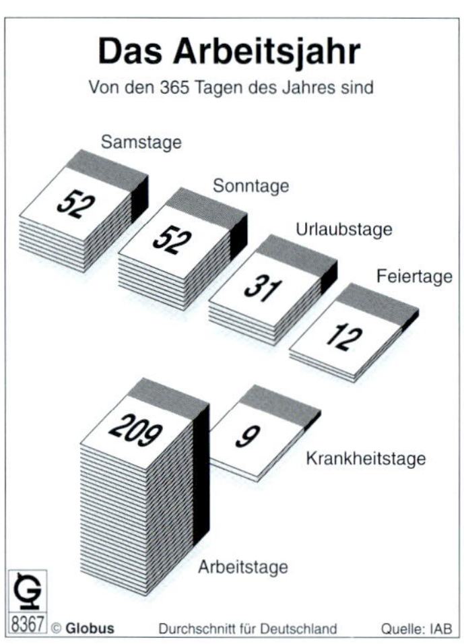

147
209
156
neun
Überstunden
ein Viertel
Feiertage
zwölf
Freitagnachmittag
jeder Fünfte
~~montags~~
zwölf

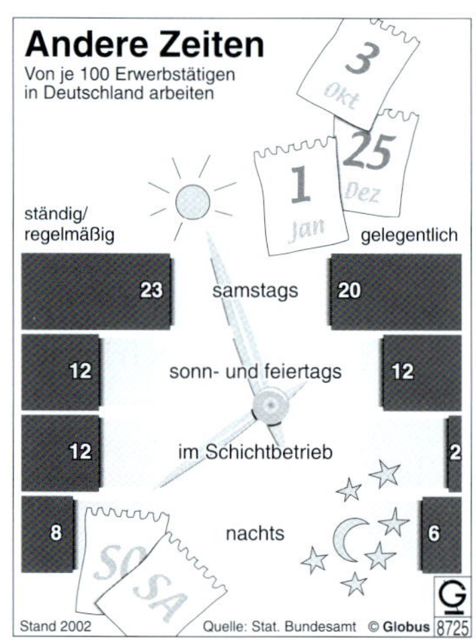

A

Für immer mehr Beschäftigte in Deutschland gehört die normale Arbeitswoche, die _montags_ beginnt und am ______________ endet, der Vergangenheit an. 47% der Erwerbstätigen haben flexible Arbeitszeiten. Am häufigsten anzutreffen ist die Wochenendarbeit. Für fast ______________ der Erwerbstätigen ist regelmäßiges Arbeiten an Samstagen nichts Ungewöhnliches mehr; ______________ muss zumindest ab und zu samstags am Arbeitsplatz erscheinen. Für ________ Prozent steht die regelmäßige Arbeit an Sonn- und Feiertagen im Arbeitsvertrag. Weitere ________ Prozent müssen zumindest gelegentlich auf ihre Feiertagsruhe verzichten und arbeiten.

B

Die längste Jahreszeit ist die Freizeit. Insgesamt sind durchschnittlich ______________ Tage arbeitsfrei, davon allerdings ______________ Tage wegen Krankheit. ______________ Tage sind echte Freizeit-Tage: Die Wochenenden (Samstage und Sonntage), die ______________ und der Urlaub. Von den 365 Tagen des Jahres verbringen die Arbeitnehmer also ______________ Tage am Arbeitsplatz. Allerdings leisten viele Beschäftigte Mehrarbeit in Form von ______________. Diese Mehrarbeit wird vom Institut für Arbeitsmarkt- und Berufsforschung auf 57,4 Stunden je Arbeitnehmer im Jahr beziffert. Das sind umgerechnet gut 1,5 Arbeitswochen, die man vom „Freizeitkonto" wieder abziehen muss.

8 Temporale Nebensätze – Welche Konjunktion passt: *bis, nachdem, seit, während*?

1. Frau Zeisig geht vormittags ins Büro, ______________ ihre Kinder im Kindergarten sind.
2. ______________ alle Kollegen da sind, müssen wir mit der Besprechung noch warten.
3. ______________ Ingo eine Lehrstelle hat, ist er mehr als glücklich.
4. ______________ der Chef Frau Sans gekündigt hatte, wurde sie krank.
5. Rolf Sommer möchte den Telearbeitsplatz behalten, ______________ seine Tochter selbständiger ist.
6. Diese Arbeiten erledige ich, ______________ ich aus dem Urlaub zurückgekommen bin.

9 Eine E-Mail beantworten – Sie haben folgende E-Mail erhalten:

Anlagen: *keine*

Standardschriftart Textgrad F K U T

Liebe/r __________,
vielen Dank für deine letzte E-Mail. Du fragst, wie es jetzt bei mir weitergeht? Tja, das weiß ich auch nicht so recht. Ich würde ja so gerne wieder arbeiten gehen und mein Erziehungsurlaub ist ja auch in einem halben Jahr zu Ende. Aber Marie ist dann erst drei Jahre alt und doch noch sehr klein. Mein Chef hat mir angeboten, einen Telearbeitsplatz hier bei mir zu Hause einzurichten. Jetzt weiß ich nicht, ob ich das machen soll. Was meinst du?
Liebe Grüße
Andrea

Schreiben Sie Andrea eine Antwort-E-Mail, die die folgenden Punkte enthält:

- die wichtigsten Vorteile, die ein Telearbeitsplatz hat
- die größten Nachteile, die ein Telearbeitsplatz hat
- was Sie machen würden
- dass Sie sich für Ihre Freundin freuen

Bevor Sie die E-Mail schreiben, überlegen Sie sich die passende Reihenfolge der Punkte, eine passende Einleitung und einen passenden Schluss. Denken Sie auch an die Anrede.

10 Eine Firmengründerin

a Lesen Sie bis Zeile 22 und markieren Sie die unterschiedlichen beruflichen Tätigkeiten von Frau Kaminski.

Man braucht schon etwas Mut

von Robert Bertuch

Nein, die ganz große Karriere hat Elke Kaminski nicht gemacht, aber für sie war der Schritt von der Verkäuferin zur eigenen Schneiderei ein Schritt in eine neue Welt. Und dabei hatte sie nur sich selbst und ihren Mut zum Risiko als Begleiter.

Der Laden von Elke Kaminski liegt in einem Hinterhof in der Quadratestadt Mannheim: U4, 14 ist ihre Adresse und daraus hat sie auch ihre „Marke" gemacht: „U4 Fashion 4U".

Elkes Ich-AG beschäftigt keine Mitarbeiter. „Ich bin richtig selbständig", sagt sie ironisch. „Ich mache alles selbst und das ständig." Sie entwirft, kauft Stoffe ein, näht, macht Werbung und verkauft.

Für sie ist trotz 12-Stunden-Tagen und 6-Tage-Wochen ein Traum in Erfüllung gegangen. „Meine Zeit als Verkäuferin ist nach einem halben Jahr schon so weit weg, als wäre das alles in einem anderen Leben gewesen." Ursprünglich hatte sie mal Schneiderin gelernt, aber dann wollte sie schnell Geld verdienen und hat den Job als Verkäuferin in einer Boutique angenommen. Als die dann Pleite machte, kam für Elke der Tag der Entscheidung.

Trotz aller Probleme ist sie sicher, es zu packen. „Es gibt schon Tage, an denen man aufgeben will", sagt sie, „aber dann kommt wieder ein Tag, an dem die Kundinnen sich die Türklinke in die Hand geben, und das gibt dann wieder Kraft, um weiterzumachen. Man braucht schon etwas Mut, aber das Wichtigste ist immer das Gefühl, dass ich es selbst in der Hand habe", fügt sie – fast ein wenig trotzig – hinzu.

So hat alles angefangen

Als die Boutique Anfang 2004 Insolvenz anmelden musste, stand Elke plötzlich ohne Job da. Bei einer Arbeitslosenrate von weit über 10% in Mannheim waren die Chancen auf einen neuen Job und gar einen mit einer halbwegs akzeptablen Bezahlung alles andere als günstig. Deshalb fragte sie gleich bei ihrem ersten Besuch auf dem Arbeitsamt nach Hilfen für den Schritt in die Selbständigkeit und informierte sich über die Ich-AGs. Der Zufall half ihr auch ein bisschen und sie fand schnell einen preiswerten Raum für ihre Ladenwerkstatt. Eine Profinähmaschine hatte sie schon vor Jahren noch während ihrer Lehrzeit erstanden. Ihre Ersparnisse und die finanzielle und praktische Hilfe von ein paar guten Freunden taten ein Übriges und so konnte sie sechs Wochen nach ihrer Kündigung bereits mit der Renovierung des Ladens beginnen. Ihre Freunde halfen ihr auch hier mit Rat und Tat.

Durch die Förderung der Regierung kann sie im ersten Jahr 600 Euro monatlich absichern, im zweiten dann 360 und im dritten 240. Sie kann im Jahr 25 000 Euro Gewinn machen, ohne die Förderung zu verlieren. „Mein Ziel liegt natürlich bei einer Million", lacht Elke, „aber bis dahin ist wohl noch ein bisschen Zeit. Vorläufig sind die Grundkosten gedeckt und ich kann von der Förderung und meinen Umsätzen leben." Die ersten Modelle, die sie seit der Ladeneröffnung zu Frühlingsbeginn verkauft hat, sind gut angekommen. „Die beste Werbung ist immer noch die Mundpropaganda", stellt Elke fest. „Am Anfang hat der Bekanntenkreis geholfen, aber jetzt kommen immer mehr Kundinnen, die über andere von mir gehört haben." Und sie fügt optimistisch hinzu: „Wenn sich der Laden weiter so entwickelt, dann kann ich vielleicht schon nächstes Jahr auf die Förderung verzichten."

b Elke Kaminskis Berufsleben – Lesen Sie nun den ganzen Text. Ordnen Sie die Ereignisse chronologisch.

- ☐ als Verkäuferin in einer Boutique arbeiten
- ☐ Ausbildung zur Schneiderin machen
- ☐ kleinen Laden mieten
- ☐ Boutique Pleite machen, Kündigung erhalten
- ☐ Laden renovieren
- ☐ Ladeneröffnung
- ☐ zum Arbeitsamt gehen, nach Starthilfe erkundigen

c Textzusammenfassung – Schreiben Sie über Elkes berufliche Entwicklung.

Elke Kaminski hatte eigentlich eine Ausbildung zur Schneiderin gemacht.
Weil sie aber schnell Geld verdienen wollte, ...
Anfang 2004 ... *Sie ist sofort zum Arbeitsamt ...*
Sechs Wochen später ... *Jetzt ...*

11 Aussprache: Wortakzent und Rhythmus
Hören Sie und markieren Sie den Wort(gruppen)akzent. Sprechen Sie und verstärken Sie den Rhythmus durch Klopfen oder Klatschen.

3.41

1. die Arbeit – das Amt – das Arbeitsamt
2. die Männer – der Beruf – der Männerberuf
3. brutto – das Gehalt – das Bruttogehalt
4. die Arbeit – die Zeit – die Arbeitszeit
5. sozial – die Versicherung – die Sozialversicherung
6. die Telearbeit – der Platz – der Telearbeitsplatz

Schwierige Wörter

12 Hören Sie und sprechen Sie langsam nach. Wiederholen Sie die Übung.

3.42

Selbständigkeit ↘ für die Selbständigkeit ↘ Herr Maaß entscheidet sich für die Selbständigkeit. ↘
Telearbeitsplätze ↘ immer mehr Telearbeitsplätze ↘ Es gibt immer mehr Telearbeitsplätze. ↘
Arbeitslosenversicherung ↘ monatlich Arbeitslosenversicherung ↘ Er zahlt monatlich Arbeitslosenversicherung. ↘

13 Welche Wörter sind für Sie schwierig? Notieren Sie drei Wörter/Sätze wie in Aufgabe 12. Üben Sie mit einem Partner / einer Partnerin:

1. ______________________
2. ______________________
3. ______________________

36 Ein Leben lang lernen

Wiederholung

1 Lerntipps aus *Berliner Platz* – Erinnern Sie sich? Ergänzen Sie die fehlenden Wörter.

1. Die u*nregelmäßigen* Verben immer mit I_______________ und 3. Person Singular Präsens/P_______________ und P_______________ II lernen.
2. Herr von N_______________ und Frau A_______________ bleiben mit dem D_______________ fit.
3. Komparation: Einsilbige Adjektive haben oft einen Um_______________ (a/ä, o/ö, u/ü).
4. Adjektive: Die Adjektivendungen lernt man mit der Zeit. Im Zweifel immer -_______ verwenden.

TIPP

5. Adjektive: Nach den bestimmten Artikeln gibt es nur die Endungen -_______ und -_______.
6. Adjektive immer mit ihrem G_______________ lernen (*schön/hässlich, bekannt/unbekannt*).
7. Lernen Sie das P_______________ II immer als Perfektform (*ist gekommen, hat gekauft*).
8. Lernk_______________ helfen beim Lernen.
9. Nomen immer mit A_______________ und P_______________ lernen. Artikel-Bilder helfen.
10. Re_______________ wiederholen hilft beim Lernen.
11. Sprechen lernt man nur durch S_______________.
12. Sprechen Sie schwierige Wörter la_______________. Sie müssen jeden L_______________ sprechen.
13. Sprechen üben: Sprechen Sie einzelne Sätze mit verschiedenen E_______________ (erstaunt, ängstlich, ärgerlich, erfreut …).
14. Verben immer mit K_______________ lernen (*haben* + A, *gefallen* + D).
15. Verben immer mit P_______________ lernen (*achten auf* + A, *sich treffen mit* + D …).
16. Wer a_______________ Deutsch hört, liest und fernsieht, lernt schneller (Radio, Zeitungen, Fernsehen).
17. Das beste Mittel gegen Prüfungsangst ist eine gute V_______________.

aktiv • Artikel • Ausbeimit • Dativ • -e • Emotionen • -en • -en • Gegenteil • Infinitiv • Kasus • langsam • Laut • Lernkarten • Nachseitzu • Partizip • Partizip • Pluralform • Präpositionen • Präteritum • regelmäßig • Sprechen • Umlaut • ~~unregelmäßige~~ • Vorbereitung

2 Ein böser Traum – Ersetzen Sie das Adjektiv *rosa* durch passende Adjektive mit den richtigen Adjektivendungen.

Einige mögliche Adjektive:

dunkel • grün • bunt • groß • gefährlich • rot • lang • braun • tief • dick • grau • seltsam • schön • traurig • struppig • weiß • klein • lieb • böse • modern • faul • fleißig • arm • schwarz • riesig

In der vergangenen Nacht hatte ich einen rosa[1] Traum. Ich ging in einem Wald mit rosa[2] Bäumen spazieren. Über mir flog ein rosa[3] Vogel mit rosa[4] Flügeln. Gerade als ich ihm nachschaute, kam ein rosa[5] Reh zwischen den rosa[6] Bäumen hervor und schaute mich aus rosa[7] Augen an. „Bambi", sagte ich, da verschwand es wieder im rosa[8] Wald. Plötzlich stand der rosa[9] Wolf vor mir. Er hatte ein rosa[10] Fell und einen rosa[11] Schwanz. Er öffnete sein rosa[12] Maul und ich konnte seine rosa[13] Zunge und sein rosa[14] Gebiss sehen. Neben dem Wolf stand das rosa[15] Rotkäppchen. Es trug ein rosa[16] Kleid und rosa[17] Schuhe und auf dem Kopf natürlich die rosa[18] Mütze. „Rotkäppchen", sagte ich, da lief es schnell in den rosa[19] Wald. Im gleichen Moment sprang der rosa[20] Wolf mit einem rosa[21] Satz auf mich zu. Ich fiel hin, er riss sein rosa[22] Maul auf und ... da wachte ich auf.

... hatte ich einen bösen Traum ...

2

3 Die Sprichwortmaschine – Bauen Sie Ihre eigenen Sprichwörter und lesen Sie sie im Kurs vor.

Ohne Fleiß
Was ich nicht weiß,
Übung
Wer nicht hören will,
Zeige es mir
Es gibt nichts Gutes,
Aus Schaden
Der Kluge

macht mich nicht heiß • keine Rente • geht niemand etwas an • macht müde • tut weh • macht den Meister • kostet viel Zeit • muss fühlen • muss fernsehen • außer man tut es • und ich kaufe es • lernt nach dem ersten Fehler • macht hungrig • kein Preis • und ich erinnere mich • kein Stress • wenn man nicht kochen kann • geht es auch • hat keinen Stress • macht mich nicht unglücklich • gibt nach • wird man klug

4 Wie das Gehirn funktioniert (1) – Ein Selbsttest.

In beiden Bildern finden Sie 15 Wörter. Sehen Sie zuerst Bild A 30 Sekunden lang an. Machen Sie nun das Buch zu und notieren Sie alle Wörter, die Sie behalten haben. Wiederholen Sie dann das Gleiche mit Bild B. Wo haben Sie mehr Wörter behalten?

Erklärung: Unser Gehirn braucht sinnvolle Strukturen, eine sinnvolle Ordnung, um etwas gut speichern zu können. Wo Unordnung und Chaos herrschen, verliert unser Gehirn (verlieren wir) leicht die Orientierung.

5 Wie das Gehirn funktioniert (2) – Ein Lesetext. Verstehen Sie diesen Text?

Inertssaent

Luat enier Sduite an enier elingshcen Unvirestiät ist es eagl, in wlehcer Rienhnelfoge die Bcuhtsbaen in eniem Wrot sethen, das enizg Wcihitge dbaei ist, dsas der estre und lzete Bcuhtsbae am rcihgiten Patlz snid. Der Rset knan ttolaer Bölsdinn sien und du knasnt es torztedm onhe Porbelme lseen. Das ghet dseahlb, wiel wir nchit Bcuhtsbean für Bcuhtsbean enizlen lseen, snodren Wröetr als Gnaezs.

Sicher haben Sie auch den Text mit den vertauschten Buchstaben verstanden.
Konsequenz: Lesen Sie auch im Deutschen nicht Buchstaben für Buchstaben, sondern trainieren Sie, Wörter und Ausdrücke als Gruppen zu erfassen.

8

6 **Partizip I und II als Adjektive – Schreiben Sie die Ausdrücke wie im Beispiel. Wo muss Partizip I stehen und wo Partizip II?**

1. das/ein (fahren) Auto
2. die/eine (schreiben) E-Mail
3. der/ein (sprechen) Papagei
4. die/eine (blühen) Rose
5. das/ein (streichen) Zimmer
6. die/eine (schützen) Umwelt
7. der/ein (singen) Vogel
8. die/eine (gut bezahlen) Arbeit
9. die/eine (lesen) Frau
10. das/ein (lesen) Buch
11. der/ein (bügeln) Mann
12. das/ein (bügeln) Hemd

1. das fahrende Auto / ein fahrendes Auto 2. die geschriebene E-Mail ...

7 **Ergänzen Sie die Endungen der Partizipien.**

1. Ich bin gelernt*er*___ Schreiner und habe eine studieren*de*___ Tochter. Sie will Ingenieurin werden.
2. Für die Arbeit suchen_____ Menschen über 50 werden die Arbeitsplätze immer weniger.
3. In Deutschland dürfen nur ausgebildet_____ Elektriker auf dem Bau arbeiten.
4. Ein ausgebildet_____ Facharbeiter verdient besser als ein ungelernt_____ Hilfsarbeiter.
5. Ausbildend_____ Handwerksbetriebe werden immer seltener.
6. Mit geübt_____ Handgriff öffnete er die Bierflasche ohne Flaschenöffner.
7. Er hat für seinen Arabisch sprechend_____ Freund beim Ausländeramt übersetzt.
8. Einmal gelernt_____ Techniken wie Ski- oder Autofahren verlernt man nicht mehr.

8 **Fantasietexte mit Partizipien als Adjektiven – Lesen Sie das Beispiel und schreiben Sie dann einen ähnlichen Text. Die Verben helfen Ihnen.**

3.43

Traumland
Ein Händchen haltendes Paar steht im See.
Ein schlafender Mann wandert am Horizont.
Funkelnde Sterne schwimmen im Wasser.
Ein bellender Hund fliegt vorbei.
Die Welt — hat sich auf den Kopf gestellt.
Lachende Australier grüßen das Abendland.

bellen • singen • sprechen • fliegen • funkeln • sprechen • weinen • rennen • schweigen • lachen • sitzen • stehen • lächeln • malen • wandern • schreiben • lesen • nachdenken • grüßen ...

9 Angst beim Lernen

a Lesen Sie den Text und ordnen Sie die Abschnitte den Zwischenüberschriften zu.

[a] ____ In Ängsten liegen auch Chancen

[b] ____ Ängste haben viele Gründe

[c] ____ Die Angst ignorieren hilft nicht weiter

[d] ____ Über die Angst sprechen

1 Psychologen und andere Fachleute wissen aus ihrer täglichen Arbeit, dass es viele Dinge gibt, vor denen Lernende Angst haben: vor Hausaufgaben und Prüfungen, einzelnen Fächern, manchen Lehrerinnen oder Lehrern, davor, eine schlechte Note zu bekommen, aber auch davor, unvorbereitet etwas gefragt zu werden oder dass ihnen bei einer Aufgabe plötzlich nichts mehr einfällt oder dass sie zu wenig Zeit zum Lernen haben.

2 Das Wichtigste im Umgang mit der Angst ist, dass man nicht versucht, vor ihr davonzulaufen, etwa indem man sich einredet, dass sie gar nicht da sei. Es ist nämlich eine typische Eigenschaft der Angst, dass sie sich nach kurzer Zeit wieder lautlos in unsere Gedanken schleicht, ob wir es wollen oder nicht! Das ist so wie mit Zahnschmerzen: Man kann zwar ein Pulver nehmen, aber irgendwann klingt dann die Wirkung des Pulvers ab und der Schmerz ist wieder da. Gegen die Angst gibt es aber kein Pulver! Beim Zahnschmerz ist es ganz klar: Man muss die Ursache beseitigen, also den kaputten Zahn reparieren lassen. Das ist aber viel einfacher, als die Ursachen einer Angst zu beseitigen. Wenn man vor einem Gegenstand oder einer Aufgabe Angst hat, dann denkt man, dass man nichts dagegen unternehmen kann. So kommt zur Angst häufig das Gefühl der Hilflosigkeit hinzu. Das führt dazu, dass man darauf verzichtet, etwas gegen diese Situation zu unternehmen, und sich so in sein vermeintliches Schicksal ergibt.

3 Wir haben aber nur dann Aussicht auf Erfolg, etwas gegen unsere Angst zu unternehmen, wenn wir uns bewusst mit ihr beschäftigen, auch wenn das zunächst unangenehm ist. Entscheidend ist dabei, dass wir selber auf die Angst zugehen und nicht warten, bis sie uns einholt! Werden Ängste zu groß, dann sollten wir überlegen, wer uns helfen kann, etwas dagegen zu unternehmen. Ein großer Teil jeder Angst ist nämlich das Gefühl, allein gegen einen übermächtigen Gegner zu stehen. Wenn man mit jemandem über seine Angst spricht, dann kann das erleichternd sein und man kann hoffen, einen Verbündeten zu finden. Das kann ein Freund oder eine Freundin sein, der Vater oder die Mutter, eine Lehrerin oder ein Lehrer, aber auch ein Stofftier tut es zur Not. Mit einem Verbündeten kann man leichter Möglichkeiten und Wege finden, es in Zukunft gar nicht erst so weit kommen zu lassen, dass man von der Angst überwältigt wird.

4 Vielleicht ist eine bessere Lernplanung oder ein Gespräch mit dem Lehrer eine Chance, vielleicht hilft eine Liste der Dinge, die man unternehmen kann, damit man gar nicht in die Lage kommt, Angst vor einem Prüfungstermin zu bekommen. Auf dem Papier liest sich das alles natürlich viel einfacher, als es ist! Psychologen wissen aber auch: Jeder Mensch hat Ängste – sie gehören gewissermaßen zum Menschen dazu. Ängste sind grundsätzlich nichts Schlechtes, sie lassen Menschen über sich selbst hinauswachsen und treiben sie an, mehr zu leisten. Angst ist wie Fieber oder Schmerz ein Signal, zwar unangenehm, aber lebensnotwendig. Wir sollten Ängsten daher von Beginn an nicht ausweichen, sondern versuchen, Gegenkräfte zu entwickeln: Mut, Vertrauen, Hoffnung.

Mehr Informationen:
www.stangl-taller.at/LERNTIPP

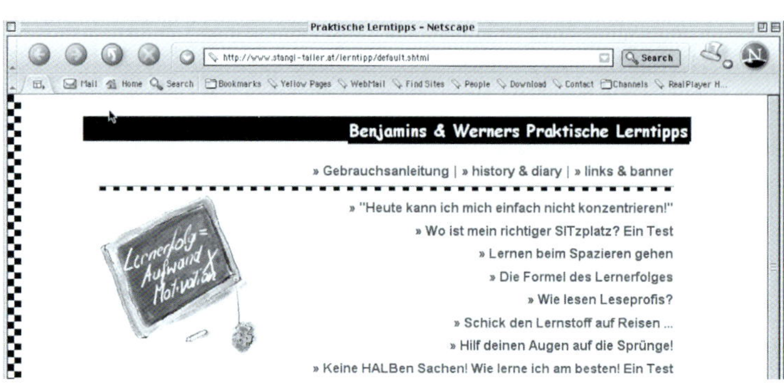

b Eine Textzusammenfassung – Bringen Sie die Sätze 1–10 in die Reihenfolge, die dem Text auf Seite 234 entspricht.

1. ☐ Aber man bekommt vielleicht auch konkrete Hinweise, wie man die Ursachen der Angst besser bekämpfen kann, z.B. durch bessere Lernplanung.
2. ☐ Nur so kann man auch Lösungsmöglichkeiten finden.
3. ☐ Abschließend betont der Autor noch einmal, wie wichtig es ist, dass man nicht vor der Angst flieht, sondern Gegenkräfte entwickelt, nämlich Mut, Vertrauen und Hoffnung.
4. ☐ Das wichtigste Mittel gegen die Angst, so meint der Autor, ist das Gespräch. Das kann ein Gespräch mit Freunden sein oder mit dem Lehrer bzw. der Lehrerin.
5. ☐ Durch das Gespräch bekommt man Verbündete gegen die Angst, die sonst als ein nicht zu besiegender Gegner erscheint.
6. [b] Zunächst wird festgestellt, dass Lernende vor vielen Dingen, die im Lernprozess wichtig sind, Angst haben können (Hausaufgaben, Lehrern, Prüfungen ...).
7. [a] Der Text beschäftigt sich mit dem Thema „Angst beim Lernen“.
8. ☐ Er führt dann aus, dass es keinen Sinn hat, seine Ängste zu ignorieren.
9. ☐ Man muss sich ihnen aktiv stellen und ihre Ursachen herausfinden.
10. ☐ Man kann zwar z.B. Zahnschmerzen mit Schmerzmitteln betäuben, aber bei Ängsten funktioniert das nicht.

10 Aussprache: Zungenbrecher

3.44

Hören Sie die Zungenbrecher, wählen Sie dann einige aus und sprechen Sie sie zuerst langsam, dann schneller. Machen Sie einen Wettkampf im Kurs: Wer spricht die meisten Zungenbrecher ohne Fehler?

Wenn Grillen grillen, grillen Grillen Grillen.

Ob er aber über Oberammergau oder aber über Unterammergau oder ob er überhaupt nicht kommt, ist nicht gewiss.

In Ulm und um Ulm und um Ulm herum.

Wir Wiener Waschweiber wollen Willys weiße Windeln waschen, wenn wir wüssten, wo warmes Wasser wäre.

Ein chinesischer Chirurg schenkt tschechischen Skifreunden frisch gebackene Shrimps. Frisch gebackene Shrimps schenkt ein chinesischer Chirurg tschechischen Skifreunden.

Wenn Fliegen hinter Fliegen fliegen, fliegen Fliegen Fliegen nach.

Zwischen zwei Zwetschgenbaumzweigen zwitschern zwei geschwätzige Schwalben.

Leseverstehen (Teil 1): Globalverstehen

ca. 10 Minuten

Lesen Sie zuerst die 10 Überschriften. Lesen Sie dann die 5 Texte und entscheiden Sie, welcher Text (1–5) am besten zu welcher Überschrift (a–j) passt.

a) Was man beim Hauskauf wissen sollte ☐
b) Rabatte im Internet ☐
c) Vorsicht beim Einkauf per Computer ☐
d) Die neuen, Benzin sparenden Autos ☐
e) Sparen im November ☐
f) Energiespar-Hilfen im eigenen Haus ☐
g) Besser mit Bus und Bahn unterwegs ☐
h) Raus in die Natur! ☐
i) Mehr Natur in der Stadt ☐
j) Wann Einkaufen so billig ist wie nie … ☐

1. Wer sein Haus Energie sparend modernisieren möchte, hat viele Fragen: Welche Materialien nehme ich? Wie finde ich geeignete Handwerker? Welche finanziellen Hilfen bekomme ich vom Staat? Ab wann zahlen sich meine Investitionen aus? Antworten geben der „Modernisierungsratgeber Energie" und das Internetportal www.zukunft-haus.de der Deutschen Energie-Agentur. Den Ratgeber kann man kostenlos beim Bürgerservice des Bundesbauministeriums bestellen.

2. Noch bevor man im Internet seine Bestellung mit einem Mausklick abschickt, sollte man sich vergewissern, dass der Name der Firma, die Adresse und der Verantwortliche des Anbieters von allen Seiten des Shops leicht abrufbar sind. Nur so weiß man, mit wem man es zu tun hat und an wen man sich wenden muss, wenn es Probleme gibt. Findet man auf der Internetseite keine Adresse, sollte man vom Kauf Abstand nehmen. Mehr unter: www.vzs.de

3. Sie wollen preiswert einkaufen? Dann sollten Sie den richtigen Moment abwarten: bis der Preis auf das Jahrestief gefallen ist. Es gilt: „Wer zu spät kauft, den bestraft der Markt." Auch wenn Sie mitten im Winter der Gedanke an Badehose oder Bikini frieren lässt, so sind sie gerade dann so preiswert wie nie. Denn wenn im Handel kaum jemand ans Kaufen eines bestimmten Produktes denkt, gehen die Händler freiwillig mit den Preisen runter: Wer braucht im Juni schon Federbetten oder im November ein Fahrrad? Jetzt müssen Sie zuschlagen! Selbst für preisstabile Markenprodukte (z.B. Spielzeug oder Elektrogeräte) geben die Händler dann Preisnachlässe. Mehr Infos unter: www.guter-Rat.de.

4. Kohlendioxid (CO_2) trägt zu über 80% zum Treibhauseffekt bei. Zwischen 1990 und 2000 nahm der CO_2-Ausstoß um 14% zu. Je weniger Benzin verbraucht wird, desto weniger CO_2 entsteht. Heute reden alle vom 3-Liter-Auto. Aber Tatsache ist: Im Durchschnitt verbrauchen die Autos in Deutschland 8,5 Liter auf 100 km und sind mit 1,2 Personen besetzt. Unsere Busse brauchen für 1,2 Fahrgäste aber nur 2,6 Liter. Womit klar ist, wie man Klima und Tiere am besten schützt: Steigen Sie um – auf Busse und Bahnen. (Verband Deutscher Verkehrsunternehmen, Deutsche Bahn AG)

5. Im Sommer ist es für jeden sichtbar: graue Häuserwände und kahle Straßen. Wenn das Grün fehlt, ist das Leben in der Stadt weniger angenehm. Pflanzen kühlen, werfen Schatten, sorgen für ein bisschen Natur, wo sonst nur Stein und Beton herrschen. Gräser, Blumen und Kletterpflanzen bringen Farbe in unser Leben und filtern den Straßenstaub. Ihre Blätter erfreuen uns auch im Herbst mit ihrer Farbenpracht. Mehr Infos dazu unter: www.obi.de.

Mögliche Punkte: 5 – Meine Punkte: ______

Leseverstehen (Teil 2): Detailverstehen

ca. 35 Minuten

Lesen Sie zuerst den Zeitungsartikel und lösen Sie dann die fünf Aufgaben (1–5) zum Text.

Lebenslange Lust auf Lernen

Wissenschaftler stellen alterprobte pädagogische Konzepte in Frage und helfen, neue Lernstrategien zu entwickeln. So wurden Vorschulkinder bisher unterschätzt. Und auch im Alter hat unser Gehirn noch ungenutzte Potenziale.

Dreijährige, die physikalische Zusammenhänge verstehen? Vierjährige, die sich mühelos auf Englisch unterhalten? Fünfjährige, die sich begeistert mit Zahlen und geometrischen Figuren beschäftigen? Was für besorgte Eltern nach Überforderung und Leistungsterror aussieht, ist für Wissenschaftler und Psychologen nicht nur möglich, sondern zukünftig notwendig. Die Psychologieprofessorin Elsbeth Stern argumentiert, dass die Masse an Wissen in unserer Gesellschaft ständig wächst und wir keine Zeit verlieren dürfen. Die Experten sind einer Meinung: Deutsche Kindergärten dürfen sich nicht länger auf die Betreuung von Vorschulkindern beschränken. Schon Kleinkinder haben einen enormen Wissensbedarf.

Neue wissenschaftliche Erkenntnisse stellen so manches pädagogische Konzept in Frage. Denn Lernen unter günstigen Bedingungen ist eine lebenslange Quelle der Freude. Es macht sogar süchtig. Je mehr ein Mensch weiß, desto mehr möchte er erfahren und umso leichter lernt er. Sogar im Alter verfügt unser Kopf über eine erstaunliche Flexibilität und ungenutzte Fähigkeiten. Fähigkeiten, die dem Menschen ein lebenslanges Lernen ermöglichen. Dafür darf die Pädagogik allerdings nicht länger eine der wichtigsten wissenschaftlichen Erkenntnisse der Vergangenheit ignorieren: Um dauerhaft Informationen im Kopf zu speichern, ist stures Auswendiglernen der falsche Weg. Denn Lernen muss Spaß machen. Eine neue Stadt zu entdecken, eine neue Sprache zu lernen kann ein ähnliches Gefühl sein wie die Einnahme von Kokain, meint der Hirnforscher John Gottman. Der Grund dafür ist ein bestimmtes Hormon, das gebildet wird, wenn ein Problem gelöst oder ein komplexer Zusammenhang begriffen wurde. Das heißt nichts anderes, als dass sich der Körper selbst belohnt. Die Menschheit hat diesem körpereigenen Belohnungssystem ihre Stärke zu verdanken: Sie entwickelt sich durch Lernen kontinuierlich weiter. Allerdings funktioniert dieses System nur, wenn wir selbst davon überzeugt sind, dass wir etwas Wichtiges geleistet haben. Belohnung von außen, z.B. Lob durch die Eltern und Lehrer, spielt dabei eine untergeordnete Rolle. Kontinuierliche Fortschritte macht nach Henning Scheich, Direktor des Leibniz-Instituts für Neurobiologie in Magdeburg, nur, wer Erfolg und Misserfolg gleichermaßen erlebt. Misserfolge, wenn sie nicht dominieren, treiben das Belohnungssystem erst richtig an.

1. Lernen funktioniert am besten,
   - [a] wenn die Lehrer den Lerner loben.
   - [b] wenn der Lerner selbst Spaß hat.
   - [c] wenn der Lerner ein Problem hat.

2. Wenn man viel weiß,
   - [a] dann hört man auf zu lernen.
   - [b] dann lernt man nicht mehr auswendig.
   - [c] dann lernt man leichter.

3. Kinder im Kindergarten
   - [a] wollen nicht Englisch lernen.
   - [b] können schon Mathematik und Physik.
   - [c] sollen nicht nur spielen.

4. Auswendiglernen ist
   - [a] notwendig, um eine Sprache zu lernen.
   - [b] wissenschaftlich erprobt.
   - [c] die falsche Methode, um sich etwas zu merken.

5. Misserfolge
   - [a] können das Lernen unterstützen.
   - [b] sind für das Lernen immer negativ.
   - [c] spielen keine große Rolle für das Lernen.

Mögliche Punkte: 5 – Meine Punkte: _____

Leseverstehen (Teil 3): Selektives Lesen

ca. 15 Minuten

Lesen Sie zuerst die zehn Situationen (1–10) und dann die 12 Anzeigen (A–L).
Welche Anzeige passt zu welcher Situation? Sie können jede Anzeige nur einmal verwenden.
Wenn Sie das, was Sie suchen, nicht finden, schreiben Sie „x".

1. _____ Ihr Kind muss sich in der Schule für eine zweite Fremdsprache entscheiden, weiß aber nicht, für welche.
2. _____ Sie wollen sich eine neue Fotokamera kaufen und suchen das günstigste Angebot.
3. _____ Das Sozialamt hat Ihren Antrag abgelehnt. Sie brauchen Hilfe.
4. _____ Sie wollen nach London fahren, sprechen aber nur wenig Englisch.
5. _____ Sie haben bald Ihre praktische Fahrschulprüfung und sind schon ganz nervös.
6. _____ Ihr Handy funktioniert nicht. Sie können damit nicht mehr telefonieren und suchen ein neues Modell zu einem günstigen Preis.
7. _____ Ihr Sohn hört gern Musik und Sie möchten ihm zum Geburtstag ein neues Radio schenken.
8. _____ Sie interessieren sich für die deutsche Hauptstadt und wollen gern an einer Stadtführung teilnehmen.
9. _____ Sie interessieren sich sehr für den Umweltschutz und wollen mehr darüber erfahren, wie man Kinder dazu erzieht.
10. _____ Sie merken, dass Sie immer mehr vergessen, und wollen dagegen trainieren.

(A)

Keine Angst vor Prüfungen
Wie baue ich Stress und Blockaden sehr schnell und dauerhaft ab? In diesem Workshop wird gezeigt, wie man seine Aufmerksamkeit effektiv auf das lenken kann, was für einen gerade wichtig ist. So ist man gut gewappnet gegen Prüfungsstress.
23.04., Mittwoch, 10–16 Uhr VHS Löhrstraße

(B)

Babysitterkurs
Der Kurs wendet sich an Jugendliche, die einen Nebenjob ausüben, als Aupair ins Ausland gehen oder einen Beruf in der Kinderbetreuung erlernen möchten. Es werden folgende Themen behandelt: Ernährung, Pflege, Krankheitszustände, Erste-Hilfe-Maßnahmen, Problemkinder und Möglichkeiten für die Beschäftigung von Säuglingen, Kleinkindern und Kindern.
28.04.–23.06., Montag, 17.45–19.15 VHS Löhrstraße

(C)

Natur und Umwelt im Spiel und im Leben der Kinder
Wie können wir unsere Kinder lehren, wie sie in Zukunft im Einklang mit der Natur leben können? Im Kurs geht es nicht nur um Umweltpädagogik, sondern es wird auch – bei schönem Wetter – im Park erprobt, wie wir mit Kindern Natur erleben können. Experimente, Spiele, praktische Beispiele, Erfahrungsaustausch und aktuelle Literaturhinweise.
10.05., Sa. 9–14 Uhr VHS Löhrstraße

(D)

Gedächtnistraining
„Das Gedächtnis lässt nach, wenn man es nicht übt", Cicero. Gerade mit zunehmendem Alter ist es wichtig, sich geistig fit zu halten, da das persönliche Erleben der Lebenszufriedenheit und auch die Bewältigung von Alltagsanforderungen immer mehr von der geistigen Beweglichkeit abhängen. Der „Denkmuskel" muss daher trainiert werden. Im Kurs erfolgt dies unterhaltsam mit praxisnahen Übungen zu spezifischen Grundfunktionen der Gedächtnisleistung wie z.B. Konzentration und Aufmerksamkeit.
11.03.–06.05., Di. 17:30–19:00 VHS Löhrstraße

(E)

Radio von und für Kids und Jugendliche

Hier sind 12- bis 16-Jährige gefragt, die mehr als nur hinter die Kulissen des „Radiomachens" schauen wollen. Eine Radiosendung selber machen, ein Hörspiel produzieren, als Moderator durch die Sendung führen, Musik für die Sendungen auswählen, mit dem Aufnahmegerät Menschen auf der Straße nach ihrer Meinung fragen oder Prominente und Experten interviewen: All das könnt ihr an den vier Ferientagen erfahren, erleben und sogar selber machen. In Zusammenarbeit mit dem Sächsischen Ausbildungs- und Erprobungskanal (SAEK).
22.04.– 25.04., 9–15 Uhr SAEK, Uni Leipzig, Universitätsstr. 5

(F)

Kommunikation in Europa
Die Welt ist durch moderne Kommunikationsmittel und schnelle Verkehrswege enger zusammengerückt. Die Kenntnis einer oder mehrerer Fremdsprachen ist in vielen Berufen unabdingbar. Diese Veranstaltung erläutert, welche Rolle die einzelnen Sprachen in Europa spielen, wie sich die Sprachvielfalt in Zukunft entwickeln wird und welche Sprachen wir lernen sollten. Zur Orientierung besonders für Schüler/innen und Eltern.
14.04., Mi., 18–20.15 Uhr, VHS Löhrstraße

(G)

Handys und wie ich sie ganz einfach benutzen kann
Handys gehören heute zum Alltag – auch für ältere Leute. Praktisch sind sie ja auch. Dass man vor diesen kleinen technischen Wunderwerken keine Angst haben muss, wird im Kurs gezeigt. Schwerpunkte sind u.a.: Verschicken von SMS und Speichern und Abrufen von Telefonnummern.
14.07., Mo. 14–15.30 Uhr, VHS Grünau

(H)

Berlin – politischer, sozialer und kultureller Brennpunkt
Der Studientag in Berlin beginnt mit einer thematischen Stadtrundfahrt durch das alte und neue Berlin. Im Reichstagsgebäude haben wir Gelegenheit, uns mit der Arbeit des Deutschen Bundestages näher vertraut zu machen. Wir besuchen den Plenarsaal, hören einen sachkundigen Vortrag und besichtigen die Kuppel. Außerdem verweilen wir am Potsdamer Platz, dem neuen Zentrum der Bundeshauptstadt.
03.04., Do. 07.30–18 Uhr, Abfahrt: Goethestr.

(I)

Fit für die Reise
Reisen Sie gern ins Ausland? Möchten Sie sich auf Englisch so weit verständigen, dass Sie die Situationen des täglichen Lebens sprachlich meistern? Haben Sie geringe englische Vorkenntnisse? Dann ist dieser Kurs der richtige für Sie!
Geplante Kursdauer: 2 Semester. Eine viertägige Londonexkursion wird als Abschluss angeboten.
25.02.– 08.07., dienstags, 9.30–11 Uhr
VHS Löhrstraße

(K)

Grundlagen der Fotografie
Dieser Kurs wendet sich an Anfänger, die sich tiefgründiger mit technischen und optisch-physikalischen Zusammenhängen befassen wollen. Schwerpunkte sind Kameratechnik, Licht und seine optische Aufbereitung für den Film, Genres der Fotografie (z.B. Architektur, Landschaft, Porträt) und künstlerische Gestaltungsmöglichkeiten. Keine Laborarbeit.

13.03.–10.07., donnerstags, 19.45–21.15 Uhr, VHS Löhrstraße

(J)

Umgangsformen im Restaurant – vom Eintritt bis zum Trinkgeld
Ein Restaurantbesuch mit Geschäftsfreunden oder eine private Einladung – mehr denn je sind gute Umgangsformen gefragt. Bei einem guten Menü im festlichen Rahmen und mit hervorragender Bedienung erhalten Sie das notwendige „Rüstzeug". Die Kosten für das Menü sind im Kurspreis enthalten. Getränke sind individuell zu bezahlen. Um angemessene Kleidung wird gebeten.
09.05., Fr. 18.30–21.45 Uhr, PALMS Restaurant

(L)

Ärger mit Behörden und kein Ende?
Jeder hat es schon erlebt, dass auf seinen Antrag bei einer Behörde ein nahezu endloses Verwaltungsverfahren eingesetzt hat. Andere Anträge werden von Behörden mit Standardschreiben abgelehnt. Welche Rechtsmittel kann der Bürger einlegen? Lohnt die Zuhilfenahme eines Anwalts? Welche Kosten entstehen dabei? Der Vortrag gibt einen Überblick über das Funktionieren deutscher Behörden.
10.04., Do. 18.00–19.30 Uhr, VHS Löhrstraße

Mögliche Punkte: 10 – Meine Punkte: _____

Testtraining 12

Sprachbausteine (Teil 1) ca. 10 Minuten

Lesen Sie den folgenden Text und entscheiden Sie, welches Wort (a, b oder c) in die Lücken 1–10 passt.

Liebe Anna,

nach ① Zeit möchte ich mich endlich wieder einmal bei dir melden. Wir haben nun ② einem halben Jahr nichts mehr voneinander gehört. Am Wochenende habe ich mein Fotoalbum angeschaut und habe mich so an die Zeit erinnert, ③ wir zusammen Deutsch gelernt haben. Das ④ eine schöne Zeit! Waren wir nicht eine lustige Gruppe? Beim Anschauen meines Fotoalbums kam mir die Idee, dass wir uns doch alle mal wieder treffen ⑤. Was hältst du ⑥, ein Gruppentreffen zu organisieren? ⑦ du mir dabei helfen? Es wäre doch toll, wenn wir uns alle wiedersehen würden! Eine Liste mit Post- und E-Mail-Adressen aus unserem Kurs habe ich auch noch, sodass wir fast alle von damals erreichen werden. Herrn Schmidt, unseren Lehrer, habe ich vorige Woche ⑧ Einkaufen getroffen. Er findet die Idee großartig.

Ich hoffe, du ⑨ auch begeistert. Melde dich bitte schnell.

⑩ Grüße

deine Irina

1.	a lange	b langen	c langer
2.	a seit	b bis	c zu
3.	a wenn	b als	c wann
4.	a hatte	b wurde	c war
5.	a könnten	b möchten	c dürften
6.	a darüber	b damit	c davon
7.	a Würdest	b Hättest	c Wärest
8.	a zum	b beim	c im
9.	a willst	b hast	c bist
10.	a Viele	b Viel	c Vielen

Mögliche Punkte: 10 – Meine Punkte: _____

Sprachbausteine (Teil 2) ca. 10 Minuten

Lesen Sie die folgende Anzeige und den Text auf Seite 241.
Entscheiden Sie, welches Wort (A–O) in die Lücken 1–10 passt.
Sie können jedes Wort nur einmal verwenden. Nicht alle Wörter passen in den Text.

*Sie wollen schnell und ohne Kosten eine Fremdsprache lernen? Dann machen Sie mit bei **eTandem**! Dass zwei Personen sich regelmäßig treffen und voneinander ihre Sprachen lernen – das hat es schon immer gegeben. **eTandem** ist Tandem auf Entfernung über meist elektronische Medien wie z.B. E-Mail, Telefon und Videokonferenz.*

Wollen Sie Tandem-Partner werden? Nähere Informationen unter:
www.slf.ruhr-uni-bochum.de
oder www.uni-leipzig.de/tandem

Anlagen: *keine*

Standardschriftart · Textgrad · F / U T

Sehr geehrte Damen und Herren,

ich habe Ihre Anzeige __1__ Internet gelesen und bin neugierig geworden. Seit __2__ halben Jahr lerne ich an einem Sprachinstitut Deutsch. Ich __3__ im nächsten Jahr für eine längere Zeit nach Deutschland gehen. Dafür muss ich die Sprache __4__ gut beherrschen. Der Sprachkurs ist sehr intensiv. Wir sind nur eine kleine Gruppe von fünf Personen. Noch intensiver wäre es aber, __5__ ich einen deutschen Partner hätte, von __6__ ich Deutsch lernen könnte. So hätte ich die Möglichkeit, meine Deutschkenntnisse __7__ erweitern, und mein deutscher Partner oder meine deutsche Partnerin könnte auf __8__ Weise Tschechisch lernen. Ich würde mich sehr __9__ freuen, wenn Sie __10__ helfen könnten, einen Tandem-Partner zu finden.

Mit freundlichen Grüßen

Magdalena Swoboda

A ____ DARÜBER	D ____ IM	G ____ EINEM	J ____ IN	M ____ DAMIT
B ____ ZU	E ____ IHNEN	H ____ WURDE	K ____ SEHR	N ____ WERDE
C ____ MIR	F ____ DIESE	I ____ DEM	L ____ WENN	O ____ DER

Mögliche Punkte: 10 – Meine Punkte: ______

Hörverstehen (Teil 1): Globalverstehen

Teile 1–3 ca. 30 Minuten

3.45

Sie hören nun fünf kurze Texte. Dazu sollen Sie fünf Aufgaben lösen. Sie hören diese Texte nur einmal. Entscheiden Sie beim Hören, ob die Aussagen 1–5 richtig oder falsch sind.

1. Man findet immer den richtigen Laden. [r] [f]
2. Auch berufstätige Menschen können in Ruhe einkaufen. [r] [f]
3. Der Kunde kann nicht abends einkaufen, sondern in der Mittagspause. [r] [f]
4. Die Kundin geht sonntags nicht zum Einkaufen, weil es dort immer voll ist. [r] [f]
5. Das Parken ist sehr billig. Das findet die Kundin gut. [r] [f]

Mögliche Punkte: 5
Meine Punkte: ______

Hörverstehen (Teil 2): Detailverstehen

3.46

Sie hören nun ein Gespräch. Dazu sollen Sie 10 Aufgaben lösen. Hören Sie das Gespräch zweimal. Entscheiden Sie beim Hören, ob die Aussagen 1–10 richtig oder falsch sind. Lesen Sie jetzt die Aufgaben 1–10. Sie haben dazu eine Minute Zeit.

1. Herr Neumann will sich selbständig machen. [r] [f]
2. Er hat 20 Jahre als Werkzeugmacher gearbeitet. [r] [f]
3. Seine alte Firma ging plötzlich Pleite. [r] [f]
4. Er kam durch Freunde auf die Idee, sich selbständig zu machen. [r] [f]
5. Beratung hat er beim Arbeitsamt bekommen. [r] [f]
6. Sein Sohn hat über den Computer Werbezettel verschickt. [r] [f]
7. Er hat jetzt für seinen Service eine ständige Anzeige in der Wochenzeitung. [r] [f]
8. Herr Neumann hat als Startkapital einen Kredit bei einer Bank bekommen. [r] [f]
9. Er hat selbst viel Werkzeug. [r] [f]
10. Herr Neumann hat einen vollen Terminkalender. [r] [f]

Mögliche Punkte: 10
Meine Punkte: ______

3.47

Hörverstehen (Teil 3): Selektives Verstehen

Sie hören nun fünf kurze Texte. Dazu sollen Sie fünf Aufgaben lösen. Hören Sie jeden Text zweimal. Entscheiden Sie beim Hören, ob die Aussagen 1–5 richtig oder falsch sind.

1.	Dr. Brandt ist im Urlaub.	r	f
2.	Das Wetter ist regnerisch und kalt.	r	f
3.	Die U-Bahn fährt nur bis zum Potsdamer Platz.	r	f
4.	Die Angebote sind nur heute gültig.	r	f
5.	Christine möchte ihr Wörterbuch zurück.	r	f

Mögliche Punkte: 5 – Meine Punkte: ______

Schriftlicher Ausdruck

ca. 30 Minuten

Sie haben seit kurzem einen Brieffreund, der Ihnen folgenden Brief geschrieben hat:

Liebe (r) ...,

vielen Dank für deine Urlaubskarte. Ich habe mich sehr darüber gefreut. Sicherlich seid ihr gut erholt aus dem Urlaub zurück. Arbeitest du schon wieder? Was macht deine Tochter? Ich war leider noch nicht im Urlaub. Nächste Woche ist meine Deutschprüfung und ich lerne Tag und Nacht. Ich muss diese Prüfung gut bestehen, denn du weißt, dass ich in Deutschland studieren will. Hast du nicht einige nützliche Tipps für mich? Du hast doch deine Prüfungen immer sehr gut bestanden. Ich bin gespannt.

Herzliche Grüße

dein Pawel

Schreiben Sie Ihrem Brieffreund einen Antwortbrief, der die folgenden Punkte enthält:

- ob Sie schon wieder arbeiten
- wie Sie immer gelernt haben
- wie der Urlaub war
- was seine Tochter macht

Bevor Sie den Brief schreiben, überlegen Sie sich die passende Reihenfolge der Punkte, eine passende Einleitung und einen passenden Schluss. Vergessen Sie auch nicht Datum und Anrede.
Sie haben 30 Minuten Zeit.

Mögliche Punkte: 45 – Meine Punkte: ______

Lösungen zum Lehrbuchteil (S. 6–149)

KAPITEL 25

3b A4 – B1 – C6 – D2 – E3 – F5

5 1. Sie interessieren sich füreinander. 2. Sie spielen miteinander. 3. Sie denken aneinander.

6b Richtig sind: 1 – 4 – 6.

7a A3 – B2 – C1. Zu Anzeige D passt kein Gespräch.

7b Beispiel – Dialog 1: 2. Wie viel kostet der Kurs? 3. Wann beginnt der Kurs? 4. Finden auch Kurse in den Ferien statt?
Dialog 2: 1. Findet die Veranstaltung statt? 2. Ist Frau Lehmann noch krank? 3. Wie viele Gäste werden kommen? 4. Über welches Thema spricht Frau Lehmann?

8a Beispiel – Dialog 1: 3. Ich hätte gerne gewusst, wann der Kurs beginnt. 4. Können Sie mir sagen, ob auch Kurse in den Ferien stattfinden?
Dialog 2: 1. Tina fragt, wann die Veranstaltung stattfindet. 2. Sie möchte wissen, ob Frau Lehmann noch krank ist. 3. Sie fragt auch, wie viele Gäste kommen werden. 4. Sie weiß nicht mehr, über welches Thema Frau Lehmann spricht.

12 Zeile 22: tierisch ernst = umgangssprachlich für *sehr ernst* – Zeile 20: sich als „Renner" erweisen = sehr wichtig sein und von allen beachtet werden – Zeile 15–16: in eine Rolle schlüpfen = eine andere Rolle übernehmen – Zeile 37–38: außerfamiliär = nicht in der Familie – Zeile 23–24: im Vordergrund stehen = es hat sich gezeigt, dass etwas sehr beliebt ist – Zeile 9: tüfteln = mit viel Geduld an etwas arbeiten

13 Richtig sind: 1 – 3 – 6 – 9 – 10

KAPITEL 26

1 1. Restaurant: Kellner/in – 2. Zimmerservice: Zimmermädchen – 3. Küche: Koch/Köchin, Küchenhilfe – 4. Rezeption: Rezeptionist/in – 5. Bar: Bardame/Barkeeper; Es kommen nicht vor: Werkstatt: Hausmeister/in *und* Büro: Hotelkauffrau/-mann.

3a 1/H – 2/F – 3/H – 4/A

3b … am nächsten Tag – fünf Minuten – nicht schlafen konnte – das Zimmer aufräumen

4 Das Zimmer:
● Guten Abend, was kann ich für Sie tun?
○ Ich hätte gern ein Zimmer.
● Für eine Nacht?
○ Nein, für zwei Nächte.
● Ein Einzelzimmer?
○ Wenn es geht, ein Doppelzimmer, weil morgen mein Mann dazukommt.
● Kein Problem. Sie haben Zimmer 402, im vierten Stock. Der Aufzug ist da drüben.
Das Taxi:
○ Können Sie mir ein Taxi bestellen?
● Ja, gerne.
○ Wie lange dauert es, bis es kommt?
● Das ist in fünf Minuten da.
○ Dann warte ich gleich hier.

5a a3 – b1 – c4 – d2

5b b4 –c2 – d1 – e3. Die Reaktion a passt nicht.

6a 1K – 2S – 3K – 4S – 5S – 6S – 7K – 8K

7 b – e – d – f – c – a

8a obwohl … wollte – obwohl … wollte

8b 1. Ich habe das Zimmer nicht bekommen, obwohl ich es reserviert habe. 2. Das Essen ist immer noch nicht serviert, obwohl ich es vor einer Stunde bestellt habe. 3. Das Taxi ist immer noch nicht da, obwohl ich schon dreimal angerufen habe. 4. Das Zimmer ist nicht aufgeräumt, obwohl das Zimmermädchen schon da war. 5. Die Bluse ist immer noch nicht gereinigt, obwohl ich sie gestern Abend abgegeben habe.

9 1r – 2f – 3r – 4r – 5f

10

Grundform	*Komparativ*	*Superlativ*
die lange Schneehalle	die läng**ere** …	die läng**ste**
die köstlichen Drinks	die köstlich**eren** …	die köstlich**sten** …
die leckeren Snacks	die lecker**eren** …	die lecker**sten** …
die kalten Tage	die k**ä**lt**eren** …	die k**ä**lt**esten** …
die gute Adresse	die **bessere** …	die **beste** …
die schönen Freibäder	die schön**eren** …	die schön**sten** …

13 2. schönste 3. sauberste 4. beste 5. stärkste 6. netteste

14 1. die Zugspitze (2962 m hoch) 2. der Rhein (865 km lang) 3. der Bodensee (571,2 km^2 groß) 4. in Bottrop (640 m lang) 5. Rügen (930 km^2 groß) 6. Trier (über 2000 Jahre alt)

16a 1/C – 2/A – 3/A – 4/E – 5/D

17a zu Anzeige F

17b Richtig sind: 2 – 3 – 5 – 8

KAPITEL 27

3b 1r – 2f – 3f – 4r – 5r – 6r – 7r – 8f – 9f – 10r

4b 2. Man soll viel frisches Obst essen. 3. Man soll eine Flasche Wasser an den Arbeitsplatz stellen. 4. Man soll vor dem Essen viel trinken. 5. Man soll Joghurt einkaufen. 6. Man soll wenig Fleisch essen.

8a 1b – 2a – 3a

9a Dialog 1:
○ Das schmeckt aber interessant.
● Findest du? Wieso?
○ Es ist ziemlich scharf.
● Dabei hab ich heute ganz mild gekocht. Wir essen meistens viel schärfer.
Dialog 2:
○ Was ist das? Das kenn ich nicht.
● Das ist „bis parmak", ein Gericht aus Kasachstan.
○ Und was ist da drin?
● Das ist ein Geheimnis. Rat doch mal!

Dialog 3:
○ Ist das schwer zu kochen?
● Nein, ganz einfach. Und es dauert gar nicht lang.
○ Das möchte ich auch mal probieren. Du musst mir das Rezept geben.
● Ich kann dir gern das Kochbuch leihen.

Dialog 4:
○ Mensch, ich habe gar nicht gewusst, dass du so gut kochen kannst!
● Ach, weißt du, ich koche einfach gern.
○ Das schmeckt man!
● Vielen Dank!

11 1. Leg dich auf den Rücken. Heb deine Oberschenkel senkrecht an und bilde mit den Unterschenkeln einen rechten Winkel. Strecke die Beine abwechselnd eine Minute. Drücke dann beide Oberschenkel 10-mal nach oben, bis sich der Po leicht vom Boden hebt.
2. Geh auf Hände und Knie. Hebe einen Arm und das gegenüberliegende Bein waagrecht an und bleib 5–10 Sekunden in dieser Stellung. Strecke dann bewusst Hand und Fuß und führe dann Ellenbogen und Knie 5-mal unter dem Oberkörper zusammen. Wiederhole mit der anderen Seite.

12a 2.: 5, 3 – 3.: 1, 4 (2) – 4.: 2 – 5.: 2 – 6.: 7 – 7.: 2, 3, 4 – 8.: 8

RASTSTÄTTE 9

2b 1r – 2r – 3f – 4r – 5f

2e Pinkel

KAPITEL 28

1 1E – 2C – 3F – 4G – 5B – 6D – 7A

2 Hörtext 1: Politik – Hörtext 2: Sport – Hörtext 3: gesellschaftliche Veränderungen

3a/b Regelmäßig: versuchte/versuchen, erklärte/erklären, folgten/folgen, machte/machen, suchte/suchen, sollte/sollen, sagte/sagen, holten/holen, protestierten/protestieren
Unregelmäßig: entstanden/entstehen, ging/gehen, liefen/laufen, trafen/treffen, kamen/kommen, waren/sein, gewann/gewinnen, schlug/schlagen, fuhren/fahren, hatten/haben, zog ... ein / einziehen, begonnen/beginnen
Vokaländerung + Endung regelmäßig: durften/dürfen, mussten/müssen

4 teilten – wurden – entwickelte – gab – erhielt – ging – begann

6 packte – trank – rauchte – schmeckten – liefen – warf – schaltete ... um – hörte – rief – ging – sah – fragte – nahm – sagte

7 2. Hitler ist 1933 an die Macht gekommen. 3. 1956 haben sechs europäische Länder in Rom die Europäische Wirtschaftsgemeinschaft (EWG) gegründet. 4. Der deutsche Ingenieur Conrad Zuse hat 1941 den ersten Computer gebaut. 5. Hosni hat seinen Deutschkurs im Jahr 2002 begonnen. 6. Birsens Eltern haben nur Türkisch gesprochen. 7. Tom hat lange in einem Supermarkt gearbeitet. 8. Helgi hat Leopold in Wien getroffen und (hat) sich sofort in ihn verliebt.

8 1d – 2b – 3a – 4c – 5e

9b Präteritum – Partizip – Perfekt

10 1. gewesen war – begann 2. gemacht hatte – konnte 3. bestanden hatte – fand 4. gearbeitet hatte – gründete – spezialisierte 5. kam – begonnen hatten

12 Hörtext 1: 2 – Hörtext 2: 4 – Hörtext 3: 5

13a 1. reich, Hoffnung, starkes Europa, Reisefreiheit, freier Handel, Angst, Chancen, Risiken 2. Geschichte, Währung/Euro, Reisefreiheit, Bürokratie, Wirtschaft, Chancen, Risiken 3. reich, Südeuropa, Probleme 4. eigene Kultur, junge Leute, Amerika, amerikanisiert

14b 1D, 2S, 3D, 4P, 5S, 6P

15b 1. a, b 2. a, b 3. a, b 4. b

KAPITEL 29

2 2. Erst als ich in Annas Büro zu tun hatte, kamen wir ins Gespräch. 3. Obwohl Michael mit seiner Arbeit fertig war, ist er noch bei mir im Büro geblieben. 4. Ich hab auch in der Woche danach häufig bei Anna angerufen und gefragt, ob sie meine Hilfe braucht. 5. Ich habe gemerkt, dass er nicht nur aus beruflichen Gründen anruft, und mich mit ihm verabredet. 6. Bei unserem ersten Treffen habe ich Anna viel von mir erzählt, z.B. dass ich geschieden bin. 7. Aber Michael kann nicht nur erzählen, sondern auch gut zuhören.

3a 1. Anna – sie – sie – Sie – ihr – sie 2. Michael – er – ihm – er – ihm – ihn 3. Anna – Sie – sie – Sie 4. Michael – ihm – er – ihm – er – er – ihm

5b links: nicht nur ... sondern auch / sowohl ... als auch – Mitte: weder ... noch – rechts: entweder ... oder

6 2. Anna mag weder Michaels Unpünktlichkeit noch seine Vergesslichkeit. 3. Michael kann nicht nur erzählen, sondern auch gut zuhören. 4. Anna fährt manchmal weder langsam, noch beachtet sie Verkehrszeichen. 5. Im Urlaub kann man entweder allein bleiben oder etwas mit anderen machen. 6. Macken können nicht nur nerven, sondern auch liebenswürdig sein. 7. Bei Partys kannst du sowohl Leute kennen lernen als auch gut tanzen. 8. Entweder schauen wir uns den Krimi im Fernsehen an oder wir gehen ins Kino.

8b 1d – 2f – 3b – 4e – 5c – 6a

8c Es sprechen drei Personen: der Ehemann, die Ehefrau und eine dritte Person, die den Ratschlag am Ende gibt.

10 1. Du-Botschaften vermeiden. 2. Ich-Botschaften verwenden, Wünsche äußern! 3. Der Ton macht die Musik. 4. Mann und Frau denken unterschiedlich.

12c egoistisch – 29% – Egoismus – 48% – eitel – untreu – 14%

13 eitel: 66% – untreu: 20% – zärtlich: 76% – charmant: 42%

KAPITEL 30

1a 1. Wie ist Ihr Name und von wo aus rufen Sie an? 2. Wann und wo ist der Unfall genau passiert? 3. Welche Etage? 4. Was genau ist passiert? Gibt es noch mehr Verletzte? 5. Welche Verletzungen hat Ihr Mitarbeiter? Ist er ansprechbar? 6. Wie ist Ihre Telefonnummer?

2a Beispiel: A: Visite machen – der Stationsarzt – der Chefarzt B: Blumen bringen – Besuchszeiten C: die Schonkost – die Diät D: die Untersuchung E: ins Krankenhaus bringen F: schwanger sein – ein Kind bekommen – ins Krankenhaus bringen – auf die Entbindungsstation kommen – die Aufnahme – die Versichertenkarte – die Hebamme

3a Arzt: 1, 2, 4, 6, 7, 8, 10, 11, 12 – Patient: 3, 5, 9

4 1f – 2r – 3r – 4f – 5r – 6f – 7r

7 Laleeh Amin: Ich habe früher nie Ferien gemacht.
Arno Steiger: Am Anfang habe ich oft sehr schlecht geschlafen. Manchmal kann ich Leben retten.

8 Richtig sind: 1 – 2 – 5 – 6

9a 1. die Mütter – von denen 2. In dem Dorf – in dem 3. zu einer Geburt – bei der 4. ein Beruf – bei dem 5. Bei den ... Einsätzen – zu denen 6. Albträume – über die

9c der – die – den – die – dem – der – denen

10 2. Es gibt keine festen Besuchszeiten, an die man sich halten muss. 3. Der Chefarzt, mit dem ich bei der Visite gesprochen habe, kommt nicht jeden Vormittag. 4. Hier ist Ihre Versichertenkarte, die Sie mir gestern gegeben haben. 5. Vormittags sind Untersuchungen, bei denen wir nicht auf dem Zimmer bleiben. 6. Gleich kommt das Mittagessen, auf das ich mich immer freue. 7. Mein Besuch, auf den ich immer warte, kommt oft nachmittags. 8. Morgen habe ich eine schwere Operation, vor der ich große Angst habe.

12a A3 – B2 – C1 – D6 – E5 – F4

RASTSTÄTTE 10

2a 1f – 2r – 3r – 4f – 5f

3b 1d – 2a – 3e – 4c – 5f – 6g – 7b

KAPITEL 31

1b Schwimmen: C2, Laufen/Joggen: B4, Reiten: C4, Karate: B5, Basketball: A1, Fußball: A5, Skifahren: D3, Volleyball: E4 (E4 kann auch Handball sein), Tischtennis: E5, Radfahren: C3, Handball/Volleyball: E4, Rugby: A4, Hockey: –, Golf: B1, Rudern: –, Segeln: D1, Tauchen: E1, Surfen: D5, Langlaufen: C1, Schlittenfahren: –, Snowboarden: D4,, Wandern: –, Bergsteigen: –, Klettern: –, Turnen: E3, Boxen: A2, Eislaufen: A3, Schachspielen: –, Tennis: E2, Skaten: D2, Gymnastik: B2

1c 1. Tennis 2. Fußball 3. Schwimmen 4. Reiten 5. Skifahren/Snowboarden 6. Tischtennis

2 Zum Beispiel: Laufen: die Sportschuhe, das Trikot; Reiten: das Pferd; Basketball: das Spielfeld, der Korb, das Trikot, der Ball; Fußball: das Spielfeld, das Tor, das Trikot, der Ball; Skifahren: die Ski; Volleyball: das Spielfeld, das Netz, das Trikot, der Ball; Tischtennis: der Schläger, das Netz, das Trikot, der Ball; Radfahren: das Trikot; Handball: das Spielfeld, das Tor, das Trikot, der Ball ... Die *Sportkleidung* braucht man für alle Sportarten.

4a 1C – 2A – 4B – 5D. Aussage 3 passt nicht.

5b 1. Dafür 2. mit ihnen 3. daran 4. mit sich 5. darauf

6b 2. Wir waren davon enttäuscht, dass man das Schwimmbad nicht benutzen konnte. 3. Ich habe mich darüber geärgert, dass es nur geregnet hat. 4. Ich hatte Angst davor, dass die Stimmung schlecht wird. 5. Wir haben uns dazu entschlossen, jeden Tag ein paar Stunden zu wandern.

8b Volksschule – Universität Innsbruck (A) – Skilehrer und Manager der Skischule

8c 1r – 2f – 3r – 4r – 5r – 6r – 7f – 8f – 9f – 10f

10 1.: dir 2.: uns 3.: sich 4.: sich 5.: sich 6.: euch

12c 1c – 2b – 3c – 4b

13 a/b Richtig sind: 2. ein Trikot in den Vereinsfarben 3. mein Vater 4. zwei Bundesligamannschaften 5. ein paarmal 6. zweimal 7. Musik/(Rolling)Stones-Fan

KAPITEL 32

1a Geld

3a Von oben: 2. Balken: Verkehr – 4. Balken: Freizeit/Unterhaltung/Kultur – 7. Balken: Restaurants/Hotels – 9. Balken: Telefon/Handy/E-Mails – 10. Balken: Bildung

4 1B – 2A – 3D – 4C

5 Beispiel: 2. Wenn man sich nicht sicher ist, ob man ein Produkt wirklich behalten will, dann kann man vor dem Kauf mit dem Händler ein Umtauschrecht vereinbaren. 3. Verträge, die man zu Hause unterschrieben hat, kann man innerhalb von zwei Wochen wieder rückgängig machen. 4. Man hat 14 Tage Zeit, um Verträge, die man zu Hause unterschrieben hat, wieder rückgängig zu machen. 5. Wenn die Telefonrechnung sehr hoch ist, dann sollten Sie sich bei der Verbraucherberatung so schnell wie möglich beraten lassen. 6. Der Verkäufer muss ein kaputtes Gerät nicht durch ein neues ersetzen, wenn er es reparieren kann.

8a b) Ihres neuen Vertrags c) eines Pullovers d) meiner alten Freundin e) eines technischen Gerätes f) deines Gutscheins
b Beispiel: 2a – 3f – 4e – 5c – 6d

9 2. Trotz des Kassenbons muss der Händler die Ware nicht zurücknehmen. 3. Trotz einer Garantie können bei einer Reparatur Kosten auf Sie zukommen. 4. Wegen Ihres neuen Vertrags müssen Sie mit dem Personalchef sprechen. 5. Wegen Ihrer hohen Telefonrechnung sollten Sie sich an die Verbraucherzentrale wenden. 6. Trotz meiner Reklamation habe ich kein neues Gerät

bekommen. 7. Wegen Ihres Gutscheins müssen Sie mit dem Geschäftsführer sprechen. 8. Trotz mehrfacher Reparatur funktioniert die Nähmaschine nicht.

10b vorher: 5, (9) 10 während: 2, 3, 4, 6, 11 nachher: 1, 7, 8, 9

11c Zum Beispiel: 2. Kannst du bitte das Fenster zumachen? 3. Bis wann könnten Sie den Fernseher reparieren? 4. Könntest du mir mal dein Wörterbuch geben? 5. Wann kannst du mich mal wieder besuchen?

13a 2. Er nennt Frau Reiß die Kundennummer nicht. b) Er müsste sie ihr nennen können. 3. Er kann Frau Reiß das Problem nicht beschreiben. c) Er müsste es ihr genau beschreiben.

13b 2. ihn ihr 3. ihn ihr 4. sie Ihnen 5. ihn mir 6. es ihm 7. es dir

15b wachsen: die Städte – reden: die Konten – fahren: die Zeit – lenken: kein Mensch – vorbeifliegen: das Leben – drehen: der Globus (sich) – kursieren: das Geld – sterben: Fabriken – steigen: die Kurse

KAPITEL 33

2 Natur: Text 3 – Energie: Text 4 – Abfall: Text 2 – Verkehr: Text 1

4a Sperrmüll: 5 – Müllberg: 1 – Sondermüll: 4 – Recycling: 6 – Hausmüll: 3 – Müllkippe: 2

6a 2. Batterien werden zur Sammelstelle gebracht. 3. Biomüll wird in den grünen Komposteimer geworfen. 4. Der Hausmüll wird getrennt. 5. Die Papiertonne wird in München einmal in der Woche geleert. 6. Milchtüten und Dosen werden in den gelben Sack geworfen. 7. Alte Sachen werden auf dem Flohmarkt verkauft.

6b *werden* – Partizip II

6c gefüllt wurde – wird verpackt – wurden gewaschen – gesammelt wird – wird abgeholt – wird gesammelt – geschaffen wurden

7a Man verwendet häufig Energiesparlampen. / Energiesparlampen werden häufig verwendet. – Früher trennte man den Hausmüll nicht. / Früher wurde der Hausmüll nicht getrennt.

7b Früher wurde der Sperrmüll weggeworfen, heute wird er angemeldet und abgeholt.– Früher wurde die Milch in Kannen gefüllt, heute wird sie in Packungen und Flaschen gekauft. – Früher wurde das Altpapier im Ofen verbrannt, heute wird es im Papiercontainer entsorgt. – Früher wurden die Windeln gewaschen, heute werden sie in Mülltonnen geworfen.

8c 1r – 2r – 3f – 4f – 5r – 6r – 7r – 8r – 9f

9a Zustimmung: Das finde ich auch. / Ich halte das für richtig. / Ich bin damit absolut einverstanden. / Das ist auch meine Meinung. / Ich stimme dem zu. / Ich denke genauso. – Ablehnung: Das halte ich für falsch. / Das ist doch Unsinn! / Das sehe ich ganz anders. / Damit bin ich überhaupt nicht einverstanden. – Unsicherheit: Vielleicht, aber ...

12b 1f – 2r – 3f – 4f – 5r – 6f – 7f – 8f – 9r – 10r

13b 1a, b – 2b, c – 3a, c – 4c – 5b

RASTSTÄTTE 11

8b zustimmen: 1, 7, 9, 11, 21 – ablehnen: 2, 4. 8, 10, 22 – etwas vorschlagen: 6, 19, 27, 29 – Gegenvorschläge machen: 5, 16, 17 – nach Meinungen fragen: 3, 20, 24, 25, 26 – seine Meinung äußern: 14, 15, 18, 23

KAPITEL 34

6b 2. Sie braucht heute nicht zu arbeiten. 3. Sie brauchen nicht auf mich zu warten. 4. Ich brauche morgen nicht wegzufahren. 5. Er braucht nicht in die Schule zu gehen. 6. Wir brauchen nicht pünktlich zu sein.

6c 2. Stefan möchte die Wohnung nicht selbst tapezieren, er lässt sie tapezieren. 3. Herr und Frau Peters putzen nicht gern die Wohnung, sie lassen sie putzen. 5. Hanna lässt sich das Auto nicht waschen, sie wäscht es selbst. 6. Kai lässt sich nie die Haare waschen, er wäscht sie (immer) selbst.

7a Menschen – Kollegen – Menschen – Polizisten

7b 1. Kollegen 2. Jungen 3. Polizisten 4. Bären 5. Herrn

8a Richtig sind: 1 – 4 – 5 – 6 – 7

9a 1. Es gibt viele Angebote für Jugendliche, deshalb/deswegen haben sie zum Streiten keine Zeit mehr. 2. Kolja hat die Abendschule besucht, trotzdem ist sein Deutsch sehr schlecht.

9b 1. Mischa spricht nur mit Leuten aus seinem Land. Deshalb lernt er nur langsam Deutsch. 2. Olga war in Russland Ärztin. Trotzdem arbeitet sie in Deutschland als Krankenpflegerin. 3. Petar hatte in Kroatien keine Arbeit. Deshalb ist er nach Deutschland gegangen. 4. Aynur will Architektin werden. Deshalb hat sie Abitur gemacht und das Studium begonnen. 5. Vanja war früher Musiker. Trotzdem arbeitet er heute als Lastwagenfahrer. 6. Kemal hat Elektriker gelernt. Deshalb macht er sich selbständig.

12 2. Fast jedes Wochenende hat die Band einen Auftritt in einem Jugendklub oder auf einer Gewerkschaftsveranstaltung irgendwo in der Republik. 3. Das Projekt sollte anfangs nur drei Monate lang dauern. 4. Die Mädchenband wollte mir ihren Songs den „Boygroups etwas entgegensetzen" und zeigen, „dass Vielfalt eine große Chance für Deutschland ist". 5. Das Programm wird von der IG Metall, der Alice-Salomon-Fach-

hochschule in Berlin sowie durch die Bundesregierung und die Europäische Union gefördert.

13a 1.: Zeile 3 – 2.: Z. 17 – 3.: Z. 16 – 4.: Z. 5/6 – 5.: Z. 20 – 6.: Z. 21

KAPITEL 35

1 Mitarbeiter – Zeitarbeit – Zeitarbeit(s)unternehmen – Arbeitsvertrag – Zeitarbeitsbetrieb – Leiharbeiter – Arbeitsplatz – Arbeitnehmer – Arbeitslosigkeit – Arbeitslose – Kurzarbeiter – Arbeitsform(en) – Telearbeit – Telearbeitsplatz – Arbeitgeber

2 Beispiel: 1f – 2d – 3a – 4g

5a 2. AK, 3.–8. AK, 9. A, 10. K, 11. A, 12.AK, 13. AK

7 1. Seit es in Deutschland den „Girls' Day" gibt, interessieren sich mehr Mädchen für technische Berufe. 2. Anja und Katharina haben viel mehr männliche Freunde, seit sie in der Ausbildung sind. 3. Seit Georg wieder Arbeit gefunden hat, sieht er richtig zufrieden aus. 4. Alle arbeiten viel engagierter, seit wir einen neuen Chef haben. 5. Das Arbeitsklima hat sich verbessert, seit mehr Frauen in unserem Betrieb arbeiten. 6. Seit ich regelmäßig Sport mache, fühle ich mich körperlich viel besser. 7. Seit Frau Sanders Tochter im Kindergarten ist, hat sie viel mehr Zeit für sich. 8. Frank hat 150 Euro gespart, seit er nicht mehr raucht.

8a Beispiel: Um halb acht frühstückt Rolf Sommer noch, während Viktor Kemper schon frühstückt. Um halb elf sitzt Rolf zu Hause am Computer, während Viktor im Großraumbüro arbeitet. Um zwölf bringt Rolf die Post weg, während Viktor in der Kantine zu Mittag isst. Um zwei arbeitet Rolf wieder am Computer, während Viktor in einer Betriebsversammlung ist. ...

9

Vorteile	Nachteile
• Eine Frau mit Familie verliert den Anschluss an den Beruf nicht. • Firma stellt PC • als Wiedereinstieg in den Beruf gute Chance	• man braucht ein Arbeitszimmer und einen PC • der Alltag muss noch besser organisiert werden • es gibt keine Kontakte und Gespräche mit Kollegen

12b 1f – 2f – 3f – 4r – 5f – 6r – 7r – 8f – 9r

KAPITEL 36

1a lernen und üben: 1, 4, 5 – lernen und anwenden: 2, 6 – aus Fehlern lernen: 3, 9, 10 – lernen und Alter: 7 – ein Leben lang lernen: 3, 8 – lernen und Belohnung: 5

3 Im Text werden genannt: Arbeit, Auto, Bahnhof, Bus, Chef, Geld, Haltestelle, Sekretärin, Straßenbahn, Unfall, Verspätung, Taxi

4 personenorientiert: 4 – motorisch: 5 – auditiv: 3 – visuell: 1

5a A3 – B2 – C1 – D5 – E4

5b A auditiv – B visuell – C motorisch – D kognitiv – E personenorientiert

5c 1. Auch Gedichte und Melodien prägen sich ihnen schnell und dauerhaft ein. 2. ... nehmen Informationen besser auf, wenn sie ein Bild haben ... 3. ... begreifen das Lernen als einen aktiven Vorgang, bei dem man körperlich etwas tun muss. 4. ... logische Regeln und erkennbare Strukturen. 5. Phänome, die nicht klar definierbar ... 6. ... einen „guten Draht" zu ihren Lehrern haben ... 7. ... neigen sie zu Leistungsschwankungen und Selbstzweifeln

7 1. Das sind Menschen, die arbeiten. 2. Das sind Kinder, die spielen. 3. Das ist ein Computer, der schnell arbeitet. 4. Das ist ein Brief, der geschrieben wurde. 5. Das ist ein Buch, das ausgeliehen wurde. 6. Das ist ein Text, der übersetzt wurde.

8 Partizip II: 1. Es ist wichtig, die einmal gelernten Vokabeln regelmäßig zu wiederholen. 2. Es ist notwendig, die geschriebenen Sätze vom Lehrer kontrollieren zu lassen. 3. Hören Sie einen sehr schnell gesprochenen Hörtext zweimal.
Partizip I: 4. Wenn Sie einen leise sprechenden Lehrer haben, bitten Sie ihn, lauter zu sprechen. 5. Sprechen Sie ein Schwierigkeiten bereitendes Wort mehrmals langsam. 6. Machen Sie für schwer zu lernende Wörter Lernkarten.

RASTSTÄTTE 12

4 Beispiel: 1.: f, j, n – 2.: d, e, k – 3.: a, h – 4.: c, l, m – 5.: b, g – 6.: f, i, l

Lösungen zum Arbeitsbuchteil (S. 152–242)

KAPITEL 25

1 immer Dativ: aus, bei, mit, nach, seit, von, zu, – immer Akkusativ: bis, durch, für, gegen, ohne, um – Dativ oder Akkusativ: an, über, auf, unter, hinter, vor, in, neben, zwischen

2a 1. von einem – in der – auf einer – vor dem – zwischen ihnen
2. auf einem – seit – mit ihrer – für ihre – auf dem
3. nach der – um die – zu einer – nach/in – bei – Von – nach – von der – nach

2b 1. auf – 2. auf einer ... in der – 3. auf die – 4. in der – an – 5. für seine / mit seiner – 6. zwischen die alten

3b 1 ein Tuch – 2 Kartons – 3 Sportschuhe – 4 Geschirr – 5 eine Vase – 6 ein Kleidungsstück – 7 eine Kleiderstange – 8 eine Decke – 9 Blusen, Hemden – 10 Tüten – 11 Teppichrollen – 12 eine Stange – 13 ein Schal – 14 ein Hut

3c Beispiel: ... auf dem Tisch liegt ein Tuch. Links neben dem Tisch steht ein Kleiderständer mit Hemden und Blusen. Hinter dem Tisch steht eine Frau mit einem hässlichen Hut. Vor dem Tisch sind zwei Kunden, die sich die Waren ansehen. Im Hintergrund sieht man ein großes, rotes Auto ...

4 1h – 2c – 3g – 4f – 5b – 6e – 7d – 8a

5 2. am Nachmittag – 3. die Lehrerin – 4. einander – 5. die Arbeit – 6. der Telefonzelle – 7. im Kurs – 8. einander – 9. der Urlaub – 10. am Samstag

6 1d – 2e – 3b – 4f – 5c – 6a

7 *kursiv* = korrigierte Verbposition, unterstrichen = korrigierte Rechtschreibung:

> Liebe Astrid,
> ich glaube, ich *habe* dir vor vier Jahren zu deinem 60. Geburtstag das letzte Mal einen Brief geschrieben. Danach haben wir nur telefoniert! Heute möchte ich dir aber die beiden Fotos von Pelle und mir schicken. Pelle *kommt* nachmittags immer zu mir, wenn Lisa arbeitet. Seit ich Rentner bin, *habe* ich Zeit und bin für meinen Enkel der „Tagesopa“. Es ist wunderbar! Die Fotos sind von Pelles 2. Geburtstag vor drei Wochen. Wie du *siehst*, lieben wir beide Schokoladentorte!
> Ich hoffe, es *geht* dir gut und ihr seid alle gesund. Grüß bitte deine Familie und ... schreib mal wieder!
> Dein Ketil

8a 1c – 2b – 3b – 4c – 5c – 6c – 7a – 8c

8b 1e – 2a – 3c – 4h – 5f – 6l – 7b – 8j – übrig: d – g – i – k

9 Beispiel:

> Uli Wetz
> Hauptstraße 54
> 73430 Aalen
> Sehr geehrte Damen und Herren,
> ich habe im „Stadtblatt“ Ihre Anzeige gelesen und hätte gerne weitere Informationen. Da ich oft in Spanien Urlaub mache, möchte ich Spanisch lernen. Ich habe aber nur abends und am Wochenende Zeit. Am liebsten würde ich einmal in der Woche einen Abendkurs in einer Kleingruppe besuchen. Möglich wäre vielleicht auch ein Intensivkurs über einige Wochen. Bitte schicken Sie mir Informationsmaterial zu, damit ich sehen kann, welches Angebot für mich in Frage kommt. Wichtig wäre auch Ihre Preisliste. Sie können mir auch gleich ein Anmeldeformular zuschicken.
> Mit freundlichen Grüßen
> Uli Wetz

10 Beispiele – An der Haltestelle: 1. Können Sie mir sagen, um wie viel Uhr der nächste Bus fährt? 2. Entschuldigung, wissen Sie, ob der Bus schon weg ist? 3. Weißt du, wo die nächste Bushaltestelle ist? 4. Entschuldigung, wissen Sie, ob es hier auch einen Nachtbus gibt? 5. Kannst du mir sagen, wo ich das Ticket kaufen kann?
Im Restaurant: 6. Entschuldigung, ich wüsste gern, ob der Tisch reserviert ist. 7. Frag doch mal den Kellner, wann das Restaurant schließt. 8. Könnten Sie mir sagen, bis wann ich warmes Essen bestellen kann? 9. Frag doch mal den Kellner, ob man das Bierglas hier kaufen kann. 10. Entschuldigung, sagen Sie mir doch bitte, wo ich meinen Mantel aufhängen kann. 11. Entschuldigung, ich möchte wissen, ob ich auch mit der EC-Karte bezahlen kann.
Im Kaufhaus: 12. Frag mal die Verkäuferin, ob man hier auch Gutscheine kaufen kann. 13. Ich kann dir auch nicht sagen, wo der Aufzug ist. 14. Frag mal die Verkäuferin, ob man die Badeanzüge anprobieren darf. 15. Ich kann dir auch nicht sagen, ob dir diese Bluse steht. 16. Ich kann Ihnen auch nicht sagen, wer für diese Abteilung zuständig ist.

11 1. Frag doch mal im Büro, → ob es noch ein Programm gibt. ↘ Das interessiert mich sehr! ↘
2. Welche Kurse interessieren Sie? ↗ Unsere Sprachkurse ↗ oder die Freizeitangebote? ↘
3. Ich kann Ihnen leider nicht sagen, → ob wir noch freie Plätze haben. ↘
4. Ich möchte wissen, → wann der Kurs abends anfängt. ↘ Um sieben ↗ oder um halb acht? ↘

KAPITEL 26

1 1. ... dass das Essen so lange gedauert hat. 2. ... wenn/weil ich eine Information von Ihnen brauche. 3. ... weil/wenn ich ein Doppelzimmer bestellt habe. 4. ... dass wir Ihnen kein Raucherzimmer anbieten können. 5. ... weil unser Zimmer zu laut ist. 6. ... wenn Sie mich in einer Stunde anrufen.

2 1. Ein ICE fährt schneller als ein Regionalzug. 2. Ein BMW kostet mehr als ein VW. 3. Pizza schmeckt genauso gut wie Nudeln. 4. Eine Pension ist nicht so teuer wie ein Hotel. 5. Das Matterhorn ist höher als die Zugspitze. 6. Ein Campingplatz ist besser als eine Jugendherberge.

3a Beispiel: a) 2, 3, 13 – b) 2, 3, 13, 14 – c) 4, 10 – d) 4, 6, 9, 12 – e) 5, 6, 9, 13 – f) 1, 6, 12 – g) 6, 12 – h) 12 – i) 8, 11 – j) 7, 8

3b Beispiel: a) Wir müssen die Küche mal wieder sauber machen. b) Räumst du bitte dein Zimmer auf? c) Das Hotel plant eine neue Speisekarte. d) Am Sonntag kochen wir ein schönes Menü! e) Hilfst du mir das Gemüse putzen? f) Der Kellner bereitet die

Rechnung vor. g) Nach dem Essen bestellen die Gäste Drinks. h) Der Kellner bestellt ein Taxi für die Gäste. i) Der Kellner begrüßt die Gäste. j) Der Fernseher muss repariert werden.

4 Dialog 1:
○ sprechen – helfen
● Schlüssel – Zimmer – aufgeräumt.
Dialog 2:
○ kann
● richtige – gebucht – Einzelzimmer.
Dialog 3:
○ für
● anderes – bekommen – liegt – schlafen.
Dialog 4:
● Taxi – bestellt – Viertel.

5

> München, 30. August 20..
>
> Sehr geehrte Frau Wendlandt,
> haben Sie vielen Dank für Ihr Schreiben vom 30. August. Ich kann Ihnen sagen, dass ich mit dem Hotel „Seeblick" sehr zufrieden war. Das Essen war immer ausgezeichnet. Der Service war sehr gut und die Leute im Hotel waren alle sehr aufmerksam und zuvorkommend. Insgesamt hat mir der Urlaub sehr gefallen und ich habe mich gut erholt. Allerdings sind mir zwei Kleinigkeiten aufgefallen, die man vielleicht verbessern könnte. Wenn man, wie ich, nicht mit dem Auto kommt, sondern mit der Bahn ankommt, ist der Weg vom Bahnhof zum Hotel doch sehr weit. Vielleicht könnte man die Gäste vom Bahnhof abholen. Und dann finde ich, dass einige Aktivitäten wirklich sehr teuer sind. Vielleicht könnte das Hotel Sondervereinbarungen mit einzelnen Veranstaltern treffen? Aber insgesamt war ich sehr zufrieden mit dem Hotel und dem ganzen Urlaub.
>
> Mit freundlichen Grüßen
> ...

6 1. weil – 2. dass – 3. wenn – 4. obwohl – 5. weil – 6. obwohl – 7. wenn – 8. dass

7 2h ... obwohl ich es gerne tun würde – 3g ... obwohl ich es medium wollte. – 4c ... obwohl es ein Nichtraucherzimmer ist. – 5a ... obwohl ihn der Hausmeister repariert hat. – 6d ... obwohl ich gestern zwei Stunden gelernt habe. – 7f ... obwohl ich schlecht vorbereitet war. – 8b ... obwohl er erst ein Jahr in Deutschland ist.

8 Waagerecht: 1 ZIMMERMÄDCHEN 2 REZEPTION 3 TAXI 4 ZIMMERPREIS 5 EINZELZIMMER 6 WERKSTATT 7 AUFPREIS 8 DUSCHE 9 KÜCHENHILFE 10 AUFZUG 11 BARKEEPER 12 BAR 13 SUITE
Senkrecht: HOTELKAUFFRAU

9 1. längste – 2. berühmteste – 3. höchste – 4. kleinste – 5. schönste – 6. teuerste – 7. schnellste

10c Richtig sind: 2. – 4. – 6. – 7. – 8. – 9.

11 1. Chefin – 2. Hotelkette – 3. Zentrale – 4. Naturell – 5. Feierabend – 6. obligatorisch

12 besondere Wünsche – ausgebucht sein – Küchenhilfe – Hotelkaufmann – sich beschweren – begrüßen – kochen – das Zimmermädchen – das Telefon – Probleme haben

KAPITEL 27

1 Beispiel: 1A: der Kohl, die Kiwi, die Rübe, der Apfel, die Birne, der Lauch
1B: die Banane, die Traube, die Orange, die Pflaume, die Erdbeere, das Sauerkraut
2A: der Reis, das Brot, der Käse, die Wurst, die Nudel, der Honig
2B: der Zucker, die Butter, das Gewürz, das Fleisch, die Marmelade
3A: der Tee, der Saft, der Wein, das Bier, die Milch, der Kefir
3B: der Kaffee, der Rotwein, das Wasser, der Schnaps, die Limonade, der Weißwein
4A: der Keks, die Torte, das Eis
4B: der Kuchen, das Bonbon, die Praline, die Schokolade
5A: der Topf, der Herd, die Spüle, die Gabel, der Mixer
5B: das Messer, die Pfanne, der Teller, die Mikrowelle, der Kochlöffel, der Kühlschrank, der Löffel

2 2. ... ob sie lieber allein oder in Gesellschaft essen. 3. ... wie oft er Alkohol trinkt. 4. ... ob er schon abgenommen hat. 5. ... warum so viele Leute beim Essen von Problemen sprechen.

3 Beispiel: 1. Zucker – 2. Zitrone – 3. Pfeffer – 4. junger Gouda – 5. Heringe – 6. Pommes frites

4 (1) Zeit nehmen – (2) ihre Ernährung – (3) Regel – (4) Flüssigkeit – (5) den Durst – (6) enthalten – (7) essen – (8) verbrauchen – (9) vorsichtig – (10) entspannen – (11) den Körper – (12) roh – (13) kein Widerspruch

5 3. Es tut ihm gut, eine halbe Stunde zu laufen. 4. Er versucht auch, in Ruhe zu frühstücken. 5. Er darf nicht vergessen, in der Firma anzurufen. 6. Es ist auch gesünder, mit dem Fahrrad zu fahren. 7. Am Morgen regnet es. Deshalb hat er keine Lust, gleich anzufangen.

6 2. Vergessen Sie nicht, Besteck und Serviette mitzunehmen.
3. Denken Sie daran, am Anfang nicht zu viel zu nehmen.
4. Haben Sie keine Angst, noch einen Teller voll zu holen.
5. Es ist besser, gleich eine Nachspeise mitzunehmen.
6. Nehmen Sie sich jetzt Zeit, das Essen zu genießen.

7a A: 1, 4, 6, 8, 11 – B: 2, 3, 7, 9, 12 – C: 5, 10, 13

8 1b – 2c – 3d – 4a – 5f – 6g – 7e

9 2. Übergewicht und zu wenig Bewegung – 3. leicht trainieren – 4. 30 Minuten einfache Übungen – 5. zur Arbeit – 6. für Bewegung – 7. eine Stunde Bewegung

10 1. Steht einmal alle auf! 2. Stellt euch hinter den Stuhl! 3. Grätscht die Beine! 4. Hebt die Arme über den Kopf! 5. Verschränkt die Finger! 6. Wippt seitwärts!

11 1b – 2b – 3b – 4b – 5a

12a 1. Gurken (2) – 2. Fanta (3) – 3. (1), Öl (3), Schokolade (4), 4. Orangensaft (7) – 5. Orangensaft (7)

12b Beispiele: 1. Man muss Gurken vor Licht schützen. Man darf Gurken nicht ins Licht stellen. 2. Man muss/soll Recyclingflaschen/Einwegflaschen im Altglas entsorgen. 3. Man muss Schokolade vor Wärme schützen. Man darf/soll Öl nicht in der Wärme stehen lassen. 4. Man soll/muss Orangensaftflaschen vor dem Öffnen schütteln. 5. Man muss Orangensaft schnell aufbrauchen. Man darf Orangensaft nicht lange stehen lassen.

13a Brötchen – Diät – Körper – Öl – Ernährung – Küche – Süßigkeiten – Übergewicht – Käse – Rücken – Gemüse – Getränke – müde – frühstücken

TESTTRAINIG 9

Leseverstehen (Teil 1)	1a – 2f – 3g – 4h – 5e
Sprachbausteine (Teil 1)	1B – 2C – 3B – 4A – 5A – 6B – 7A – 8C – 9A – 10A
Sprachbausteine (Teil 2)	1D – 2H – 3M – 4I – 5F – 6K – 7E – 8C – 9L – 10A
Hörverstehen (Teil 1)	1r – 2r – 3f – 4r – 5f

KAPITEL 28

1a 1. hat ... erfunden – 2. ist ... gefahren – 3. ist ... angekommen – 4. haben ... gelebt – 5. hat ... gewonnen – 6. sind ... gegangen

1b Carl Benz hat (Hilfsverb) das Auto erfunden (Verb im Partizip II). – Berta Benz ist (Hilfsverb) mit dem Auto gefahren (Verb im Partizip II).

2 1. Nazis (= Nationalsozialisten) – Kommunisten – 2. Wirtschaftswunder – Gastarbeiter – Heimat – 3. Wohngemeinschaften – Kinderläden – Umweltbewegung – Atomkraftwerke

3b 2. – 3. – 4. – 7.

3c geboren – mit – sicherlich – ersten – dem – Kinderladen – Bundesrepublik – war – Kinder – schon – Paradies – alles – wir – Wir – irgendwann – zehn – konnten – wir – wenn – Gefühl – Beste – mit – machen – auf – rumzulaufen – wir – Tasten – rumgelaufen – haben – sie – präsent – relativ – die – uns – wenn – wollten – das – waren – nicht

4 1. lebte – kam – ging – wurde – schrieb – 2. ging – wohnte – hörte – war – 3. veröffentlichte – veränderte – floh – 4. schrieb – gewann – regte ... an – erhielt – 5. beschrieb – wurden

5a Adelina Sanchez kam 1999 von Argentinien nach Deutschland. Zuerst machte sie einen Sprachkurs. Der dauerte sechs Monate. Danach machte sie die mittlere Reife an der Abendrealschule. 2002 fing sie eine Lehre als Automechanikerin an. Sie war einige Jahre nicht zu Hause. Am Anfang hatte sie viel Heimweh. Aber im letzten Jahr flog sie nach Argentinien und besuchte ihre Familie. Sie hatten eine schöne Zeit zusammen.

6 1. Natascha hatte bereits das Abitur gemacht, als sie von Kasachstan nach Deutschland auswanderte. 2. Als sie genug Deutsch gelernt hatte, machte sie eine Banklehre. 3. Nachdem sie die Lehre beendet hatte, bekam sie eine Stelle bei der Citybank. 4. Nachdem Sie dort drei Jahre gearbeitet hatte, ging sie für zwei Jahre nach Moskau.

7 2. Nachdem Vladimir am Hauptbahnhof angekommen war, suchte er das Touristenbüro. – Vladimir suchte das Touristenbüro, nachdem er am Hauptbahnhof angekommen war. 3. Nachdem Karina in einer Klinik gearbeitet hatte, bekam sie eine Stelle in einer Arztpraxis. – Karina bekam eine Stelle in einer Arztpraxis, nachdem sie in einer Klinik gearbeitet hatte. 4. Nachdem Frau Schmieder aufgehört hatte zu arbeiten, half sie Familien mit Kindern. – Frau Schmieder half Familien mit Kindern, nachdem sie aufgehört hatte zu arbeiten. 5. Nachdem ich ein Taxi bestellt hatte, wartete ich noch 30 Minuten. – Ich wartete noch 30 Minuten, nachdem ich ein Taxi bestellt hatte. 6. Nachdem Anthony drei Jahre in Österreich gelebt hatte, konnte er kein scharfes Essen mehr essen. – Anthony konnte kein scharfes Essen mehr essen, nachdem er drei Jahre in Österreich gelebt hatte.

8a Umschlag 1: 1 – 4 – 8, Umschlag 2: 5 – 9, Umschlag 3: 7, Umschlag 4: 2 – 3 – 6

8b 1f – 2r – 3r – 4f – 5r – 6f – 7r – 8f – 9r

8c 1. Im Text steht, dass in der Schachtel fast einhundert Jahre Geschichte versammelt waren. 4. Im Text steht, dass der Erzähler die meisten Personen auf den Bildern von Umschlag 1 nicht kennt. 6. Im Text steht, dass der Erzähler das erste Enkelkind war. 8. Im Text steht, dass die Großmutter nie im Ausland war.

9a Als die Nazis die Kommunisten holten, habe ich geschwiegen; ich war ja kein Kommunist. Als sie die Juden holten, habe ich nicht protestiert; ich war ja kein Jude. Als sie mich holten, gab es keinen mehr, der protestierte.

KAPITEL 29

1a/b Charakter: ängstlich, dumm, glücklich, langsam, laut, langweilig, selbständig, freundlich, großzügig, pünktlich, stark, herzlich, sympathisch, traurig, lieb, nett
Aussehen: dick, blond, modisch, lieb, sympathisch, nett
Sonstiges: ledig, berühmt, gesund

1c Beispiele: glücklich – unglücklich, ängstlich – mutig, dumm – klug, selbständig – unselbständig, blond – dunkelhaarig, modisch – unmodisch/altmodisch, laut – leise, ledig – verheiratet, langsam – schnell, hässlich – schön, gesund – krank, freundlich – unfreundlich, großzügig – geizig, pünktlich – unpünktlich, stark – schwach, dick – dünn, herzlich – kalt/herzlos, langweilig – spannend/interessant, sympathisch – unsympathisch, klein – groß, lieb – garstig / nicht lieb, nett – unfreundlich/nicht nett, traurig – fröhlich

1e 1. traurig – 2. pünktlicher – 3. freundlichen – 4. groß – kleine – 5. ängstlichen – 6. sympathisch

2 kennen – Firma – Telefonanlage – man – fertig – Termin – funktioniert – endlich – Problem – gehen – Scheidung – ausgezogen – Leben

3a Beispiel: sich kennen lernen – sich sympathisch finden – ein Kribbeln im Bauch haben – keine Worte finden – sich ineinander verlieben – sich gern haben – sich streiten – enttäuscht sein von – getrennt sein – traurig sein – es tut mir/ihr/ihm Leid, dass – sich versöhnen – gemeinsam alt werden

3b Beispiel: Dann umarmten und küssten sie sich einfach. Einmal fuhren sie auch gemeinsam in Urlaub. Schließlich dauerte es dann nicht lange, bis sie den Wunsch hatten, in eine gemeinsame Wohnung zu ziehen. Zuerst fanden sie lange keine geeignete, aber dann hatten sie doch Glück und fanden sogar eine Wohnung mit Garten. Und jetzt, vier Jahre später, sind sie bei schönem Wetter im Garten und spielen mit ihren zwei kleinen Kindern. Dabei hatte es nach zwei Jahren einmal gar nicht gut ausgesehen. Sie hatten damals einen riesengroßen Streit und ich dachte schon, dass sie sich trennen. Ich bin froh darüber, dass sie sich dann doch wieder versöhnt haben.

4 1. nicht nur ... sondern ... auch – 2. weder ... noch – 3. Entweder ... oder – 4. sowohl ... als auch – 5. Sowohl ... als auch – 6. Entweder ... oder – 7. Weder ... noch – 8. nicht nur ... sondern auch

5a 1f – 2c – 3e – 4a –5g – 6b – 7d

5b 1. Jennifer liebt Actionfilme, während sich Markus im Fernsehen gerne Komödien ansieht. – Während Jennifer Actionfilme liebt, sieht sich Markus im Fernsehen gerne Komödien an. 2. Jennifer isst sehr gerne Fisch, während Markus alles hasst, was aus dem Meer kommt. – Während Jennifer sehr gerne Fisch isst, hasst Markus alles, was aus dem Meer kommt. 3. Jennifer findet Fußball langweilig, während Markus am liebsten jedes Spiel „seines" 1. FC sehen würde. – Während Jennifer Fußball langweilig findet, würde Markus am liebsten jedes Spiel „seines" 1. FC sehen. 4. Jennifer geht gerne in die Disco, während Markus von lauter Musik Ohrenschmerzen bekommt. – Während Jennifer gerne in die Disco geht, bekommt Markus von lauter Musik Ohrenschmerzen. 5. Jennifer könnte im Urlaub stundenlang am Strand spazieren gehen, während Markus nur Wanderungen in den Bergen mag. – Während Jennifer im Urlaub stundenlang am Strand spazieren gehen könnte, mag Markus nur Wanderungen in den Bergen. 6. Jennifer liest gerne lange Romane, während Markus kein Interesse an Literatur hat. – Während Jennifer gerne lange Romane liest, hat Markus kein Interesse an Literatur. 7. Jennifer schläft bei klassischer Musik immer ein, während Markus Mozart für den größten Komponisten hält. – Während Jennifer bei klassischer Musik immer einschläft, hält Markus Mozart für den größten Komponisten.

6 1b – 2a – 3b – 4a – 5b – 6b

7 1. Ich bin oft traurig, weil ich hier alles allein machen muss.
2. Mich ärgert, dass in der ganzen Wohnung Unordnung ist.
3. Ich wünsche mir, dass wir mehr zusammen machen.
4. Ich fände es gut, wenn ich nicht jeden Tag kochen müsste.
5. Ich würde gerne mehr Zeit für mich haben.
6. Wir könnten doch abends mal öfter weggehen.

8 1b – 2b – 3b – 4a – 5c – 6a

KAPITEL 30

1 **Beispiel:** Probleme: die Allergie, die Zahnschmerzen (Sg. der Zahnschmerz), den Arm gebrochen, die Karies, das Bauchweh, die Grippe, das Fieber, der Husten, der Schnupfen, weh tun, erkältet, die Ohrenschmerzen (Sg. der Ohrenschmerz), das Übergewicht, die Herzprobleme (Sg. das Herzproblem)
Ärzte: der Termin, der Internist, die Versichertenkarte, die Überweisung, das Wartezimmer, der Verband, die Krankmeldung
Apotheke: das Medikament, die Tablette, das Rezept, der Hustensaft, die Tropfen (Sg. der Tropfen), die Öffnungszeiten (Sg. die Öffnungszeit), das Grippemittel
Sonstiges: ausruhen, ungesund/gesund, das Krankenhaus

2 **Beispiel:** Letzte Woche war ich krank. Zuerst hatte ich nur Kopfschmerzen, aber dann habe ich auch Bauchschmerzen bekommen. Am nächsten Morgen war ich sehr müde und hatte leichtes Fieber. Ich habe mich ins Bett gelegt und später einen heißen Tee getrunken. Aber die Kopfschmerzen wurden immer stärker. In der Nacht habe ich schlecht geschlafen. Am nächsten Morgen habe ich dann noch Halsschmerzen bekommen. Da ging ich zum Arzt. Natürlich hatte ich keinen Termin und musste eine Stunde warten. Dann habe ich mit dem Arzt gesprochen. Er hat gesagt, dass ich eine Grippe habe. Ich habe von ihm eine Krankmeldung bekommen, danach bin ich in die Apotheke gegangen, um ein Grippemittel zu kaufen. Leider musste ich dann für den Rest der Woche im Bett bleiben.

3 1e – 2h – 3a – 4f – 5d – 6c – 7g – 8b

4 1. Rettungsdienst – 2. ansprechbar – 3. arbeitsunfähig – 4. Einweisung – 5. Versichertenkarte – 6. Schonkost

5 1. Sie brauchen auf jeden Fall die Versichertenkarte. 2. Haben Sie eine Allergie? 3. Ich werde Ihnen eine Krankmeldung ausstellen. 4. Bitte halten Sie die Besuchszeiten ein. 5. Vor der Operation müssen wir noch verschiedene Untersuchungen machen. 6. Hatten Sie schon einmal eine Operation? 7. Wann waren Sie das letzte Mal im Krankenhaus? 8. Sie können sich an der Rezeption eine Telefonkarte kaufen. 9. Nehmen Sie zurzeit Medikamente? 10. Bei einem Arbeitsunfall braucht man keine Einweisung ins Krankenhaus. 11. Haben Sie einen Vorbefund von Ihrem Hausarzt? 12. Sie werden mindestens drei Wochen arbeitsunfähig sein.

6a 1f – 2b – 3a – 4e – 5c – 6d

6b 1. Denk/Denken Sie an ein Radio mit Kassettenrecorder und passendem Kopfhörer. 2. Probier/Probieren Sie auch mal ein „Hörbuch" aus. 3. Nimm/Nehmen Sie ein gutes Buch mit. 4. Denk/Denken Sie an Briefpapier, Briefmarken und Adressbuch. 5. Nimm/Nehmen Sie möglichst nur ein paar kleine Scheine und Kleingeld mit. 6. Lass/Lassen Sie wertvollen Schmuck zu Hause.

7 *kursiv* = korrigierte Verbposition, unterstrichen = korrigierte Rechtschreibung:

Hallo, Peter,
wie *geht* es dir? Ich hoffe, du *hast* die Operation gut überstanden und *hast* jetzt nicht mehr so starke Schmerzen! *Können* wir dich eigentlich schon besuchen? Dann *bringen* wir dir einen großen Picknickkorb mit! Du isst ja sehr gerne und im Krankenhaus schmeckt das Essen ja meistens nicht so gut. Schreib mal, wie es dir geht!
Gute Besserung und bis bald!
Dein Bernd mit Birgit, Jan und Benny

8 die – verlaufen – mich – nachmittags – gibt – Besuchszeiten – hier – Visite – kann – auf – schon – Tagen – keine – Chefarzt – ich – Woche – bleiben – Wir – einem – Zimmernachbar – nett – wird – eine – Das – wie – kann – auswählen – bisher – geschmeckt

9 1f – 2r – 3f – 4r – 5r – 6f – 7r – 8f – 9f – 10r

10 3 – 8 – 6 – 7 – 5 – 1 – 4 – 2

11 1. Eine Krankenschwester ist eine Person, die die Patienten wäscht und ihnen Spritzen gibt. 2. Eine Laborantin ist eine Person, die Blut untersucht und Tests macht. 3. Eine Hebamme ist eine Person, die bei der Geburt hilft. 4. Eine Stationsärztin ist eine Person, die die Kranken untersucht und Medikamente

verordnet. 5. Eine Raumpflegerin ist eine Person, die Betten macht, den Boden wischt und Papierkörbe lehrt.

12 1. Ist das der Arzt, mit dem Sie gestern gesprochen haben? ... von dem Sie schon viel gehört haben? ... den Sie sehr sympathisch finden? ... zu dem Sie Vertrauen haben?
2. Ist das das Medikament, das Sie dreimal täglich einnehmen müssen? ... von dem Sie eine Allergie bekommen? ... über das man in den Medien spricht? ... das Sie heute vergessen haben? ... das schrecklich schmeckt. ... nach dem Sie gefragt haben?
3. Ist das die Schwester, die auf der Kinderstation arbeitet? ... auf die die Kinder sich immer freuen? ... mit der die Eltern manchmal telefonieren? ... der ein Krankenpfleger rote Rosen mitgebracht hat?
4. Sind das die Patienten, die einen Videorecorder auf dem Zimmer haben? ... denen ein Besucher Videofilme mitbringt? ... mit denen man sich zum Kartenspiel auf dem Flur trifft? ... die nachmittags in der Cafeteria sitzen?

13 1a Das Hörbuch, das vier Stunden dauerte, war sehr interessant. 1b Das Hörbuch, das ihr mir mitgebracht habt, war sehr interessant. 1c Das Hörbuch, über das ich mit euch gesprochen habe, war sehr interessant. 2a Die Sanitäter, die zuerst am Unfallort sind, sind gut ausgebildet. 2b Die Sanitäter, mit denen ich gesprochen habe, sind gut ausgebildet. 2c Die Sanitäter, die die Nachbarn angerufen haben, sind gut ausgebildet.

14a Me-di-ka-ment – Kran-ken-haus – O-pe-ra-tion – Un-ter-su-chung – Ver-si-cher-ten-kar-te – Kul-tur-ta-sche – Ar-beits-un-fall – Not-dienst – Rou-ti-ne-un-ter-su-chung – Pa-ti-ent – A-dress-buch – Per-so-nal-aus-weis – Ret-tungs-dienst – Ent-bin-dungs-sta-ti-on – Be-suchs-zei-ten – Ba-de-man-tel

14b 1. reisen / verreisen / abreisen – kommen / bekommen / ankommen – rufen / gerufen / anrufen – warten / erwarten / abwarten – kaufen / verkaufen / einkaufen – holen / wiederholen / abholen
2. Station – Kinderstation • Haus – Krankenhaus • Pause – Mittagspause • Unfall – Arbeitsunfall • Kontrolle – Ausweiskontrolle – Personalausweiskontrolle • Stelle – Haltestelle – Bushaltestelle • Meisterschaft – Weltmeisterschaft – Fußballweltmeisterschaft

TESTTRAINING 10

Leseverstehen (Teil 2) 1b – 2a – 3c – 4a – 5b

Hörverstehen (Teil 2) 1r – 2f – 3f – 4r – 5r – 6r – 7f– 8r – 9r – 10r

Schriftlicher Ausdruck Beispiel:

Heidenheim, 23. Juli 20..

Lieber Frank,
zunächst einmal herzliche Glückwünsche zu eurem neuen Familienmitglied! Ich freue mich sehr für euch. Die Entscheidung, dass du „Hausmann spielen“ willst, finde ich richtig. Denn wenn Maria eine so gute Stelle hat, dann sollte sie unbedingt weiterarbeiten. Die Frauen sollen nicht immer ihre Karriere aufgeben müssen, nur weil Kinder im Haus sind. Wie du weißt, ist es bei uns schon länger selbstverständlich, dass viele Männer der Familie zuliebe auf ihre Karriere verzichten. Allerdings sind bei uns auch die Kinderbetreuungsmöglichkeiten besser als bei euch – es müssen also weder Männer noch Frauen allzu lange ihrem Beruf fernbleiben. Über deine Einladung habe ich mich sehr gefreut und nehme sie gerne an. Ich melde mich!
Ganz liebe Grüße, auch an Maria

KAPITEL 31

1a L – L – L – L – A – A/L – A – A – A/C – A/C – A/C – A – A/C – L – L – L – L

1b 1. wir – uns – du – mir – Wir – dich – 2. seine – ihre – unser – eure – unsere – Unsere – Ihre – 3. mich – mich – sich – uns – mich – dich

2 Waagrecht: 4. BOOT 5. FUSSBALL 6. TISCH 7. SPASS 8. PFERD 9 TEAM 10 EIS LAUFEN 11 SEIL 14 SPIELFELD 15 FAHRRAD 16 HUNGER 17 SCHWIMMEN 18 BALL 19 KORB
Senkrecht: 1. SPORTSCHUHE 2. TRAINIEREN 3. ZUSCHAUER 4. BADEANZUG 12. NETZ 13 FERNSEHER 14. SCHLÄGER 16. HELM

3 1e (mit dem); 2g (die – mit denen); 3b (das); 4d (den); 5f (für die); 6a (mit denen); 7c (auf dem)

4 1r – 2f – 3f – 4r – 5f – 6f – 7r – 8f

5 1. Mit wem? 2. Womit? 3. Wofür? 4. Womit? 5. Auf wen? 6. Wovor? 7. Wobei? 8. Auf wen?

6a 1. über 2. für 3. vor 4. über 5. über 6. von 7. auf/zu 8. für

6b 1. Ich habe mich sehr darüber gefreut. 2. Sie interessiert sich nicht mehr dafür. 3. Bernd hat Angst davor. 4. Die anderen Kinder lachen darüber/über ihn. 5. Silvia ärgert sich darüber. 6. Sie ist davon begeistert. 7. Sie hat Lust darauf/dazu. 8. Er hat keine Zeit dafür.

7 1. worauf: Rolf freute sich darauf, zwei Wochen Urlaub am Meer zu machen. 2. wozu: Er hatte sich dazu entschlossen, nach Kuba zu fahren. 3. worüber: Im Flugzeug ärgerte er sich darüber, dass ein Gruppe von Touristen so laut war. 4. worauf: Er hatte Lust darauf, zu lesen und zu schlafen, aber das war unmöglich. 5. worauf: Er hoffte darauf, dass diese Touristen in einem anderen Hotel sind. 6. wofür: Er interessierte sich dafür, wie die Leute auf Kuba leben. 7. worüber/wovon: Er war total enttäuscht darüber/davon, dass das Hotel nicht so schön war wie im Prospekt.

8a Das Ergebnis ist noch nicht bekannt.

8b Beispiel: Der Reporter in Zypern hat das Spiel überhaupt nicht gesehen. Aber er will das nicht sagen. Vielleicht hat er den Weg zum Stadion nicht gefunden. Oder er ist in seinem Hotelzimmer vor dem Fernseher eingeschlafen. Oder er hat auf dem Weg zum Stadion eine alte Freundin aus der Studentenzeit getroffen und bei einem Glas Wein mit ihr das Fußballspiel völlig vergessen ...

9a „Jede Sportlerin überlegt sich genau, was sie will, was ihre Ziele sind. Sie stellt sich vor, was sie im Sport erreichen will: Soll es ein Hobby bleiben? Will sie an Wettkämpfen teilnehmen? Welche Vorteile hat sie durch den Sport im Privatleben oder im Beruf? Ich mache mir deshalb einen Plan für mein Training. Darin lege ich Ziele und kleine Zwischenziele fest. Ich brauche diese Planung.“
„Ein Sportler muss genauso planen wie ein Geschäftsmann: Was will er in der nächsten Woche erreichen? Ich nehme mir vor, was ich zuerst machen will. Und ich lege gemeinsam mit meiner Trainerin fest, wie intensiv ich trainieren muss. Und ich muss mich natürlich oft entscheiden: Welche Schwerpunkte

sind genau zu diesem Zeitpunkt besonders wichtig? Im Beruf und im Sport."
„Skifahren ist ein Einzelsport. Aber ich interessiere mich natürlich dafür, wie andere trainieren und wie sich andere auf Wettkämpfe vorbereiten. Eine Sportlerin muss aber auch überprüfen, ob ihre Arbeit richtig ist: Sie muss sich merken, was gut funktioniert hat und was nicht so gut war. Sport ist eben eine gute Schule für das Leben."

10 (1) mich (2) mir (3) sich (4) sich (5) sich (6) sich (7) sich (8) mir (9) mir (10) mir

11 (1) dir (2) hast (3) ziemlich (4) Chancen (5) erzählen (6) Fan (7) sich (8) Zuschauer (9) meiner (10) ein (11) seine (12) Trikot (13) muss (14) eine

12 Ja, ich treibe gerne Sport! Ich mache alles Mögliche. Oft freue ich mich schon den ganzen Tag darauf, dass ich am Abend joggen kann. Dabei vergesse ich schnell, worüber ich mich bei der Arbeit geärgert habe. Aber am liebsten mache ich Sport mit Freunden. Im Winter fahren wir oft zusammen in die Berge zum Skifahren. Oder wir fahren im Sommer an einen See und spielen Volleyball. Ich finde, Sport muss Spaß machen.

KAPITEL 32

1 1. grünen – großen 2. neue 3. besten – leckerste – frischesten 4. neuen – tolles 5. modernes – digitalen 6. neue – beleuchteten 7. guten – normalen 8. elegante 9. halbes – kleine 10. neue – großen

2 1a – 2b – 3a – 4b

3 1a – 2g – 3b – 4f – 5c – 6d – 7e

4 1. meines – des 2. meines – des 3. unserer – der 4. unserer – der

5a 1. meines neuen Autos 2. eines spontanen Einkaufs 3. eines kaputten Gerät(e)s 4. meines neuen Kollegen 5. meiner jüngsten Schwester 6. der engagierten Studenten 7. meiner alten Hose

5b 3. Der Umtausch von einem kaputten Gerät ist normalerweise kein Problem. 4. Der Bruder von meinem neuen Kollegen ist Pilot. 5. Der Mann von meiner jüngsten Schwester ist Koch. 6. Die Fragen von den engagierten Studenten sind wichtig. 7. Die Knöpfe von meiner alten Hose sind schon ganz locker.

6 1. Trotz meiner wiederholten 2. Wegen der andauernden 3. wegen seiner dauernden 4. trotz einiger 5. Trotz des schönen Wetters 6. wegen des starken Regens 7. Wegen eines großen 8. trotz ihrer schlechten

7a b und c

7b 2, 5, 7, 8.

7c 1. Allgemeine Geschäftsbedingungen 2. abrufen 3. Anbieter 4. Kundenprofil 5. Werbezusendung 6. Übertragung 7. Zahlungsweise 8. Zölle

8 1. Mustafa kommt aus der Türkei. Er lebt seit einem halben Jahr in Berlin. Er wohnt bei seinem Onkel und seiner Tante im Stadtteil Kreuzberg. Ohne ihren Rat hätte er es am Anfang schwer gehabt. Jetzt arbeitet er für ein großes Kaufhaus als Fahrer. Er muss durch die Stadt fahren und Waren ausliefern.
2. Wir sind am nächsten Samstag zum Geburtstag von Klaus eingeladen. Wir sollen um 20 Uhr kommen. Wir freuen uns auf die Party, denn bei dieser Gelegenheit treffen wir viele von unseren Bekannten. Wir haben Probleme mit unserem Geschenk. Wir haben ein Buch für ihn gekauft, sind aber unsicher, ob er sich darüber freut. Er kann es aber nach seinem Geburtstag in der Buchhandlung umtauschen.

9a mit einem Computer und dann mit einer Bankangestellten

9b Kontonummer: 88456772 – Geheimzahl: 2387 – Kontostand: 617 Euro

9c 1a – 2b – 3a – 4b – 5a

10 1. dringend 2. über 3. beschwert 4. versprochen 5. ihm 6. Kontonummer 7. Liebe Grüße

11 1. sie ihm 2. ihn ihr 3. es ihr 4. sie Ihnen 5. es ihnen

12 1. Ich schenke dir eine Lampe. Ich schenke sie dir zum Geburtstag. 2. Ich schenke ihm ein Parfüm. Ich schenke es ihm zu Weihnachten. 3. Sie erklärt ihm das Handy. Sie erklärt es ihm dreimal am Tag. 4. Wir empfehlen euch die Insel Rügen. Wir empfehlen sie euch besonders für den Sommerurlaub. 5. Sie gibt ihm das Buch zurück. Sie gibt es ihm zurück, nachdem sie es gelesen hat. 6. Frau Pöltl schickt der Tochter ein Paket. Sie schickt es ihr immer mit „Postexpress". 7. Du musst der Firma einen Reklamationsbrief schreiben. Du musst ihn ihr gleich morgen schreiben.

KAPITEL 33

1 1. Werfen Sie / Wirf keinen Müll in die Landschaft. 2. Trennen Sie / Trenn(e) den Abfall. 3. Bilden Sie / Bilde Fahrgemeinschaften. 4. Essen Sie / Iss Gemüse aus dem Garten. 5. Kaufen Sie / Kauf(e) Energiesparlampen. 6. Benutzen Sie / Benutz(e) öffentliche Verkehrsmittel. 7. Kaufen Sie / Kauf(e) Mehrwegflaschen. 8. Sparen Sie / Spar(e) Verpackungen.

2 Zum Beispiel:
1. Autos sind teuer und verschmutzen die Luft. Vielleicht wird man / werden die Menschen mehr Fahrgemeinschaften bilden oder öffentliche Verkehrsmittel benutzen. 2. Energie und Wasser werden immer teurer. Vielleicht wird man / werden die Meschen mehr erneuerbare Energie nutzen und mehr Wasser sparen. 3. Es wird immer mehr Müll geben. Vielleicht wird man / werden die Menschen Abfall vermeiden und mehr Mehrwegflaschen kaufen. 4. Man muss die Natur viel mehr schützen. Vielleicht wird man / werden die Menschen keinen Müll mehr in die Landschaft werfen und kein Abwasser mehr in die Flüsse leiten.

3 1. Ich lebe seit zwei Jahren in München. Als ich nach Deutschland kam, war ich über die vielen Mülltonnen sehr erstaunt und dachte: Die Deutschen sind verrückt: ein Container für Papier, einer für Plastik. Glas wird sogar nach Farbe getrennt. Mit der Zeit habe ich mich daran gewöhnt und finde das auch gut.
2. Mein Name ist Anna, ich komme aus Mexiko. Mein Freund ist Deutscher. Wir haben eine Zwei-Zimmer-Wohnung und sparen überall in der Wohnung mit Energiesparlampen Strom. Am Anfang fand ich das komisch und dachte: „typisch deutsch". Jedes Mal, wenn ich das Licht angemacht habe, musste ich

darüber lachen. Aber vor kurzem zeigte mir mein Freund die Stromrechnung. Ich war erstaunt. Das ist richtig viel Geld.

4 Überschrift/Zeitungsausschnitt: a4 – b3 – c0 – d0 – e2 – f0 – g1 – h0 – i0 – j5

5 1e – 2a – 3h – 4i – 5d – 6f – 7b – 8c – 9g

6 2. Eine blaue Papiertonne ist ein Behälter, in dem man Papier sammelt. 3. Eine Müllkippe ist ein Platz, zu dem man Müll bringen darf. 4. Wegwerfwindeln sind Windeln, die man einmal benutzt und dann wegwirft. 5. Zum Sondermüll gehören Abfälle, die gefährliche Giftstoffe enthalten. 6. Kleidercontainer sind große Behälter, in denen man alte Kleidung sammelt.

7 1 ... und dann in eine Auflaufform gegeben. 2. Kartoffeln, Zucchini und Äpfel werden gewaschen, geschält und in dünne Scheiben geschnitten. 3. Alles wird in die Auflaufform geschichtet. 4. Der Backofen wird auf 200° vorgeheizt. 5. Eier und Sahne werden verrührt und mit Salz, Pfeffer und Muskatnuss gewürzt. 6. Das Ganze wird über das Gemüse in die Auflaufform gegossen. 7. Der Auflauf wird 50 Minuten im Backofen gegart. – Guten Appetit!

8a Bei unserern Nachbarn ... 2. ... werden mittwochs die Mülltonnen an die Straße gestellt. 3. ... wird freitags das Auto gewaschen. 4. ... wird freitags ein Großeinkauf gemacht. 5. ... werden samstags immer die Treppen geputzt. 6. ... werden sonntags die Eltern zum Kaffeetrinken eingeladen.

8b Bei unseren Nachbarn ... 1. ... wurde am Montag die Wäsche gewaschen. 2. Am Mittwoch wurden die Mülltonnen auf die Straße gestellt. 3. Am Freitag wurde das Auto gewaschen. 4. Am Freitag wurde ein Großeinkauf gemacht. 5. Am Samstag wurden die Treppen geputzt. 6. Am Sonntag wurden die Eltern zum Kaffeetrinken eingeladen.

9 2. Können Sie mir sagen, ob hier alle Fehler korrigiert wurden? 3. In der Zeitung steht, dass das Schwimmbad im nächsten Jahr geschlossen wird. 4. Ruf doch mal in der „Kamera" an, welcher Film heute gezeigt wird. 5. Gestern fiel der Krimi aus, weil die Fußballweltmeisterschaft live übertragen wurde. 6. Weißt du noch, wann die DDR gegründet wurde? 7. Finden Sie es gut, dass in Restaurants und Kneipen nicht mehr geraucht wird? 8. Ich bin froh, dass in unserem Sprachkurs auch viel gelacht wird. 9. Woher soll ich wissen, wann der Test geschrieben wird? 10. Weißt du, warum Klaus nicht zur Party eingeladen wurde?

10 Vorteile. Beispiel:
– *stattauto*: 1. Eintritt und Kaution bezahlt man nur einmal. 2. Und dann bezahlt man nur die gefahrenen Kilometer und die Zeit. 3. Der Kilometer kostet nur 9 Cent. 4. Man sollte genau überlegen: Wie oft braucht man tatsächlich ein Auto? ... Wenn man selbst nachrechnet, wird man sehen, dass *stattauto* meistens billiger ist als ein eigenes Auto. 5. Und all die zusätzlichen Kosten wie Reparaturen, Steuer und Versicherung: Diese Kosten sind bei *stattauto* alle schon enthalten.
– Firma „Autokauf": 1. Ratenkauf ist oft billiger als Car-Sharing. 2. Es empfiehlt sich in jedem Fall, genau zu rechnen. Bei einem Neupreis von ca. 16 200 Euro, wie zum Beispiel für einen VW Golf ohne Extras, kostet die Rate im Monat nur 271 Euro. 3. Beim Ratenkauf gehört einem das Auto nach fünf Jahren. 4. Die Zinsen werden beim Ratenkauf immer weniger. 5. Wenn man schon ein Auto hat, kann man es in Zahlung geben, was dann wiederum den Kaufpreis reduziert. 6. Auch hat der eigene Wagen zum Beispiel nach fünf Jahren immer noch einen hohen Wiederverkaufswert, wenn man dann ein anderes Auto kaufen möchte. 7. Man hat auch keine Wartezeiten wie etwa beim Car-Sharing, denn mit dem eigenen Auto kann man fahren, wann man will.

11 1. Zimmern – Licht 2. Wohnräume – Schlafzimmer 3. täglich – Fenster 4. geduscht – Ausnahme 5. Einkauf – Energie 6. Geräte – Standby

TESTTRAINING 11

Leseverstehen (Teil 3) 1F – 2X – 3H – 4E – 5A – 6C – 7I – 8L – 9X – 10D

Schriftlicher Ausdruck Beispiel:

4. April 20..

An das Fitness-Paradies

Sehr geehrte Damen und Herren,
Ihr Schnupperwochen-Angebot klingt sehr interessant. Es erinnert mich daran, dass ich eigentlich schon länger etwas für meine Fitness tun wollte. Ich möchte Sie bitten, mir genauere Informationen über Ihr Programm zuzuschicken. Außerdem würde ich gerne wissen, wie teuer Ihre Kurse sind. Und schließlich bitte ich Sie, mir mitzuteilen, wie ich mich – gegebenenfalls auch kurzfristig – für einen Kurs anmelden kann. Vielleicht ergibt sich bei Ihrer Schnupperwoche auch ein persönliches Gespräch.
Mit freundlichen Grüßen
...

Hören (Teil 3) 1f – 2r – 3f – 4r – 5f

Sprachbausteine (Teil 1) 1C – 2A – 3C – 4A – 5B – 6A – 7C – 8A – 9C – 10C

KAPITEL 34

1a 1G – 2F – 3A – 4E – 5B – 6D – 7C – 8H

1b 1 darf – 2 müssen – 3 darfst/musst – 4 darf – 5 müssen/darf – 6 darf/müssen– 7 musst/darfst – 8 dürfen/müssen

2 Dialog 1: (1) kann (2) möchten (3) muss (4) Wollen/Sollen (5) kann (6) muss
Dialog 2: (1) kann (2) Können (3) kann/darf (4) müssen (5) kann (6) muss/will

3 aT – cO – dM/O – fM – hM – iT – qT – rB – sO – tO

4 1e, 2f, 3b, 4g, 5a, 6d, 7c

5 1. (1) was (2) bedeutet (3) Ich (4) es (5) ob (6) nicht (7) dann (8) eine
2. (1) aber (2) mein (3) in (4) ich (5) habe (6) und
3. (1) wie (2) ein bisschen (3) für mich (4) Erinnerung (5) die (6) egal

6 1. Heute habe ich frei, ich brauche nicht arbeiten zu gehen. 2. Tina hat Ferien, sie braucht nicht früh aufzustehen. 3. Du

kannst mit mir fahren, du brauchst nicht zu Fuß zu gehen. 4. Ich gebe dir meine CD, du brauchst sie nicht zu kaufen. 5. Peter ist schon fertig mit der Arbeit, du brauchst ihm nicht zu helfen. 6. Irene weiß schon, dass du morgen nicht kommst. Du brauchst sie nicht extra anzurufen. 7. Es gibt genug Platz im Restaurant, Sie brauchen nicht zu reservieren.

7 1. Sie lassen die Wohnung putzen. 2. Sie lassen die Wäsche bügeln. 3. Sie lassen das Auto waschen. 4. Sie lassen die Kinder in die Schule bringen. 5. Sie lassen den Müll entsorgen. 6. Sie lassen die Einkäufe nach Hause tragen.

8 (1) Tag(e)s (2) Herrn (3) Hauses (4) Menschen (5) Herrn (6) Kollegen (7) Paket(e)s (8) – (9) Zimmers (10) Kollegen (11) Handys (12) Namen (13) Herrn (14) Gesprächs (15) Paket(e)s (16) – (17) Polizisten (18) Zimmers

9 1: Zeile 5–6, 2: Zeile 10–14, 3: Zeile 15–19, 4: Zeile 15–23, 5: Zeile 30–33, 6: Zeile 44–47, 7: Zeile 53–55, 8: Zeile 56–59

10a 1B – 2C – 3A – 4F – 5E – 6D

10b Beispiel:

1. August 20..

Liebe Petra,
ich freue mich, dass du endlich einen Job gefunden hast, auch wenn es „nur" in einer kleinen Stadt ist. Ich glaube, du musst dir aber keine Sorgen machen. Ich habe auch einmal einige Jahre lang in einer kleinen Stadt gelebt – übrigens auch in Bayern! Das war, bevor ich Klaus kennen gelernt habe, mit dem ich dann ja wieder nach Kiel gezogen bin.
Anfangs habe ich als Norddeutsche die Leute dort in Bayern fast gar nicht oder nur schwer verstanden, obwohl ich den Dialekt recht schön fand. Und ich habe schon einige Zeit gebraucht, bis ich private Kontakte gefunden hatte. Aber es ist mir schließlich gelungen. Hab nur Geduld!
Was für ein Job genau ist das eigentlich, den du jetzt bekommen hast? Arbeitest du in einem Kindergarten? Ach, das kannst du mir alles ausführlich erzählen, denn ich will dich bald besuchen! Ende August könnte ich mir einen Freitag freinehmen und hätte dann ein langes Wochenende. Was meinst du, würde es dir da passen?
Mit ganz lieben Grüßen
Viktoria

11 1. Petra ist in eine andere Stadt gezogen, weil sie keine Arbeit hatte. 2. Petra hat gern in Hamburg gelebt. Trotzdem ist sie nach Garmisch umgezogen. 3. Sie versteht die Leute nicht, obwohl sie die gleiche Sprache spricht wie sie. 4. Alle Einheimischen scheinen sich zu kennen. Deshalb fühlt sich Petra fremd. 5. Viktoria lebt gern in Kassel. Darum sucht sie keine Arbeit in einer anderen Stadt. 6. Sie hat dort ihre Freunde. Deswegen will sie in Kassel bleiben. 7. Dieter hat keine besonders gute Arbeit. Trotzdem sucht er keine neue Stelle in andern Städten. 8. Er ist zufrieden, obwohl er wenig Geld verdient.

12 1. Nachdem İsmail Zengin 1965 nach Deutschland gefahren war, arbeitete er in Ravensburg auf dem Bau. 2. Während İsmail in Deutschland arbeitete, blieb seine Frau Aynur Zengin bei ihren Eltern in Bingöl. 3. İsmail lebte in Deutschland, als im Dezember 65 der älteste Sohn, Cengiz, zur Welt kommt. 4. Der Vater sah seinen Sohn zum ersten Mal, als er im Dezember 66 einen Monat Urlaub hatte und zu Besuch nach Bingöl kam. 5. Als Aynur im Sommer 68 ihrem Mann folgte und in einer Fabrik arbeitete, blieb Cengiz bei den Großeltern. 6. Aynur arbeitete in der Fabrik, bis 1972 die Tochter Ayşe geboren wurde. 7. Der älteste Sohn, Cengiz, musste 73 gleich in die Schule, obwohl er fast keine Deutschkenntnisse hatte. 8. Nach dem Urlaub der Familie im Juli 1974 blieb Cengiz bei den Großeltern in Bingöl. 9. Ganz anders als Cengiz hatten Ayşe und Mehmet keine Sprachprobleme, als sie Kindergarten und Schule besuchten. 10. Nachdem Ayşe 2001 in Deutschland geheiratet hatte, kehrten İsmail und Aynur 2002 in die Türkei zurück.

KAPITEL 35

1 1. Frau Anselm geht heute nicht in die Kantine, obwohl sie einen Riesenhunger hat. 2. Rafik lernt Deutsch, weil er in Deutschland eine Ausbildung machen möchte. 3. Meike hat gekündigt, obwohl sie noch keinen neuen Arbeitsplatz hat. 4. Sven hat keinen Ausbildungsplatz bekommen, obwohl er sehr gute Schulnoten hat. 5. Ich brauche dringend Urlaub, weil ich zu viel gearbeitet habe. 6. Ich schaue jeden Samstag in den Anzeigenteil der Tageszeitung, weil ich eine neue Arbeitsstelle suche.

2 1. Frau Anselm hat einen Riesenhunger. Trotzdem geht sie heute nicht in die Kantine. 2. Rafik möchte in Deutschland eine Ausbildung machen. Deshalb lernt er Deutsch. 3. Meike hat noch keinen neuen Arbeitsplatz. Trotzdem hat sie gekündigt. 4. Sven hat sehr gute Schulnoten. Trotzdem hat er keinen Ausbildungsplatz bekommen. 5. Ich habe zu viel gearbeitet. Deshalb brauche ich dringend Urlaub. 6. Ich suche eine neue Arbeitsstelle. Deshalb schaue ich jeden Samstag in den Anzeigenteil der Tageszeitung.

3 Zum Beispiel:
Arbeitsamt, Arbeitgeber/-geberin, Arbeitnehmer/-nehmerin, Arbeitssuche, Arbeitsbüro, Arbeitsvertrag, Arbeitswelt, Arbeitskollege/-kollegin, Arbeitszeit, Arbeitskraft, Arbeitswunsch, Arbeitsplatz, Arbeitsminister/-ministerin – Traumarbeit, Telearbeit, Büroarbeit, Nebenarbeit, Zeitarbeit, Berufsarbeit, Fabrikarbeit, Kurzarbeit – Traumberuf, Traumfabrik – Berufstraum, Berufssuche, Berufswelt, Berufswahl, Berufsausbildung, Berufskollege/-kollegin, Berufsberater/-beraterin, Berufsfeuerwehr – Ausbildungsplatz, Ausbildungswunsch ...

4 1a – 2e – 3d – 4g – 5c – 6f – 7h – 8b

5 1b: Anja trägt jeden Tag eine Latzhose, seit sie eine Ausbildung zur Mechanikerin macht. 2d: Seit sie nur mit Männern zusammenarbeitet, hat sie viel mehr männliche Freunde. 3f: Seit Ingo eine Lehrstelle hat, ist er zufrieden. 4e: Seit ich Deutsch lerne, weiß ich, was ein Dativ ist. 5c: Ich kann meinen Freund viel besser verstehen, seit er über seine Probleme spricht.
6a: Ich schlafe viel besser/schlechter, seit ich ein neues Bett habe.

6 1. Während Hosni nicht gut im Sitzen arbeiten kann, liebt Carmen die Arbeit am Schreibtisch. K 2. Während Rolf Sommer arbeitet, ist seine Tochter im Kindergarten. G 3. Während ich gerne sehr früh aufstehe, ist mein Mann ein Langschläfer. K 4. Hannah mag es nicht, wenn ihre Kollegen sich laut unterhalten, während sie mit wichtigen Kunden telefoniert. G 5. Die Kollegen gehen nach der Arbeit noch einen Kaffee trinken, während Frau Brill ihre Kinder vom Kindergarten abholen muss. K 6. Oleg hat Probleme mit den Nebensätzen, während Rashmi das Thema spannend findet. K

7a Text A: Schaubild „Andere Zeiten"
Text B: Schaubild „Das Arbeitsjahr"

7b A: montags – Freitagnachmittag – ein Viertel – jeder Fünfte – zwölf – zwölf B: 156 – neun – 147 – Feiertage – 209 – Überstunden

8 1. während/seit 2. Bis 3. Seit 4. Nachdem 5. bis 6. nachdem

9 Mögliche Reihenfolge der Punkte, die die E-Mail enthalten soll:
1. dass ich mich für sie freue 2. was ich machen würde
3. Nachteile 4. Vorteile.
Beispiel:

30. Juni 20..
Liebe Andrea,
ich möchte dir sagen, dass ich mich sehr für dich freue. Ich finde das Angebot von deinem Chef toll und an deiner Stelle würde ich es sofort annehmen.
Es ist zwar richtig, dass ein Telearbeitsplatz zu Hause auch seine Nachteile hat. Zum Beispiel kann man leicht von der Arbeit abgelenkt werden: Das Telefon klingelt, das Kind will spielen ... und es besteht die Gefahr, dass man die Arbeit und den Alltag zu Hause nicht richtig voneinander trennen kann.
Andererseits sparst du zum Beispiel viel Zeit, weil dein Arbeitsplatz ja bei dir zu Hause ist. Und du kannst deinen Arbeitstag selbst einteilen, ganz wie du es brauchst. Ich bin sicher, dass du das alles gut hinkriegen würdest!
Liebe Grüße
...

10a hat zuerst Schneiderin gelernt – war dann Verkäuferin in einer Boutique – hat jetzt eine eigene Schneiderei / Ich-AG: Sie macht alles selbst – sie entwirft, kauft Stoffe ein, näht, macht Werbung und verkauft.

10b [1] Ausbildung zur Schneiderin machen [2] als Verkäuferin in einer Boutique arbeiten [3] Boutique Pleite machen, Kündigung erhalten [4] zum Arbeitsamt gehen, nach Starthilfe erkundigen [5] kleinen Laden mieten [6] Laden renovieren [7] Ladeneröffnung

10c Beispiel: Elke Kaminski hatte eigentlich eine Ausbildung zur Schneiderin gemacht. Weil sie aber schnell Geld verdienen wollte, hatte sie den Job als Verkäuferin in einer Boutique angenommen. Anfang 2004 musste die Boutique Insolvenz anmelden und Elke Kaminski wurde arbeitslos. Sie ist sofort zum Arbeitsamt gegangen und hat sich über Ich-AGs informiert, weil sie sich als Schneiderin selbständig machen wollte. Sechs Wochen später konnte sie be-reits mit der Renovierung des Ladens beginnen, den sie durch Zufall rasch gefunden hatte. Jetzt hat sie bereits die ersten Modelle, die sie selbst entworfen hat, verkauft und schaut optimistisch in die Zukunft.

11 1. die Arbeit – das Amt – das Arbeitsamt 2. die Männer – der Beruf – der Männerberuf 3. brutto – das Gehalt – das Bruttogehalt 4. die Arbeit – die Zeit – die Arbeitszeit 5. sozial – die Versicherung – die Sozialversicherung 6. die Telearbeit – der Platz – der Telearbeitsplatz

KAPITEL 36

1 1. Die unregelmäßigen Verben immer mit Infinitiv und 3. Person Singular Präsens/Präteritum und Partizip II lernen. 2. Herr von Ausbeimit und Frau Nachseitzu bleiben mit dem Dativ fit. 3. Komparation: Einsilbige Adjektive haben oft einen Umlaut (a/ä, o/ö, u/ü). 4. Adjektive: Die Adjektivendungen lernt man mit der Zeit. Im Zweifel immer -en verwenden. 5. Adjektive: Nach den bestimmten Artikeln gibt es nur die Endungen -e und -en. 6. Adjektive immer mit ihrem Gegenteil lernen (*schön/hässlich, bekannt/unbekannt*). 7. Lernen Sie das Partizip II immer als Perfektform (*ist gekommen, hat gekauft*). 8. Lernkarten helfen beim Lernen. 9. Nomen immer mit Artikel und Pluralform lernen. Artikel-Bilder helfen. 10. Regelmäßig wiederholen hilft beim Lernen. 11. Sprechen lernt man nur durch Sprechen. 12. Sprechen Sie schwierige Wörter langsam. Sie müssen jeden Laut sprechen. 13. Sprechen üben: Sprechen Sie einzelne Sätze mit verschiedenen Emotionen (*erstaunt, ängstlich, ärgerlich, erfreut ...*). 14. Verben immer mit Kasus lernen (*haben* + A, *gefallen* + D). 15. Verben immer mit Präpositionen lernen (*achten auf* + A, *sich interessieren für* + A ...). 16. Wer aktiv Deutsch hört, liest und fernsieht, lernt schneller (Radio, Zeitungen, Fernsehen). 17. Das beste Mittel gegen Prüfungsangst ist eine gute Vorbereitung.

2 Beispiel: 1 seltsamen 2 grünen 3 kleiner 4 bunten 5 liebes 6 dunklen 7 schönen 8 tiefen 9 böse 10 struppiges 11 langen 12 großes 13 rote 14 kräftiges 15 arme 16 weißes 17 moderne 18 rote 19 schwarzen 20 graue 21 riesigen 22 gefährliches

6 1. das fahrende Auto / ein fahrendes Auto 2. die geschriebene E-Mail / eine geschriebene E-Mail 3. der sprechende Papagei / ein sprechender Papagei 4. die blühende Rose / eine blühende Rose 5. das gestrichene Zimmer / ein gestrichenes Zimmer 6. die geschützte Umwelt / eine geschützte Umwelt 7. der singende Vogel / ein singender Vogel 8. die gut bezahlte Arbeit / eine gut bezahlte Arbeit 9. die lesende Frau / eine lesende Frau 10. das gelesene Buch / ein gelesenes Buch 11. der bügelnde Mann / ein bügelnder Mann 12. das gebügelte Hemd / ein gebügeltes Hemd

7 1. (gelernter) – (studierende) 2. suchenden 3. ausgebildete 4. ausgebildeter – ungelernter 5. Ausbildende 6. geübtem 7. sprechenden 8. gelernte

8 Beispiel:
Ein schweigender Hauptsatz fährt Ski in der Nacht.
Ein fliegender Schneemann hat traurig gelacht.
Die lächelnde Sonne verfasst ein Gedicht.
Die weinenden Wörter verstehen sich nicht.
So leuchte, oh Schöne, in funkelnder Pracht!
Das singende Wasser begrüßt dein Gesicht!
(U. Wetz)

9a a4 – b1 – c2 – d3

9b 7a – 6b – 8c – 10d – 9e – 4f – 5g – 2h – 1i – 3j

TESTTRAINING 12

Leseverstehen (Teil 1)	1f – 2c – 3j – 4g – 5i
Leseverstehen (Teil 2)	1b – 2c – 3c – 4c – 5a
Leseverstehen (Teil 3)	1F – 2X – 3L – 4I – 5A – 6X – 7X – 8H – 9C – 10D
Sprachbausteine (Teil 1)	1c – 2a – 3b – 4c – 5a – 6c – 7a – 8b – 9c – 10a
Sprachbausteine (Teil 2)	1D – 2G – 3N – 4K – 5L – 6I – 7B – 8F – 9A – 10C
Hörverstehen (Teil 1)	1r – 2r – 3f – 4f – 5r
Hörverstehen (Teil 2)	1f – 2r – 3r – 4f – 5r – 6f – 7r – 8f – 9r – 10r
Hörverstehen (Teil 3)	1r – 2f – 3f – 4r – 5r

Schriftlicher Ausdruck Beispiel:

12. September 20..

Lieber Pawel,
ja, leider ist der Urlaub schon wieder vorbei. Die zwei Wochen waren sehr schön und meine Tochter und ich haben uns wirklich gut erholt. Gott sei Dank muss ich noch nicht gleich arbeiten, ich habe noch ein paar Tage frei, während Sabine ab morgen wieder in die Uni muss, sie steuert ja allmählich auf die Zwischenprüfung zu.
Aber du musst ja auch für die Prüfung schuften. Ach, du Armer! Du tust mir ja richtig Leid. Aber in ein paar Tagen hast du's ja hinter dir. Ich bin sicher, dass du die Prüfung gut bestehst, ich sehe ja an deinen Briefen, welch große Fortschritte du gemacht hast und wie gut dein Deutsch schon ist.
Tja, Lerntipps ... Also, ich habe die Erfahrung gemacht, dass es das Wichtigste ist, regelmäßig zu lernen und die Dinge ständig zu wiederholen. Nicht zu lange, aber regelmäßig zu lernen ist viel effektiver, als zum Beispiel die Nächte durchzuarbeiten. Gut finde ich auch, wenn man nicht einfach nur auswendig lernt, denn das bringt nicht viel. Besser scheint es mir, wenn man immer versucht, Zusammenhänge herzustellen, vielleicht auch, sich Geschichten auszudenken. Na ja, einige Sachen muss man schon pauken, zum Beispiel die lästigen Adjektivendungen im Deutschen, wie du weißt. Aber du arbeitest ja mit Lernkarten, da wird das schon klappen.
Ich drücke dir die Daumen. Du wirst sehen: Es wird alles gut!
Herzliche Grüße
...

Alphabetische Wortliste

Diese Informationen finden Sie im Wörterverzeichnis:

In der Liste finden Sie die neuen Wörter aus den Kapiteln 25–36 und den Raststätten 9–12 von *Berliner Platz 3.*

Aus Lesetexten und Kleinanzeigen sind nur die für das *Zertifikat Deutsch* relevanten Wörter aufgenommen. Namen von Personen, Städten und Ländern usw. sind nicht in der Liste.

Bei Verben finden Sie den Infinitiv. Bei den unregelmäßigen Verben finden Sie zusätzlich die 3. Person Singular Präsens, Präteritum und Perfekt. Außerdem werden das *haben*- und das *sein*-Perfekt angezeigt (bei regelmäßigen Verben nur das *sein*-Perfekt).
ạbbrechen, er bricht ạb, brach ạb, hat ạbgebrochen 49/15
jọggen (er *ist* gejọggt) 78/1

Bei Nomen: das Wort, den Artikel, die Pluralform.
Ạbfall, der, ¨-e 98/1

Bei Adjektiven: das Wort, die unregelmäßigen Steigerungsformen.
ạrm, ạ̈rmer, am ạ̈rmsten 94/14

Bei verschiedenen Bedeutungen eines Wortes: das Wort und Beispiele.
führen (1) (*zu Missverständnissen führen*) 57/10
führen (2) (*Der Weg führt über eine Brücke.*) 112/8
führen (3) (*die Geschäftsbücher führen*) 130/12

Den Wortakzent: kurzer Vokal • oder langer Vokal –.
Ẹndspiel, das, -e 42
Energie, die, Energien 26

Wo Sie das Wort finden: Seite/Aufgabennummer.
Frühstück, das, -e 125/2

Fett gedruckte Wörter gehören zum Zertifikats-Wortschatz. Diese Wörter müssen Sie auf jeden Fall lernen.

Eine Liste mit unregelmäßigen Verben von *Berliner Platz* finden Sie ab Seite 267.
Eine Liste der Verben mit Präpositionen finden Sie ab Seite 269.

Abkürzungen und Symbole

¨	Umlaut im Plural (bei Nomen)
*, *	keine Steigerung (bei Adjektiven)
Sg.	nur Singular (bei Nomen)
Pl.	nur Plural (bei Nomen)
(+ *A.*)	Präposition mit Akkusativ
(+ *D.*)	Präposition mit Dativ
(+ *A./D.*)	Präposition mit Akkusativ oder Dativ
(+ *G.*)	Präposition mit Genitiv
Abk.	Abkürzung
ugs.	umgangssprachlich

ạbbauen (*Vorurteile abbauen*) 13/14
ạbbrechen, er bricht ạb, brach ạb, hat ạbgebrochen 49/15
Ạbfall, der, ¨-e 98/1
Ạbfallwirtschaft, die *Sg.* 100/4
Ạbgas, das, -e 107/7
ạbgasarm, ạbgasärmer, am ạbgasärmsten 107/7
ạbgeben, er gibt ạb, gab ạb, hat ạbgegeben 19/8
ạblehnen 91/7
Ạblehnung, die, -en 102/9
ABM, die (= die Ạrbeitsbeschaffungsmaßnahme, *-n*) 125/1
Ạbo, das, -s (= das Abonnement, *-s*) 90/4
abonnieren 90/4
ạbschließen, er schließt ạb, schloss ạb, hat ạbgeschlossen 91/7
Ạbschlussparty, die, -s 144/2
absolut 102/9
Abteilung, die, -en 96/1
Ạbwasser, das, ¨– 98/1
ạbwechselnd 31/10
ạbwesend, *, * 140/13
Adrẹssbuch, das, ¨-er 65/5
AG, die (*hier:* die Ạktiengesellschaft, -en) 125/1
aggressiv 56/9
ähnlich 38/2
Aktion, die, -en 137/5
aktiv 20/9
akzeptieren 40/3
alkoholisch 28/3
allein (= nur) 111/6
ạllerdings 54/3
Allergie, die, -n 70/2
allẹrgisch 64/3
allgemein 58/12
Alliierte, der/die, -n (meist *Pl.*) 44/4
alltäglich 31/10
Ạlm, die, -en 110/4
Alternative, die, -n 104/12
Ạltersheim, das, -e 8/3
Ạltpapier, das *Sg.* 100/4
Alufolie, die, -n 106/1
Ạmpel, die, -n 136/3
analysieren 84/12
Anamnese, die, -n 64/3
ạnders (*anders als in der DDR*) 44/4
ạnfangs 50/1
ạnfassen 94/14
ạngreifen, er greift ạn, griff ạn, hat ạngegriffen 57/10
Ạngriff, der, -e 43/
ạnheben, er hebt ạn, hob ạn, hat ạngehoben 31/10
Ạnlass, der, ¨-e 45/6
Ạnleitung, die, -en 31/11
Ạnliegen, das, – 92/10
ạnmelden 100/5
Ạnreise, die, -n 76/7
Ạnruf, der, -e 11/9
ạnscheinend 57/10
ạnschließend, *, * 20/9
Ạnsicht, die, -en (1) (*Ansichten eines Innenhofs*) 102/8

Ansicht, die, -en (2) (= Meinung) 113/8
ansprechbar 62/1
ansteigen, er steigt an, stieg an, *ist* angestiegen 31/10
anstellen (1) (sich) (*Stell dich nicht so an!*) 54/3
anstellen (2) (*Er ist bei einer Firma angestellt.*) 128/8
anstrengen 137/5
Anstrengung, die, -en 31/10
Antibiotikum, das, Antibiotika 70/2
Anweisung, die, -en 31/11
anwenden, er wendet an, wendete an / wandte an, hat angewendet / hat angewandt 134/1
Anwerbestopp, der, -s 46/8
Arbeitslohn, der, "-e 132/2
arbeitsunfähig 64/3
Arbeitszeitverkürzung, die, -en 125/2
arm, ärmer, am ärmsten 94/14
Armatur, die, -en 106/2
Armee, die, Armeen 42
artgerecht 106/2
Artikel, der, – (3) (= Produkt) 91/7
Arztkosten *Pl.* 65/6
Aspekt, der, -e 108/1
Atomkraftwerk, das, -e 42
auditiv, *, * 136/4
aufbauen 54/3
aufdrehen 148/5
Aufenthalt, der, -e 19/7
auffallen, er fällt auf, fiel auf, *ist* aufgefallen 11/10
auffällig 41/3
aufgeben, er gibt auf, gab auf, hat aufgegeben 126/4
aufgeregt 56/9
aufhalten (sich), er hält sich auf, hielt sich auf, hat sich aufgehalten 19/7
aufhängen 47/13
aufmerksam 137/5
Aufnahme, die *hier Sg.* (*Raum im Krankenhaus*) 63/2
Aufnahmegespräch, das, -e 64/3
aufnehmen, er nimmt auf, nahm auf, hat aufgenommen 86/3
aufpassen 129/9
Aufpreis, der, -e 18/5
Aufregung, die, -en 68/11
Auftakt, der, -e 92/10
aufwändig 100/4
aufwärts 44/4
Aufzug, der, "-e 18/4
Augenblick, der, -e 18/6
ausarbeiten 13/13
Ausdauer, die *Sg.* 142/1
ausdrücklich 19/7
Ausgabe, die, -n 16/2
ausgebucht 18/5
ausgehen (2) (+ von + etwas bzw. + *D.*), er geht aus, ging aus, *ist* ausgegangen 19/7
aushandeln 65/6
ausleihen, er leiht aus, lieh aus, hat ausgeliehen 124
auslernen 134
ausprobieren 142/1
ausräumen 103/9
ausreichen 12/11
Ausruf, der, -e 56/8
ausschlafen, er schläft aus, schlief aus, hat ausgeschlafen 117/6
ausschließen, er schließt aus, schloss aus, hat ausgeschlossen 91/7
Aussehen, das *Sg.* 11/10
außer (+ *D.*) 91/7
außerdem 19/7
äußern 24/1
aussprechen, er spricht aus, sprach aus, hat ausgesprochen 46/8
Austausch, der *Sg.* 91/7
auswärts 76/6
Autobahn, die, -en 104/12
Auto-Fernfahrt, die, -en 43
automatisch 91/7
Autorennen, das, – 80/4
Babyabteilung, die, -en 68/11
Babysitter/-sitterin, der/die, –/-nen 8/3
backen, er bäckt/backt, backte, hat gebacken 13/13
Bademantel, der, "– 64/4
Bank, die, "-e (= Sitzbank) 84/12
Bar, die, -s 16/1
Bär, der, -en 27/2
Bardame/Barkeeper, die/der, -n/– 16/1
Basketball (ohne Artikel) *Sg.* 78/1
Basketballturnier, das, -e 80/4
Batterie, die, Batterien 100/4
Baufirma, die, -firmen 46/10
Baumpatenschaft, die, -en 102/8
Baumprojekt, das, -e 102/8
Baustelle, die, -n 136/3
beachten 13/12
Beamte/Beamtin, der/die, -n/-nen 104/12
Bedauern, das *Sg.* 148/4
bedenken, er bedenkt, bedachte, hat bedacht 132/1
bedienen 16/2
beenden 93/12
befahrbar 20/9
befinden (sich), er befindet sich, befand sich, hat sich befunden 40/3
befragen 58/12
befreundet 38/2
Befund, der, -e 64/4
begegnen (+ *D.*)(er *ist* jemandem begegnet) 8/3
Begriff, der, -e 13/12
behalten, er behält, behielt, hat behalten 90/5
behandeln 106/2
Behinderte, der/die, -n 80/4
beibehalten, er behält bei, behielt bei, hat beibehalten 145/2
bekanntlich 129/10
beliebt 13/12
Belohnung, die, -en 134/1
bemerken 90/4
Bemühung, die, -en 96/1
benötigen 64/4
beraten, er berät, beriet, hat beraten 91/7
Beratung, die, -en 89/2
Beratungsstelle, die, -n 93/13
Bereich, der, -e 33/13
bereit 57/10
bereiten 138/8
Bergbauer/-bäuerin, der/die,-n/-nen 110/5
bergsteigen (nur Infinitiv und Partizip II) (er *ist* berggestiegen) 78/1
Bericht, der, -e 70/2
berücksichtigen 108/1
beruflich, *, * 53/2
beruhigen 149/5
Beruhigungsmittel, das, – 68/11
berühren 136/3
Beschäftigte, der/die, -n 125/1
Bescheinigung, die, -en 70/2
beschließen, er beschließt, beschloss, hat beschlossen 145/2
Beschwerdebrief, der, -e 19/7
beschweren (sich) 17/3
besichtigen 147/3
Bestandteil, der, -e 106/2
bestätigen 58/12
Besteck, das, -e 144/2
bestehen (3) (+ auf + *D.*), er besteht, bestand, hat bestanden 148/5
bestrafen 132/2
Besuchszeit, die, -en 64/4
betragen, sie beträgt, betrug, hat betragen 91/8
betreten, er betritt, betrat, hat betreten 105/12
betroffen 70/3
Betrunkene, der/die, -n 27/2
beurteilen 108/1
Bevölkerung, die, -en 9/4
bewegen 29/5
Bewegung, die, -en (*hier:* eine Initiative) 94/14
Bewerbungsbrief, der, -e 23/18
Bewohner/Bewohnerin, der/die, –/-nen 77/6
bewusst 31/10
bezaubernd 20/9
bezweifeln 122/2
bieten, er bietet, bot, hat geboten 8/3
Bildschirm, der, -e 45/6
binden, er bindet, band, hat gebunden 56/8
Bioabfall, der, "-e 100/4
Biosiegel, das, – 106/2
bisher 144/1
Blinddarm, der, "-e 70/2
blöd 80/4
Blumenwiese, die, -n 52/1
Blutdruck, der *Sg.* 70/1
Boot, das, -e 75/3
böse 120/11
boßeln 38/2
Botschaft, die, -en 57/10

boxen 78/1
Breite, die, -n 20/9
Briefmarke, die, -n 65/5
Briefpapier, das *Sg.* 65/5
Briefteil, der, -e 19/7
Briefumschlag, der, ¨-e 106/1
Brücke, die, -n 74/2
Bub, der, -en 140/13
Buchhandlung, die, -en 131/12
Bundesbürger/-bürgerin, der/die, –/-nen 58/12
Bundesgrenzschutz, der *Sg.* 70/3
Bürgerinitiative, die, -n 102/8
Bürokratie, die, Bürokratien (meist *Sg.*) 47/13
bzw. (= *beziehungsweise*) 92/10
charmant 58/12
checken
Checkliste, die, -n 65/5
Chefarzt/-ärztin, der/die, -e/-nen 63/2
chemisch, *, * 100/4
CO_2, das *Sg.* (= das Kohlendioxid *Sg.*) 98/1
Comicfigur, die, -en 145/2
cool 41/3
dadurch 102/8
dafür 57/10
dagegen 66/7
dahin 43
Damenabteilung, die, -en 90/4
darauf 40/3
darauf ankommen (+ es [evtl. + auf + *A.*]), es kommt darauf an, kam darauf an, *ist* darauf angekommen 69/13
darstellen 145/2
Darstellung, die, -en 8/3
darüber (1) (*darüber berichten*) 57/10
darüber (2) (*darüber hinaus*) 80/4
darunter 125/1
dauernd 70/1
davor 80/4
dazugehören 100/4
dazukommen, er kommt dazu, kam dazu, *ist* dazugekommen 18/4
Decke, die, -n 68/12
decken (sich + mit + *D.*) 58/12
dennoch 132/2
Derby, das, -s 85/13
derzeit 125/1
Detail, das, -s 91/8
Detektiv/Detektivin, der/die, -e/-nen 147/3
deutlich 31/10
Diät, die, -en 63/2
Dienstleistung, die, -en 131/15
Direktion, die, -en 19/7
Diskette, die, -n 106/1
Diskussion, die, -en 108/1
distanziert 108/1
Disziplin, die, *hier Sg.* 80/4
doppelt, *, * 28/3
Doppelzimmer, das, – 17/3
dramatisch 42
Dreibettzimmer, das, – 65/6
Drink, der, -s 16/2
Drittel, das, – 58/12
Dritte-Welt-Land, das, ¨-er 100/4
drüben 18/4
drücken 31/10
durchatmen 20/9
durchführen 102/8
durchschnittlich 129/10
ebenso 57/10
egoistisch 58/12
Ehe, die, -n 56/8
ehemalig, *, * 11/9
Ehepaar, das, -e 57/11
eher 28/3
ehrlich 58/12
Eierschale, die, -n 106/1
Eigenschaft, die, -en 58/12
eilig 6
Eindruck, der, ¨-e 48/14
einfallen (etwas + D), ihm fällt ein, fiel ein, *ist* eingefallen 43/1
einhalten, er hält ein, hielt ein, hat eingehalten 65/6
Einhaltung, die *Sg.* 47/12
einkalkulieren 54/3
Einkaufstasche, die, -n 98/1
Einkommen, das, – 125/1
Einlösedatum, das, -daten 91/8
Einnahme, die, -n 16/2
einräumen 103/9
einsam 56/8
Einschreiben, das, – 91/7
einsetzen 126/4
Eintrag, der, ¨-e 26/
einverstanden sein, er ist einverstanden, war einverstanden, *ist* einverstanden gewesen 102/9
Einwegflasche, die, -n 106/1
Einwegglas, das, ¨-er 106/1
Einweisung, die, -en 64/4
einzeichnen 81/5
Einzelhandelskaufmann/-frau, der/die, -leute 49/15
Einzelkind, das, -er 55/7
Einzelzimmer, das, – 65/6
einziehen, er zieht ein, zog ein, *ist* eingezogen 43
einzig, *, * 74/2
Eis laufen, er läuft Eis, lief Eis, *ist* Eis gelaufen 78/1
Eisbär, der, -en 141/14
eitel 58/12
elektrisch, *, * 98/1
Element, das, -e 116/4
Elf, die, -en (meist *Sg.*) 42
Ellbogen, der, – 31/10
Endspiel, das, -e 42
Energie, die, Energien 26
energiesparend 106/2
Energiesparlampe, die, -n 98/1
Engagement, das, -s 13/14
Engel, der, – 106/2
Enkelkind, das, -er 8/3
Entbindungsstation, die, -en 63/2
entfernen 144/2
entfernt 105/13
entgegennehmen, er nimmt entgegen, nahm entgegen, hat entgegengenommen 93/12
enthalten, er enthält, enthielt, hat enthalten 27
entschließen (sich), er entschließt sich, entschloss sich, hat sich entschlossen 29/4
entsorgen 100/4
Entsorgung, die *Sg.* 100/4
entspannen 20/9
entsprechen, er entspricht, entsprach, hat entsprochen 19/7
entstehen, er entsteht, entstand, *ist* entstanden 42
Entstehung, die *Sg.* 47/12
enttäuschen 52/1
entweder ... oder 54/3
entwickeln 13/14
Entwicklung, die, -en 100/4
ereignen (sich) 146/3
erfahren, er erfährt, erfuhr, hat erfahren 77/6
Erfahrungsbericht, der, -e 138/9
erfolgreich 40/3
erhalten, er erhält, erhielt, hat erhalten 74/2
erholen (sich) 65/6
Erholung, die *Sg.* 104/12
erinnern (+ an + *A.*) 40/3
Erkrankung, die, -en 70/3
erkundigen (sich) 14/2
Erleben, das *Sg.* 12/11
erleben 26/1
Erlebnis, das, -se 114/
erledigen 31/10
ermitteln 125/1
Ernährung, die *Sg.* 26
Ernährungsberater/-in, der/die, –/-nen 27
Ernährungspyramide, die, -n 28/3
erneuerbar 98/1
ernst 13/12
ernsthaft 41/3
Ernte, die, -n 104/12
ernten 98/1
erraten, er errät, erriet, hat erraten 145/2
Ersatzlieferung, die, -en 91/7
ersetzen 90/5
erstatten 19/7
Erstaunen, das *Sg.* 148/4
erteilen 14/2
erwachsen 28/3
erwarten 19/8
erziehen, er erzieht, erzog, hat erzogen 42
Erziehung, die *Sg.* 69 /13
emissionsarm, emissionsärmer, am emissionsärmsten 106/2
Etage, die, -n 62/1
Etikett, das, -en 32/12
Euroland, das, ¨-er 47/12
eventuell 131/12
ewig 126/4
Examen, das, – 46/10
Exemplar, das, -e 90/4
Existenz, die, -en 116/4

Existenzgründungszuschuss, der, ¨-e 125/1
experimentieren 140/13
Fachminister/-ministerin, der/die, –/-nen 47/12
Fachsprache, die, -n 33/13
Fahne, die, -n 43/
Fahrgemeinschaft, die, -en 98/1
Fahrtkosten *Pl.* 129/9
Familienalltag, der, -e 8/3
Familienstand, der *Sg.* 56/8
Fan, der, -s 84/12
farbig 137/5
fassen (1) (*etwas ins Auge fassen*) 13/12
fassen (2) (*Fuß fassen*) 90/4
fassen (3) (= *begreifen*) 118/8
Fast Food, das *Sg.* 27
favorisieren 42
Faxpapier, das *Sg.* 106/1
fern 125/1
Fernbedienung, die, -en 45/6
Fernbild, das, -er 58/12
Fernreise, die,-n 43
fertig machen
festhalten, er hält fest, hielt fest, hat festgehalten 92/10
festigen 13/14
festlegen 16/2
Festplatte, die, -n 92/11
feststellen 15/5
Fett, das, -e 27
fett 28/3
Feuer, das, – 70/3
figurativ (*Abk.* fig.) 33/13
Filtertüte, die, -n 106/1
Finale, das, – 42
finanzieren 82/8
Firmenname, der, -n 92/10
Fleiß, der *Sg.* 135/
Flexibilität, die *Sg.* 129/9
fließen, er fließt, floss, *ist* geflossen 74/2
Fluss, der, ¨-e 21/14
Flüssigkeit, die, -en 28/3
Föhn, der, -e (meist *Sg.*) 65/5
folgen (er *ist* gefolgt) 42
folgend 32/12
Formel 1, die *Sg.* 80/4
fortbilden 50/1
Frauensache, die, -n 69/13
frech 41/3
Freibad, das, ¨-er 20/9
freihaben, er hat frei, hatte frei, hat freigehabt 129/10
freihalten, er hält frei, hielt frei, hat freigehalten 31/10
Fremdarbeiter/Fremdarbeiterin, der/die, –/-nen 46/8
fressen, er frisst, fraß, hat gefressen 141/14
Freude, die, -n 88/1
Freundlichkeit, die, -en 92/11
Freundschaft, die, -en 82/8
Frucht, die, ¨-e 32/12
Fruchtsaft, der, ¨-e 28/3
fühlen 26
führen (1) (*zu Missverständnissen führen*) 57/10
führen (2) (*Der Weg führt über eine Brücke.*) 112/8
führen (3) (*die Geschäftsbücher führen*) 130/12
füllen (*Tüten und Kannen füllen*) 100/4
Funktion, die, -en 104/12
fürchten 118/8
füreinander 8/3
Fußballclub, der, -s 82/8
Fußballweltmeisterschaft, die, -en 42
Futter, das *Sg.* 144/1
Gang, die, -s (einheimische Gangs) 118/8
Garantie, die, Garantien 91/9
garantieren 20/9
Garantiezeit, die, -en 91/8
Gastarbeiter/Gastarbeiterin, der/die, –/-nen 42
Gaststätte, die, -n 74/2
Gebäude, das, – 74/2
geboren, *, * 68/12
Geborgenheit, die *Sg.* 116/4
Geburt, die, -en 66/7
Gedanke, der, -n 48/14
Geduld, die *Sg.* 13/12
Gefahr, die, -en 76/7
gefährlich 42
Gefängnis, das, -se 90/4
Geflügel, das *Sg.* 28/3
gegen (+ *A.*) 42
Gegend, die, -en 49/16
gegeneinander 145/2
Gegenmannschaft, die, -en 145/2
gegenseitig, *, * 23/18
gegenüberliegend, *, * 31/10
Gehalt, das, ¨-er 23/16
geheim 144/2
Geheimnis, das, -se 30/9
gehen, er geht, ging, *ist* gegangen 45/6
geistig 13/14
Gelegenheit, die, -en 8/3
Gemeinschaftsarbeit, die, -en 105/13
Gemüseauflauf, der, ¨-e 148/5
Generation, die, -en 8/3
generell 58/12
genießerisch 41/3
gentechnisch, *, * 106/2
gerade (*Das schaffen gerade 10%.*) 77/6
geraten, er gerät, geriet, *ist* geraten 46/8
Geräusch, das, -e 16/1
geregelt 66/7
Gericht, das, -e (*Justiz*) 44/4
Gerichtshof, der, ¨-e 47/12
Geruch, der, ¨-e 116/4
Geschäft, das, -e (= *der Laden,* ¨–) 90/4
Geschäftsidee, die, -n 125/1
geschehen, es geschieht, geschah, *ist* geschehen 19/8
Geschirrspüler, der, – 103/9
Geschlecht, das, -er 56/8
Geschwindigkeitsbegrenzung, die, -en 54/3
gesetzlich, *, * 132/2
gesondert, *, * 100/4
Gesprächsphase, die, -n 92/10
Gesprächsverlauf, der, ¨-e 92/10
gestalten 102/8
Gestik, die *Sg.* 140/13
gesundheitlich, *, * 27
Getränkedose, die, -n 106/1
Getränkekarton, der, -s 106/1
Getreideprodukt, das, -e 28/3
getrennt, *, * 8/3
Gewerkschaftsbund, der, ¨-e 124
Gewohnheit, die, -en 30/8
gewohnt, *, * 26
Gift, das, -e 28/3
Giftstoff, der, -e 100/4
Gitarre, die, -n 139/11
Gletscher, der, – 110/4
Gliederung, die, -en 138/9
Glühbirne, die, -n 106/1
Glühwein, der *Sg.* 20/9
Golf (ohne Artikel) *Sg.* (Sportart) 78/1
Gras, das, ¨-er 70/2
Grenze, die, -n 74/2
Grenzübergang, der, ¨-e 42
grinsen 145/2
Großstadt, die, ¨-e 104/12
Grund, der, ¨-e 11/9
Gründer/Gründerin, der/die, –/-nen 125/1
Grundregel, die, -n 92/10
grundsätzlich 91/7
Grundstück, das, -e 105/13
Gründungsphase, die, -n 132/2
günstig 89/2
Gutschein, der, -e 91/8
Gymnastik, die *Sg.* 78/1
Halbschlaf, der *Sg.* 144/1
haltbar 33/13
Haltbarkeit, die, -en 33/13
halten (1), er hält, hielt, hat gehalten (*Wie lange hält der Joghurt?*) 32/12
halten (2) (+ für + *A.*), er hält, hielt, hat gehalten 58/12
halten (3) (sich + an + *A.*), er hält, hielt, hat gehalten (*sich an die Regeln halten*) 67/10
Handball (ohne Artikel) *Sg.* 78/1
Händler/Händlerin, der/die, –/-nen 91/7
Handlung, die, -en 86/3
Handtuch, das, ¨-er 65/5
Handwerker/Handwerkerin, der/die, –/-nen 104/12
Harmonisierung, die, -en 47/12
hart, härter, am härtesten 66/7
hassen 80/4
Hauptsache, die, -n (meist *Sg.*) 48/14
Haushalt, der, -e (hier: *Staatshaushalt*) 47/12
Haushaltskasse, die, -n 89/3
Hausmüll, der *Sg.* 100/4
Hausrat, der *Sg.* 100/4
Haut, die, ¨-e 120/12
Hebamme, die, -n 63/2
heben, er hebt, hob, hat gehoben 31/10
Heimarbeit, die *Sg.* 132/2
hektisch 68/11

hellwach 144/1
Helm, der, -e 79/3
Henker, der, – 54/3
herausfinden, er findet heraus, fand heraus, hat herausgefunden 145/2
herauskommen, er kommt heraus, kam heraus, *ist* herausgekommen 124
herrschen 44/3
herstellen (*Kontakte herstellen*) 8/3
herumgehen, er geht herum, ging herum, ist herumgegangen 145/2
hervorgehen, er geht hervor, ging hervor, *ist* hervorgegangen 42/
Herzinfarkt, der, -e 54/3
Herzklopfen, das *Sg.* 70/1
Herzproblem, das, -e 31/10
Herztod, der, -e 31/10
hierher 80/4
Hilfspaket, das, -e 125/1
Himmeldonnerwetter! 56/8
hinbringen, er bringt hin, brachte hin, hat hingebracht 100/5
hindurchgehen, er geht hindurch, ging hindurch, *ist* hindurchgegangen 145/2
hinschauen 58/12
Hintergrund, der, "-e 7/2
Hinweis, der, -e 32/12
hinweisen (+ auf + *A.*), er weist hin, wies hin, hat hingewiesen 91/7
hinzufügen 106/2
hissen 43
Hochhaus, das, "-er 144/1
Hockey (ohne Artikel) *Sg.* 78/1
Hoffnung, die, -en 47/13
Holzkugel, die, -n 38/2
Horizont, der, -e 110/5
Hotelkauffrau/-mann, die/der, -leute 16/1
Humor, der *Sg.* 54/3
humorvoll 41/3
hungern 105/12
hungrig 27/2
Idol, das, -e 85/14
illegal 132/2
illustrieren 116/5
Impfpass, der, "-e 64/4
importieren 38/2
Informationsbroschüre, die, -n 21/15
Informationsgespräch, das, -e 11/9
Inhalt, der, -e 12/11
Initiative, die, -n 132/2
Inland, das *Sg.* 77/6
Inliner, der, – 79/2
Inlineskates *Pl.* 80/4
Innenhof, der, "-e 102/8
innerhalb (+ *G.*) 76/6
insbesondere 91/7
Insel, die, -n 21/14
inserieren 100/5
insgesamt 49/15
installieren 117/6
Institution, die, -en 47/12
inszenieren 140/13
Integration, die *Sg.* 46/8

intelligent 41/3
inzwischen 77/6
irgendwer 91/7
isoliert 129/9
jährlich, *, * 111/6
Jahrzehnt, das, -e 9/4
jedenfalls 68/12
jedoch 120/11
jetzig, *, * 127/5
jeweils 47/12
joggen (er *ist* gejoggt) 78/1
Jogginganzug, der, "-e 65/5
Joghurt, der *Sg.* 28/3
Joghurtbecher, der, – 106/1
Jude/Jüdin, der/die, -n/-nen 43
Judo (ohne Artikel) *Sg.* 78/1
Jugend, die *Sg.* 12/11
Junggeselle, der, -n 128/8
Jury, die, -s 108/1
Kaffeesatz, der *Sg.* 106/1
Kalorie, die, Kalorien (meist *Pl.*) 27
Kampf, der, "-e 125/2
Kanne, die, -n 100/4
Karate (ohne Artikel) *Sg.* 78/1
Karriere, die, -n 46/10
Kartoffelschale, die, -n 106/1
Karton, der, -s (Verpackung) 106/1
Kassenbon, der, -s 90/7
Katze, die, -n 144/1
kauen 54/3
Kauf, der, "-e 91/7
Kaufdatum, -daten 93/12
käuflich 88/1
Kaugummi, der, -s 54/4
kaum 74/2
Kenntnis, die, -se 8/3
Kerzenrest, der, -e 106/1
Kette, die, -n 111/7
Killerphrase, die, -n 57/10
Kinderbetreuung, die *Sg.* 8/3
Kinderbüro, das, -s 8/3
Kindererziehung, die *Sg.* 69/13
Kindergarten, der, "– 8/3
Kinderladen, der, "– 42
Kindheit, die *Sg.* 105/12
Klarheit, die *Sg.* 108/1
Klebezettel, der, – 145/2
Kleidercontainer, der, – 100/4
Kleingarten, der, "– 104/12
klettern (*er ist geklettert*) 78/1
Kluge, der/die, -n 134/
knapp 58/12
Kochbuch, das, "-er 30/9
kognitiv, *, * 136/4
Kohl, der *Sg.* 38/2
Kohlendioxid, das *Sg.* (*Abk.* CO_2) 98/1
Kollegenkreis, der, -e 58/12
Kommission, die, -en 47/12
Kommunist/Kommunistin, der/die, -en/-nen 43
komplett 145/2
Komposteimer, der, – 101/6
kompostierbar 100/4

Konflikt, der, -e 46/8
konkret 23/18
Konservierungsmittel, das, – 33/13
Konsum, der *Sg.* 88/
Koordinator/Koordinatorin, der/die, Koordinatoren/-nen 82/8
Kopfhörer, der, – 65/5
Korb, der, "-e (hier: *Basketballkorb*) 79/2
köstlich 20/9
Kraft, die, "-e 20/9
Krankenhausaufenthalt, der, -e 64/3
Krankenpfleger/-pflegerin, der/die, –/-nen 119/9
Kredit, der, -e 86/3
Kreislauf, der, "-e 70/1
Kribbeln, das *Sg.* 52/1
kriegen 49/15
Krise, die, -n 46/8
Kriterium, das, Kriterien 108/1
Küchenabfall, der, "-e 106/1
Küchenhilfe, die, -n 16/1
Kugel, die, -n 38/2
kühl 32/12
Kulturtasche, die, -n 64/4
Kundenname, der, -n 93/12
Kundenrecht, das, -e 90/5
Kündigung, die, -en 90/4
Kundschaft, die *Sg.* 18/6
Kunst, die, "-e 12/11
Kunstdünger, der, – 106/2
Kunststoff, der, -e 100/4
Kurhaus, das, "-er 38/2
Kursgebühr, die, -en 14/2
kursiv 33/13
Kurzarbeiter/Kurzarbeiterin, der/die, –/-nen 132/2
Lack, der,-e 100/4
lagern 32/12
landen (er *ist* gelandet) 39/2
Landkommune, die, -n 42/
Landschaft, die, -en 20/9
Länge, die, -n 20/9
langlaufen (nur Infinitiv und Partizip II) (er *ist* langgelaufen) 78/1
langweilig 26
Lauf, der *Sg.* (*im Lauf[e] der Zeit*) 42
laufen, er läuft, lief, *ist* gelaufen 45/6
Laune, die, -n 146/3
laut (*laut Statistik*) 111/6
lauwarm 149/5
Lebenschance, die, -n 49/15
Lebensdauer, die *Sg.* 106/2
Lebensgefühl, das *Sg.* 28/3
Lebensgeschichte, die, -n 44/5
Lebensgewohnheit, die, -en 30/8
lecker 20/9
lediglich 45/6
leeren 101/6
lehren 142/2
Lehrling, der, -e 130/12
Leib, der, -er 26/
leiblich, *, * 20/9
leiden, er leidet, litt, hat gelitten 121/13

Leiharbeit, die *Sg.* 132/2
Leiharbeiter/-arbeiterin, der/die, –/-nen 124/
Leihoma/-opa, die/der, -s 9/6
leise 56/9
leisten 105/13
Leistung, die, -en 80/4
Leistungssport, der *Sg.* 80/4
leiten 98/1
letztens 90/4
lichtgeschützt 33/13
liebenswürdig 54/4
Liebenswürdigkeit, die, -en 54/3
Lift, der, -e 34/3
Lippenstift, der, -e 144/1
locken 75/4
locker 54/3
lustig 29/5
Macke, die, -n 54/3
Magen, der, "– 27
mähen 105/13
Make-up, das, -s 65/5
mangelhaft 91/7
mangeln 104/12
männlich 126/4
Mannschaft, die, -en 38/2
Märchen, das, – 75/3
Maß, das, -e 137/5
massieren 117/6
massiv 149/5
maximal, *, * 14/2
Mechanik, die *Sg.* 126/4
Medikamentenliste, die, -n 65/5
Meer, das, -e 21/15
mehrfach, *, * 23/18
Mehrwegflasche, die, -n 98/1
meinetwegen 140/13
Meister/Meisterin, der/die, –/-nen 50/1
Meisterbrief, der, -e 50/1
Meldung, die, -en 70/3
Menge, die, -n 74/2
menschlich 121/13
merken 7/2
Metall, das, -e 106/1
mieten 105/13
Milchtüte, die, -n 101/6
mild 30/9
Mimik, die *Sg.* 140/13
Mindesthaltbarkeitsdatum, das, -daten 33/13
Minijob, der, -s 132/2
Ministerrat, der, "-e 47/12
Mischung, die, -en 84/12
missfallen, er missfällt, missfiel, hat missfallen 15/6
Missverständnis, das, -se 14/2
mitfahren, er fährt mit, fuhr mit, *ist* mitgefahren 38/2
Mitfahrgelegenheit, die, -en 38/2
Mitgliedsstaat, der, -en 47/12
mitrechnen 129/10
mitteilen 124
Mittel, das, – 125/2
Mittelgebirge, das, – 21/15
mixen 16/2
Möbel, das, – (meist *Pl.*) 106/2
monatlich, *, * 125/1
Moped, das, -s 43
motivieren 125/1
Motor, der, Motoren 118/8
motorisch 136/4
Mountainbike, das, -s
Mühe, die, -n (meist *Sg.*) 142/1
mühsam 142/1
Müll, der *Sg.* 98/1
Müllkippe, die, -n 100/4
Mülltonne, die, -n 100/4
Muster, das, – 81/6
Mut, der *Sg.* 48/14
Nachbarschaft, die, -en 58/12
nachdenken, er denkt nach, dachte nach, hat nachgedacht 137/5
nachfragen
Nachkriegszeit, die, -en (meist *Sg.*) 44/4
nachlaufen, er läuft nach, lief nach, *ist* nachgelaufen 117/6
Nachspeise, die, -n 27
nachspielen 18/6
nächst 121/13
Nachthemd, das, -en 65/5
Nagel, der, "– 56/8
Nahbild, das, -er 58/12
Nahrungsmittel, das, – (meist *Pl.*) 28/3
nämlich 77/6
natürlich (*Er ist sehr natürlich.*) 59/14
Nazi, der, -s (*Abk. für* der Nationalsozialist, -en) 43
nebenbei 12/11
nebensächlich 88/1
nerven 55/6
nervig 54/3
nervös 52/1
Netz, das, -e (*z.B. Tischtennisnetz*) 79/2
nicht nur ..., sondern auch 55/5
nimmermehr 135
normalerweise 64/4
Notarzt/Notärztin, der/die, -e/-nen 70/3
Notaufnahme, die *Sg.* (*im Krankenhaus*) 62/1
Notruf, der, -e 70/3
notwendig 138/8
Nuss, die, "-e 28/3
nützlich 88/1
Ober, der, – 146/3
Oberkörper, der, – 31/10
Oberschenkel, der, – 31/10
Ofen, der, "– 101/7
offen 41/3
offenbar 58/12
ohnmächtig 68/11
Ohropax®, das *Sg.* 65/5
Ökobewegung, die, -en 42
Ökohaus, das, "-er 46/10
Olivenöl, das, -e 28/3
Operation, die, -en 64/3
operieren 64/3
optimistisch 41/3
organisch 100/4
Originalverpackung, die, -en 93/12
originell 41/3
Ort, der, -e 49/16
Ost (kein Artikel) *Sg.* 42
Paar, das, -e (hier: *das Ehepaar, -e*) 57/11
packen 45/6
Pädagogik, die *Sg.* 142/2
Paket, das, -e 122/2
Panne, die, -n 43
Papiercontainer, der, – 101/7
Papiertonne, die, -n 100/4
Pappe, die, -n (meist *Sg.*) 106/1
parlamentarisch 44/4
Pass, der (2), "-e (= Gebirgspass) 112/8
passieren (*die Grenze passieren*) 45/6
per (+ *A.*) (*per Einschreiben*) 91/7
Personalausweis, der, -e 45/6
Personalchef/-chefin, der/die, -s/-nen 91/9
Personalleiter/-leiterin, der/die, –/-nen 11/9
personenorientiert 136/4
Perspektive, die, -n 124/
Pestizid, das, -e 106/2
Pfand, das *Sg.* 32/12
Pfeil, der, -e 33/13
Pferd, das, -e 79/2
Pferdeschlitten, der, – 20/9
pflanzen 98/1
Pflaster, das, – (= *Wundpflaster*) 106/1
Pflicht, die, -en 90/4
Physik, die *Sg.* 127/4
Piktogramm, das, -e 78/1
Pinguin, der, -e 141/14
Pinkel, die, -n 38/2
plagen 56/8
Plan, der, "-e 56/8
planen 13/12
Plastiktüte, die, -n 98/1
Plätzchen, das, – 13/13
plötzlich, *, * 144/1
Po, der, -s 31/10
Polizist/Polizistin, der/die, -en/-nen 117/6
positiv 54/3
Praxis, die *Sg.* (*In der Praxis tritt ein Lerntyp selten pur auf.*) 137/5
preiswert 104/12
Presse, die *Sg.* (*Gesamtheit der Zeitungen, Zeitschriften usw.*) 44/4
Prinz/Prinzessin, der/die, -en/-nen 88/1
Privatleben, das *Sg.* 49/15
pro (+ *A.*) 76/6
Probezeit, die, -en 128/8
Produkt, das, -e 90/5
Produktion, die, -en 35/6
produzieren 100/4
protestieren 43
PS (= *die Pferdestärke, -n*) 20/9
Psychologe/Psychologin, der/die, -n/-nen 57/10
quälen 56/8
Qualifikation, die, -en 9/6
Quark, der *Sg.* 28/3
quasi 124
quer 117/6
Rad fahren, er fährt Rad, fuhr Rad, *ist* Rad gefahren 78/1

Radhose, die, -n 79/3
Rasen, der, – 105/13
raten (= *erraten*) 30/8
Ratgeber, der, – (*ein Buch mit Ratschlägen zu einem bestimmten Thema*)
räumlich 114
Reaktion, die, -en 18/5
Rechnungsdatum, das, -daten 93/12
Rechnungsnummer, die, -n (*Abk.* Rechnungs-Nr.) 93/12
recht 115/2
Rechtssystem, das, -e 47/12
rechtzeitig 46/8
recycelbar 100/4
recyceln (er recycelt, recycelte, hat recycelt) 107/7
Recycling, das *Sg.* 100/4
recyclinggerecht 106/2
Recyclinghof, der, "-e 100/5
Rede, die, -n 74/2
Redner/Rednerin, der/die, – / -nen 135
reduzieren 91/7
reich 47/13
reinigen 19/8
Reiseangebot, das, -e 20/9
Reisefreiheit, die *Sg.* 47/13
Reisekatalog, der, -e 20/9
Reiseland, das, "-er 21/14
Reiselust, die *Sg.* 76
reiten, er reitet, ritt, hat/*ist* geritten 78/1
Reklamation, die, -en 90/4
reklamieren 109/3
Rekord, der, -e 125/2
Rennlauftraining, das, -s (meist *Sg.*) 20/9
Reparatur, die, -en 90/4
Reportage, die, -n 58/12
repräsentativ 58/12
Restmüll, der *Sg.* 100/4
Rettungsdienst, der, -e 62/1
rezeptfrei 107/7
Rezeption, die, -en 16/1
Rezeptionist/Rezeptionistin, der/die, -en/-nen 16/1
riechen, er riecht, roch, hat gerochen 24/2
riesig 100/4
ringsum 20/9
Risiko, das, Risiken 47/13
roh 26
Rohstoff, der, -e 100/4
rohstoffsparend 106/2
rollen 38/2
Rollstuhl, der, "-e 68/11
Rollstuhlfahrer/-fahrerin, der/die, –/-nen 80/4
romantisch 52/1
Rosine, die, -n 56/8
Routineuntersuchung, die, -en 64/4
Rubrik, die, -en 89/3
Rücken, der, – 31/10
Rückfrage, die, -n 70/3
rückgängig machen 91/7
rudern (er *ist* gerudert) 78/1
rufen, er ruft, rief, hat gerufen 45/6
Rugby (ohne Artikel) *Sg.* 78/1
rund (= *ungefähr*) 76/6
Sache, die, -n 65/5
Sack, der, "-e (hier: *Müllsack*) 101/6
Sammelaktion, die, -en 100/4
Sammelstelle, die, -n 100/5
Sarg, der, "-e 56/8
Sargnagel, der, "– 56/8
sauber 105/13
saugen (*Staub saugen*) 16/2
schade 20/9
Schaden, der, "– 135
Schadstoff, der, -e 107/7
schadstoffarm, schadstoffärmer, am schadstoffärmsten 106/2
scharf, schärfer, am schärfsten 26
Schärfe, die *Sg.* 26
Schaubild, das, -er 60/4
Schauspieler/Schauspielerin, der/die, –/-nen 48/14
scheinen, er scheint, schien, hat geschienen (*Er scheint krank zu sein.*) 40/3
Schema, das, -s 70/3
schick 41/3
schieben, er schiebt, schob, hat geschoben (*einen Rollstuhl schieben*) 68/11
schief gehen, es geht schief, ging schief, *ist* schief gegangen (*Heute ging alles schief.*) 86/3
Schiff, das, -e 75/3
Schild, das, -er 91/7
Schlafanzug, der, "-e 65/5
Schlaftablette, die, -n 65/6
schlagen, er schlägt, schlug, hat geschlagen (= besiegen) 42
Schläger, der, – (*z.B. Tennisschläger*) 79/2
Schlagzeile, die, -n 146/3
schließen, er schließt, schloss, hat geschlossen 124
Schlitten fahren, er fährt Schlitten, fuhr Schlitten, *ist* Schlitten gefahren 78/1
Schlussformel, die, -n 92/10
schmal 112/8
Schmerz, der, -en 64/3
Schmerzgrenze, die *Sg.* 80/4
Schmetterling, der, -e 52/1
schminken 83/11
Schmuck, der *Sg.* 65/5
schmutzig 81/6
schnarchen 148/5
Schneeflocke, die, -n (meist *Pl.*) 20/9
Schneehalle, die, -n 20/9
Schneepiste, die, -n 20/9
Schonkost, die *Sg.* 63/2
Schranktür, die, -en 54/3
Schraubenzieher, der, – 141/14
Schreibpapier, das *Sg.* 106/2
schreien, er schreit, schrie, hat geschrien 57/11
Schrift, die, -en 84/12
Schublade, die, -n 54/3
schuld (*an etwas schuld sein*) 56/8
Schuld, die, -en 131/13
Schüleraustausch, der *Sg.* 46/10
schwanger, *, * 63/2
Schwangerschaftsgymnastik, die *Sg.* 68/11
Schwarzarbeit, die *Sg.* 132/2
Schwierigkeit, die, -en 118/8
schwindelig 70/1
schwitzen 68/11
See, der, Seen 21/14
Seele, die, -n 26/
segeln (er *ist* gesegelt) 78/1
sehen, er sieht, sah, hat gesehen 45/6
Seil, das, -e 79/2
Selbständigkeit, die *Sg.* 125/1
Selbstbewusstsein, das *Sg.* 13/14
selbstverständlich 8/3
Semmel, die, -n 84/12
Senior/Seniorin, der/die, Senioren/-nen 8/3
senkrecht, *, * 31/10
sensationell 42
Servicepersonal, das *Sg.* 18/6
servieren 19/8
sexy, *, * 88/1
Sinn, der, -e 115/3
sinnvoll 13/15
Sitz, der, -e (*der Sitz der Regierung*) 74/2
skaten (er *ist* geskatet) 78/1
Sketch, der -e 140/13
Skifahren, das *Sg.* 20/9
Snack, der, -s 20/9
Snowboarden, das *Sg.* 20/9
solange 125/1
Soldat/Soldatin, der/die, -en/-nen 43
Sondermüll, der *Sg.* 100/4
Sonnenkollektor, der, -en 106/2
Sonstige, das *Sg.* 103/10
Sorge, die, -n 68/11
sortieren 98/1
sowieso 48/14
sowohl ... als auch 54/3
Sozialabgabe, die, -n (meist *Pl.*) 132/2
Sozialarbeit, die *Sg.* 118/8
sparen 94/14
speichern 12/11
Speiserest, der, -e 106/1
Sperrmüll, der *Sg.* 100/4
spezialisieren 46/10
Spielablauf, der, "-e 39/2
Spielort, der, -e 39/2
Spielsachen *Pl.* 68/11
Spitze, die, -n 77/6
spontan 6/1
Sportart, die, -en 78/1
Sportler/Sportlerin, der/die, –/-nen 20/9
sprachlich, *, * 33/13
Spruch, der, "-e 54/3
Spülmittelflasche, die, -n 106/1
spüren 115/3
stabil 123/8
Stand, der (*Sg*) (= Punkt einer Entwicklung) 125/1
Stand-by, das, -s 98/1
Standort, der, -e 125/1
stärken 13/14

Verständlichkeit, die *Sg.* 108/1
Verständnis, das *Sg.* 8/3
versuchen 90/4
Vertrag, der, "-e 47/12
vertragen, er verträgt, vertrug, hat vertragen 64/3
Vertrauen, das *Sg.* 9/6
vertreten, er vertritt, vertrat, hat vertreten 94/14
Vertreter/Vertreterin, der/die, –/-nen 145/2
verwalten 42
verwechseln 142/2
verwelken 116/4
verzeihen, er verzeiht, verzieh, hat verziehen 107/7
verzeihlich 107/7
Vieh, das *Sg.* 110/4
vielmehr 114
Villa, die, Villen 86/3
Visite, die, -n 63/2
visuell, *, * 136/4
Volleyball (ohne Artikel) *Sg.* 78/1
völlig, *, * 42
Vollkornbrot, das *Sg.* 28/3
Vollzeitkraft, die, "-e 23/17
von weitem 144/1
Vorbefund, der, -e 64/4
vorbeigehen, er geht vorbei, ging vorbei, *ist* vorbeigegangen 13/13
Vordergrund, der *Sg.* 7/2
vorhaben 6
vorkommen, er kommt vor, kam vor, *ist* vorgekommen 16/1
Vorlage, die, -n 45/6
vornehmen (sich), er nimmt vor, nahm vor, hat vorgenommen 83/9
vorrechnen 129/10
vorschlagen, er schlägt vor, schlug vor, hat vorgeschlagen 56/8
vorschreiben, er schreibt vor, schrieb vor, hat vorgeschrieben 132/2
vorsehen, er sieht vor, sah vor, hat vorgesehen 64/3
Vortrag, der, "-e 94/14
vortragen, er trägt vor, trug vor, hat vorgetragen 56/9
vorüberziehen, er zieht vorüber, zog vorüber, *ist* vorübergezogen 20/9
Vorurteil, das, -e 8/3
Vorwurf, der, "-e 58/12
wachsen (er *ist* gewachsen) 94/14
Wahl, die, -en. 91/7
wählen 44/4
Wahnsinn, der *Sg.* 141/13
wahr 94/14
Wahrheit, die, -en 27/2
wahrnehmen, er nimmt wahr, nahm wahr, hat wahrgenommen 116/4

Währung, die, -en 47/13
Wald, der, "-er 48/14
Wärme, die *Sg.* 20/9
Wäsche, die *Sg.* 57/11
Wäschetrockner, der, – 103/9
wassersparend 106/2
wechseln 65/6
wegen (+ *G.*, selten *D.*) 90/4
wegfahren, er fährt weg, fuhr weg, *ist* weggefahren 76/6
Wegwerfwindel, die, -n 100/4
Wegzeit, die, -en 129/9
Wehen *Pl.* 68/11
wehleidig 58/12
weigern (sich) 74/2
Weiterbehandlung, die, -en 64/3
weiterwachsen, er wächst weiter, wuchs weiter, *ist* weitergewachsen 100/4
Weltkrieg, der, -e 43/
Werbeanzeige, die, -n 40/3
werben, er wirbt, warb, hat geworben 40/3
Werbung, die, -en (meist *Sg.*) 21/15
werfen, er wirft, warf, hat geworfen 45/6
Werkstatt, die, "-en 16/1
Wert, der, -e 94/14
wert sein, er ist wert, war wert, *ist* wert gewesen 94/14
Wertstoff, der, -e 106/1
wesentlich 31/10
West (kein Artikel) *Sg.* 42
Wettkampf, der, "-e 80/4
widersprechen, er widerspricht, widersprach, hat widersprochen 109/3
Wiedereinstieg, der *Sg.* 129/9
Wiedervereinigung, die, -en 45/6
Wieso? 30/9
Windel, die, -n 68/11
Winkel, der, – 31/10
winterlich 20/9
Winterolympiade, die, -n 82/8
Wintersport, der *Sg.* 20/9
wirbeln 20/9
Wirkung, die, -en 103/11
Wirkungsgrad, der, -e 106/2
wirtschaftlich 44/4
Wirtschaftsgemeinschaft, die, -en 45/7
Wirtschaftswunder, das, – 42
Witz, der, -e 30/8
witzig 40/3
Wohl, das *Sg.* 20/9
wohl 69/12
wohl fühlen (sich) 26
wohlig 20/9
Wohngemeinschaft, die, -en (*Abk.* WG) 42
Wortschlange, die, -n 78/1
Worüber? 81/6
Wovor? 81/6
Wunder, das, – 42

wundern 57/10
z.Hd. (= *zu Händen*) 19/7
zählen (+ zu + *D.*) 137/5
zahlreich 45/6
zärtlich 45/6
Zauber, der *Sg.* 20/9
zeichnen 116/5
Zeitarbeit, die *Sg.* 124
Zeitarbeitsbetrieb, der, -e 124
zeitlich 129/9
Zeitpunkt, der, -e 92/10
Zeitungsabo, das, -s 90/4
Zentralbank, die, -en 47/12
zerlegen 33/13
zerstören 15/6
ziehen, er zieht, zog, *ist* gezogen 118/8
Zigarette, die, -n 45/6
Zimmermädchen, das, – 16/1
Zimmerpreis, der, -e 19/7
Zimmerservice, der *Sg.* 16/1
Zitat, das, -e 33/13
Zivildienst, der *Sg.* 46/10
zubereiten 148/5
Zugvogel, der, "– 116/4
zukommen (+ auf + *A.*), er kommt auf ... zu, kam auf ... zu, *ist* auf ... zugekommen 91/9
zumachen 130/12
zunächst 64/3
zunehmen, er nimmt zu, nahm zu, hat zugenommen 8/3
zureden 56/8
zurückgeben, er gibt zurück, gab zurück, hat zurückgegeben 90/5
zurückkehren (er *ist* zurückgekehrt) 42
zurücknehmen, er nimmt zurück, nahm zurück, hat zurückgenommen 90/4
zurückschicken 93/12
zusammenführen 31/10
zusammenhalten, er hält zusammen, hielt zusammen, hat zusammengehalten 26
Zusammensein, das *Sg.* 9/6
zusammentreffen, er trifft zusammen, traf zusammen, *ist* zusammengetroffen 42
zusätzlich, *, * 23/16
zuschließen, er schließt zu, schloss zu, hat zugeschlossen 15/6
Zuschuss, der, "-e 125/1
Zustand, der, "-e 146/3
zuständig 96/1
zustimmen 102/9
Zustimmung, die, -en 102/9
zutreffen, er trifft zu, traf zu, hat zugetroffen 58/12
Zuverlässigkeit, die *Sg.* 142/1
Zuwachsrate, die, -n 100/4
Zweifel, der, – 122/2
zweifeln 122/2
zwischendurch 28/3

Unregelmäßige Verben

Die Liste enthält die unregelmäßigen Verben aus *Berliner Platz*, Band 1, Band 2 und Band 3. Bei Verben mit trennbaren Vorsilben ist nur die Grundform aufgeführt: *aufschreiben* siehe *schreiben*, *anrufen* siehe *rufen* usw. Das *sein*-Perfekt ist grün markiert.

abbiegen	er biegt ab	bog ab	ist abgebogen
backen	er backt/bäckt	backte	hat gebacken
bedenken	er bedenkt	bedachte	hat bedacht
befinden (sich)	er befindet sich	befand sich	hat sich befunden
beginnen	er beginnt	begann	hat begonnen
begreifen	er begreift	begriff	hat begriffen
behalten	er behält	behielt	hat behalten
bekommen	er bekommt	bekam	hat bekommen
beraten	er berät	beriet	hat beraten
bergen	er birgt	barg	hat geborgen
bergsteigen	–	–	ist berggestiegen
beschließen	er beschließt	beschloss	hat beschlossen
besprechen	er bespricht	besprach	hat besprochen
bestehen	er besteht	bestand	hat bestanden
betragen	er beträgt	betrug	hat betragen
betreten	er betritt	betrat	hat betreten
bewerben (sich)	er bewirbt sich	bewarb sich	hat sich beworben
bieten	er bietet	bot	hat geboten
binden	er bindet	band	hat gebunden
bitten	er bittet	bat	hat gebeten
bleiben	er bleibt	blieb	ist geblieben
brauchen	er braucht	brauchte	hat brauchen/ gebraucht
brechen	er bricht	brach	hat gebrochen
brennen	er brennt	brannte	hat gebrannt
bringen	er bringt	brachte	hat gebracht
denken	er denkt	dachte	hat gedacht
dürfen	er darf	durfte	hat dürfen/ gedurft
empfangen	er empfängt	empfing	hat empfangen
empfehlen	er empfiehlt	empfahl	hat empfohlen
empfinden	er empfindet	empfand	hat empfunden
entlassen	er entlässt	entließ	hat entlassen
entscheiden	er entscheidet	entschied	hat entschieden
entschließen (sich)	er entschließt sich	entschloss sich	hat sich entschlossen
entstehen	er entsteht	entstand	ist entstanden
erfahren	er erfährt	erfuhr	hat erfahren
erfinden	er erfindet	erfand	hat erfunden
ergeben	er ergibt	ergab	hat ergeben
ergreifen	er ergreift	ergriff	hat ergriffen
erkennen	er erkennt	erkannte	hat erkannt
erraten	er errät	erriet	hat erraten

ertragen	er erträgt	ertrug	hat ertragen
erweisen (sich)	er erweist sich	erwies sich	hat sich erwiesen
erziehen	er erzieht	erzog	hat erzogen
fahren	er fährt	fuhr	ist gefahren
fallen	er fällt	fiel	ist gefallen
fangen	er fängt	fing	hat gefangen
finden	er findet	fand	hat gefunden
fliegen	er fliegt	flog	ist geflogen
fließen	er fließt	floss	ist geflossen
fressen	er frisst	fraß	hat gefressen
geben	er gibt	gab	hat gegeben
gefallen	er gefällt	gefiel	hat gefallen
gehen	er geht	ging	ist gegangen
gelten	er gilt	galt	hat gegolten
genießen	er genießt	genoss	hat genossen
geraten	er gerät	geriet	ist geraten
geschehen	er geschieht	geschah	ist geschehen
gewinnen	er gewinnt	gewann	hat gewonnen
greifen	er greift	griff	hat gegriffen
haben	er hat	hatte	hat gehabt
halten	er hält	hielt	hat gehalten
heben	er hebt	hob	hat gehoben
heißen	er heißt	hieß	hat geheißen
helfen	er hilft	half	hat geholfen
kennen	er kennt	kannte	hat gekannt
kommen	er kommt	kam	ist gekommen
können	er kann	konnte	hat können/ gekonnt
laden	er lädt	lud	hat geladen
langlaufen	–	–	ist langgelaufen
lassen	er lässt	ließ	hat lassen/ gelassen
laufen	er läuft	lief	ist gelaufen
leiden	er leidet	litt	hat gelitten
leihen	er leiht	lieh	hat geliehen
lesen	er liest	las	hat gelesen
liegen	er liegt	lag	hat gelegen
lügen	er lügt	log	hat gelogen
missfallen	er missfällt	missfiel	hat missfallen
mögen	er mag	mochte	hat mögen/ gemocht
müssen	er muss	musste	hat müssen/ gemusst
nehmen	er nimmt	nahm	hat genommen

nennen	er nennt	nannte	hat genannt
reiten	er reitet	ritt	ist/hat geritten
rennen	er rennt	rannte	ist gerannt
riechen	er riecht	roch	hat gerochen
rufen	er ruft	rief	hat gerufen
scheinen	er scheint	schien	hat geschienen
schieben	er schiebt	schob	hat geschoben
schlafen	er schläft	schlief	hat geschlafen
schlagen	er schlägt	schlug	hat geschlagen
schließen	er schließt	schloss	hat geschlossen
schneiden	er schneidet	schnitt	hat geschnitten
schreiben	er schreibt	schrieb	hat geschrieben
schreien	er schreit	schrie	hat geschrien
schwimmen	er schwimmt	schwamm	ist geschwommen
sehen	er sieht	sah	hat gesehen
sein	er ist	war	ist gewesen
singen	er singt	sang	hat gesungen
sollen	er soll	sollte	hat sollen/gesollt
sprechen	er spricht	sprach	hat gesprochen
springen	er springt	sprang	ist gesprungen
stehen	er steht	stand	hat gestanden
steigen	er steigt	stieg	ist gestiegen
sterben	er stirbt	starb	ist gestorben
streichen	er streicht	strich	hat gestrichen
streiten	er streitet	stritt	hat gestritten
tragen	er trägt	trug	hat getragen
treffen	er trifft	traf	hat getroffen
treiben	er treibt	trieb	hat getrieben
treten	er tritt	trat	ist getreten
trinken	er trinkt	trank	hat getrunken
tun	er tut	tat	hat getan
überfliegen	er überfliegt	überflog	hat überflogen
überstehen	er übersteht	überstand	hat überstanden
überwinden	er überwindet	überwand	hat überwunden
umziehen (sich)	er zieht sich um	zog sich um	hat sich umgezogen
unterhalten	er unterhält	unterhielt	hat unterhalten
verbieten	er verbietet	verbot	hat verboten
verbinden	er verbindet	verband	hat verbunden
verbringen	er verbringt	verbrachte	hat verbracht
vergehen	er vergeht	verging	ist vergangen
vergessen	er vergisst	vergaß	hat vergessen
vergleichen	er vergleicht	verglich	hat verglichen
verlassen	er verlässt	verließ	hat verlassen
verlieren	er verliert	verlor	hat verloren
vermeiden	er vermeidet	vermied	hat vermieden
verschieben	er verschiebt	verschob	hat verschoben
verstehen	er versteht	verstand	hat verstanden
vertragen	er verträgt	vertrug	hat vertragen
vertreten	er vertritt	vertrat	hat vertreten
verzeihen	er verzeiht	verzieh	hat verziehen
wachsen	er wächst	wuchs	ist gewachsen
waschen	er wäscht	wusch	hat gewaschen
weisen	er weist	wies	hat gewiesen
wenden	er wendet	wendete/wandte	hat gewendet/gewandt
werben	er wirbt	warb	hat geworben
werfen	er wirft	warf	hat geworfen
widersprechen	er widerspricht	widersprach	hat widersprochen
wissen	er weiß	wusste	hat gewusst
wollen	er will	wollte	hat wollen/gewollt
zerfallen	er zerfällt	zerfiel	ist zerfallen
ziehen	er zieht	zog	ist gezogen

Verben mit Präpositionen

Mit Akkusativ

achten	auf	Ich achte sehr auf gute Kleidung.
ankommen	auf	Es kommt auf eine gute Vorbereitung an.
anlegen	auf	Das Projekt war auf drei Monate angelegt.
anpassen	an	Man muss sich nicht an jede Mode anpassen.
antworten	auf	Antworte bitte auf meine Frage!
sich ärgern	über	Ich habe mich am Freitag so über Herbert geärgert.
aufpassen	auf	Gute Reise! Und pass auf dich auf!
ausleihen	an	Ich habe das Buch an Lutz ausgeliehen.
sich bedanken	für	Wir möchten uns für Ihr Geschenk herzlich bedanken.
berichten	über	Die Zeitung berichtet über das Konzert.
sich beschweren	über	Guten Tag, ich möchte mich über den Deutschlehrer beschweren.
bitten	um	Darf ich Sie um Hilfe bitten?
danken	für	Ich danke Ihnen für Ihre Hilfe.
diskutieren	über	Morgen diskutiert der Bundestag über die Umweltpolitik.
eingehen	auf	Du solltest auf meine Argumente schon eingehen.
einsortieren	in	Sortierst du deine Bücher alphabetisch in deine Regale ein?
einsteigen	in	Sie können jetzt in das Flugzeug einsteigen.
einteilen	in	Teilen Sie die Wörter in Themengruppen ein.
eintreten	für	Amnesty International tritt für die Menschenrechte ein.
einziehen	in	Wir sind im August in die neue Wohnung eingezogen.
sich engagieren	für	Viele engagieren sich für die Dritte Welt.
erinnern	an	Ich erinnere mich noch gut an unseren letzten Urlaub.
sich freuen	auf	Freust du dich schon auf die Sommerferien?
sich freuen	über	Ich habe mich über das Geschenk sehr gefreut.
führen	über	Der Weg führt über eine Brücke.
geraten	in	Manche Leute geraten immer wieder in Konflikte.
sich gewöhnen	an	An den deutschen Winter kann ich mich nicht gewöhnen.
glauben	an	Du musst an dich glauben, dann schaffst du die Prüfung!
halten	für	Ja, ich halte ihn schon für einen intelligenten Menschen.
sich halten	an	Man muss sich an die Besuchszeiten halten.
hineinrufen	in	Wie man in den Wald hineinruft, so schallt es heraus.
hinweisen	auf	Ich muss Sie auf die Besuchszeiten hinweisen.
informieren	über	Frau Wohlfahrt hat uns über die Prüfung informiert.
sich informieren	über	Hast du dich schon über die neuen Strompreise informiert?
sich interessieren	für	Meine Frau interessiert sich für Politik, aber ich nicht.
investieren	in	Du solltest ein wenig mehr Zeit ins Lernen investieren!
sich kümmern	um	Nachmittags muss ich mich um die Kinder kümmern.
lachen	über	Über diesen Witz muss ich jedes Mal wieder lachen!
legen	auf	Leg das Buch bitte auf meinen Schreibtisch.
leiten	in	Man soll Abwässer nicht in die Flüsse leiten.
nachdenken	über	Du solltest mal über deine Essgewohnheiten nachdenken.
protestieren	gegen	Die Demonstranten protestierten gegen den Krieg.
reagieren	auf	Du musst auf den Brief reagieren. Schreib gleich morgen.
reden	über	Können wir über das Problem reden?
schlüpfen	in	Schlüpf doch mal in meine Rolle!
schwärmen	für	Uli schwärmt begeistert für Nadja.
sein	für	Ich bin für ein Kursfest im Juni.
sein	gegen	Warum bist du gegen ein Kursfest? Das macht doch Spaß.
sich setzen	auf	Setz dich doch auf das Sofa, da ist noch genug Platz.
sich spezialisieren	auf	Du hast dich auf Computergrafik spezialisiert?
sprechen	über	Gerade haben wir über dich gesprochen.
steigen	auf	Ich bin noch nie auf das Matterhorn gestiegen.
sich unterhalten	über	Wir haben uns den ganzen Abend über Männer unterhalten.
sich verlassen	auf	Du kannst dich immer auf mich verlassen!
sich verlieben	in	Nadja hat sich sofort in Uli verliebt.
warten	auf	Ich warte jetzt schon eine halbe Stunde auf dich!
sich wenden	an	Da müssen Sie sich an die Polzei wenden!
werben	für	Die Firmen werben für ihre Produkte, z.B. auf Plakaten.
zukommen	auf	Da können große Kosten auf Sie zukommen!
zurückkehren	in	Viele, die emigriert sind, möchten in ihre Heimat zurückkehren.

Mit Dativ

ändern	an	Man kann an der Situation etwas ändern, wenn man sich bemüht.
sich aufhalten	in	Die Familie hält sich oft im Garten auf.
ausbrechen	aus	Manchmal möchte man aus dem Alltag ausbrechen.
ausleihen	von	Lutz hat sich mindestens 20 Bücher von mir ausgeliehen.
ausreisen	aus	Wir sind im Jahr 2005 aus Russland ausgereist.
sich austauschen	mit	Martin tauscht sich gerne mit einem Brieffreund aus Brasilien aus.
sich bedanken	bei	Hast du dich schon bei Samira bedankt?
sich befinden	in	Der Präsident befindet sich zurzeit im Ausland.
beitragen	zu	Wir alle können zur Verbesserung des Klimas beitragen.
berichten	von	Berichte doch mal von deiner Reise, war sie schön?
sich beschweren	bei	Ich würde mich gerne bei der Regierung beschweren.
bestehen	auf	Ich bestehe auf einer Entschuldigung!
bestehen	aus	Wasser besteht aus Wasserstoff und Sauerstoff.
sich bewerben	bei	Ich will mich bei der BASF bewerben.
sich decken	mit	Meine Meinung deckt sich mit seiner Meinung.
einladen	zu	Wir wollen euch zu unserer Hochzeit einladen.
emigrieren	nach	Ab 1933 emigrierten viele Deutsche nach Frankreich und England.
entlassen	aus	Morgen wird Alexander aus dem Krankenhaus entlassen.
sich erkundigen	bei	Erkundige dich doch bei Gerd, ob der Test morgen stattfindet.
sich erkundigen	nach	Erkundige dich doch bei Gerd nach dem Test.
erzählen	von	Hab ich dir schon von meinem neuen Freund erzählt?
fragen	nach	Jemand hat heute nach dir gefragt. Hier ist die Telefonnummer.
führen	zu	Vorsicht, das könnte zu Mißverständnissen führen.
gratulieren	zu	Wir möchten euch herzlich zu eurer Hochzeit gratulieren.
herauskommen	aus	Frau Merk möchte endlich aus der Arbeitslosigkeit herauskommen.
hören	von	Hast du etwas von Helgi gehört? Sie soll jetzt in Wien wohnen.
landen	in	Das Flugzeug landete pünktlich in Zürich.
liegen	auf	Herbert liegt schon den ganzen Tag auf der Couch und liest.
mangeln	an	Es mangelt an billigen Wohnungen.
mitfahren	mit	Kann ich bis nach Salzburg mit dir mitfahren?
neigen	zu	Astrid neigt zurzeit zu starken Leistungsschwankungen.
profitieren	von	Wer profitiert eigentlich von dem, was die Regierung macht?
sich richten	nach	Du musst dich schon nach den Verkehrsregeln richten.
schmecken	nach	Der Wein schmeckt nach Seife, den kann ich nicht trinken.
schwärmen	von	Nadja schwärmt Tag und Nacht von Uli.
speichern	auf	Speichern Sie die Daten auf Ihrer Festplatte.
speichern	in	Speichern Sie die Daten im Computer.
sprechen	von	Kannst du mal von was anderem sprechen als von der Arbeit?
stammen	aus	Samira stammt aus dem Libanon.
telefonieren	mit	Ich muss morgen mit meinen Eltern im Iran telefonieren.
sich treffen	mit	Ich treffe mich morgen mit meinen Eltern.
überzeugen	von	So kannst du mich nicht von deiner Meinung überzeugen!
sich unterhalten	mit	Er würde sich gern mit dir unterhalten.
sich verabreden	mit	Ich würde mich gerne mir dir verabreden.
sich verstehen	mit	Heute verstehe ich mich gut mit meinen Eltern, früher nicht so.
umgehen	mit	Ich kann mit Leuten nicht umgehen, die nicht ehrlich sind.
umziehen	nach	Nächstes Jahr werde ich nach Frankfurt umziehen.
verbinden	mit	Ich verbinde „Heimat" mit Menschen und Erlebnissen.
zählen	zu	Lesen zählt zu meinen Hobbys.
ziehen	nach	Boris ist nach Potsdam gezogen. Er hat dort einen neuen Job.
zusammentreffen	mit	Ich möchte nicht mehr mit dir zusammentreffen!
zweifeln	an	Zweifelst du an meiner Liebe?

Quellenverzeichnis

Fotos, die im Folgenden nicht aufgeführt sind: Vanessa Daly
Umschlagfoto oben: Jenner Zimmermann; Umschlagfoto unten: Andrea Pfeifer

S. 6–7 Foto A: Lutz Rohrmann; Foto B: Paul Rusch; Foto C: mit freundlicher Genehmigung des Caritasverbandes für den Kreis Gütersloh e.V.; Foto E: Bild & Ton
S. 8 Logo des Kinderbüros der Stadt Karlsruhe mit freundlicher Genehmigung des Kinderbüros
S. 9 Foto: Anne Köker
S. 12 Fotos mit freundlicher Genehmigung des Caritasverbandes für den Kreis Gütersloh e.V.
S. 20 Foto Alpincenter Bottrop: © Tim Weihmann, Veltlins alpincenter.com. AG
Foto rechts: mit freundlicher Genehmigung des Harzer Verkehrsverbandes e.V., Goslar
S. 21 Foto Trier: mit freundlicher Genehmigung des Amtes für Presse- u. Öffentlichkeitsarbeit der Stadt Trier
Foto Rügen: Bildautor D. Lindemann © Tourismuszentrale Rügen GmbH, Bergen - mit freundlicher Genehmigung
S. 22 Foto 1: Lutz Rohrmann, Foto 2: Anne Köker, Foto 3: N. Kempa
S. 23 Foto Lutz Rohrmann
S. 24 Foto Lutz Rohrmann
S. 38 Foto oben: Lutz Rohrman; Fotos unten: Heidi Baatz; Karte: Polyglott-Verlag, München
S. 39 Foto: © Jochen Mönch, Bremen
S. 41 Anzeige IKEA: mit freundlicher Genehmigung der Werbeagentur weigertpirouzwolf, Hamburg; Anzeige CMA: Centrale Marketing Gesellschaft der deutschen Agrarwirtschaft mbH, Bonn – mit freundlicher Genehmigung
S. 42–43 Fotos A, C, E, F: © dpa; Foto B: © DaimlerCrysler Classic, Konzernarchiv - mit freundlicher Genehmigung;
Foto D: © Ullstein Bild, Berlin
Foto G: © Deutsches Historisches Museum, Berlin
S. 44 Karte: Polyglott Verlag, München
S. 49 Fotos: Lutz Rohrmann
S. 53 Foto B: Albert Ringer
S. 56 Gedicht „Ehekrach" aus: Kurt Tucholsky, *Gesammelte Werke*, Copyright © 1960 by Rowohlt Verlag GmbH, Reinbek bei Hamburg
S. 57 Text „Killerphrasen": mit freundlicher Genehmigung von Claudia Mützelfeld, WDR, ServiceZeit Familie
S. 58 Text und Grafiken basieren auf einer Untersuchung über Rollenklischees von Dr. Edgar Piel, Allensbach
S. 75 Postkarte Loreley: © Eith-Verlag, St. Goarshausen
S. 76 Grafik Reiselust der EU-Bürger: © APA, Austria Presse Agentur, Wien
S. 78 Foto: Bild & Ton
S. 79 Fotos: Lutz Rohrmann
S. 80 Foto unten links: mit freundlicher Genehmigung des Deutschen Rollstuhl-Sportverbands e.V., Duisburg
S. 82 Fotos: Paul Rusch
S. 84 Fotos: mit freundlicher Genehmigung des Fanclubs „Seelöwen", Unteriglbach
S. 88 Liedtext „Geld ist schön": Sebastian Krumbiegel © 1995 Moderato Musikproduktion GmbH / George Glueck Musik GmbH
S. 89 Grafik „Familienkasse": GLOBUS Infografik GmbH, Hamburg; Foto 4: Lutz Rohrmann
S. 94 Foto: mit freundlicher Genehmigung von Heidemarie Schwermer; Text „Ein Leben ohne Geld": © Angelika Calmez, Köln
S. 95 Gedicht „Die Zeit fährt Auto" aus: Erich Kästner, *Herz auf Taille* © Atrium Verlag, Zürich, und Thomas Kästner
S. 98-99 Foto 1: Christiane Lemcke; Fotos 2 und 4: Andrea Pfeifer; Foto 3: Bild & Ton; Foto 4: Lutz Rohrmann
S. 100 Foto: Lutz Rohrmann
S. 102 Foto links: mit freundlicher Genehmigung des Baureferats Gartenbau der Landeshauptstadt München und der Zusatzversorgungskasse der bayerischen Gemeinden, München
S. 104–105 Fotos: Christiane Lemcke
S. 106 Foto Biosiegel: Lutz Rohrmann
S. 108 Foto oben: Lutz Rohrmann; Foto unten: Bild & Ton
S. 109 Foto 5: Lutz Rohrmann; Foto 7: Bild & Ton
S. 112 Foto links: mit freundlicher Genehmigung des Tourismusverbandes Rosengarten Latemar. com, Birchabruck, Italien;
Foto rechts: Lutz Rohrmann
S. 114–115 Foto 2: Lutz Rohrmann; Foto 4: mit freundlicher Genehmigung der S-Bahn München GmbH; Foto 5: Paul Rusch; Foto 6: Bild & Ton
S. 116 Gedicht mit freundlicher Genehmigung von Zeynel Sahin; Foto: Bild & Ton
S. 118 Text aus Zeitschrift „Publik", Ver.di, © Barbara Kerneck; Fotos: © Maximilian Lautenschläger, Berlin
S. 120 Text aus Zeitschrift „Publik", Ver.di, © Uta Andresen; Foto: Eva Häberle
S. 121 Foto mit freundlicher Genehmigung von Gabriele Gün Tank; Liedtext mit freundlicher Genehmigung des Vereins „Die Bösen Mädchen e.V.", Berlin
S. 130 Grafik: GLOBUS Infografik GmbH, Hamburg
S. 135 Foto Kind mit Fahrrad: Paul Rusch; Cartoon: © Cartoons + Comics, Tom Körner
S. 137 Zeichnung: mit freundlicher Genehmigung von Martin Guhl
S. 140 Text von Otto Waalkes aus: *Otto – Das zweite Buch*, 1984, S. 7/8 – mit freundlicher der Rüssl Musikverlag GmbH, Hamburg
S. 146 Karte: Polyglott Verlag, München
S. 147 Foto: Lutz Rohrmann
S. 155 Texte A und B: Jutta Brinkmann und Ulrike Michels, Köln
S. 161 Fotos oben u. unten: Lutz Rohrmann; Foto Mitte: Theo Scherling
S. 162 Text © Jürgen Kandziora, Amberg; Fotos mit freundlicher Genehmigung von Brigitte Pfab und des Hotels Mercure, Amberg
S. 168 Foto: Paul Rusch
S. 170 Text 1: mit freundlicher Genehmigung von Marcellino's AG Guides & Services, Düsseldorf; Text 2: mit freundlicher Genehmigung der Abendzeitung München; Text 3 mit Umschlagsfoto: mit freundlicher Genehmigung der Edition XXL GmbH, Reichelsheim-Beerfurth; Text 4: Arbeitsgemeinschaft Ernährungsverhalten e.V., Freising
S. 172 Foto: Lutz Rohrmann
S. 175 Foto: K. und B. Fischer; Text 3c aus: *Unter dem Gras darüber. Erinnerungen an 100 Jahre Deutschland*, Text und Ton Jürgen Geers 1999, erschienen in Der Hörverlag GmbH, München.
S. 177 Foto oben: Anne Köker; Foto Mitte: Sabine Ruppert
S. 178–179 Fotos 1, 2, 3, 4, 5, 6, 7, 9: Bild & Ton, Foto 8: Lutz Rohrmann
S. 184 Text „Hotel Mama": © Susanne Arndt, BRIGITTE, Hamburg
S. 188 Foto © Th. Gockel, C. Knobel, grafic fotografie, Hofgeismar
S. 189 Foto: mit freundlicher Genehmigung von Albert Ringer
S. 192 Text und Fotos mit freundlicher Genehmigung des Städtischen Krankenhauses Kiel
S. 194 Auswertungsbogen mit freundlicher Genehmigung der WBT Weiterbildungs-Testsysteme GmbH, Frankfurt
S. 199 Text "Telefongespräch" aus: Ror Wolf, *Das nächste Spiel ist immer das schwerste*, Frankfurter Verlagsanstalt, Frankfurt a.M., 1994
S. 204 Text mit freundlicher Genehmigung von Dr. Theo Wolsing, Verbraucherzentrale NRW, Düsseldorf
S. 208 Foto: Lutz Rohrmann
S. 212 Foto: mit freundlicher Genehmigung der VW AG
S. 218 Fotos C und H: Lutz Rohrmann
S. 223 Foto: Senem Özkul
S. 226 Grafiken: GLOBUS Infografik GmbH, Hamburg
S. 234 Text „Angst beim Lernen": © stangl-taller.at – mit freundlicher Genehmigung von Professor Dr. Werner Stangl, Universität Linz;
S.236 Text 3: mit freundlicher Genehmigung von „Guter Rat", Berlin; Text 4: mit freundlicher Genehmigung des Verbandes Deutscher Verkehrsunternehmen Deutsche Bahn AG; Text 5: mit freundlicher Genehmigung von OBI, Bau- und Heimerwerkermärkte GmbH & Co., Wermelskirchen
S. 237 Text „Lebenslange Lust auf Lernen" aus: *Gesundheit*, Heft 9/2003 – mit freundlicher Genehmigung des Verlags Wort & Bild, Bayerbrunn

Grammatik auf einen Blick

Sätze

Zwei Hauptsätze

Erwartete Konsequenz/Folge

Adelina hat Abitur gemacht. **Deshalb/Deswegen/Darum/Daher** konnte sie ein Studium beginnen.

Nicht erwartete Konsequenz/Folge

Adelina konnte schon genug Deutsch sprechen. **Trotzdem** besuchte sie den Deutschkurs.

Nebensätze mit *obwohl* und *während*

obwohl

nicht erwartete Konsequenz:	Ich habe ein Zimmer mit Dusche bekommen, **obwohl** ich ein Zimmer mit Bad reserviert habe.

während

Gleichzeitigkeit:	Ich kann keine Musik hören, **während** ich arbeite.
Kontrast:	Um halb sieben schläft Ron noch, **während** Viktor schon arbeitet.

Indirekte Fragesätze

Ich möchte wissen,	**ob** in dem Kurs noch Plätze frei	sind.
Ich möchte wissen,	**wann** der Kurs	beginnt.

Relativsätze

	Hauptsatz	Relativsatz	Hauptsatz
Nominativ	Der Arzt,	der heute auf der Station ist,	ist neu.
Akkusativ		den du heute morgen gesehen hast,	ist der Stationsarzt.
		für (+ A) den ich jetzt arbeite,	heißt Dr. Sommer.
Dativ		dem du deine Verletzung gezeigt hast,	ist der Chefarzt.
		mit (+ D) dem du gesprochen hast,	ist der Chefarzt.

Deklination der Relativpronomen

	Maskulinum	Neutrum	Femininum	Plural
Nominativ	der	das	die	die
Akkusativ	den	das	die	die
Dativ	dem	dem	der	**denen**

Präpositionalergänzungen und Nebensätze

sich freuen **auf** + A	Wor**auf**?	Ich freue mich dar**auf**, **dass** ich am Abend joggen **kann**.
Angst haben **vor** + D	Wo**vor**?	Ich habe Angst da**vor**, mich beim Sport **zu verletzen**.